Bibliografische Information der Deutschen Nationalbibliothek:
Die Deutsche Nationalbibliothek verzeichnet diese Publikation in der Deutschen Nationalbibliografie; detaillierte bibliografische Daten sind im Internet über www.dnb.de abrufbar.

3. Auflage, 2026

oekom – Gesellschaft für ökologische Kommunikation mbH
Goethestraße 28, 80336 München
+49 89 544184 – 200
info@oekom.de

Layout und Satz: le tex, xerif
Korrektur: Katharina van Treeck
Umschlaggestaltung: Laura Denke, oekom verlag
Druck: Elanders Waiblingen GmbH, Waiblingen

ISBN 978-3-98726-102-2
https://doi.org/10.14512/9783987263460

HANS HOLZINGER

Wirtschafts-wende

Transformationsansätze und neue ökonomische Konzepte im Vergleich

Inhalt

Teil I

Befunde

Kapitel 1

Das Neue bricht sich Bahn

Umsteuern, bevor es zu spät ist

Wenn ich in eine neue Stadt komme, habe ich immer das Klapprad dabei. Mit dem Rad lässt sich eine Stadt am besten erfahren – im doppelten Sinne. Bewusst wähle ich Routen abseits der Hauptverkehrsstraßen – kleine Gassen, Uferwege, Wege durch Parks und öffentliche Plätze. Zum Glück gibt es immer mehr Radwege abgeschirmt von den Straßen der Autos, auch wenn es noch viel zu wenig sind. In meiner Heimatstadt kenne ich diese bereits alle – einschließlich der Schleichwege und Abkürzungen. Warum erzähle ich das am Beginn dieses Buches?

Auf diese Weise unterwegs zu sein, zeigt mir, wie eine Stadt der Zukunft aussehen könnte. Frei vom Lärm und Gestank der Autos, genügend Platz für das Zufußgehen und Fahren mit dem Rad, viele Grünflächen, Bäume, Plätze zum Verweilen. Zugleich stehen diese Radwege als Symbol dafür, wie sich das Neue in den noch alten Strukturen ausbreitet. Das Neue entsteht in Nischen, verschafft sich Platz, nimmt an Gewicht und Attraktivität zu und lässt irgendwann das Alte veraltet aussehen.

Genau das ist die Rolle von Change Agents oder Pionier*innen des Wandels. Sie zeigen, dass alles auch anders sein könnte und anders werden kann. Diese Vorreiter können Individuen sein, die anders leben und arbeiten, sich sinnvoller ernähren, klimaschonend unterwegs sind. Es können Gruppen sein, die neue Projekte lancieren und im Kleinen erproben, was später im Großen umgesetzt werden kann. Oder Kommunen, die daran arbeiten, ihre Energieversorgung und die Mobilitätsstrukturen neu zu organisieren. Gesprochen wird nicht nur von Utopien, sondern auch von »Heterotopien«[1] – von zahlreichen neuen Versuchen und Ansätzen an vielen Orten, die zum Nachahmen und Voneinander-Lernen einladen.

Ist das nicht naiv, könnten Sie fragen? Es gibt wieder Krieg in Europa und im Nahen Osten, Arm und Reich in der Welt klaffen immer weiter auseinander, die Umweltkrisen spitzen sich zu. Also Probleme genug! Haben wir noch genügend Zeit, auf den Durchbruch des Neuen zu vertrauen? In der Tat: In vielen Bereichen wie der Klimakrise oder dem Verlust der Biodiversität wird die Zeit knapper. Und die Rückkehr zur imperialistischen Geopolitik muss uns auch Sorgen bereiten. Das Neue hat es immer schwerer. Es braucht mehr Engagement, um sich durchzusetzen, als das Alte, das bereits bekannt ist und seine Interessen und Pfründe gut abgesichert hat.

Welt am Scheideweg

In der Geschichte gab es immer wieder Umbrüche – aufgrund neuer Technologien, neuen Wissens, neuer sozialer Zusammenschlüsse. Die Abschaffung der Sklaverei, die Durchsetzung der Demokratie, mit Verspätung auch jene des Frauenwahlrechts, die Etablierung von Wohlfahrtssystemen – all diese Errungenschaften kamen nicht von heute auf morgen. Sie wurden vorgedacht, von kleinen Gruppen entwickelt und politisch eingefordert, bis daraus geschichtsmächtige Bewegungen wurden. Dasselbe gilt für die heute aktiven Umwelt- und Klimabewegungen, für die Bewegungen für ein anderes Wirtschaften, für die Umsetzung der Menschenrechte und jene der Tiere, für die hoffentlich wieder erstarkenden Bewegungen gegen die Renaissance des Krieges. Denn notwendig wäre »Erdpolitik«, wie Ernst Ulrich von Weizsäcker treffend formuliert hat; zurück ist jedoch die Geopolitik.[2]

Viele Menschen sind verunsichert – paradoxerweise gerade in den Wohlstandszonen. Viele haben Angst, etwas zu verlieren, auch wenn sie lange nicht verhungern. Aber mit dem Wohlstand steigen die Ansprüche, in gewisser Weise auch der Egoismus und das Besitzdenken. Rechte populistische Parteien nutzen die Unzufriedenheit aus, vereinfachen, schieben die Schuld auf die tatsächlich Armen, die Geflüchteten, die Arbeitslosen, die Zuwandernden. Und sie nutzen die Vertrauenskrise gegenüber den Institutionen – und schüren diese zugleich.

Der Kapitalismus schien für Jahrzehnte gezähmt. Er wurde daher fälschlicherweise mit Freiheit und Demokratie gleichgesetzt. Doch das trügt. Ein System macht sich unangreifbar, wenn es sich als alternativlos darstellt und dazu noch schmückt mit Positivattributen wie Innovation oder Effizienz. Der Erfindergeist der vielen Start-ups ist zu würdigen, doch viele neue

Technologien basieren auf von den Staaten finanzierten Forschungsprojekten, wie die US-amerikanische Ökonomin Mariana Mazzucato zeigt.[3] Zudem gilt der Staat als Krisenmanager letzter Instanz. Nicht erst die Finanzkrise und die Pandemie sowie der Ukrainekrieg haben gezeigt, dass wir in labilen Verhältnissen leben. Die Ausgrenzung all derer, die über keine Kaufkraft verfügen, war schon davor gang und gäbe. Zudem treibt der Kapitalismus eine unsere Lebensgrundlagen zerstörende Wachstumsmaschinerie voran – gepaart mit einem Konsumversprechen, das alles andere als nachhaltig ist. Nachhaltig in dem Sinne, dass machbar für acht oder neun Milliarden Menschen. Begrenzung, Einschränkung, Schrumpfung sind als Angstbegriffe in einer Kultur des Immer-Mehr verpönt. Doch genau das werden wir brauchen, um die Ökosysteme nicht noch stärker zu zerrütten. Es geht nicht um Verzicht, denn verzichten können wir nur auf etwas, das uns im Grunde zusteht, wie die Nachhaltigkeitsökonomin Maja Göpel passend meint, sondern um Beschränkung.[4] Ein anderes Wirtschaften ist nötig – und auch möglich. Die Fortschrittserzählung braucht eine andere Richtung.

Die Herausforderungen für das 21. Jahrhundert zusammengefasst: Abschaffung von Hunger und Armut, Schrumpfung des Luxuskonsums bei gleichzeitiger Fokussierung auf die Grundbedürfnisse aller Menschen, Abkehr von der hochmilitarisierten Geopolitik, Klimaneutralität spätestens bis 2050, Übergang zu Kreislaufwirtschaften sowie Regeneration der Ökosysteme durch eine naturnahe Landwirtschaft und zukunftsverträgliche Produktionsweisen. Dazu brauchen wir auch erneuerte politische Institutionen.

Die Welt ist voller Lösungen

Kommen wir zurück zu den Hoffnungen. Diese knüpfen an bei den Umweltkrisen. So wie sich meine Generation in jungen Jahren durch einen drohenden Atomkrieg um die Zukunft betrogen fühlte, so steht nun die heutige junge Generation auf, um gegen die Zerstörung ihrer Zukunft aufgrund der ökologischen Krisenzuspitzungen zu protestieren. Es wirkt beinahe kitschig: Eine junge Schülerin, die nicht in der Lage war, zu verdrängen, was die Klimakrise für die Menschheit bedeutet, begann sich mit einem Schulstreik von ihrer Ohnmacht zu befreien. Und sie löste eine Kettenreaktion aus – es entstand eine neue, junge Klimabewegung. Wachsen konnte diese aber nur, weil es schon seit Jahrzehnten Warnungen aus der Klimaforschung gab, also das Wissen über die Gefahren da war, aber weitgehend verdrängt wurde. Ebenso gibt es zahlreiche Initiativen und Bewegungen, die sich für Menschenrechte, Tierrechte, den Schutz von Wäldern, eine naturnahe Landwirtschaft, lebenswerte Städte, eine lebensfreundliche und lebensdienliche Wirtschaft einsetzen. Diese Gruppen erscheinen noch übertönt zu werden vom Lärm des Konsumismus, aber sie sind der kritische Stachel und der Fingerzeig darauf, dass vieles nicht stimmt, dass vieles auch anders sein könnte und müsste.

»Die Welt ist voller Lösungen« – so der schöne Untertitel des inspirierenden Films »Tomorrow« über Menschen, die Neues gewagt haben und damit Realität in ihren Möglichkeiten verändern.[5] Porträtiert wird etwa der Kopenhagener Stadtplaner Jan Gehl, der mit seinem Team die Städte zurück an die Fußgänger und Radfahrenden gibt. Vorgestellt werden Perrine und Charles Hervé-Gruyer, Betreiber der Bec-Hellouin-Farm in der Normandie, die mit Permakultur auf kleinem Raum große und vielfältige Ernten erreichen, sowie der Schotte Rob Hopkins, Ausbilder für Permakultur und Begründer der Transition-Town-Bewegung. Michelle Long, so eine weitere vorgestellte Persönlichkeit, ist Geschäftsführerin der »Business Alliance for Local Living Economies« und hat in Belligton im US-Bundesstaat Washington ein Netzwerk von über 700 lokal vernetzten Unternehmen gegründet.

Auch Projekte aus dem globalen Süden werden vorgestellt: Elango Rangaswamy, der ehemalige Bürgermeister von Kuttham Bakkam in Indien, hat mit »Demokratie von unten« Dorfgemeinschaften wiederbelebt und damit wirtschaftliche und soziale Potenziale zur Entfaltung gebracht. Der aus Algerien stammende Philosoph und Landwirt Pierre Rabhi setzt sich für eine Gesellschaft ein, die respektvoller mit den Menschen und der Natur umgeht. Er unterstützt eine Agrarökologie und Anbaumethoden, die Respekt vor der Umwelt zeigen. In zahlreichen Ländern des Südens hat er Projekte gegen Desertifikation und Wasserverknappung umgesetzt.

Der Film »Tomorrow« zeigt, dass es an vielen Orten Menschen gibt, die neue Wege jenseits der ökologisch und sozial destruktiven Entwicklung des gegenwärtigen Konsum- und Wachstumsimperativs gehen. In der »Karte von morgen« werden Change-Maker-Initiativen vorgestellt.[6] Der »Right Livelihood Award« zeichnet Menschen und Bewegungen aus, die sich ganz praktisch für die weitere Bewohnbarkeit der Erde sowie für Menschenrechte einsetzen.[7] Der »Environmental Justice Atlas« zeigt weltweit Gruppen auf, die sich gegen Natur- und Umweltzerstörung vor ihrer Haustüre zur Wehr setzen.[8] Mit diesem Buch möchte ich Konzepte und Entwürfe aus Wissenschaft, Zivilgesellschaft und in Anfängen auch der Politik zur Diskussion stellen, die die Transformation zum Ziel haben. Die also den Versuch wagen, den Wandel systemisch anzugehen. Denn: So wie die vielen kleinen Projekte und Initiativen an vielen Orten erprobt werden müssen, sind die neuen Konzepte auch vorzudenken und zu modellieren, damit sie abgerufen werden können, wenn die Zeit reif dafür ist. Eine gute Zukunft für alle ist möglich, aber wir müssen uns von der alten Fortschrittserzählung des Immer-Mehr verabschieden. Der Anthropologe Ronald Wright warnt: »Fortschritt hat eine innere Logik, die jenseits aller Vernunft in die Katastrophe führen kann.«[9] Die Klimakrise zeigt uns dies deutlich.

Die Wirtschaft ist nicht alles, aber sie bestimmt wesentlich unsere Lebens- und Entfaltungsmöglichkeiten. In diesem Buch wende ich mich den Perspektiven eines anderen, lebensdienlichen Wirtschaftens zu. Der Begründung, warum es so nicht weitergehen kann, und Vorschlägen für eine neue planetare Buchhaltung (Abschnitt I) folgen Ausführungen zu den Grundlagen von Wirtschaft (Abschnitt II) sowie Transformationsansätze im Bereich unterschiedlicher Wenden (Abschnitt III). Danach werden neue makroökonomische Konzepte zu Green Growth, Degrowth und Postkapitalismus vor- und zur Diskussion gestellt (Abschnitt IV). Abschließend argumentiere ich, gleichsam in einer Synthese aus den vorgestellten Befunden und Neuansätzen, die aus meiner Sicht notwendige Befreundung mit einer modernen Bedarfsökonomie in einer offenen Gesellschaft.

Kapitel 2
Die Welt ist aus den Fugen

Kennzahlen der Unmenschlichkeit

Laut einer Studie der britischen Entwicklungsorganisation Oxfam besitzen die acht reichsten Menschen der Welt so viel wie die untere Hälfte der Weltbevölkerung. Fast zwei Drittel des seit Pandemieausbruch neu geschaffenen Vermögens wanderten in die Taschen des reichsten Prozents der Menschheit.[1] Über zwei Billionen Dollar werden im Jahr für Rüstung und Militär ausgegeben,[2] über 700 Milliarden Dollar für Wirtschaftswerbung.[3] Zugleich gehen täglich 690 Millionen Menschen hungrig zu Bett, 30 Millionen Kinder sind stark unterernährt, so das World Food Programme der Vereinten Nationen.[4] Die reichsten zehn Prozent der Weltbevölkerung stoßen 36 bis 45 Prozent der Treibhausgas-Emissionen aus, das reichste ein Prozent ist für die Hälfte aller Flugemissionen verantwortlich.[5] Milliardäre wie Richard Branson und Jeff Bezos verursachen mit einem Flug ins All so viele Treibhausgas-Emissionen wie ein Mensch der ärmsten Milliarde in seinem ganzen Leben.[6] Das alles erscheint absurd und dennoch nehmen wir es hin.

Würde es Menschen auf einem anderen Planeten geben und diese würden uns besuchen, wären sie wohl ziemlich irritiert. Da leben die einen in Saus und Braus, prahlen mit ihren Luxus-Yachten und fliegen mit ihren Privatjets um die Welt, während andere ihr Leben in Slums fristen. Die einen finden übervolle Supermärkte und Shoppingcenter vor, während andere verhungern oder auf der Flucht in der Wüste verdursten beziehungsweise im Meer ertrinken. Zu alledem bedrohen sich Gesellschaften, die nach fragwürdigen Grenzen voneinander getrennt sind und auch Mauern errichten, mit Unmengen an zerstörerischen Waffen. Und es gibt Gesellschaften, in denen werden Menschen hingerichtet, weil sie ihre Meinung geäußert haben. Menschen wird verwehrt, an Universitäten zu gehen, nur weil sie Frauen sind. Marsmenschen würden sich nur wundern!

Wahrscheinlich brauchen wir den Blick von außen, um zu erkennen, wie absurd all das ist. Ja, natürlich gibt es Menschen, die gegen diese Missstände auftreten. Sie werden toleriert oder auch nicht, dienen der Gewissensberuhigung der Gleichgültigen. Das ist überzogen, denken Sie? Es will doch niemand bewusst, dass andere verhungern, dass wir unsere Lebensgrundlagen zerstören, dass Menschen befohlen wird, Krieg zu führen, einander zu töten, dass die einen unvorstellbar reich sind und die anderen arm bleiben. Ja, das stimmt wohl.

Es fehlt an Wissen über die Zusammenhänge und an Vorstellungen, wie es anders gehen könnte. Es fehlt aber auch an Empathie und Solidarität in einer von Konsumversprechen und Entertainment übertönten Welt. »Auch du kannst es schaffen, wenn du dich genug anstrengst«, lautet die Devise. »Die Armen in den Ländern des Südens sind selbst schuld, wenn sie die Ärmel nicht hochkrempeln, so wie wir es getan haben.«

Man muss vorsichtig sein mit allzu großen Worten. Aber wir stehen in der Tat an einer neuen Zeitenwende. Denn erstmals in der Geschichte der Menschheit stehen nicht nur höchst ungerechte Zustände zur Disposition, sondern die »Bewohnbarkeit des Planeten«, wie es der Ökologe Bruno Latour ausdrückt.[7] Zur sozialen kommt die ökologische Frage. Es geht um das Leben von und mit der Natur, um eine neue Beziehung zu allen Lebewesen auf der Erde, um die Erinnerung unseres Eingewoben-Seins in die Naturverhältnisse. Es geht mit Heinz Bude um ein drittes »Wir«, welches über das eigene Nahfeld sowie die Solidarsysteme der Staaten hinausgreift, um eine Solidarität aller mit allen, da wir alle aufeinander angewiesen sein werden, wenn wir den Planeten für uns bewohnbar halten wollen.[8]

Wirtschaftsversagen trotz hoher Produktivität

Das Ziel von Wirtschaften ist, den Bedarf an Gütern und Dienstleistungen für alle Menschen zu sichern – in jeder nationalen Volkswirtschaft sowie global für alle Erdenbürger*innen, also aktuell für gut acht Milliarden Menschen. Gelingt dies nicht, dann sprechen wir von Wirtschaftsversagen. Der Wirtschaftsjurist Toni Andreß bringt es auf den Punkt: »Während Vermögende ungefähr eine Billion Euro pro Jahr für Luxusprodukte, Staaten weltweit über 1,5 Billionen für Rüstungsgüter und einige sehr Vermögende viele Milliarden für Trägerraketen zur Erschließung des Weltraums ausgeben, haben über 260 Millionen Kinder und Jugendliche keinen Zugang zu Bildungseinrichtungen und ca. 815 Millionen Menschen nicht genug Lebensmittel.«[9] Das heute dominierende Wirtschaftssystem, der Kapitalismus, ist höchst produktiv. Der Ausstoß an Waren, die täglich die Fließbänder verlassen oder über die Einkaufsbänder rollen, ist gigantisch. Über 80 Millionen Autos werden jährlich produziert, das sind 1,5 Millionen pro Woche oder drei Autos pro Sekunde.[10] Die Zahl der 2022 produzierten Computer beläuft sich auf über 230 Millionen, das entspricht sieben PCs pro Sekunde. Die Daten ließen sich auf viele der Tausenden von Produkten ausweiten, mit denen unser modernes Leben ausgestattet ist.

Die zunehmende Automatisierung der Produktion ermöglicht, dass immer mehr Produkte in immer kürzerer Zeit mit immer weniger menschlicher Arbeitskraft erzeugt werden können. Neue Technologien erlauben die Optimierung der Produktionsprozesse sowie der Vertriebswege, wie der boomende Onlinehandel zeigt (mehr siehe Kapitel 4: Produktionsweisen).

Wir leben ökologisch über unsere Verhältnisse

Immens ist auch die jährliche Produktion an Lebensmitteln. Diese würde reichen, um neun bis zehn Milliarden Menschen zu ernähren. Der Mensch braucht circa 2.300 Kilokalorien pro Tag, der Verbrauch liegt dividiert durch die Weltbevölkerung bei 2.900 Kilokalorien. Dennoch hungern Menschen, weil sie keinen Zugang zu Nahrung haben. Mitverantwortlich ist der Ernährungsstil der Wohlhabenden. Während in den ärmeren Ländern Fleisch nur zu besonderen Mahlzeiten aufgetischt wird, wenn überhaupt – ein großer Teil der Menschheit lebt noch immer weitgehend vegetarisch, ohne diesen Begriff je gehört zu haben –, steigt der Fleischkonsum mit dem materiellen Wohlstand stark an. Er hat sich seit den 1950er Jahren verdreifacht.[11] 80 Milliarden Tiere werden jährlich für den Verzehr durch den Menschen geschlachtet.[12] Das Problem: Das an die Nutztiere verfütterte Getreide oder Soja fehlt den Menschen, die hungern.

Es gibt nicht nur mehr Menschen auf der Erde, sondern auch mehr Menschen, die sich mehr leisten können. Eine Erfolgsgeschichte, könnte man meinen. Warum ist dem nicht so? Dafür gibt es mehrere Gründe. In jedem

Produkt – ob Lebensmittel, Computer oder Autos – stecken Rohstoffe und Energie, die für die Erzeugung und – im Falle der Energie – in vielen Bereichen auch für den Gebrauch der Güter erforderlich sind. Der ökologische Rucksack eines Autos, das selbst eine Tonne wiegt, beträgt an die 20 Tonnen – Rohstoffe und Energie für die Herstellung, Treibstoff für den Betrieb, Aufwand für die Entsorgung. Ein Handy kommt auf einen Öko-Rucksack von 75 Kilogramm.[13] Zudem wird der Planet zur Müllhalde. Nur knapp neun Prozent der weltweiten Entnahme von Ressourcen werden aktuell wieder in den Wirtschaftskreislauf zurückgeführt – das meiste wird verbrannt beziehungsweise mehr oder weniger sorgsam deponiert.[14]

2,5 Milliarden Tonnen Abfall werden in den Ländern der Europäischen Union jährlich produziert. Der Großteil fällt dabei im Bereich Baugewerbe und Abbau von Rohstoffen an, gefolgt von Industrieabfällen. Über acht Prozent entfallen auf die Haushalte, also die sogenannten Siedlungsabfälle. Nicht einmal die Hälfte Letzterer werden dem Recycling zugeführt, so Daten des Europäischen Parlaments.[15] Hochwertige Rohstoffe gehen im Bereich der Elektro(nik)branche verloren. Weniger als 40 Prozent des gesamten Elektro- und Elektronikabfalls in der EU wird recycelt, der Rest wird nicht getrennt.[16] Noch immer gelangt Elektronikmüll illegal auf Müllhalden in Ländern des Südens, wo verwertbare Metalle von Müllsammler*innen unter hohen gesundheitlichen Belastungen ausgebaut werden, wie die Nichtregierungsorganisation (NGO) Südwind aufzeigt.[17] Der Steigerungswahn scheint keine Grenzen zu kennen. Am 6. Juli 2023 wurden laut flightradar erstmals 20.000 Flugzeuge gezählt, die zeitgleich um die Welt flogen.[18] Das größte Kreuzfahrtschiff der Welt soll 2024 in den USA vom Stapel gelassen werden: Knapp 10.000 Personen haben Platz auf der »Icon of the Seas«. Das Schiff der Superlative wird 20 Sonnendecks, 16 Pools und eine Eishalle an Bord aufweisen, wie die Neue Züricher Zeitung berichtet.[19]

Drei Beispiele: Textilindustrie, Landwirtschaft, Baubranche

Beginnen wir mit der Textilindustrie: Jede Sekunde gehen weltweit etwa 600 Jeans über die Ladentheke. 4,3 Milliarden Meter Jeansstoff wurden 2022 dafür gewebt, eine Stoffbahn, mit der man die Erde einhundert Mal umwickeln könnte. Die Jeans ist das populärste Kleidungsstück der Welt. Doch in der Branche gilt sie auch als das schmutzigste, so »flip.de«. Die Jeans ist an sich ein robustes Kleidungsstück aus Baumwolle, nur die Art der Herstellung sowie der rasche Wechsel der Moden sind das Problem. »Bereits beim Anbau der Baumwolle werden Unmengen an Wasser verbraucht und giftige Pestizide eingesetzt. Die Menschen, die die Jeans herstellen, werden oft schlecht bezahlt. Und in den Wäschereien und Fabriken kommen so viele gefährliche Chemikalien zum Einsatz, dass inzwischen ganze Städte verschmutzt sind. Die Jeans steht somit auch stellvertretend für eine Fast-Fashion-Branche, die Mensch und Umwelt massiv schadet.«[20]

Die industrialisierte Landwirtschaft mit hohem Kunstdüngereinsatz laugt die Böden aus, Plantagenwirtschaft führt zur Abholzung der Regenwälder, Tiere werden in Massenställen unter unwürdigen Bedingungen gehalten. Weltweit gehen jährlich etwa zehn Millionen Hektar Ackerfläche verloren – eine Fläche von rund 14 Millionen Fußballfeldern. Ein Viertel der globalen Bodenfläche enthält heute schon deutlich weniger Humus und Nährstoffe als vor 25 Jahren oder lässt sich gar nicht mehr als Ackerland nutzen. Wesentliche Ursachen sind die Landgewinnung durch Abholzung, Brandrodung, Umbruch und eine intensive, nicht standortangepasste Landwirtschaft, warnt das deutsche Umweltbundesamt.[21]

Über fünf Millionen Hektar Wald gingen 2022 durch Abholzung verloren, noch mehr, nämlich 6,7 Millionen Hektar an fruchtbaren Böden durch Erosion.[22] Aufgrund des Klimawandels und Fehlbewirtschaftung schreitet die Wüstenbildung voran. Die Überdüngung der Böden ist eine wesentliche Ursache für deren Auslaugung sowie den Eintrag von Stickstoff und Phosphor in die Gewässer. Zudem ist Kunstdünger energieintensiv – pro Kilogramm ist ein Liter Erdöl erforderlich. An die 9,5 Millionen Tonnen giftige Chemikalien wurden 2022 in die Umwelt gepumpt. Sie zerstören die ökologischen Grundlagen.[23]

Wir kommen täglich mit Chemikalien wie zum Beispiel Lösungsmitteln, Farben und Lacken, Haushaltchemikalien, Weichmachern und Flammschutzmitteln aus Kunststoffen in Berührung. Die von Chemikalien ausgehenden Gefahren betreffen uns alle, so das Umweltbundesamt in Berlin weiter.[24]

Auch die Bautätigkeit ist ungebrochen: Milliarden von Tonnen mineralische Ressourcen werden jährlich dem Planeten entnommen – für Wohnungen, Industrieanlagen, Kaufhäuser, öffentliche Einrichtungen und Infrastrukturen. Über vier Milliarden Tonnen Zement wurden weltweit 2021 produziert und verbaut, der größte Teil davon in China.[25] Die Erzeugung von Zement ist äußert energieintensiv und mit der Freisetzung von großen Mengen an CO_2 verbunden. Nach Schätzungen ist die Zementproduktion für acht Prozent der weltweiten Treibhausgase verantwortlich.[26]

Die immense Bautätigkeit führt zu einem ungebremsten Flächenverbrauch, Flächen, die dem Anbau von Lebensmitteln entzogen werden. Allein in Deutschland beträgt der Flächenverbrauch durch Städte- und Straßenbau mehr als 70 Hektar pro Tag. Dies entspricht der Fläche von über 100 Fußballfeldern. Während Städte heute nur ein bis zwei Prozent der Erdoberfläche in Anspruch nehmen, werden sie 2050 etwa vier bis fünf Prozent belegen, eine Steigerung von 250 auf 420 Millionen Hektar. Weitere Agrarflächen müssen weichen, warnt der Bodenatlas der Heinrich-Böll-Stiftung.[27] Der Experte Daniel Fuhrhop fordert daher: »Verbietet das Bauen.«[28]

Der Klimawandel schreitet voran

Der Ausstoß an klimaverändernden Treibhausgasen steigt trotz Klimaverhandlungen und Klimaschutzbeteuerungen weiter an. Über 40 Milliarden Tonnen CO_2, dem wichtigsten Treibhausgas, werden jährlich emittiert. Tendenz steigend. Lediglich im ersten Coronajahr 2020 ist der weltweite Ausstoß um sieben Prozent gesunken – nicht aufgrund einer besseren Klimaschutzpolitik, sondern weil über Monate das Wirtschafts- und Alltagsleben heruntergefahren werden mussten. Um das 1,5-Grad-Ziel mit einer Wahrscheinlichkeit von 70 Prozent zu erreichen, müssten wir die Treibhausgase in den nächsten 10 Jahren um jährlich jeweils sieben weitere Prozent reduzieren – es geschieht jedoch das Gegenteil. Alle Szenarien der Klimaforschung zeigen an, dass wir uns gefährlichen, irreversiblen Kipppunkten nähern, warnt der Meteorologe Sven Plöger.[29] Hauptverantwortlich für den menschengemachten Klimawandel ist die Verbrennung von Erdöl, Erdgas und Kohle in unseren Fabriken, Automotoren und Häusern. 80 Prozent des Weltenergieverbrauchs basiert nach wie vor auf fossilen Energieträgern. Die energiebezogenen CO_2-Emissionen der G20-Staaten stiegen 2021 um fast sechs Prozent an, zurückzuführen auf einen zunehmenden Energieverbrauch, insbesondere von Kohle und Öl, so das Jahrbuch 2023 »Globale Energie- und Klimastatistik«.[30] Um die Klimaziele zu erreichen, müsste der Großteil der noch verfügbaren fossilen Rohstoffe jedoch unter der Erde bleiben. Dazu kommt, dass der Energieverbrauch nach wie vor global äußerst ungleich verteilt ist. Während der Pro-Kopf-Jahresverbrauch in den USA bei 77.500 Kilowattstunden liegt, in Deutschland bei etwa 42.000 und in Österreich bei 45.000, kommen Länder des globalen Südens auf etwa 10.000 Kilowattstunden (Bezugsjahr 2021).[31]

Resümee: Wir leben ökologisch mittlerweile weit über unsere Verhältnisse. Der auf fossiler Energie basierende Wirtschafts- und Konsumstil ist nicht zukunftsverträglich.

Die Früchte werden ungleich verteilt

Zum ökologischen Desaster kommt die ungleiche Verteilung des Erwirtschafteten. Die Welt könnte – wie gesagt – neun bis zehn Milliarden Menschen ernähren, doch fehlende Kaufkraft, fehlender Zugang zu Grund und Boden sowie zu besseren Technologien und Transportsystemen der agrarischen Bevölkerungen in den Ländern des Südens verhindern, dass die Lebensmittel bei jenen ankommen, die sie brauchen. Der zu hohe Kalorienverbrauch, insbesondere durch viel Fleisch, der einen führt zum Mangel bei den anderen. Laut Welternährungsorganisation FAO sind aktuell über 860 Millionen Menschen unterernährt. Zugleich nimmt die Fehlernährung zu. 1,7 Milliarden Menschen gelten als fehlernährt, über 800 Millionen gar als fettleibig. Verantwortlich dafür sind falsche Ernährungsgewohnheiten, aber vor allem das Angebot mangelhafter, weniger Nährstoffe, aber viel Zucker, Fett und Salz enthaltender industriell verarbeiteter Lebensmittel.[32]

Das erste Ziel der von der Staatenwelt 2015 verabschiedeten Sustainable Development Goals gibt vor, den Hunger bis 2030 abzuschaffen – noch sind wir weit davon entfernt und die Frist, um das Ziel noch zu erreichen, wird immer kürzer. Nur drei Prozent der weltweit erzeugten Lebensmittel würden ausreichen, um die 13 Prozent mangelernährten Menschen in der Welt zu versorgen, rechnet die Ökonomin Kate Raworth vor.[33] Jean Ziegler, ehemaliger Sonderberichterstatter der Vereinten Nationen für das Recht auf Nahrung, spricht von einem »Imperium der Schande«.[34]

Doppelte Ausbeutung der Benachteiligten

Der Zugang zu Nahrung ist das elementarste Grundmenschenrecht, es geht aber auch um die Verteilung der weiteren Wirtschaftsgüter. Länder wie China, Indien oder Brasilien holen zwar auf, das Weltbruttosozialprodukt ist jedoch nach wie vor äußerst ungleich verteilt. Die globale Arbeitsteilung hält die Wohlstandsunterschiede hoch. Die Länder des Südens dürfen billige Rohstoffe und einfache Güter wie Textilien liefern, China und andere asiatische Länder produzieren High-Tech-Güter für den reichen Norden, wird in einem »Atlas der Globalisierung« ausgeführt.[35]

Die globale Wirtschaft wächst zwar, die Früchte dieses Wachstums sind jedoch sehr ungleich verteilt. 46 Prozent des Zuwachses der Weltwirtschaftsleistung gingen zuletzt an die fünf Prozent Reichsten der Weltbevölkerung. Ein Viertel der menschlichen Arbeit, des Verbrauchs an Ressourcen und Energie geht darauf, um die Taschen der zehn Prozent Reichsten weiter zu füllen, so der Wirtschaftsanthropologe Jason Hickel.[36] Der Begriff »Globale Wirtschaft« ist daher trügerisch. Der Großteil der Investitionen, der Produktion sowie der Wertschöpfung und des Konsums gehen auf die Triade – USA, Europäische Union sowie China, Japan und einige asiatische Kleinstaaten.

Das kapitalistische Wirtschaftssystem hat im Zusammenspiel von innovativen Unternehmen, der Entwicklung neuer Technologien sowie der Entfesselung einer gigantischen Produktivkraft den Ausstoß an Waren und Dienstleistungen über Jahrzehnte exponentiell gesteigert. Es beruht aber auf einer doppelten Ausbeutung: von Menschen in den Billiglohnländern sowie jener der Natur. Zugleich verteilt es die Früchte des Erwirtschafteten immens ungleich. Das führt zu einer doppelten Ungerechtigkeit: Jene, die am wenigsten vom Wirtschaftswachstum profitieren, leiden zugleich am stärksten unter der Naturzerstörung sowie den Folgen der Erderhitzung. Das dominierende, kapitalistische Wirtschaftssystem ist also weder fair noch nachhaltig.

Unser Wirtschaftssystem ist angebotsgetrieben

Produziert wird nicht für Menschen mit Bedarf, sondern für jene mit Kaufkraft. Bei gesättigten Märkten gibt es zwei Möglichkeiten: Erstens neue Märkte erschließen – diese liegen in den Transformationsländern. Zweitens neue Bedürfnisse schaffen mittels Werbung. Über 700 Milliarden Dollar werden weltweit für Werbung ausgegeben, wie bereits ausgeführt wurde. Bis 2024 sollen die globalen Werbeausgaben nochmals um eine weitere Milliarde Dollar ansteigen.[37] Das Ziel: Menschen mit Kaufkraft neue Produkte schmackhaft zu machen, ihnen neue Schnäppchen einzureden. Es geht um eine »Ökonomie für die Satten, nicht für die Hungernden«, so der tschechische Ökonom Tomas Sedlacek.[38] Wer hungert, braucht keine Werbung, sondern etwas zu essen.

Keine Frage: Wir Menschen in den Wohlstandsländern leben trotz Krisen wie der Verteuerung von Energie aufgrund des Krieges gegen die Ukraine sowie der Verteuerung von Produkten aufgrund von Lieferkettenproblemen im Zuge der Pandemie noch immer auf der Butterseite des Planeten. Und keine Frage: Der materielle Wohlstand ist mittlerweile auch in den reichen Ländern zu ungleich verteilt. Doch im Vergleich zu den Menschen außerhalb der Wohlstandszonen leben wir nach wie vor gut. Und wir jammern auf hohem Niveau.

Dennoch steigt die Unzufriedenheit der Menschen mit sich selbst, mit dem Leben sowie der Politik. Dafür gibt es mehrere Gründe. Zum einen steigt mit dem Wohlstand das Anspruchsniveau – wir vergleichen uns mit unseresgleichen, nicht mit den Menschen in ärmeren Regionen oder mit unseren Vorfahren. Die Vergleichsfalle führt aber ins Unglück. Zum zweiten sind der materielle Wohlstand sowie das Rennen im Konsum-Hamsterrad erkauft mit Stress und ungesunden Lebensrhythmen. Prekäre Arbeitsbedingungen der einen, selbstauferlegter Optimierungszwang[39] der anderen führen dazu, dass wir das Leben nicht genießen können. Flucht in den Konsum und in die bunten Entertainment-Welten verschaffen kein wirkliches Glück.[40] Die Allgemeine Ortskrankenkasse in Deutschland zählte 2020 durchschnittlich 5,5 Arbeitsunfähigkeitsfälle je 1.000 Mitglieder aufgrund einer Burn-out-Diagnose. Damit hat sich die Diagnosehäufigkeit im letzten Jahrzehnt deutlich erhöht.[41]

Was ist zu tun?

Neue Technologien allein, etwa im Bereich erneuerbarer Energien, neuer Antriebe oder neuer Werkstoffe, werden nicht reichen, um die sich in diesem Jahrhundert rapide verschärfenden ökologischen und sozialen Krisen zu meistern. Die Ursachen sind systemisch bedingt. Der real existierende Kapitalismus führt in ein eklatantes Wirtschaftsversagen. Die Herausforderung besteht darin, ein Wirtschaftssystem zu gestalten, das neue Technologien und innovatives Unternehmertum nutzt, aber die Grundbedürfnisse aller Menschen in den Mittelpunkt rückt. Ich nenne das eine »moderne Bedarfsökonomie«. In einem ersten Schritt brauchen wir neue Ansätze einer planetaren Buchhaltung, die Wohlbefinden für alle mit den ökosystemischen Grenzen verbindet. Dazu mehr im folgenden Kapitel.

Zusammenfassung

1. Das kapitalistische Wirtschaftssystem ist hochproduktiv, der weltweite Ausstoß an Waren und Dienstleistungen gigantisch. Doch das System ist sozial blind. Die Früchte des Wirtschaftserfolgs kommen nur begrenzt bei den weniger Begüterten an.
2. Das kapitalistische Wirtschaftssystem ist zudem angebotsgetrieben. Produziert wird für Menschen mit Kaufkraft, nicht für Menschen mit Bedarf. Über 700 Milliarden Dollar wurden 2022 für Wirtschaftswerbung ausgegeben. Doch wer hungert, braucht keine Werbung, sondern etwas zu essen.
3. In allen Gütern und Dienstleistungen stecken Naturressourcen und Energieverbrauch, was die Natur belastet. Die Lebensgrundlagen der Menschheit werden irreversibel zerstört. Der sich zuspitzende Klimawandel, das Auslaugen der Böden sowie der dramatische Verlust an Arten sind die augenscheinlichsten Beispiele. Der Konsum- und Wachstumskapitalismus ist somit auch ökologisch blind.
4. Dies führt zu einer doppelten Ungerechtigkeit. Jene, die am wenigsten am wirtschaftlichen Erfolg partizipieren, tragen am wenigsten zur Zer-

störung der Lebensgrundlagen bei. Sie sind jedoch am vulnerabelsten und am meisten von den Folgen betroffen. Die Ironie dabei: Wirklich zufrieden sind auch wir in den Wohlstandsländern nicht.

5. Wenn wir die Sustainable Development Goals der Vereinten Nationen, die bis 2030 die Abschaffung von Hunger und Armut bei gleichzeitiger Beendigung der Naturzerstörung verlangen, ernst nehmen, müssen wir den Kapitalismus mit seinen Fehlanreizen zähmen. Notwendig ist eine moderne Bedarfsökonomie, die die Versorgung aller Menschen mit den Grundbedürfnissen in den Mittelpunkt stellt.

Kapitel 3
Eine planetare Buchhaltung

Eine neue Wahrnehmung der Welt

»Wertschöpfung« gilt als Schlüsselbegriff aller Wirtschaftsprognosen. Wächst die Wertschöpfung oder schrumpft sie? Um wie viel wächst oder schrumpft sie? Wie hoch ist sie im Ländervergleich? So zentrale Fragen. Gemessen wird Wertschöpfung durch eine einzige Zahl: das Bruttoinlandsprodukt, kurz BIP. Erfunden von dem Ökonomen Simon Kuznets im Gefolge der Weltwirtschaftskrise der 1930er Jahre, legte das BIP eine steile Karriere hin. Es wurde zum Gradmesser für den Erfolg von Volkswirtschaften schlechthin, auch wenn der Erfinder betonte, dass das BIP kein Maß für die Messung von Wohlstand sei. Zusammengezählt wird alles, was in einer Messperiode in Geldwerten produziert, beziehungsweise konsumiert wurde.[1]

Mängel der Zauberzahl BIP

Das BIP sagt erstens nichts aus über die Verteilung des Erwirtschafteten. Ein Land kann ein hohes durchschnittliches BIP pro Kopf haben, und dennoch für die Mehrheit wenig bringen, wenn Reiche sehr viel davon für sich beanspruchen. Zur Erinnerung: Dem Wirtschaftsanthropologen Jason Hickel zufolge ging fast die Hälfte des globalen Wirtschaftswachstums in den letzten Jahren an die reichsten fünf Prozent der Weltbevölkerung. Ein großer Teil an Arbeit, Ressourcen und Energie wird aufgewendet, um die Taschen der Begüterten weiter zu füllen.[2]

Zweitens: Das BIP sagt nichts darüber aus, *was* an Gütern produziert wird und *für wen* diese produziert werden. Leistbare Wohnungen, gesunde Nahrungsmittel und gute Schulen für alle oder teure SUVs und Privatjets für die Reichen? Und unter dem Schleier der abstrakten Zahlen bleibt auch, wer unter welchen Bedingungen für das BIP geschuftet hat. Es bleibt kritischen

Nichtregierungsorganisationen vorbehalten, auf die miserablen Arbeitsbedingungen in vielen Fabriken sowie in Minen und auf Plantagen des globalen Südens hinzuweisen. Transformationsländer können ein steigendes BIP aufweisen, wenn dieses jedoch lediglich auf die Ausweitung des Exports von Plantagengütern wie etwa Palmöl in Malaysia oder Indonesien zurückzuführen ist, werden zwar einige Plantagenbesitzer*innen reich, die einfache Bevölkerung bekommt davon aber nichts. Sie tragen die ökologischen Schäden der Plantagenwirtschaft, wie etwa die Journalistin Kathrin Hartmann ausführt.[3] Ähnlich verhält es sich bei Ländern mit einem hohen Exportanteil an Rohstoffen, die das BIP erhöhen. Die Gewinne streichen internationale Konzerne ein und die nationalen Eliten schneiden mit. Es handelt sich hier um moderne »Kleptokratie«, wie Jean Ziegler betont.[4]

Das Problem der Negativkosten

Es gibt weitere Fallen. Über 700 Milliarden Dollar werden weltweit jährlich für Wirtschaftswerbung ausgegeben, um uns in den Wohlstandszonen neue Produkte anzupreisen. Auch das erhöht das BIP, trägt aber nicht zur allgemeinen Wohlstandsmehrung bei. Noch einmal: Wer hungert, braucht keine Werbung, sondern etwas zu essen. Das drastischste Beispiel für wertlose, ja zerstörerische Güter sind wohl Waffen. Waffen erhöhen aber nicht das Wohlbefinden der Menschen – dort, wo sie eingesetzt werden, führen sie zu Tod und Zerstörung, wo sie für Verteidigungs- oder Abschreckungszwecke angeschafft werden, wiegen sie die Menschen in lediglich trügerischer Sicherheit.

In der Nachhaltigkeitsforschung wird daher drittens seit langem auf die sogenannten Negativkosten hingewiesen. Dazu zählen etwa Umweltschäden oder Zivilisationskrankheiten. Sie erhöhen das BIP, weil dies Kosten verursacht: für das Aufräumen nach Hochwasserkatastrophen oder für die Behandlung vermeidbarer Krankheiten aufgrund eines ungesunden Lebensstils. Für die Gesellschaft und Wirtschaft wichtige, jedoch nicht bezahlte Leistungen wie Kindererziehung, Betreuung älterer Menschen und gemeinschaftliches Engagement werden wiederum nicht im BIP erfasst. Würden alle nicht bezahlten Tätigkeiten in Österreich in das BIP eingerechnet, wäre dies um ein Drittel höher, rechnen die feministischen Ökonominnen Bettina

Haidinger und Käthe Knittler vor.[5] Nicht berücksichtigt werden in der herkömmlichen Wirtschaftsrechnung auch die externalisierten ökologischen Kosten, der Verlust an Naturkapital oder die Schäden, die durch die Erderhitzung in Zukunft drohen. Nicht-Handeln in Bezug auf den Klimawandel wird um vieles teurer, als wenn wir jetzt beginnen, die richtigen Maßnahmen zu setzen, warnt der Stern-Report, benannt nach dem ehemaligen britischen Regierungsberater Nicolas Stern. Der Leiter des volkswirtschaftlichen Dienstes der britischen Regierung bezifferte die jährlichen Kosten für Maßnahmen zur Stabilisierung der Treibhausgaskonzentration mit etwa einem Prozent des globalen Bruttoinlandsprodukts, wenn umgehend begonnen wird, entschieden zu handeln. Die jährlichen Kosten des Klimawandels würden jedoch, wenn *nicht* gehandelt wird, dem Verlust von wenigstens fünf Prozent des globalen Bruttoinlandsprodukts entsprechen.[6]

Von Wertschöpfung und Schadschöpfung

Der französische Ökonom Thomas Piketty plädiert dafür, vom BIP Abstand zu nehmen und stattdessen das Nationaleinkommen zu berechnen. Bei diesem würde auch der Verlust an Naturkapital berücksichtigt.[7] Die Nachhaltigkeitsforscherin Maja Göpel stellt der Wertschöpfung daher die Schadschöpfung gegenüber. Sie meint, dass die Verzichtsdebatte in die Irre führe: Verzichten könne man nur auf etwas, das einem zusteht. Der Zugriff auf die Naturressourcen steht uns in den Hochkonsumländern nicht zu. Die Autorin sagt weiter: »Das, was wir modernen Fortschritt nennen, ist im Prinzip nichts anderes als Ausbreiten und Ausbeuten.«[8] Schadschöpfung liegt in meinen Augen auch vor, wenn Menschen am anderen Ende der Lieferkette keine ausreichenden Löhne erhalten und unter gesundheitsschädlichen Bedingungen arbeiten müssen, wenn Dinge produziert werden, die wir nicht wirklich brauchen, oder wenn Lebensmittel weggeworfen sowie Tonnen an Werbeprospekten gedruckt werden.

Sprache kann Wirklichkeiten verzerren und blinde Flecken unentdeckt lassen. Ein neues Wahrnehmen erfordert daher auch neue Begriffe wie Schadschöpfung und neue Messzahlen. Wir brauchen neue Indikatoren, die den Naturverbrauch anzeigen und das Wohlbefinden der Menschen, also Daten, die tatsächlich die Lebensqualität messen.

Planetarer Notstand und die Grenzen des Wachstums

Mit der 1972 erschienenen Studie »Die Grenzen des Wachstums«[9] hat der Club of Rome erstmals auf die Endlichkeit der Ressourcen unseres Planeten hingewiesen. Manche der Prognosen trafen so nicht ein – etwa in Bezug auf die Rohstoffverknappung –, andere wie die Zunahme der Treibhausgase waren ziemlich genau. Der Bericht, der verschiedene Szenarien anhand von Computermodellen durchspielte, hat aber erreicht, dass wir erstmals mental auf die Grenzen des Wachstums gestoßen wurden. Das Bild vom »organischen Wachstum« analog zu den Prozessen in der Natur, das nach Erreichen des Reifestadiums physisch nicht mehr zunimmt, setzte sich ab von den exponentiellen Wachstumskurven der gängigen Wirtschaftslehrbücher. Der Zukunftsforscher Robert Jungk schrieb damals über den ersten Club-of-Rome-Bericht: »Ich vergleiche solche Arbeiten mit den frühen Landkarten, es gab viele weiße Flecken drauf, sie waren falsch sogar zum Teil, aber es waren zumindest Karten. Und man konnte versuchen, sich zu orientieren.«[10]

Es folgten zahlreiche weitere Berichte mit Detailuntersuchungen sowie Appellen zur Umkehr. Der ehemalige Generalsekretär des Club of Rome, Graeme Maxton, ließ beispielsweise mit seinem alarmierenden Bericht »Globaler Klimanotstand« aufhorchen.[11] Der anlässlich des 50. Jubiläums des Erstberichts erschienene neue Bericht »Earth for All« warnt vor sich zuspitzenden Krisen. Gesprochen wird von einem »planetaren Notstand« und der Notwendigkeit einer »resilienten Zivilisation«, von »Zusammenbruch oder Durchbruch«.[12] So lautet eine zentrale These, dass ökologische und soziale Fragen gemeinsam angegangen werden müssen, andernfalls könnten chaotische, politisch instabile Zustände eintreten. Verdeutlicht wird dies mit den eingeführten Parametern »Index für soziale Spannungen« und »Wohlergehensindex«. Durchgespielt wurden mehrere Szenarien – im Bericht Bezug genommen wird auf zwei davon: »Too Little Too Late«, also ein Zuwenig an Maßnahmen, die noch dazu zu spät kommen (so ließe sich die aktuelle Lage wohl beschreiben) und »Giant Leap« als großer Sprung, gespeist vom Mut zu tiefgreifenden Veränderungen (mehr siehe im Abschnitt IV zu neuen Wirtschaftskonzepten).

Die Agenda 21 der Vereinten Nationen

20 Jahre nach dem ersten Bericht an den Club of Rome, im Juni 1992, fand die erste große Konferenz für Umwelt und Entwicklung der Vereinten Nationen in Rio de Janeiro statt. Von den teilnehmenden Staaten wurde dabei eine »Agenda 21«, also ein Aufgabenkatalog der Menschheit für das 21. Jahrhundert, verabschiedet. Bei der Rio-Konferenz wurde der Begriff der »Nachhaltigen Entwicklung« erstmals popularisiert.[13] Getragen wird der Abschlusstext von der Hoffnung auf nachholende Entwicklung der Länder des Südens bei gleichzeitiger Transformation in Richtung Nachhaltigkeit, was nicht falsch, aber sehr stark auf neue Technologien fokussiert ist. So heißt es beispielsweise im Kapitel zu Energie: »Die Senkung des Energie- und Materialverbrauchs je Produktionseinheit bei der Erzeugung von Gütern und Erbringung von Dienstleistungen kann sowohl zu einer Verringerung der Umweltbelastungen als auch zu einer Steigerung der wirtschaftlichen und industriellen Produktivität und Wettbewerbsfähigkeit beitragen. Die Regierungen sollen daher in Zusammenarbeit mit der Industrie ihre Bemühungen um eine rationelle und umweltverträgliche Energie- und Ressourcennutzung intensivieren.«[14]

Millennium Goals & Sustainable Development Goals

Ähnlich optimistisch argumentieren die in der Folge von der Staatengemeinschaft der Vereinten Nationen verabschiedeten Millennium Development Goals (MDGs, 2000) sowie die Sustainable Development Goals (SDGs, 2015). Die Dokumente sind der Versuch, Weltziele als verbindendes Element für nachhaltige Entwicklung auf der Agenda zu halten. Alle 193 Mitgliedsstaaten der Vereinten Nationen verpflichteten sich, auf die Umsetzung des Programms mit den 17 nachhaltigen Entwicklungszielen und 169 Unterzielen auf nationaler, regionaler und internationaler Ebene bis zum Jahr 2030 hinzuarbeiten. Das Plakat mit den 17 bunten Icons soll vermitteln, dass die Ziele zusammengehören (siehe Abb. 1). Der Tenor lautet: »Niemanden zurücklassen.« Kaum angesprochen wird die Begrenzung des materiellen Konsums der Wohlhabenden und Reichen, also das Prinzip »Niemanden davonziehen lassen«.

Abb. 1 Sustainable Development Goals, *Quelle: Deutsche Bundesregierung*[15]

Hinsichtlich der Ansprüche hat man gegenüber den Vorgängerzielen, den Millennium Development Goals, dazugelernt. War dort noch von der Halbierung der Armut bis zum Jahr 2015 die Rede, so heißt es in den SDGs nun: »Keine Armut« (Ziel 1) und »Kein Hunger« (Ziel 2). Und: Entwicklung wird anders als bei den MDGs auch auf die materiellen Wohlstandsländer bezogen (Ziel 12: »Nachhaltiger Konsum und Produktion«). Auch Aspekte wie »Geschlechtergerechtigkeit« (Ziel 5), »Menschenwürdige Arbeit und Wirtschaftswachstum« (Ziel 8) oder »Nachhaltige Städte und Gemeinden« (Ziel 11) werden angesprochen. Mit »Maßnahmen zum Klimaschutz« (Ziel 13), »Leben unter Wasser« (Ziel 14) und »Leben am Land« (Ziel 15) sind Klimapolitik und Artenvielfalt zentral verankert. Themen der Infrastruktur werden mit »Bezahlbare und saubere Energie« (Ziel 7) und »Industrie, Innovation und Infrastruktur« (Ziel 9), politische Strukturen mit »Frieden, Gerechtigkeit und starke Institutionen« (Ziel 16) sowie »Partnerschaften zur Erreichung der Ziele« (Ziel 17) thematisiert.

Am umstrittensten ist wohl SDG 8, das »dauerhaftes, breitenwirksames und nachhaltiges Wirtschaftswachstum, produktive Vollbeschäftigung und menschenwürdige Arbeit für alle« fordert. Natürlich ist niemand gegen menschenwürdige Arbeit für alle. Aber die Realität sieht anders aus. Die Standards der Internationalen Arbeitsorganisation ILO werden noch immer gebrochen. Der Reichtum der Wenigen wird nicht in Frage gestellt. Ökologische Themen werden zwar benannt – Anstieg der CO_2-Emissionen seit 1990 um mehr als 50 Prozent, Überfischung der Meere, Verlust an Regenwäldern, 40 Prozent aller Menschen weltweit von Wasserknappheit betroffen –, die Kritik am ressourcenverschlingenden Konsummodell der »entwickelten Regionen« bleibt aber aus. Und: »Entwicklung« wird ausschließlich als »Aufholen« definiert, nicht als gemeinsame Suche nach weltverträglichen Lebensstilen und Wirtschaftsweisen.[16]

Die große Beschleunigung

Dass der Glaube an unbegrenztes Wachstum in die Irre führt, haben die Berichte des Club of Rome eindrücklich gezeigt. Die systemische Sackgasse exponentieller Wachstumskurven verdeutlicht ein Forschungsprojekt unter dem Titel »Große Beschleunigung«, in dem die sozioökonomischen und erdsystemischen Trends der Weltgesellschaft seit Beginn der Industrialisierung nachgezeichnet werden.[17] Diese Daten zeigen, dass exponentielles Wachstum ins Chaos führt, denn die Entkopplung von Wirtschaftswachstum und Naturverbrauch gelingt nicht im notwendigen Maß.

Die zentrale Aussage: Seit den 1950er Jahren ist eine dramatische, in der Geschichte beispiellose Zunahme von menschlicher Aktivität in vielerlei Hinsicht zu beobachten. Das Anthropozän beginne demnach nicht, wie manche annehmen, mit der Industrialisierung, sondern mit dem nach dem Zweiten Weltkrieg einsetzenden Wirtschaftsaufschwung. Im Modell der »Großen Beschleunigung« werden 12 gesellschaftlich-wirtschaftliche Megatrends 12 ökologischen Erdsystem-Megatrends zur Seite gestellt (Beispiele siehe Abb. 2). Dabei ist die Bevölkerungszunahme nur ein Faktor und nicht der bestimmende. Bedeutender ist das Anwachsen des Konsums sowie derer, die sich ein höheres Konsumniveau leisten können. Dies sei verantwortlich für den rasanten Anstieg von Energie- und Wasserverbrauch, Düngereinsatz, Produktion von Waren und Dienstleistungen sowie Transportaufkommen. Ablesbar sei diese Entwicklung auch an den rapide gestiegenen ausländischen Direktinvestitionen sowie der zunehmenden Verstädterung. Erst ab der zweiten Hälfte des 20. Jahrhunderts zeichnen sich grundlegende Veränderungen auch im Zustand und in der Funktionsweise des Erdsystems ab, so der Bericht. Dargelegt wird dies am exponentiellen Wachstum des Ausstoßes von Treibhausgasen ebenso wie an der Leerfischung der Meere und dem Eintrag von Kunstdünger in die Böden, der auf diese Weise in die Gewässer und Flüsse gelangt. Der Verlust tropischer Wälder, das Artensterben sowie die Zunahme an domestizierten Flächen werden als weitere Indikatoren der Nicht-Nachhaltigkeit angezeigt.[18]

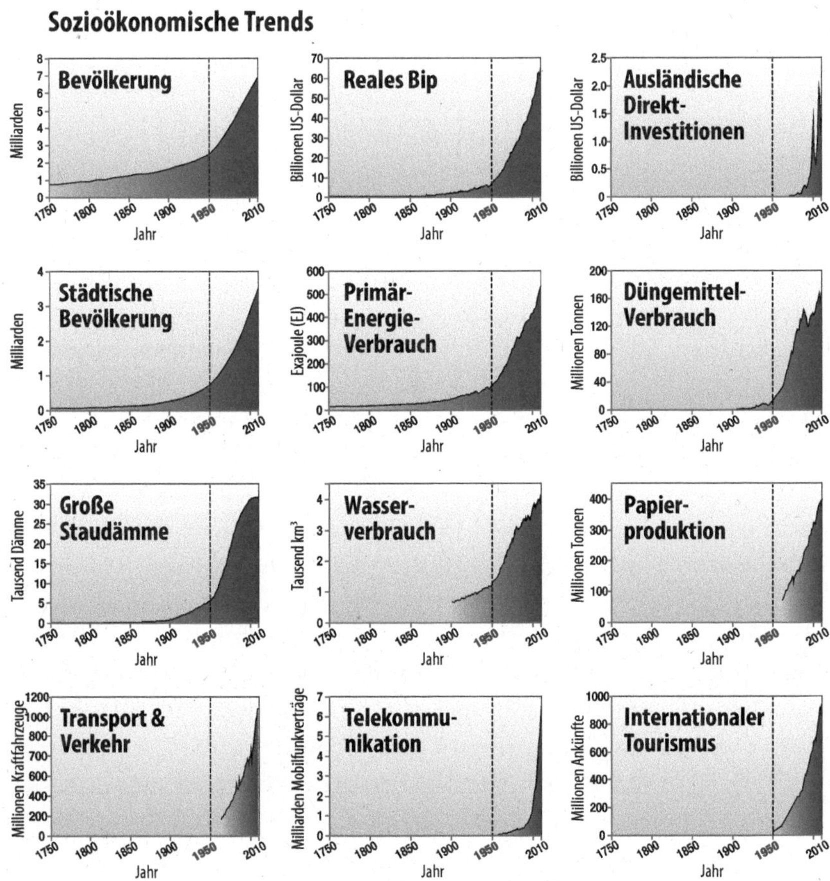

Abb. 2 Die große Beschleunigung, *Quelle: Steffen et al. 2015, FutureEarth*[19]

Planetare Grenzen

Wie es um den Zustand des Planeten bestellt ist, zeigt auch das Forschungsprojekt »Planetary Boundaries« des Stockholm Resilience Centers. Dargestellt wird, wie sich die ökosystemischen Grenzen in zentralen Parametern wie dem Klimawandel, der Flächennutzungsänderung oder dem Kunstdüngereintrag in die Biosphäre zuspitzen.[20] 2009 hat der ehemalige Leiter des Center und nunmehrige Direktor des Potsdam Instituts für Klimafolgen, Johan Rockström, internationale Wissenschaftler*innen eingeladen, die neun wesentlichen Parameter des Erdsystems sowie ihren Zustand zu identifizieren. Die Daten werden laufend aktualisiert.[21]

Durch die Veröffentlichungen erhielt die Debatte über die ökologische Tragfähigkeit der Erde in der Fachwelt große Aufmerksamkeit. Das Konzept der planetaren Belastbarkeitsgrenzen macht deutlich, dass der Klimawandel sich in eine ganze Reihe riskanter, durch Wechselwirkungen miteinander verbundener Veränderungen im Erdsystem einfügt und somit nicht die einzige gravierende globale Umweltveränderung darstellt. Grafisch anschaulich wird der Zustand des Planeten visualisiert. Der grüne Kreis in der Mitte symbolisiert unseren sicheren Handlungsraum. Die Ausschläge nach außen zeigen, wo die planetaren Grenzen bereits überschritten sind – und wie weit. Bei den grauen Bereichen ist das noch unklar, hier muss die Wissenschaft noch weiter forschen (siehe Abb. 3).

Laut einem 2022 aktualisierten Bericht haben wir in sechs der neun Indikatoren die Belastungsgrenzen bereits überschritten: im Bereich der biologischen Vielfalt und der Dezimierung der Biosphäre, in Bezug auf den Eintrag neuer Substanzen in die Umwelt wie Plastik, Farbstoffe oder Flammschutzmittel, im Kontext des menschengemachten Klimawandels, der Phosphor- und Stickstoffbelastung der Böden und Gewässer vor allem durch die industrialisierte Landwirtschaft, in der Änderung der Landnutzungen, insbesondere durch die Abholzung der Regenwälder, sowie im Bereich der Verfügbarkeit von Süßwasser. Deutlich wird, dass sich die weltweiten Ökosysteme in einem sehr schlechten Zustand befinden.[22]

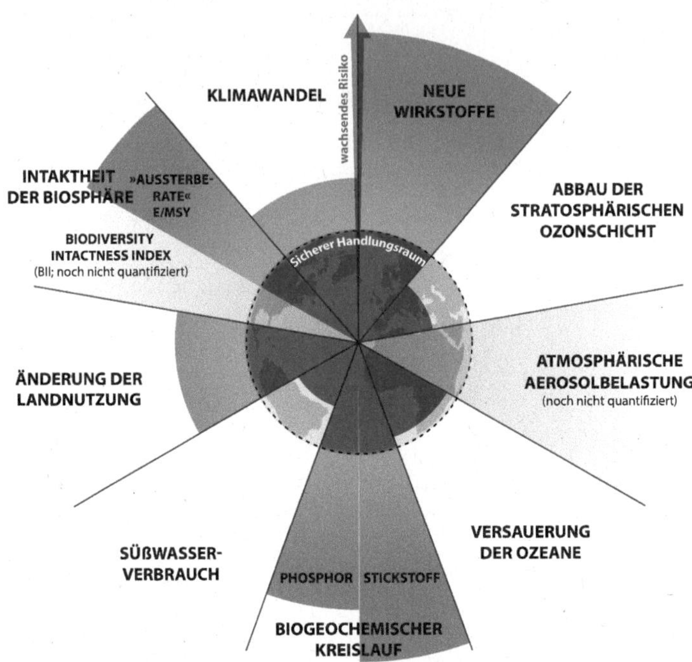

Abb. 3 Planetary Boundaries, *Quelle: Azote, Stockholm Resilience Center*[23]

Donut-Ökonomie – Leben innerhalb der planetaren Grenzen

Eine ausgezeichnete Buchhaltung über eine Ökonomie, die dem menschlichen Wohlbefinden unter nachhaltigen Bedingungen dient, bietet die Donut-Ökonomie der britischen Ökonomin Kate Raworth.[24] Sie verbindet die planetaren Grenzen mit den Grundbedürfnissen für ein gutes Leben für alle. Beides in Einklang miteinander zu bringen, darin liegt die Herausforderung des 21. Jahrhunderts. Wir brauchen dafür die Transformation aller Lebensbereiche und jene unserer Denksysteme inklusive neuer Begrifflichkeiten, so die Ökonomin.

Den Namen hat das Wirtschaftsmodell von seinen zwei Kreisen: Einem äußeren und einem inneren Kreis, die an einen Donut erinnern. Der äußere Kreis oder die ökologische Decke steht für die natürliche Begrenzung. Das sind die Ressourcen des Planeten, die nicht unendlich zur Verfügung stehen. So sind zum Beispiel fruchtbarer Boden und Trinkwasser nur begrenzt verfügbar. Der innere Kreis beschreibt das gesellschaftliche Fundament, das Netz der sozialen Absicherung. Hier finden sich zum Beispiel grundlegende Bedürfnisse wie Nahrung, Gesundheit, Wasser oder Energie. Genannt werden auch soziale Bedürfnisse – soziale Gleichheit, auch in Bezug auf Geschlecht, Bildung, Einkommen und Arbeit sowie Frieden und Gerechtigkeit. Dahinter, also im Loch des Donuts, finden sich die sozialen Herausforderungen wie Armut, Hunger, soziale Ungerechtigkeit oder Kriege. Eine gerechte Wirtschaft sollte niemanden in dieses Loch fallen lassen (siehe Abb. 4).

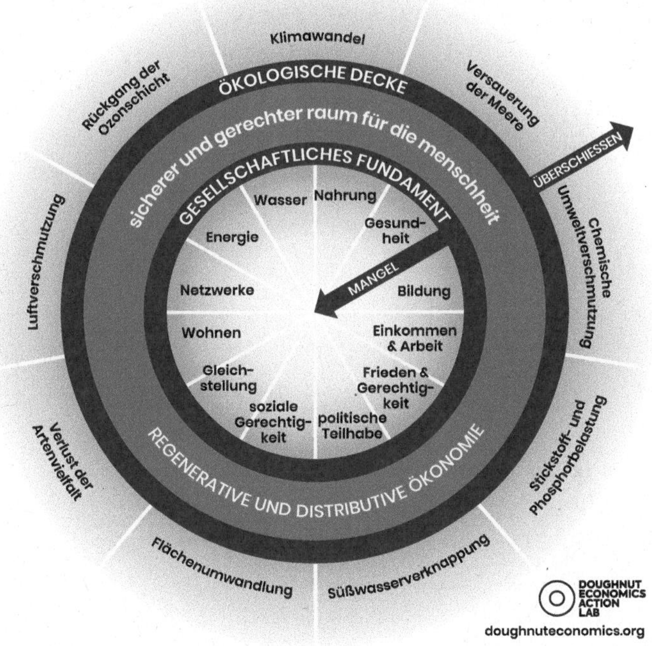

Abb. 4 Donut-Ökonomie, *Quelle: Raworth*[25]

Zwischen den Kreisen entsteht laut Raworth ein sicherer Raum, in dem Menschen leben und wirtschaften können. Das Innere des Donuts entspricht sozusagen der idealen Situation, die das Modell anstrebt. Es soll ein sicheres und gutes Leben in einer intakten Umwelt ermöglichen, angelehnt an die 17 Nachhaltigkeitsziele der Vereinten Nationen.[26]

Gemeinsam mit der Universität Leeds hat Raworth die Daten zur Donut-Ökonomie für die Länder der Erde erhoben. Auf der Homepage des Projekts können jeweils zwei Länder verglichen werden, beispielsweise ein materiell reiches und armes Land. Die Darstellungen zeigen, dass es bislang kein Land schafft, die Grundlagen für ein gutes Leben und die Einhaltung der planetaren Grenzen zugleich zu erreichen. Als Beispiel wird hier der Vergleich von Deutschland und Haiti angeführt (siehe Abb. 5).

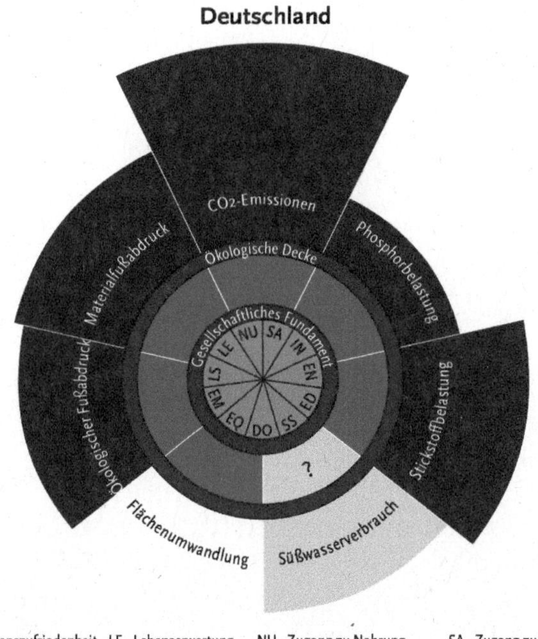

Abb. 5a Ländervergleich: Deutschland, *Quelle: University of Leeds*[27]

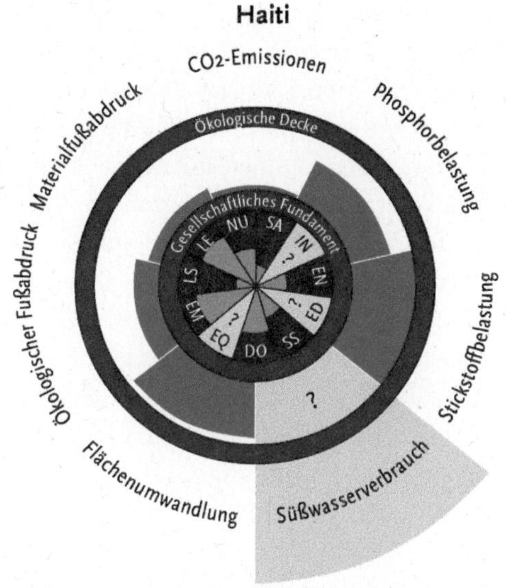

LS - Lebenszufriedenheit LE - Lebenserwartung NU - Zugang zu Nahrung SA - Zugang zu Gesundheitsleistungen
IN - Einkommensarmut EN - Zugang zu Energie ED - Zugang zu Bildung
DQ - Demokratiequalität EQ - Gleichheit EM - Zugang zu Beschäftigung SS - Sozialleistungen

Abb. 5b Ländervergleich: Haiti, *Quelle: University of Leeds*[28]

Ökologischer Fußabdruck & ökologischer Rucksack

Als bekanntes Umweltmaß gilt der ökologische Fußabdruck, der den jährlichen Umweltverbrauch erhebt. Dargestellt wird jene Fläche der Erde, die eine Person für seinen Lebensstil braucht – für Ernährung, Wohnen, Mobilität und Konsum. Der CO_2-Ausstoß wird mit jener Fläche an Wald ausgewiesen, die notwendig wäre, um diese Emissionen wieder zu binden. Die Grundaussage: Wir leben seit Jahrzehnten über unsere Verhältnisse, vor allem der Klimafußabdruck ist viel zu groß. Der World Overshoot Day gibt an, ab welchem Datum im Jahr mehr Umwelt verbraucht wurde, als nachhaltig verträglich ist. In Österreich und Deutschland liegt dieses Datum bereits im April.[29]

Mittlerweile existiert eine Vielzahl an Fußabdruck-Rechnern, mit deren Hilfe der eigene Umweltverbrauch eruiert werden kann. Angezeigt wird die Größe des eigenen Fußabdrucks sowie der Vergleich zum Durchschnittswert des eigenen Landes sowie zum nachhaltigen Zielwert. Zudem gibt es Statistiken über den Öko-Fußabdruck von Staaten – diese ermöglichen den Vergleich zwischen einzelnen Ländern. Kritisiert wird am Fußabdruck-Rechner, dass die Verantwortung allein auf die Bürger*innen sowie deren Lebensstil abgeschoben wird. Das Projekt soll maßgeblich vom Konzern British Petroleum BP gefördert worden sein, um von strukturellen, politischen Maßnahmen abzulenken, so der Klimaforscher Gernot Wagner.[30]

Der ökologische Rucksack drückt das Gewicht aller natürlichen Rohstoffe aus, die für unseren Konsum anfallen. Sprich: Alle Produkte inklusive ihrer Herstellung, Nutzung und Entsorgung. Für das Autofahren werden zum Beispiel nicht nur das Auto selbst und das Benzin, sondern anteilig auch die Eisenerzmine, die Stahlhütte und das Straßennetz gezählt. Alle Rohstoffe zusammengezählt ergeben eine Maßzahl für die Belastung der Umwelt. Denn die Förderung von Rohstoffen sei nicht nur ein Eingriff in das natürliche Gleichgewicht der Erde, sondern werde irgendwann als Abfall an die Natur zurückgegeben. Alle Rohstoffe zusammengezählt ergeben eine Maßzahl für die Belastung der Umwelt. Denn alle Materialentnahmen und -abgaben verursachen Veränderungen in den natürlichen Stoffflüssen und Kreisläufen. Je weniger natürliche Rohstoffe wir verbrauchen, desto geringer sind also unsere Umweltauswirkungen.[31] Auskunft gibt auch das vom Wuppertal Institut für Klima, Umwelt, Energie entwickelte MIPS-Konzept. Die Abkürzung steht für »Materialinput pro Serviceeinheit«, zum Beispiel für zurückgelegte Wege mit dem Auto oder öffentlichen Verkehr.[32]

Ein Ressourcenrechner des Wuppertal Instituts zeigt an, wie viel Ressourcen wir für Alltagshandlungen verbrauchen. Abgefragt werden die Bereiche Ernährung, Wohnen, Mobilität, Konsum und Reisen. Am Ende wird angezeigt, wie sich der persönliche Öko-Rucksack vom nachhaltigen Zielwert 2030 sowie vom Durchschnitt aller an der Umfrage Teilnehmenden unterscheidet.[33] Bei meinem Versuch kam ich auf 23 Tonnen – das war etwas besser als der Durchschnittswert aller Teilnehmenden, der bei 40 Tonnen lag, aber dennoch über dem nachhaltigen Zielwert für 2030. Dieser wird mit 17 Tonnen Ressourcenverbrauch pro Kopf angegeben (siehe Abb. 6).

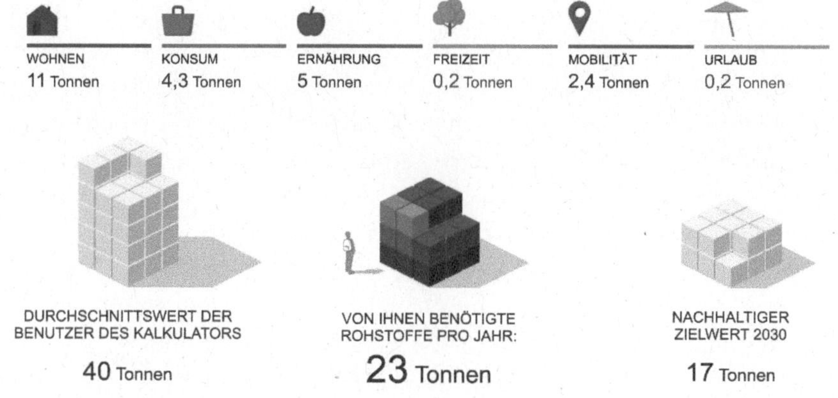

Abb. 6 Ökologischer Rucksack, *Quelle: Ressourcenrechner*[34]

Zudem gibt es zahlreiche Tools und Apps, um den eigenen Umweltverbrauch zu messen. »Ein guter Tag hat 100 Punkte« beispielsweise ordnet allen Alltagshandlungen Punkte zu. Hundert Punkte am Tag wären nachhaltig. Man erfährt, wie viel Punkte einzelne Handlungen ausmachen. Zudem bekommt man Veränderungstipps. Ein Beispiel: Fahre ich 40 Kilometer mit dem E-Bike, habe ich einen Tagespunkt verbraucht. Fahre ich dieselbe Strecke mit einem Mittelklassewagen, komme ich auf 95, bei einem Sportwagen gar auf 123 verbrauchte Punkte.[35]

International Panel of Climate Change

Das International Panel of Climate Change, kurz IPCC, ist ein Zusammenschluss von Klimaforscher*innen aus aller Welt. In den seit 1990 im Auftrag der Vereinten Nationen erstellten Berichten wird auf die menschengemachte Klimaerwärmung sowie ihre Folgen hingewiesen. Die Berichte enthalten eine Fülle an Daten und Szenarien – sie werden immer alarmierender. Ein zentrales Ergebnis des Berichtes aus 2022: Mehr als 3,3 Milliarden Menschen werden in hohem Maße von den Auswirkungen der Klimakrise – unter anderem Hitze, Dürre, Überschwemmungen, Wassermangel – betroffen sein. Der Bericht zeigt auch den Zusammenhang zwischen Klimawandel, Artenvielfalt und Gesellschaft auf. Es wird empfohlen, dass 30 bis 50 Prozent der Ökosysteme weltweit, also Land- und Meeresflächen, vor starken menschlichen Eingriffen geschützt werden sollten. Aktuell gelten lediglich 15 Prozent der Land- und 8 Prozent der Wasserflächen als geschützt.

Die extremen Naturereignisse der jüngsten Vergangenheit werden als erste Konsequenzen der globalen Erwärmung beschrieben. Über das Ausmaß künftiger Katastrophen informiert der Bericht ebenfalls: Immer mehr Wetterextreme werden gleichzeitig auftreten. Die Toleranzschwelle für einige Tiere und Pflanzen werde dadurch überschritten, das Artensterben nehme weiter zu. Das werde weitere Bäume und Korallen treffen, wodurch wichtige Ökosysteme zerstört würden. Das Ungleichgewicht bringe zusätzliche Extreme hervor, die ein weiteres Sterben verursachen, das weiteren Lebensraum zerstört. Dieser abstrakte Kreislauf bedeute konkret: Millionen Menschen fehlt dann die Lebensgrundlage in ihren Heimatländern. Laut IPCC werden insbesondere Länder in Afrika, Asien, Mittel- und Südamerika sowie kleinere Inseln und die Arktis von akuter Ernährungs- und Wasserunsicherheit betroffen sein. Viele Menschen würden aufgrund dieser Entwicklung aus ihrer Heimat flüchten – in Länder, denen die globale Erwärmung dann noch nicht so zugesetzt haben wird. Fazit: Es bleibe aufgrund der globalen Erwärmung zu wenig Erde für zu viele Menschen.

Neben Maßnahmen, die globale Erwärmung aufzuhalten, brauche es daher Pläne, wie wir in dieser veränderten Umwelt überleben und leben können, so der IPCC-Report. Angesprochen wird die wechselseitige Abhängigkeit von Klima, Biodiversität und Menschen: Gesunde Ökosysteme versorgen die Umwelt mit Wasser und Nahrung. Sie sind zudem widerstandsfähiger und können sich Veränderungen besser anpassen. Durch die Wiederherstellung geschädigter Ökosysteme könne die Gesellschaft von der Fähigkeit der Natur profitieren, Kohlenstoff zu absorbieren und zu speichern.[36]

Der Folgebericht aus 2023 sieht eine weitere Zuspitzung der Lage. Die kumulierten CO_2-Emissionen bis zum Erreichen der CO_2-Netto-Null-Emissionen und das Ausmaß der Reduzierung der Treibhausgasemissionen in diesem Jahrzehnt bestimmten weitgehend, ob die Erwärmung auf 1,5 oder 2 Grad begrenzt werden könne. Wenn dies nicht erreicht wird, müsse danach mit Maßnahmen der CO_2-Abscheidung auf Negativemissionen gesetzt werden, was mit erheblichen Risiken verbunden sei. Das heißt: Die nächsten

Jahre werden entscheidend sein, ob der Schwenk in Richtung noch managebarer Klimaerwärmung gelingen wird. Denn: »There is a rapidly closing window of opportunity to secure a liveable and sustainable future for all.«[37]

Emissions Gap Report des UNEP

Das Umweltprogramm der Vereinten Nationen (UNEP) veröffentlicht jährlich einen Bericht darüber, wie weit die gesetzten Klimamaßnahmen von den vereinbarten Zielen abweichen. Der Emissions Gap Report 2022 »The Closing Window – Climate Crisis Calls for Rapid Transformation of Societies«[38] stellt fest, dass die internationale Gemeinschaft die Pariser Ziele aktuell weit verfehle und keinen glaubwürdigen Weg zum 1,5-Grad-Ziel eingeschlagen habe. Auf 56 Gigatonnen CO_2-Äquivalenten würde der Jahresausstoß bis 2030 bei den bisher vereinbarten Maßnahmen verbleiben – 23 Gigatonnen zu viel, um das 1,5-Grad-Ziel mit zwei Drittel Wahrscheinlichkeit zu erreichen.

Nur eine dringende systemweite Transformation könne die Klimakatastrophe verhindern. Derzeit geltende Klimagesetze und -regelungen würden auf einen Temperaturanstieg von 2,8 Grad bis zum Ende des Jahrhunderts hindeuten. Die Umsetzung der derzeitigen Zusagen würde den Temperaturanstieg nur auf 2,4 bis 2,6 Grad bis Ende des Jahrhunderts reduzieren. Um 45 Prozent müssten die Emissionen bis 2030 gesenkt werden, um auf 1,5 Grad zu kommen, und um 30 Prozent für das 2-Grad-Ziel.

Der Bericht bietet eine eingehende Untersuchung darüber, wie diese Transformation bewerkstelligt werden könne, und betrachtet die erforderlichen Maßnahmen in den Sektoren Stromversorgung, Industrie, Verkehr und Gebäude sowie Lebensmittel- und Finanzsysteme. Das Resümee: Der derzeitige Kurs der Klimapolitik greift viel zu kurz.

Happy Planet Index & Sustainable Development Index

Der von der »New Economic Foundation« erstellte Happy Planet Index (HPI) ist ein Indikator für die ökologische Effizienz, mit der eine Nation ihr Wohlbefinden generiert. Erfasst werden die Lebenserwartung, die Zufriedenheit, gemessen nach dem World Value Survey, sowie der ökologische

Fußabdruck. Ausgangspunkt ist die Überlegung, dass Reichtum für eine Vielzahl von Menschen nicht vorderstes Ziel sei, sondern für sie ein glückliches und gesundes Leben an erster Stelle stehe. Gleichzeitig sei es wichtig, die »ökologischen Kosten« zu berücksichtigen, die bei der Erreichung dieses Ziels entstehen. Das Besondere: Der HPI ergibt eine völlig andere Länderreihung als das BIP. An erster Stelle steht Costa Rica, welches eine hohe Lebenserwartung und Zufriedenheit mit einem geringem Umweltverbrauch verbindet. Die USA und Indien schneiden etwa gleich schlecht ab. Das Ranking der zehn besten Länder wird in dieser Reihenfolge aufgeführt: Costa Rica, Vanuatu, Kolumbien, Schweiz, Ecuador, Panama, Jamaika, Guatemala, Honduras, Uruguay (siehe Abb. 7). Acht dieser Länder liegen in Zentral- und Südamerika. Dort ist die Lebenserwartung mittlerweile hoch, die Zufriedenheit ebenso und der ökologische Fußabdruck (noch) niedrig.[39]

Jason Hickel hat den Human Development Index der Vereinten Nationen, der Bildung, Gesundheit und das BIP pro Kopf kombiniert, zum Sustainable Development Index erweitert: Dem BIP pro Kopf werden die CO_2-Emissionen sowie der Materialfußabdruck gegenübergestellt. Die Rangliste ist hier ähnlich wie beim HPI: Sie wird angeführt von Costa Rica, Sri Lanka, Georgien, Panama und Kuba. China liegt an 121. Stelle, danach kommen einige europäische Länder wie Polen und Griechenland. Die Länder mit dem größten materiellen Wohlstand rangieren noch weiter hinten: Deutschland auf dem 140. Platz, Österreich auf dem 155. Platz. Die USA zählen zu den am schlechtesten abschneidenden Länder und liegen an 160. Stelle.[40]

HAPPY PLANET INDEX – TOP 10 COUNTRIES					
1	Costa Rica	62,1	6	Panama	57,9
2	Vanuatu	60,4	7	Jamaica	57,9
3	Kolumbien	60,2	8	Guatemala	57,9
4	Schweiz	60,1	9	Honduras	57,7
5	Ecuador	58,5	10	Uruguay	57,5

Abb. 7 Top-Ten-Länder nach Happy Planet Index, *Quelle: Happy Planet Index*[41]

Our World in Data, Carbon Visual & Worldmapper

Es gibt anschauliche Datenbanken wie »Our World in Data« oder »Live Counter«, die die weltweiten Entwicklungen in Echtzeit darstellen. Man findet Zahlen über die weltweite Produktion an Gütern, über die globale Mobilität oder die globale Umweltzerstörung. Ein Beispiel: Im Jahr 2020 überschritt die Zahl der Autos in der Welt die Milliardengrenze. Laut Prognosen sollen 2050 2,7 Milliarden Autos auf dem Planeten unterwegs sein.[42] Our World in Data bietet aufschlussreiche, animierte Datenreihen zu zentralen Parametern wie der Entwicklung des Energieverbrauchs oder der Nahrungszufuhr nach Ländern.[43]

Eine Vielzahl an visuellen Darstellungen existieren auch zum Themenbereich Klimawandel. Die Weltraumbehörde NASA zeigt in Animationen die Veränderungen der Durchschnittstemperaturen seit 1884, aufgeschlüsselt nach Regionen. Seit 2002 kann die Zunahme der CO_2-Konzentration nach Ländern verfolgt werden.[44] Carbon Visuals hat sich zum Ziel gesetzt, die unsichtbaren Treibhausgase zu veranschaulichen. CO_2 wird als Kohlekügelchen dargestellt. So sieht man beispielsweise, was ein Kohlekraftwerk in einem Jahr an Treibhausgasen verursacht.[45] Worldmapper verändert die Größe von Ländern entsprechend den dargestellten Daten, etwa dem Kaffeekonsum, der ebenso wie die Touristenströme noch immer auf die reichen Länder konzentriert ist. Selbst in jenen afrikanischen Ländern, in denen die Kaffeebohnen angebaut werden, wird kaum Kaffee getrunken, weil er zu teuer ist.[46] An Daten mangelt es also nicht. Wir wissen genug, doch was macht die Umsteuerung so schwer?

Zusammenfassung

1. Das Bruttoinlandsprodukt (BIP) gilt als zentrales Maß für den Wohlstand. Doch das führt in die Irre. Das BIP sagt nichts aus über die Verteilung des Wohlstands. Es berücksichtigt lebensnotwendige Tätigkeiten wie Hausarbeit, Kindererziehung oder Freiwilligenarbeit nicht. Auch ökologische Schäden werden nicht erfasst. Dafür erhöhen Umweltkatastrophen, zivilisationsbedingte Krankheiten oder eine hohe Kriminalität das BIP, weil hier in Geld bemessene Kosten anfallen. Man spricht von Negativkosten.
2. Es gibt mittlerweile eine Vielzahl an alternativen Messzahlen, die die Zufriedenheit der Menschen, die Befriedigung der Grundbedürfnisse, den Zugang aller zu basalen Leistungen oder den Zustand der Ökosysteme messen. Beispiele sind der Happy Planet Index, der ökologische Rucksack, die planetaren Grenzen, die Daten der Donut-Ökonomie oder der Sustainable Development Index.
3. Die Berichte des Club of Rome sowie jene der Klimaforschung weisen auf die sich zuspitzenden Umweltkrisen hin und machen Alternativvorschläge. Das Umweltprogramm der Vereinten Nationen zeigt die größer werdende Lücke zwischen Ist- und Sollzustand auf.
4. Auch die Weltgemeinschaft hat sich hehre Ziele gesetzt. Die Sustainable Development Goals (SDGs), die von allen Staaten der Welt verabschiedet wurden, weisen – bei aller Kritik im Detail – den Weg in eine faire und nachhaltige Zukunft.
5. Resümee: Wir wissen genug. Es mangelt nicht an Statistiken und Datenmaterial – es mangelt an der entschiedenen Umsteuerung.

Teil II

Grundlagen des Wirtschaftens

Kapitel 4
Produktionsweisen

Über Inputs und Outputs

Strukturwandel ist kein neues wirtschaftliches Phänomen. Zeitlebens haben technologische Erfindungen die Wirtschaft und damit auch die Lebensbedingungen der Menschen verändert. Die Entdeckung des Feuers ist wohl als erste wichtige Erfindung des Homo sapiens anzusehen – neben der Entwicklung der Sprache. Das Feuer gab Wärme und ermöglichte es, das Fleisch von gejagten Tieren zu garen. Als erste große ökonomische Zäsur gilt der Übergang zu den Kulturen der Sesshaftigkeit. Dieser hängt mit der Domestizierung von Tieren, dem Anbau von Getreide, gewonnen aus Samen von Gräsern, sowie der Entwicklung von Geräten wie Hauen, Pflügen oder einfachen Wägen zusammen. Mit diesen ersten Agrikulturen entstanden auch die ersten Städte – Siedlungen, die aus dem Stadtumland versorgt wurden. Die Jäger- und Sammler*innenkulturen entnahmen der Natur das zum Überleben Nötige. Man ging zwar gemeinsam auf die Jagd oder Beeren sammeln und die Beute wurde in der Gruppe verteilt. Es gab jedoch keine Vorratshaltung und auch keinen Tauschhandel.[1] Der Ökonom Yanis Varoufakis datiert den Beginn organisierten Wirtschaftens daher mit dem Übergang zur Sesshaftigkeit in den ersten Ackerbaukulturen, die auf die Speicherung von Getreide angewiesen waren. Diese gemeinschaftlichen Getreidespeicher sieht Varoufakis als erste Form des arbeitsteiligen Wirtschaftens: Die Speicher wurden von ausgewählten Personen verwaltet. In Bilanzlisten wurden Eingänge und Entnahmen festgehalten – jede Bauersfamilie gab ihre Ernte in die Speicher und nahm nach Bedarf heraus. Und – was interessant ist – Priester legten fest, wie viel von dem Getreide diesen Verwaltern und ihnen selbst zustand. Für Varoufakis legt diese Macht der Priester und Verwalter den Grundstein für die Ungleichheit in arbeitsteiligen Marktgesellschaften.[2]

Der Historiker Peter Frankopan beschreibt in seiner umfassenden Geschichte der Menschheit und des Einflusses des Klimas die Entstehung erster hierarchischer Gesellschaften ebenfalls aus den sich verändernden Produktionsstrukturen, die auch die Eigentumsstrukturen verändert hätten. Anders als in den egalitären Gesellschaften der Jäger- und Sammler*innen habe die Errichtung dauerhafter Siedlungen neue Ideen zur Regelung des Besitzes an beweglichen wie an unbeweglichen Sachen erfordert, aber auch den Zugang zu und die Kontrolle über Land und dessen Ressourcen neu geregelt: »Anhäufung und Übertragung von Reichtum ermöglichen die Herausbildung sozialer Eliten und bestimmen dabei auch politische Strukturen und Entscheidungsprozesse. Ungleich verteilter Reichtum wurde zum Kennzeichen jener Bevölkerungen, die sich als Erste und am intensivsten urbanisiert hatten.«[3] Der Anthropologe David Graeber und der Archäologe David Wengrow sehen aber auch Gegenbeispiele. Viele der ersten landwirtschaftlichen Gemeinden seien relativ frei von Rängen und Hierarchien gewesen: »Und eine überraschend große Zahl der ersten Städte auf unserem Planeten waren in robusten egalitären Strukturen organisiert.«[4]

Allmählich bildeten sich lokale Tauschmärkte mit sich ausdifferenzierenden Berufen heraus – in der Antike gab es die Gruppe der Sklav*innen, die Grundbesitzer und Bürger der Polis sowie die politische und religiöse Oberschicht. Manuelle Arbeit war in der Oberschicht verpönt. Sie fand erst mit der Ausbreitung des Christentums mehr Anerkennung. Der Vater von Jesus war bekanntlich ein Zimmermann.[5] Im Mittelalter standen abhängige Bauern, die regelmäßig Fron für ihr Lehen abliefern mussten, und selbstständige Handwerker*innen, die sich in Zünften organisierten, einer feudalen und klerikalen Oberschicht gegenüber, die von den Abgaben der arbeitenden Menschen lebte.

Im Zuge der industriellen Revolution entstand eine neue Form der Massenproduktion in großen Fabrikhallen, in denen Arbeiter*innen Maschinen bedienten. Neue Antriebe durch die Dampfmaschine ließen die Produktivität in die Höhe schnellen. Zum Aufbau der Fabriken sowie der dazugehörigen Infrastrukturen wie Eisenbahnnetze brauchte man viel Kapital, das von Vermögenden – Kapitalisten – investiert sowie über Banken als Kredit geschaffen wurde. Das Handwerk starb nicht aus, wurde jedoch in eine Nische gedrängt. Das grundlegend Neue an der industriellen Produktionsweise lag in der Möglichkeit, bedeutend mehr Güter herzustellen – eben Massenware. Manche manuellen Gewerbe wie die Spinnereien wurden auch zur Gänze durch industrielle Herstellungsverfahren ersetzt – die Weberaufstände des 19. Jahrhunderts erinnern daran.

Der Übergang zur Industriegesellschaft war keineswegs friktionsfrei. Der Philosoph Richard David Precht schreibt: »Gewaltiger Produktionsfortschritt bei gleichzeitiger Massenverelendung sorgte im Laufe des 19. Jahrhunderts in gleichem Maße für Absatzkrisen wie für Aufstände und eine sozialistische und kommunistische Gegenbewegung.«[6] Die neuen Arbeiterbewegungen erkämpften sich Rechte, erste Sozialleistungen wurden eingeführt. Der Unternehmer Henry Ford, der als einer der ersten Automobile bauen ließ, erkannte, dass er nur Gewinne machen könne, wenn er den Angestellten entsprechende Löhne zahle, damit diese sich die Autos auch leisten können. Die Geburt der Massenkonsumgesellschaft wird daher auch mit »Fordismus« beschrieben – dieser kam aber erst nach der großen Weltwirtschaftskrise der 1930er Jahre sowie dem Zweiten Weltkrieg mit dem sogenannten Wirtschaftswunder in seine Blütephase.

Hohe Produktivität als Wesensmerkmal des Industriesystems

Der Zukunftsforscher Rolf Kreibich rechnet vor, dass in den letzten 100 Jahren die Produktivität in der Landwirtschaft um 3.000 Prozent, in der Gütererzeugung um 3.500 Prozent sowie im Bereich der Dienstleistungen um mindestens 2.500 Prozent gestiegen ist. Die durchschnittliche Lebenserwartung habe sich von 35 auf 70 Jahre verdoppelt. Kommende Generationen würden möglicherweise an die hundert Jahre alt. Die Mobilität sei um den Faktor 100 gesteigert worden.[7] Der gigantische Ausstoß an Waren ist das wesentliche Merkmal der Industriegesellschaft, der durch Automatisierungsprozesse permanent beschleunigt wird. Brauchte man im Jahr 1975 noch 80 Arbeitsstunden, um einen Fernseher zu produzieren, so reicht heute eine Arbeitsstunde.[8]

Wesentliche Merkmale der Industrialisierung waren die Abwanderung der Arbeitskräfte zunächst von der Landwirtschaft in die Fabriken und dann – in Folge der weiteren Automatisierung sowie des Wirtschaftswachstums – in den expandierenden Dienstleistungssektor. Während um das Jahr 1500 noch 20 Bauern einem Nicht-Bauern gegenüberstanden, kehrte sich dieses Verhältnis mit der Industrialisierung um. Um 1900 ernährte bereits ein Bauer vier Nicht-Bauern; heute kommen auf einen Bauern 20 Nicht-Bauern. Möglich wurde dies durch die Mechanisierung der Landwirtschaft – bäuerliche Arbeit wurde zunehmend mit Maschinen ausgeführt.

Moderne Dienstleistungsgesellschaften & Expansionismus

Heute sind alle materiell reichen Länder Dienstleistungsgesellschaften, da etwa 80 Prozent der Wertschöpfung sowie der Beschäftigten auf diesen Sektor entfallen. Produktionsnahen bzw. wirtschaftlichen Dienstleistungen von der Lohnbuchhaltung über das Transport- und Handelsgewerbe bis hin zur Werbebranche stehen die ausgeweiteten sozialen Dienstleistungen gegenüber – vom Bildungs- und Kultursektor über Gesundheits- und Pflegedienste bis hin zu neuen Freizeitangeboten.

Der Wechsel von der handwerklichen zur industriellen Produktionsweise hat nicht nur das Leben in den sich industrialisierenden Ländern revolutioniert. Es hat Auswirkungen auf die Lebensbedingungen aller Menschen auf der Erde. Unser heutiger Massenkonsum ist nur möglich durch die Ausbeutung von Rohstoffen in aller Welt – der Zugang zu billigen Ressourcen sowie die Ausweitung der Absatzmärkte waren die wesentliche Triebkraft für den Kolonialismus sowie für den Expansionismus des Kapitalismus. Der heutige Massenwohlstand in den reichen Ländern und in den Mittel- und Oberschichten der armen Länder – wir sprechen von einer globalen Konsumentenklasse – ist Ursache für die planetarische Zerstörung der Lebensgrundlagen. Der Begriff »Anthropozän«, geprägt vom Klimawissenschaftler Paul Crutzen,[9] sowie das Attribut »imperiale Lebensweise« von Ulrich Brand und Markus Wissen[10] stehen für diese Phänomene. Der Soziologe Stephan Lessenich spricht von »Externalisierungsgesellschaften«,[11] der verstorbene politische Ökonom Elmar Altvater präzise von »Kapitalozän«.[12]

Veränderungen durch die digitale Revolution

Der aktuelle Strukturwandel durch die Digitalisierung und Anwendung von Künstlicher Intelligenz unterscheidet sich von früheren Phasen der Rationalisierung insbesondere durch zwei Aspekte: Zum einen werden zunehmend auch Dienstleistungen an Maschinen übertragen, darunter qualitativ hochstehende Tätigkeiten. Zum anderen geht die Digitalisierung einher mit Miniaturisierung und multifunktionalen Geräten. Während die digitale Fotografie die alte Spiegelreflexkamera und das Fotolabor abgelöst haben, vereint das neue Smartphone Telefonie, Internetzugang, Datenspeicherung, Emailverkehr und eben Kamera und Videogerät. Was ökologisch von Vorteil sein kann – mehr Funktionen in einem Gerät – hat aber Auswirkungen auf die Märkte. Produkte wie Kameras, auch wenn sie digital funktionieren, verzeichnen starke Absatzeinbußen.

Dasselbe gilt für Dienstleistungen, die durch Maschinen ersetzt werden: Banken lassen ihre Kund*innen Überweisungen per Internet oder Überweisungsautomat durchführen, die Bahn lässt Tickets am Automaten beziehungsweise via Internet ausstellen, Supermärkte lassen die Einkaufenden ihre Waren selbst an Automaten einscannen und zahlen und die Post ermöglicht die Abholung von Paketen und Briefen via Scan aus Schließfächern. Dabei handelt es sich um die Automatisierung einfacher Dienstleistungen, die Arbeitsplätze einsparen, die Arbeit jedoch an die Konsumierenden auslagern. Wir sprechen von »Konsumarbeit«.[13] Die Kund*innen übernehmen früher von Angestellten wahrgenommene Aufgaben. Sie haben dabei den Vorteil, dass die Services rund um die Uhr zur Verfügung stehen, da Automaten weder schlafen noch essen müssen und auch keine Freizeit verbringen wollen. Der Nachteil: Verlust an Kundenbeziehung und möglicherweise Schwierigkeiten in der Bedienung der Automaten, was aber oft nur eine Frage des Anlernens ist. Neue Routinen stellen sich schnell ein, zumindest bei jungen Menschen. Die Rationalisierungen zahlen sich jedenfalls aus für die Unternehmen; für die Kund*innen steigt der Arbeitsaufwand des Selber-Machens.

Relativ einfach zu automatisieren sind auch all jene Bereiche, die mit Datenspeicherung, Textverarbeitung und Kommunikation zusammenhängen. Der Büroalltag hat sich in den letzten Jahrzehnten stark verändert. Während in der Zeit vor dem PC in der Regel Sekretärinnen von ihren Chefs diktierte Texte in die zunächst mechanische, dann elektrische Schreibmaschine eingetippt und – im Falle von Briefen – frankiert zur Post gebracht haben, werden Texte heute in der Regel von allen Mitarbeiter*innen selbst verfasst und Briefe per E-Mail versandt. Radikal geändert hat sich auch die Datenablage. Der Großteil von Dokumenten wird nicht mehr in Aktenordnern archiviert, sondern elektronisch gespeichert. Man spart damit nicht nur Platz, sondern findet Dokumente blitzschnell über die Suchmaschine (was übrigens auch für E-Mails gilt). Dass das Internet die Informationsvermittlung revolutioniert und teilweise auch demokratisiert hat (fast jede NGO oder Bürgerinitiative verfügt mittlerweile über eine eigene Homepage und einen eigenen Facebook- oder Instagram-Auftritt), ist bekannt und braucht hier nicht näher ausgeführt zu werden. Dies gilt ebenso für die Schattenseiten des Internets, die vom Zumüllen mit Infotainment über Hass im Netz bis hin zu kriminellen Machenschaften (»Darknet«) reichen.

Während die umfangreichen Speicher- und Suchmöglichkeiten via Computer sowie im Internet bereits zu Alltagsroutinen werden und die Zunahme an Apps für alle möglichen Services wie ÖPNV-Fahrpläne gerade Einzug in den Alltag der Menschen hält, sind die Einsatzgebiete von Künstlicher Intelligenz und Algorithmen für hochwertige Aufgaben noch wenig bekannt. Als erste Anwendungsbereiche gelten automatische Übersetzungsdienste, lernende Maschinen, die sich neuen Anforderungen anpassen, oder Geräte, die medizinische Diagnosen genauer geben können als Ärzt*innen. Schach spielende Computer oder Roboter, die ein Quiz beantworten können, sind bekannte Beispiele aus dem Unterhaltungsbereich.

Weitere Automatisierung durch Künstliche Intelligenz

Ob »Industrie 4.0«, »Arbeit 4.0«, »Digitaler Kapitalismus« oder »Plattform-Kapitalismus« – eine Inflation an neuen Begriffen soll signalisieren, dass wir vor einem grundlegenden Wandel des Arbeitens und Wirtschaftens stehen. Die menschenleere Fabrik wird ebenso diskutiert wie die Automatisierung von Dienstleistungen. Online-Shopping wird zum neuen Trend, digitale Plattformen ermöglichen neue Dienstleistungsangebote wie Airbnb oder

Uber, aber auch neue Formen der Arbeitsorganisation wie Crowd Working oder Gig Work. Die Ursprünge Künstlicher Intelligenz (KI) liegen in der Informatik. Besonders gute Fortschritte erzielt man in der Medizin. Wenn Operationen bestimmte Handlungsschritte millimetergenau erfordern, sei der Roboter der bessere Handlanger, seine Arbeit weitaus präziser als die eines*r Chirurg*in. Ein weiteres Anwendungsgebiet ist die Diagnostik. Über 40 Prozent der medizinischen Fachkräfte in Deutschland nutzen KI-gestützte Technologien in ihrer Einrichtung bzw. Praxis. Das ergaben Daten des Instituts für Innovation und Technik. Im medizinischen Alltag bedeutet das etwa, dass radiologische Einrichtungen Bildaufnahmen durch KI auswerten lassen oder KI-gestützte Symptomchecker-Apps für eine Vordiagnose herangezogen werden.[14]

Auch in der Automobilindustrie übernehmen Roboter mittlerweile erfolgreich eine Vielzahl an Arbeitsschritten. So erledigen die Automaten zum Beispiel bestimmte für Menschen ungesunde Arbeitsschritte während des Lackierens oder Schweißens. Als weiteres Anwendungsgebiet gilt die Lagerlogistik, die mit dem stark zunehmenden Online-Handel weiter an Bedeutung gewonnen hat. Mittels Industrie-Handhelds, speziellen Tablets und Datenbrillen soll die Kommissionierung und Einlagerung, aber auch die Produktausgabe weiter rationalisiert werden. Als letzter Automatisierungsschritt werden Drohnen vorgeschlagen, die das Lagerpersonal zur Gänze ersetzen.[15]

Aber nicht nur in der Industrie, sondern auch in der Landwirtschaft und der Lebensmittelerzeugung halten Roboter und KI Einzug. »Arbeitsfrei« lautet der Titel von Reportagen des Autorenduos Constanze Kurz und Frank Rieger – beide sind Mitglieder des Chaos Computer Clubs. In ihrer »Entdeckungsreise zu den Maschinen, die uns ersetzen« gehen sie ausführlich auf die Automatisierung im Lebensmittelbereich ein: Ob in modernen Agrarproduktionsstätten mit ausgeklügelten Saat- und Kunstdüngerausbringungssystemen, bei Milchbauern mit Melkrobotern, die täglich an die 8.000 Kühe melken, in modernen Mahl- und Backfabriken, die die früheren Mühlen und Bäckereien abgelöst haben, oder in der Fabrikationsstätte für Mähdrescher – Riesendinger mit Flügelbreiten bis zu zehn Metern und mehr, die weitgehend ohne Menschenhand produziert werden – überall hätten die Computer das Kommando übernommen, so das Autorenduo.[16]

Die Anwendungen von Robotik gehen mittlerweile weit über den Einsatz in Fabrikhallen sowie im Weltraum hinaus. Gearbeitet wird an Flugrobotern ebenso wie an unbemannten Roboterfrachtschiffen, gefühlvollen Roboterhänden und ferngesteuerten Nanorobotern, die sich in unseren Körpern bewegen.[17]

Als Guru von KI gilt der Professor für Physik am MIT Max Tegmark, der mit seinem Buch »Leben 3.0. Menschsein im Zeitalter Künstlicher Intelligenz« Aufmerksamkeit erzielt hat. Den bereits geschilderten Einsatzbereichen fügt der Autor weitere hinzu: KI werde im Transportwesen durch selbstgesteuerte Fahrzeuge die Verkehrsunfälle drastisch senken, Unfälle in Atomkraftwerken unwahrscheinlich machen und die Cyberkriminalität erschweren. Optimistisch ist Tegmark hinsichtlich Verbesserung der Justiz durch »Roborichter«, da diese vorurteilsfrei urteilen und mittels »Magnetresonanztomographiescanner« ermitteln, »worüber eine Person nachdenkt und vor allem, ob sie die Wahrheit sagt oder lügt«. Warnend beschreibt Tegmark die Möglichkeiten von KI im Militärbereich. Während heutige Kampfdrohnen des Militärs von Menschen ferngesteuert werden, hätten die Drohnen der Zukunft das Potenzial, »den Menschen aus dem Kreislauf herauszunehmen, indem sie einen Algorithmus verwenden, der entscheidet, welches Ziel sie angreifen und wen sie töten«.[18]

Seit der Veröffentlichung im November 2022 sorgt die Künstliche Intelligenz ChatGPT von OpenAI für viel Furore. Die Abkürzung steht für »Generative Pre-trained Transformer«. »Neben einfachen Antworten auf Fragen kann der Chat-Bot unter anderem Kündigungen schreiben und Apps codieren. Chat GPT könnte die Zukunft verändern«, so das Magazin BusinessInsider.[19] Der Netzökonom Holger Schmidt der TU Darmstadt ergänzt: »Bisher haben wir nur die Anfänge dessen gesehen, was Generative AI leisten kann. Schon die nächste Generation GPT-4 wird die Qualität des Chatbots exponentiell erhöhen und damit die Anwendungsfälle vervielfachen.«[20] Noch ist nicht ausgemacht, was von diesen Zukunftsszenarien Science-Fiction bleiben wird und was Realität werden könnte. Internet- und Datenkonzerne als die großen Gewinner der Digitalisierung investieren jedenfalls intensiv in einschlägige Forschungsinstitute.

Zusammenfassung

1. Neue Technologien, neue Formen der Energienutzung sowie der Organisation verändern Produktionsweisen. Neue Produktionsweisen verändern aber auch die Organisation von Gesellschaften. Den egalitären Jäger- und Sammler*innenkulturen folgten hierarchische Herrschafts- und Besitzsysteme in den ersten Städten.
2. Die Agrargesellschaften Europas waren lange Zeit feudalistisch organisiert – neben einer politischen und religiösen Feudalschicht gab es vor allem landlose Bauern, die Fronarbeit verrichteten.
3. Der Handwerker- und Bauerngesellschaft folgte im 19. Jahrhundert mit der industriellen Revolution die Industriegesellschaft. Deren wesentliches Merkmal war und ist die Erzeugung von immer mehr Gütern mit immer weniger menschlicher Arbeitskraft.
4. Produktions- und Effizienzsteigerungen führten in die Massenkonsumgesellschaft, in der immer neue Produkte und Dienstleistungen angepriesen werden – mit Licht und Schatten.
5. Im Zuge der Digitalisierung wurden die Produktionskapazitäten, aber auch Werbemöglichkeiten weiter ausgebaut. Nicht automatisierbare Sektoren wurden in Niedriglohnländer ausgelagert. Via Online-Handel sollen neue Absatzmärkte erschlossen werden.
6. Die Automatisierung ist bereits in vielen Wirtschaftsbereichen weit fortgeschritten. Künstliche Intelligenz wird die Wirtschaftswelt sowie Dienstleistungen weiter verändern.

Kapitel 5
Arbeit

Was sie ausmacht und wie sie sich wandelt

Wenn Wirtschaft die Herstellung der Güter und Dienstleistungen für den menschlichen Bedarf bedeutet, dann ist Arbeit die zentrale Voraussetzung. Nur durch das Tätigwerden können wir Dinge herstellen und einander Dienste tun. Wie diese Arbeit ausgestaltet ist, hat sich in der Geschichte immer gewandelt, abhängig von den verfügbaren Werkzeugen – heute würde man sagen – den verfügbaren Technologien, abhängig aber auch von den bestehenden Organisations- und Herrschaftsformen. Arbeit ist also kontextabhängig.

Häufig wird Arbeit in den Wohlstandsländern mit Erwerbsarbeit gleichgesetzt, was jedoch in die Irre führt. Zum einen überwiegt in den Ländern des globalen Südens nach wie vor die informelle Arbeit, also jene Arbeit, die weder mit geregelten Löhnen noch Arbeitsrechten verknüpft ist. Zum anderen gibt es auch in unseren Wohlstandsländern noch immer genügend Arbeit, die nicht entlohnt wird, die außerhalb des monetären Sektors stattfindet – Hausarbeit, Sorgearbeit, ehrenamtliche Arbeit.

Es macht Sinn, sich der Zieldefinition von Wirtschaft zu erinnern. Wirtschaft ist der Zweck, Ziel ist die Deckung des Bedarfs an Gütern und Dienstleistungen.. Das Ziel von Arbeit ist demnach die Herstellung der zur Deckung des menschlichen Bedarfs notwendigen Güter und Dienstleistungen unter Zuhilfenahme von Werkzeugen. In der herkömmlichen Sichtweise werden nur am Markt gehandelte Güter und Dienstleistungen erfasst. Arbeit meint in diesem Sinne eben nur Erwerbsarbeit. Ein erweiterter Wirtschafts- und Arbeitsbegriff umfasst auch nicht monetär erbrachte Leistungen und damit auch nicht bezahlte Arbeit. Wir müssen daher von »pluraler Arbeit« oder einer »Tätigkeitsgesellschaft« sprechen. Die Politikwissenschaftlerin Barbara Prainsack plädiert für einen weiten Arbeitsbegriff: »Wenn wir unter Arbeit alle Tätigkeiten verstehen, mit denen Menschen einen Beitrag für andere leisten oder zum Funktionieren der Gesellschaft beitragen, dann ist menschliches Leben ohne Arbeit gar nicht denkbar.«[1] Arbeit schließe also alles ein, wodurch und womit Menschen nicht nur etwas für sich selbst tun, sondern einen Beitrag zum familiären, gesellschaftlichen, wirtschaftlichen oder politischen Zusammenleben leisten.

Arbeit ist wie Wirtschaft ein sozialer Vorgang und ist eingebettet in (Macht-)Beziehungen. Wir unterscheiden Eigenarbeit, Sklavenarbeit (die de jure abgeschafft ist) sowie Erwerbsarbeit, also Arbeit für andere gegen Lohn oder als Selbständige*r. Bei Lohnarbeit kann zwischen regulären und irregulären Arbeitsverhältnissen, formeller und informeller Arbeit unterschieden werden. Zu Letzterem zählt auch Schwarzarbeit, die Steuern umgeht, aber auch Teil der Überlebenswirtschaft sein kann. Denn in vielen Ländern des Südens macht reguläre Erwerbsarbeit noch immer einen geringen Anteil aus. Die Mehrzahl der Arbeiten ist im informellen Sektor – Tagelöhner, Kleinstgewerbe und Ähnliches – angesiedelt, was dazu führt, dass die Staaten über wenig Steuereinnahmen und die Menschen über keine oder nur marginale soziale Absicherung bei Krankheit oder im Alter verfügen.[2]

Arbeit ist mehr als Erwerbsarbeit, aber dieser kommt in komplexen, arbeitsteilig organisierten Wirtschaften eine zentrale Rolle zu. Erwerbsarbeit dient nicht nur der Generierung von Einkommen, sondern hat auch eine sozial integrierende Funktion.[3] Arbeit kann selbst- oder fremdbestimmt sein (das gilt für Eigen- wie Erwerbsarbeit), sie kann existenzsichernd oder nicht existenzsichernd, sinnvoll oder nicht sinnvoll, fordernd oder überfordernd sein.[4] Von guter Arbeit im Sinne von Erwerbsarbeit wird gesprochen, wenn diese fair entlohnt und als sinnvoll empfunden wird.[5]

Arbeit in historischer Perspektive

Laut Studien zur »Stone Age Economy« verbrachten Menschen in der Steinzeit täglich etwa nur zwei Stunden mit Arbeit, den Rest des Tages konnten sie sich der Geselligkeit und dem Nichtstun hingeben, wie der Anthropologe Marshall Sahlins ausführt.[6] Der Historiker Yuval Harari meint gar provokant, dass mit der Sesshaftigkeit die Mühsal der Menschen begonnen habe.[7] Freilich nicht für alle. Denn noch in der Antike war körperliche Arbeit verpönt, die von Sklav*innen verrichtet werden musste. Erst mit dem sich ausbreitenden Christentum kam es zur Aufwertung von körperlicher Arbeit, wenn auch weiterhin mit Mühsal und Buße verbunden. Arbeit wurde neben das Gebet gestellt – »Ora et labora« lautete etwa das Gebot der Jesuitenorden, die sich im Mittelalter um die Kultivierung von Land Verdienste erworben haben. Mit dem protestantischen Arbeitsethos wurde Arbeit endgültig zum Ausdruck von Gottgefälligkeit. In Absetzung von der untätigen, von Abgaben der Bauern lebenden Adelsschicht der Feudalgesellschaft emanzipierte sich das Bürgertum durch eigene Arbeit und gewann erstmals auch politische Macht.

Im 17. und 18. Jahrhundert – in den Schriften der Aufklärer und Nationalökonomen – kam es geradezu zu einer emphatischen Aufwertung der Arbeit als Quelle von Eigentum, Reichtum und Zivilität beziehungsweise als Kern menschlicher Selbstverwirklichung, so der Historiker Jürgen Kocha. Er zitiert Immanuel Kant, der die Muße als »leere Zeit« ab- und die Arbeit zum Lebenssinn aufgewertet hat: »Je mehr wir beschäftigt sind, je mehr fühlen wir, dass wir leben, und desto mehr sind wir uns unseres Lebens bewusst. In der Muße fühlen wir nicht allein, dass uns das Leben so vorbeistreicht, sondern wir fühlen auch sogar eine Leblosigkeit.«[8]

Arbeitsfleiß gilt also seit der bürgerlichen Aufklärung als Grundtugend und bildete auch die Basis des sich entwickelnden Kapitalismus seit dem 18. Jahrhundert. Das neue Industrieproletariat, das vom Land in die Städte zog, verdiente sich unter ausbeuterischen Bedingungen seinen Lebensunterhalt. Erst allmählich konnten durch sich bildende Gewerkschaften und Arbeiterparteien mehr Rechte erkämpft werden.[9]

Von Eigenarbeit, Sklavenarbeit und moderner Lohnarbeit

Sklavenarbeit sowie der Einsatz von Kriegsgefangenen für Arbeitsdienste ist nicht auf die Antike beschränkt, sondern zieht sich durch die Geschichte der Menschheit und wird aus vielen Kulturen berichtet. Menschliche Muskelkraft von Unfreien garantierte den Wohlstand der Herrschenden.[10] In der Neuzeit nahm die Sklavenarbeit erneut großen Aufschwung aufgrund der Ausdehnung des europäischen Seehandels und der Errichtung überseeischer Kolonien. Diese waren in vielen Fällen nur dünn besiedelt, sodass für den Aufbau der Wirtschaft afrikanische Sklav*innen eingeführt wurden, auf deren Arbeitskraft die Ökonomie dieser Kolonien jahrhundertelang weitgehend basierte.[11] Heute ist Sklaverei offiziell verboten, doch sind Menschenhandel und die Ausbeutung von Menschen keineswegs unterbunden – 27,6 Millionen Menschen leisteten 2021 Zwangsarbeit.[12] Das Ziel, dass alle Menschen einer würdigen Arbeit nachgehen können, ist bei weitem nicht verwirklicht. Der Kampf um weltweite Verankerung der Arbeitsrechte bleibt aufrecht.

In der Agrargesellschaft bedeutete Arbeit für die Mehrheit der Menschen, die zum (Über-)Leben notwendige Nahrung zu produzieren, wetterfeste Behausungen zu errichten und instand zu halten und die für den Alltag nötigen Geräte herzustellen. Die Zahl der Berufe war begrenzt, auch wenn das Handwerk viele unterschiedliche Tätigkeiten umfasste. Die Mittelalter-Forscherin Anette Kehnel schildert mittelalterliche Wirtschaftsweisen *vor* dem Kapitalismus, die heute in neuer Form an Bedeutung gewinnen könnten und sollten. Etwa die Wirtschaft der Klöster, die mittelalterlichen Commons, die über lange Zeit selbstverständlichen Reparaturberufe, frühe Ansätze von Kreislaufwirtschaften, etwa durch die Lumpensammler*innen, entstehende Mikrokreditbanken sowie die stadtnahe Landwirtschaft.[13]

In den modernen, arbeitsteiligen Ökonomien stieg die Zahl der Berufe kontinuierlich an. Das Berufslexikon des Arbeitsmarktservice in Österreich geht von mehr als 1.800 unterschiedlichen Berufsbezeichnungen aus.[14] Die Arbeitsagentur Deutschland weist 1.300 Berufsgattungen aus.[15] Die starke Ausdifferenzierung der Arbeitswelt ist ein historisch neues Phänomen. Sie hängt mit Spezialisierung, zunehmender Komplexität, aber auch der Schaffung immer neuerer Dienstleistungen zusammen.

Das Recht auf menschenwürdige Arbeit

»Jeder Mensch hat das Recht auf Arbeit, auf freie Berufswahl, auf angemessene und befriedigende Arbeitsbedingungen sowie auf Schutz gegen Arbeitslosigkeit.« So steht es in Artikel 23 der Allgemeinen Erklärung der Menschenrechte.Menschenrechte.[16] Und weiter heißt es darin: »Alle Menschen haben ohne jede unterschiedliche Behandlung das Recht auf gleichen Lohn für gleiche Arbeit. Jeder Mensch, der arbeitet, hat das Recht auf angemessene und befriedigende Entlohnung, die ihm und seiner Familie eine der menschlichen Würde entsprechende Existenz sichert und die, wenn nötig, durch andere soziale Schutzmaßnahmen zu ergänzen ist. Jeder Mensch hat das Recht, zum Schutze seiner Interessen Berufsvereinigungen zu bilden und solchen beizutreten.«

Diese Ziele sind für die Arbeitnehmer*innen in den Wohlstandsländern mehr oder weniger erreicht, wenn auch immer wieder umkämpft, wie die Prekarisierung von Arbeitsverhältnissen sowie die Ausbreitung eines Niedriglohnsektors zeigen. Aber aus historischer Perspektive wurde viel erreicht. Anders sieht es in den Ländern des globalen Südens aus. Hier herrschen noch immer dramatische Ausbeutungsverhältnisse vor. Ungeregelte Arbeitszeiten, unbezahlte Überstunden und auch Kinderarbeit sind nach wie vor verbreitet, wie Nichtregierungsorganisationen, etwa Südwind oder »Weltumspannend arbeiten«, berichten.[17]

Informelle Arbeit

Die Internationale Arbeitsorganisation ILO schätzt die Zahl der Arbeitslosen für 2022 auf 207 Millionen, verglichen mit 186 Millionen in 2019, dem Jahr vor Beginn der Corona-Pandemie. Die Erholung des Arbeitsmarktes nach der Pandemie war in den Ländern mit hohem Einkommen am stärksten, während Volkswirtschaften mit niedrigem und mittlerem Einkommen am schlechtesten abschnitten.[18] Die Zahl der weltweit Arbeitslosen ist jedoch nur begrenzt aussagekräftig, da in den Ländern des Südens die Zahl der informell Beschäftigten jene mit einem regulären Arbeitsverhältnis bedeutend übersteigt, wie bereits gesagt wurde. Der informelle Wirtschaftssektor bezeichnet wirtschaftliche Aktivitäten, die nicht staatlich registriert und kontrolliert sind und somit auch nicht über staatlichen Schutz oder Unterstützung verfügen.

Zunächst ging die Modernisierungstheorie davon aus, dass der informelle Sektor in Entwicklungsländern im Zuge der erwarteten nachholenden Industrialisierung schrumpfen wird. Doch die Globalisierung, wie sie derzeit stattfindet, bestätigt dies nur bedingt, nämlich nur für die Transformationsländer. In den meisten Ländern des Südens ist der informelle Sektor weiterhin sehr groß. Er ist in Ermangelung eines Sozialstaates sowie eines regulären Arbeitsmarktes als Überlebenswirtschaft jenseits des Kapitalismus anzusehen.[19] Laut Internationaler Arbeitsorganisation beträgt der Anteil der informell Beschäftigten außerhalb der Landwirtschaft weltweit an die 50 Prozent, in Subsahara-Afrika sowie in Südasien über 75 Prozent, also drei Viertel der Beschäftigten. In den »Least Developed Countries« beträgt der Anteil knapp 80 Prozent. Bei Angaben über die Beschäftigten in den Ländern des Südens muss die Rolle des informellen Sektors daher immer bedacht werden.[20]

Auslagerung von Industriearbeit

In Hochkonsumländern macht der Anteil der im Dienstleistungsbereich Beschäftigten mittlerweile 70 bis 80 Prozent aus. Der Anteil im Produktionssektor ist auf 15 bis 20 Prozent geschrumpft. In der Land- und Fortwirtschaft sind nur mehr ein bis drei Prozent der Beschäftigten zu finden. Mit der Produktivitätssteigerung in der Landwirtschaft und der Industrie stieg die Möglichkeit, mehr Dienstleistungen anzubieten – dies gilt für den Freizeit- und Tourismusbereich ebenso wie für soziale Dienste in den Wohlfahrtssystemen. Hochkomplexe, wissensbasierte Ökonomien erfordern mehr wirtschaftsnahe Dienstleistungen – von Forschung und Entwicklung bis hin zu juristischer und finanzieller Beratung.

Ein wesentlicher Grund für die Verschiebung der Tätigkeitsfelder liegt jedoch in der Auslagerung von Industriesektoren in Billiglohn- und Transformationsländer. Man spricht von China als neuer »Werkbank der Welt« – so werden in China mittlerweile die meisten Autos produziert. Der Weltarbeitsmarkt ist aber weiter in Bewegung. Billiglohnsektoren wie die Textilindustrie wandern weiter an noch günstigere Standorte, etwa von China nach Pakistan oder in afrikanische Staaten. Der Anteil der Beschäftigten in der Landwirtschaft wird laut Internationaler Arbeitsorganisation in den nächsten Jahrzehnten auch in den Ländern des globalen Südens weiter abnehmen. Er liegt derzeit in Entwicklungsländern wie Äthiopien oder Nepal noch bei rund 70 Prozent, in »Lower Middle Income Countries«

bei rund 40 Prozent und in »Upper Middle Income Countries« bei rund 15 Prozent.[21]

Mit der Auslagerung des Rohstoffsektors sowie großer Teile der Produktion wurden auch viele Umweltbelastungen ausgelagert. Dass unsere Luft wieder sauber(er) und die Gewässer wieder gereinigt sind, hängt mit strengeren Umweltschutzmaßnahmen, aber auch mit der Verlagerung schmutziger Sektoren in den globalen Süden zusammen. Treibhausgasbilanzen werden in der Regel produktionsbasiert ausgewiesen – hierfür gibt es die besseren Daten. Konsumbasiert würden diese bis zur Hälfte höher liegen, im Bereich Landwirtschaft oft um zwei Drittel, wie Stefan Gijum von der Wirtschaftsuniversität Wien beispielsweise für Österreich berechnet hat.[22]

Der Ausbau regulärer Lohnverhältnisse im globalen Süden erfordert eine Diversifizierung der Produktion, die Zur-Verfügung-Stellung moderner Technologien, etwa im Bereich Solarenergie, sowie faire Welthandelsverträge bei gleichzeitiger Schaffung regionaler Märkte. Die Überwindung von ausbeuterischer Arbeit – heute insbesondere in den Peripherien des Kapitalismus – erfordert organisiertes Sich-Wehren durch die Bildung von Gewerkschaften und internationale Unterstützung, damit gewerkschaftliche Organisierung möglich wird. Noch ist nicht ausgemacht, ob dieser Prozess heute aufgrund internationalen Drucks sowie der neuen globalen Wissensgesellschaft rascher gehen wird als beim Kampf der europäischen und nordamerikanischen Arbeiter*innenklasse um Rechte zu Beginn der Industrialisierung (mehr dazu im Abschnitt III über Transformationsansätze).

Erwerbsarbeit und die Konzentration der Vermögen

Zurück zu den Wohlstandsländern: Erwerbsarbeit hat in den heutigen geldbasierten, arbeitsteiligen Gesellschaften einen wichtigen Stellenwert nicht nur wegen des Einkommens, sondern auch in Bezug auf soziale Integration, worauf der Neuropsychologe Joachim Bauer hinweist.[23] Arbeitslosigkeit ist daher nicht nur ein individuelles, sondern auch ein gesellschaftliches Problem. Damit bleibt Vollbeschäftigung ein wichtiges Ziel von Wirtschaften, auch wenn die »Vollbeschäftigung neu« anders aussehen könnte als jene mit einem 40-Stunden-Normalarbeitsverhältnis. Die Sozialsysteme basieren stark auf dem Faktor Erwerbsarbeit, aus dem ein großer Teil des Steueraufkommens erwirtschaftet wird. Die Pensions-, Kranken- und Arbeitslosenversicherungssysteme sind ebenfalls stark an die Erwerbsarbeit gekoppelt. Aufgrund des zunehmenden Auseinanderdriftens von Vermögens- und Arbeitseinkommen sind Neujustierungen der Steuersysteme nötig, etwa durch Erbschafts- und Vermögenssteuern sowie Ressourcensteuern (mehr siehe die Kapitel zu Geld und Steuerwende).

Das gegenwärtige, kapitalistische Wirtschaftssystem basiert nur bedingt auf Leistung; Faktoren wie die Wertigkeit eines Berufes in der Gesellschaft sowie der soziale Status spielen eine wesentliche Rolle. Barbara Prainsack bringt es auf den Punkt: »Es profitieren nicht jene Menschen, die besonders hart arbeiten, sondern jene, die besonders gut erben.«[24] Ein Mensch mit durchschnittlichem Einkommen müsste ungefähr 400.000 Jahre arbeiten, um das Vermögen zu akkumulieren, das die 2022 verstorbene Milliardenerbin Heidi Horten erbte. Die stärkere Heranziehung der Vermögenden zur Finanzierung der öffentlichen Aufgaben wird daher mittlerweile nicht nur von NGOs und linken Parteien gefordert, sondern auch von Wirtschaftsforschungsinstituten.[25]

Auch die Einkommensschere muss wieder verringert werden. Manager und Vorstände (hier kann die weibliche Form noch weggelassen werden, es sind vor allem Männer!) verdienen das x-hundertfache von durchschnittlichen Arbeitnehmer*innen. Der Fat Cat Day bezeichnet den Tag, an dem Vorstandsvorsitzende börsennotierter Unternehmen genauso viel Gehalt bekommen haben, wie ihre Mitarbeiter*innen im ganzen Jahr. In Österreich war das 2022 bereits am 5. Januar. Für 34.776 Euro – das mittlere Einkommen hierzulande – müssen Börsenmanager nur 48 Stunden arbeiten, so das Momentum Institut. Vorstandsvorsitzende börsennotierter Unternehmen verdienten 2021 im Schnitt rund 2,8 Millionen Euro. Das ist 80-mal so viel wie durchschnittliche Mitarbeiter*innen. Für die Summe von 34.776 Euro benötigten sie nur vier ganze 12-Stunden-Arbeitstage.[26] Der Fat Cat Day war für Manager von ATX-Unternehmen auch 2023 bereits nach fünf Arbeitstagen erreicht, wie die österreichische Arbeiterkammer berichtet.[27] Im Durchschnitt aller DAX-Unternehmen betrug der Faktor, um den die Vergütung der Vorstandsmitglieder in Relation zu den durchschnittlichen Personalaufwendungen pro Mitarbeiter*in höher lag, bei 53.[28]

Arbeit im Kontext von Nachhaltigkeit

Im Kontext von Nachhaltigkeit spielt die Art der dominierenden Produktionsweise eine zentrale Rolle. Die handwerkliche Produktionsweise ist per se nachhaltig, da der Output begrenzt ist und die Nachfrage die Produktion bestimmt. Der Ressourcenverbrauch ist naturgemäß gering, handwerklich produzierte Güter sind auf lange Haltedauer ausgerichtet und in der Regel reparierfähig. Manche meinen, dass Arbeit vor allem im Handwerk seine wirkliche Erfüllung finde.[29] Mit der industriellen Produktionsweise beginnt die Massenfertigung, die zu ihrem Funktionieren den Massenkonsum erfordert. Güter, die maschinell unter Einbindung menschlicher Arbeitskräfte produziert werden, brauchen Abnehmer*innen, das heißt, Menschen mit Kaufkraft. Dieses fordistische Regime – davon war bereits die Rede – hat wesentlich zur Erhöhung der Löhne in der Phase des sich konsolidierenden Konsumkapitalismus beigetragen. Heute erleben wir diese Transformation in den Schwellenländern wie China, Indien oder Brasilien, die immer stärker auf Binnennachfrage setzen (müssen), um weiteres Wirtschaftswachstum sicherzustellen.

Die digitale Produktionsweise erzeugt noch einmal einen Automatisierungsschub – die (beinahe) menschenleere Fabrik gilt als Symbol dafür. Die Automatisierung greift aber auch auf immer mehr Dienstleistungsbereiche über. Zudem gibt es Stimmen, die den Wesenskern des neuen digitalen Kapitalismus nicht in den zusätzlichen Rationalisierungspotenzialen, sondern in der Ausreizung der letzten noch nicht erschlossenen Konsumreservoiren sehen – insbesondere durch die neuen Werbemöglichkeiten des Internets und von Social Media. Das Motto: »More ways of shopping«, wie dies eine Werbetafel sinnig anzeigt.[30]

Die Art der Arbeit verändert sich stets mit den Produktionsstrukturen. Arbeit neu zu denken und den Stellenwert von Erwerbsarbeit zu relativieren, wird im Kontext von Nachhaltigkeit sowie suffizienten Lebensweisen in Zukunft eine wichtige Rolle spielen. Studien zeigen, dass kürzeres Arbeiten durchaus positive Effekte in Bezug auf Umweltschonung hat. Das Umweltbundesamt in Berlin hat die Effekte einer Erwerbsarbeitszeitreduktion auf Energieverbrauch und Treibhausgasemissionen für Deutschland abgeschätzt. Dazu wurden die Auswirkungen einer möglichen Erwerbsarbeitszeitverkürzung in drei Szenarien analysiert. Die Szenarien unterscheiden sich hinsichtlich der Umsetzung der Arbeitszeitreduktion, einem Lohnausgleich und der Nutzung der zusätzlich zur Verfügung stehenden Zeit. Im Ergebnis wird unter anderem deutlich, dass der sogenannte Einkommenseffekt eine wesentliche Rolle für den Energieverbrauch und die Emissionen spielt. Das heißt erst bei Lohnverzicht komme es auch zur Reduktion der Umweltbelastungen (mehr dazu im Abschnitt III zu Transformationsansätzen).[31]

Ein weiteres Thema ist Hitze, denn die Klimakrise sorgt für eine starke Zunahme an Hitzetagen. Die Folgen sind auch am Arbeitsplatz zu spüren, so die Sozialforscherin Sybylle Pirklbauer. Arbeit in der direkten Sonne, in Küchen und Backstuben oder in schlecht gedämmten und unklimatisierten Werkshallen oder Fahrerkabinen – immer öfter erreichen Temperaturen am Arbeitsplatz ein gesundheitsgefährdendes Ausmaß, vor dem die Beschäftigten geschützt werden müssen. Manchmal würden entsprechende Grenzwerte, die ausreichend rasche Überprüfung und schnell wirksame Maßnahmen fehlen. Wesentlich sei auch die Weiterentwicklung des Arbeitszeitrechts, so Pirklbauer. Die Autorin schlägt innovative Lösungen vor, etwa neue Pausenregelungen, auch dann, wenn es in den Pausenräumen zu heiß ist, die Einführung einer Mittagssiesta oder Jahresarbeitszeitmodelle, die geringere Arbeitszeiten während der heißen Jahreszeit vorsehen. Besonders im Fokus könne die Forderung einer generellen Verkürzung der Wochenarbeitszeit jenseits von Konsumorientierung sein, ist Pirklbauer überzeugt.[32]

Aus Sicht der feministischen Ökonomie bzw. der Ökologischen Ökonomie wird die Verkürzung des Arbeitsbegriffs auf Erwerbsarbeit kritisiert und die Einbindung aller Arten von Tätigkeiten in die wirtschaftlichen Gesamtrechnungen gefordert.[33] Betont wird auch, dass Arbeit im Care-Zeitalter beziehungsweise in der Dienstleistungsgesellschaft nicht nach tayloristischen Effizienzkalkülen ausgerichtet werden dürfe, so die feministische Ökonomin Luise Gubitzer.[34] Zudem wird die zunehmende Arbeitsverdichtung kritisiert, die zu steigenden psychischen Problemen wie Burnout führt, worauf im zweiten Kapitel bereits hingewiesen wurde. Laut den Ergebnissen einer österreichischen Zeitverwendungsstudie wenden erwachsene Frauen unter 65 Jahren im Schnitt für unbezahlte Arbeit und Erwerbstätigkeit zusammengerechnet täglich sieben Stunden und 38 Minuten auf. Erwachsene Männer kommen auf durchschnittlich 13 Minuten weniger. Betrachtet man die Tätigkeiten getrennt, zeigen sich die geschlechterspezifischen Unterschiede deutlich: Männer wenden durchschnittlich knapp fünf Stunden für Erwerbstätigkeit auf, das sind rund zwei Drittel ihrer Gesamtarbeitszeit. Frauen kommen lediglich auf etwas mehr als drei Stunden, das ist deutlich weniger als die Hälfte ihrer Gesamtarbeitszeit.[35]

Auswirkungen von KI und Automatisierung auf die Arbeitsmärkte

Mittlerweile existieren zahlreiche Studien über die Auswirkungen der Digitalisierung auf den Arbeitsmarkt. Unterscheiden lassen sich solche, die vor einem drastischen Rückgang an Arbeitsplätzen mit großen sozialen Friktionen warnen, von jenen, die darin die Chance für ein besseres Leben für alle jenseits von Erwerbsarbeit sehen. Eine dritte Gruppe vertritt die These, dass auch die Rationalisierungswelle durch die Digitalisierung zu neuen Jobs führen werde – wie dies bei früheren Rationalisierungswellen der Fall war.

Aufsehen erregte die 2014 erschienene Publikation »Second Maschine Age« der MIT-Mitarbeiter Erik Brynjolfsson und Andrew McAfee, die starke Umbrüche im Erwerbsarbeitsleben prognostizierten und von einer »Revolutionierung der Volkswirtschaften« sprachen.[36] Ihnen folgten weitere Untersuchungen, auch solche mit bedeutend weniger Technikeuphorie. Die Prognosen fallen dabei unterschiedlich aus. Während etwa die US-Forscher Carl Benedikt Frey und Michael Osborne 47 Prozent der in ihrem Land Beschäftigten in die »High Risk«-Kategorie einordnen, also mit hohem Ersetzbarkeitsrisiko einstufen,[37] gehen Untersuchungen für Deutschland von deutlich geringeren Werten aus. Nur 12 Prozent der Jobs wären in der Bundesrepublik demnach mit einem hohen Automatisierungsrisiko behaftet. Holger Bonin und Kollegen unterscheiden dabei nicht automatisierbare, analytische und interaktive Tätigkeiten von Routinetätigkeiten. Die Automatisierungswahrscheinlichkeit sei bei niedrigen Qualifikations- und Einkommensgruppen deutlich höher: Erwerbstätige mit Hochschulabschluss unterliegen demnach einer Automatisierungswahrscheinlichkeit von nur 25 Prozent, während der Wert bei Personen mit lediglich Sekundarabschluss auf 50 bis 70 Prozent steige.[38]

Das Investmentunternehmen Goldman Sachs rechnet damit, dass Künstliche Intelligenz in verschiedenen Branchen sehr unterschiedlich wirken wird. In Europa seien besonders Bürokräfte und akademische Berufe betroffen: Dort könnten zwischen 35 und 45 Prozent der Arbeitsaufgaben automatisiert werden. Anders sehe es aus bei Anlagen- und Maschinenbediener*innen sowie bei Handwerksberufen. Hier könne Künstliche Intelligenz kaum Arbeit abnehmen. Im Schnitt könnten 24 Prozent der Arbeitsaufgaben in Zukunft automatisiert werden. Zugleich sieht die Investmentbank in KI einen bedeutenden Fortschritt mit potentiell großen makroökonomischen Effekten. Sollte KI breit eingesetzt werden, könne dies für ein globales Wirtschaftswachstum von sieben Prozent in den nächsten zehn Jahren sorgen.[39]

Einer Studie der Internationalen Arbeitsorganisation aus 2023 zufolge wird Künstliche Intelligenz vermutlich eher Arbeitsplätze schaffen als vernichten. Aber es komme zu möglichen Veränderungen der Qualität von Jobs – insbesondere mit Blick auf Arbeitsintensität und Autonomie. Der Studie zufolge dürfte bei Bürotätigkeiten etwa ein Viertel der Aufgaben vom Einsatz Künstlicher Intelligenz betroffen sein, bei Führungskräften und Techniker*innen wird von einem eher geringen Einsatz ausgegangen. Frauen würden stärker vom KI-Einsatz betroffen sein als Männer. Außerdem ergäben sich erhebliche Unterschiede zwischen Ländern mit höherem Einkommen und Staaten mit niedrigem Einkommen: In reicheren Ländern ist demnach damit zu rechnen, dass 5,5 Prozent der Arbeitsplätze vom Einsatz von KI betroffen sind, in ärmeren hingegen nur 0,4 Prozent.[40] Richard David Precht wiederum rechnet mit einer gigantischen Umwälzung durch Künstliche Intelligenz und weitere Automatisierungen. Er warnt vor gesellschaftlichen Krisen und plädiert daher für Umverteilung durch ein bedingungsloses Grundeinkommen. Den Slogan der Wirtschaftswunderjahre »Wohlstand für alle« wandelt er ab in »Freiheit für alle«.[41]

Neuer Trend Arbeitskräftemangel

Die größten Eruptionen am Arbeitsmarkt der letzten Jahre wurden nicht von Automatisierungswellen hervorgerufen, sondern von der Pandemie, den Lieferschwierigkeiten für Ersatzteile sowie zuletzt durch die Teuerung von Energie im Zuge des Krieges gegen die Ukraine. Die Arbeitsmärkte zeigen dabei ein interessantes Phänomen: In vielen Branchen herrscht nach dem Abklingen der Pandemie Arbeitskräftemangel – im Handwerk, im Tourismus und Gastgewerbe, im Pflegebereich, aber auch bei Ärzt*innen und Lehrer*innen. Die Folge: Betriebe sind angehalten, ihre Arbeitsbedingungen zu verbessern – geregelte Arbeitszeiten sowie eine bessere Entlohnung wären Beispiele im Tourismus. Der öffentliche Sektor wirbt mit Großanzeigen um neue Mitarbeitende.

Ein Grund für dieses Phänomen wird im demografischen Wandel – die Babyboomer gehen in Pension – und im Ausbleiben von Migrationsarbeitskräften gesehen, die sich während der Lockdowns um Jobs in ihrer Heimat umgesehen haben. Ein anderer liegt im Bedürfnis gerade jüngerer Menschen nach geringeren Arbeitszeiten, sodass freiwillig immer mehr Teilzeitbeschäftigungen gesucht werden. »Teilzeit-Trend: Der Ausstieg aus dem Hamsterrad« titelt eine österreichische Tageszeitung: »Immer mehr Menschen entscheiden sich freiwillig für weniger Arbeit und mehr Freizeit. Hat die 40-Stunden-Woche ausgedient«, wird im Artikel gefragt.[42] »Die Machtverhältnisse haben sich umgekehrt: Jetzt sagen die Leute, was sie von den Firmen wollen. Wer es sich leisten kann, gibt dem Boss weniger. Jetzt müssen Firmen radikal anders handeln«, so die Journalistin Karin Bauer im Beitrag. Der Umstellungszwang der Pandemie in Kombination mit weniger Nachwuchs, großen Pensionierungswellen der Babyboomer und einem neuen Selbstbewusstsein der Arbeitnehmerseite treibe Unternehmen jetzt zur Umsetzung von dem, was schon so lange behauptet werde: »Bei uns steht der Mensch im Mittelpunkt.« Das Anwesenheitsdogma sei angeschlagen oder zerschlagen. Attraktivere Arbeitszeiten etwa durch Homeoffice werde eine neue Option, um Arbeitskräfte zu gewinnen.[43]

Resümee: Die Zukunft der Arbeit beziehungsweise die Arbeit der Zukunft ist noch lange nicht ausgemacht! Die Erwerbsarbeit wird sich weiterhin verändern, ebenso ihre Bedeutung im Kontext von Lebensqualität. Ohne Gegensteuern wird sich jedoch mit der weiteren Digitalisierung die Aufspaltung in gut bezahlte Jobs und einen Niedriglohnsektor verstärken.

Zusammenfassung

1. Arbeit ist mehr als Erwerbsarbeit: Sie umfasst alle Tätigkeiten, die Menschen für sich und zum Nutzen anderer verrichten. Sie umfasst Sorgearbeit ebenso wie ehrenamtliche Arbeit.
2. Körperliche Arbeit war lange Zeit verpönt. Sie wurde von Untertanen oder Sklaven verrichtet. Erst in der Neuzeit und mit der beginnenden Industrialisierung wird Lohnarbeit zur Normalität.
3. In den Wirtschaftswissenschaften sowie in den öffentlichen Debatten steht die Erwerbsarbeit im Zentrum, die Sorge- und Hausarbeit spielt jedoch eine wichtige Rolle für die Gesellschaft und die Wirtschaft, worauf die feministische Ökonomie verweist.
4. In der Erwerbsarbeit geht es nicht nur um die Höhe des Einkommens. »Gute Arbeit« wird als sinnvoll erlebt, bietet Entwicklungsmöglichkeiten und ein ausreichendes Einkommen. Sie führt weder zu Über- noch zu Unterforderung.
5. Durch Digitalisierung und Künstliche Intelligenz gehen Arbeitsplätze verloren, neue werden aber geschaffen. In Zukunft sind weitere Arbeitszeitverkürzungen denkbar und es ändern sich die Ansprüche gut ausgebildeter junger Menschen, die mehr Wert auf Vereinbarkeit von Beruf, Familie und Freizeit legen.
6. Zudem ist eine weitere Polarisierung zwischen guten und gut bezahlten Jobs sowie prekären Arbeitsverhältnissen zu befürchten, wenn nicht gegengesteuert wird. Mindestlöhne sowie ein Grundeinkommen werden als Lösungen vorgeschlagen.

Kapitel 6
Geld

Was es ist und wie es wirkt

Geld hat unterschiedliche Funktionen, von denen irrtümlicherweise meist nur eine – die harmloseste – gesehen wird: Geld als Tauschmittel. Jäger- und Sammler*innengesellschaften oder auch Subsistenzbauern brauchten kein Geld, da sie von dem lebten, was ihnen die Erde unmittelbar gab. Tauschvorgänge blieben begrenzt und überschaubar. Vielmehr ging es um gemeinsames Überleben. Die Beute wurde kollektiv geteilt, der Vorrat im Laufe des Ackerbaujahres aufgezehrt. Vom Getreide musste nur so viel bleiben, um genügend Rücklage für die nächste Aussaat zu haben. Der Hunger-Kreislauf entstand häufig dann, wenn aufgrund von Missernten der Saatvorrat aufgezehrt wurde und dieser nicht mehr für die nächste Aussaat zur Verfügung stand.

In arbeitsteiligen Wirtschaften hilft Geld, Tauschvorgänge einfacher zu gestalten. Das ist bekannt und banal. Angebot und Nachfrage sind nicht darauf angewiesen, die jeweils entsprechenden Äquivalente persönlich zu finden. Ob die Karriere des Geldes damit begonnen hat, dass die Herrschenden im antiken Athen ihre Söldner finanzierten und diese ihre Prostituierten bezahlen konnten, wie manche vermuten, sei dahingestellt. Fest steht, dass die Entstehung des Geldes mit der Erleichterung von Tauschvorgängen zusammenhängt und dass Geld auf dem Vertrauen basiert, dafür eine Gegenleistung zu erhalten – von den Muscheln der Maori, die als Zahlungsmittel verwendet wurden, über die Gold-, Silber- und Kupfermünzen späterer Jahrhunderte bis herauf zu den heutigen Papiergeldscheinen beziehungsweise den Plastikkreditkarten und den auf diesen gespeicherten virtuellen Geldguthaben. Yanis Varoufakis datiert die Entstehung des Geldes mit dem Beginn der Ackerbaukulturen. Da sich die Bauern keine eigenen Getreidevorratsspeicher leisten konnten, wurde das geerntete Getreide in Gemeinschaftsspeichern aufbewahrt. Die Bauern holten sich nach Bedarf ihre Rationen und um zu verzeichnen, wer wie viel Getreide einbrachte und wieder entnahm, wurden Listen geführt. In den Verwaltern dieser Listen, die einen Teil des Getreides für sich und die Herrscher abzweigten, sieht Varoufakis die Vorläufer der heutigen Banken.[1]

Geld als Wertspeicher und Wertzumesser

Das führt zur *zweiten Funktion* von Geld: Geld ist ein Wertspeicher. Dies ermöglicht, dass die Erbringung einer Leistung und der Erhalt der Gegenleistung zeitlich auseinanderfallen können (was in der geldlosen Tauschwirtschaft nicht möglich ist). Und ich kann Geld ansparen, um Bedürfnisse, die eine größere Menge an Geld erfordern, befriedigen zu können. Damit wird im Wesentlichen das Prinzip des Sparens als Kulturleistung vermittelt – Aufschub von Bedürfnissen, um später noch bessere Wünsche befriedigen zu können. Oder umgekehrt als Vorsichtsprinzip: In guten Zeiten Mittel ansparen, um in schlechten Zeiten Vorrat zu haben. »Spare in der Zeit, dann hast du in der Not« – diesen Spruch kennen wir wohl alle noch aus Kindertagen. Auf die Ambivalenzen des Geldes als Wertspeicher kommen wir später noch zurück.

Die *dritte Funktion* des Geldes liegt – es wurde bereits angedeutet – in der Bewertung von Leistungen. Geld ist somit auch Wertzumesser. Die Honorierung von marktlich erbrachten Leistungen erfolgt in Form von Lohn, Einkommen oder Gewinn. Daraus resultieren viele Fragen. Wieviel Geld bekommt jemand für eine bestimmte Leistung? Wieviel monetärer Wert wird einer Arbeitsstunde für diese oder jene Tätigkeit beigemessen? Welcher Lohn oder Gewinn ist angemessen? Welcher nicht? Welche Einkommensunterschiede sind fair, adäquat, leistungskonform? Und wer bestimmt darüber? Was wird wie bemessen – Verantwortung, Wissen, handwerkliches Geschick, körperliche Anstrengung, psychische Belastung, soziale Kompetenzen oder schlicht Produktivität, also der aus der Tätigkeit erzielte Profit? Welche Wertzumessung kann dem Markt überlassen werden, welche nicht? Oder ist es eher Macht als Leistung, die über Wertzumessung entscheidet? Eine Krankenschwester müsste 400 Jahre lang arbeiten, um das Jahresgehalt eines Vorstands der deutschen Bundesbank zu verdienen. Können Einkommensspreizungen von 1:100 oder gar 1:1000 noch mit Leistung argumentiert werden? Oder sind hier andere Faktoren im Spiel – Ideologien, Machtsysteme, Lobbys, unhinterfragte Privilegien? (Im Kapitel zu Arbeit haben wir über Vermögens- und Einkommensungleichheit bereits gesprochen.)

Für eine*n Unternehmer*in, bei einer Aktiengesellschaft für den*die Manager*in zählt in der gegenwärtigen Marktlogik nicht der Gebrauchswert der Produkte oder Dienstleistungen, sondern welcher Preis sich bei welchen Produktionskosten erzielen lässt. Der Mehrwert, der dem Unternehmer bleibt, beziehungsweise an die Aktionär*innen als Rendite – und in Form von Boni an die Manager*innen – ausbezahlt wird, entspricht der Differenz aus Investitions- und Arbeitskosten und dem am Markt erzielbaren Preis, wobei die zu entrichtenden Steuern den Kosten hinzuaddiert werden müssen. Der Preis einer Ware hängt also auch damit zusammen, was potentielle Käufer*innen bereit beziehungsweise in der Lage sind, dafür auszugeben.

Auch der Erfolg einer Volkswirtschaft wird in Geld bemessen und entspricht der Summe der produzierten, monetär erfassten Leistungen. Das Bruttoinlandsprodukt wird entweder als Gesamtheit der in einem Jahr verkauften Güter und Dienstleistungen abzüglich Importe und zuzüglich Exporten gemessen oder als Gesamtheit der in einem Jahr erzielten Einkommen. Nicht erfasst werden Leistungen, die zwar notwendig und damit wertvoll sind, aber keinen Preis haben, etwa das Aufziehen von Kindern, im Grunde alle privat erbrachten Sorgetätigkeiten, Nachbarschaftshilfen oder ehrenamtlich erbrachten Leistungen (siehe dazu auch Kapitel 3).

Das Geld als Wertzumesser provoziert daher zum einen ethische beziehungsweise Gerechtigkeitsfragen – Wer verdient wieviel für welche Leistung? Wer verdient, was er oder sie »verdient«? –, zum anderen Fragen nach der Qualität von monetär gemessenen Werten. Bei Waren können wir den Gebrauchswert und den ideellen oder symbolisch aufgeladenen Wert von Gütern unterscheiden. Ein Kleidungstück dient dazu, uns zu kleiden. Es dient aber auch dazu, uns zu zeigen, unserem Geschmack oder unserer Identität Ausdruck zu verleihen. Die Modebranche lebt davon. Die Differenz zwischen Gebrauchs- und Symbolwert lässt sich am besten an Markenartikeln demonstrieren, da Letztere in der Regel einen bedeutend höheren Preis erzielen als ihrem Nutzwert entspricht. Geld ist somit auch hier ein soziales Konstrukt.

Geld als Ermöglicher

Wir kommen zur *vierten Funktion:* Geld ist Ermöglicher. Das gilt zunächst schlicht dahingehend, dass Geld in Marktwirtschaften die Eintrittskarte in die Gesellschaft darstellt. Geld kann man zwar nicht essen, aber ohne Geld bekommt man bei uns kaum mehr etwas zu essen. Dies gilt im wörtlichen wie im übertragenen Sinn. Wer über mehr Geld verfügt, dem stehen mehr Möglichkeiten offen – eine größere, bessere, schönere Wohnung, mehr und bessere Güter, teurere, wenn auch nicht immer bessere Restaurants usw.

Geld als Ermöglicher bedeutet aber auch – und das führt zum Wesen des Kapitalismus –, aus Geld mehr Geld zu machen. Die für frühere historische Epochen unvorstellbare Produktivität des Kapitalismus liegt im Zusammenspiel von technologischen Erfindungen (von der Dampfmaschine über den Elektro- oder Verbrennungsmotor bis hin zu den heutigen Computern), neuen und über koloniale Ausbeutung anderer verfügbaren Rohstoffen sowie dem Einsatz von Geld in Form von investiertem Kapital, wie die Wirtschaftspublizistin Ulrike Herrmann zeigt.[2] Der Kapitalismus unterscheidet sich von früheren Rentenökonomien des Feudalismus dahingehend, dass Reichtümer nicht (nur) in Prunk- und Prestigebauten bzw. einen luxuriösen Lebensstil investiert werden, sondern produktiv in Maschinen, Fabriken, die Ausbeutung von Rohstoffen. Dem Barockschloss des Königs im 16. Jahrhundert entspricht heute höchsten die Superyacht der Reichen – beides ist unproduktiv, da es nicht der Erzeugung von noch mehr Gütern und Profiten dient.

Mit dem Matthäuseffekt wird beschrieben, dass sich Vermögen von selbst vermehrt. Nach dem Motto: Wer hat, dem wird gegeben. Insgesamt besitzen die wohlhabendsten zehn Prozent der Haushalte in Deutschland zusammen etwa 60 Prozent des Gesamtvermögens, netto, also abzüglich Schulden. Die unteren 20 Prozent besitzen gar kein Vermögen. Etwa neun Prozent aller Haushalte haben negative Vermögen, sie sind verschuldet. Deutschland gehört innerhalb des Euroraums mit Österreich zu den Staaten mit der höchsten Vermögensungleichheit.[3] In Österreich beträgt das Durchschnittsnettovermögen der reichsten 10 Prozent der Bevölkerung 1,6 Millionen Euro. Beim neuntreichsten Dezil liegt es bei 400.000 Euro, beim achtreichsten bei etwas über 200.000 Euro – Geld-, Güter- Immobilien- und Unternehmensvermögen zusammengezählt. Die übrigen Dezile verfügen über nur geringes oder gar kein Vermögen.[4]

Es gibt einen Vermögensrechner, über den man das eigene Vermögen eingeben und sich in der Reichtumsskala einschätzen kann. Zudem wird man aufgefordert, einen Steuersatz für Vermögen einzugeben und ab welcher Höhe dieser eingefordert werden soll. Man erfährt dann, ob es einen selbst trifft oder ob man Begünstigte*r einer solchen Vermögenssteuer wäre. Das Ergebnis: Bei einem mittleren bis ansehnlichen Vermögen wäre man nicht von einer Vermögenssteuer betroffen, erst wenn man wirklich reich ist.[5]

Im Kapitalismus wird aus Geld mehr Geld. Das treibt die »Megamaschine«, von der der Publizist Fabian Scheidler spricht, mit ihrem gigantischen Ausstoß an Waren an.[6] Der Wirtschaftshistoriker Bernhard Ungericht nennt dies die »kurze Geschichte der Maßlosigkeit«.[7] Die Produktivität des Geldes als Investitionskapital hat helle und dunkle Seiten. Zum einen hat diese für jene, die eingeschlossen sind, die Lebensbedingungen und Lebensmöglichkeiten deutlich erhöht. Auch wenn Dinge wie höhere Löhne, kürzere Arbeitszeiten, Arbeitslosen- und Sozialversicherungen von Gewerkschaften und Parteien politisch erkämpft wurden. Der Kapitalismus wäre nicht produktiv ohne all diese Leistungen. Er braucht ausgebildete, wohlgenährte und leistungswillige Arbeiter*innen, Randbedingungen wie sozialen Frieden und Rechtsstaatlichkeit, und er braucht nicht zuletzt Konsument*innen, die die produzierten Güter und Dienstleistungen kaufen können, um daraus den Mehrwert zu erzielen. Kapitalismus ohne Massenkonsum wäre nicht möglich.

Die dunklen Seiten liegen im Ausschluss einer Mehrheit der Weltbevölkerung von den Segnungen des Geldes. Etwa ein Viertel der Menschheit darf sich zur globalen Konsumentenklasse zählen, ein Drittel davon lebt bereits in den Transformationsländern wie China, Indien und anderen Staaten an der Schwelle zur Industrialisierung.[8] Doch Globalisierung, wie sie derzeit stattfindet, verhilft nur wenigen zum Aufstieg. Zu den dunklen Seiten zählt nicht weniger, dass nach wie vor Menschen in sogenannten Zulieferindustrien ausgebeutet werden. Mit der Megamaschine der Industriegesellschaft ist zudem eine gigantische Naturzerstörung und Belastung der Ökosysteme verbunden, wobei mit den dreckigen Produktionsbranchen auch die Umweltverschmutzung ausgelagert wurde, wie bereits ausgeführt wurde. Der Öko-Fußabdruck der Konsumentenklasse ist mit Geld erkauft.

Als dunkle Seite bleibt schließlich, dass die Machtverhältnisse auch in den Wohlstandsdemokratien prekär bleiben. Die Verteilung von Vermögen und Einkommen geht weiter auseinander, was Thomas Piketty in Langzeitstudien eindrucksvoll aufgezeigt hat.[9] Sinkende Profitraten führen dazu, dass auch in den reichen Ländern die Daumenschrauben wieder angezogen werden. Sinkende Wachstumsraten bei gleichzeitiger Knebelung der öffentlichen Haushalte führen dazu, dass sich die öffentlichen (und privaten) Haushalte immer mehr verschulden. Seit die Profitraten angesichts sich sättigender Konsummärkte zurückgehen (was nicht für alle Branchen und Unternehmen gilt), wandert immer mehr Kapital in Finanzgeschäfte, die nicht mehr der Finanzierung der Realwirtschaft, sondern dem Erwirtschaften von Spekulationsgewinnen dienen. Man spricht von Finanzialisierung.[10] Als das Finanzcasino 2007 wieder einmal platzte, riefen gerade jene nach dem Staat, die ihn lange Zeit abgewertet und zurechtgestutzt hatten. In den USA stärker als in Europa musste auch die Privatverschuldung als Wachstumsmotor (etwa im Immobiliensektor) herhalten, denn wenn die Löhne sinken, der Konsum aber steigen soll, bleibt nur Verschuldung.

Geld nur mit Geld und nicht mit der Wertschöpfung von Gütern und Dienstleistungen zu »verdienen«, sei ein Problem des aktuellen Turbokapitalismus, meinte Ralf Dahrendorf in einem 2012 kurz vor seinem Tod erschienenen Essay über »die verlorene Ehre des Kaufmanns«. Doch dazu käme das Problem, dass dies mit geborgtem Geld geschieht. Allerorten sei an die Stelle des klassischen »Sparkapitalismus« ein »Pumpkapitalismus« getreten, der von nicht mehr »bedienbaren« privaten Hypotheken bis zum Handel mit sogenannten strukturierten Finalprodukten (»Derivaten«) reiche: »Viele Sitten des ehrbaren Kaufmanns und des guten Haushaltens gingen dabei über Bord.«[11] Dass Vermögensmehrung und Verschuldung zusammenhängen und das eine das andere bedingt, wird meist nicht so gesehen, würde aber Auswege aus dem Dilemma weisen.

Das Problem der Verschuldung und die Vermögensmehrung

Verschuldung ist ein komplexes und historisch altes Phänomen und kann mehrere Ursachen haben, wie der Anthropologe David Graeber herausgearbeitet hat.[12] Individuelle Fehlentscheidungen, Schicksalsschläge, Konsumzwänge – all das mag eine Rolle spielen. Systemisch hängen Geld und Schuld jedoch immer zusammen. Die Vermögenden, deren Vermögen tendenziell immer weiterwachsen (außer bei Hyperinflation, also Geldentwertung, oder Konkurs, also Zahlungsunfähigkeit der Gläubiger*innen), können die Schuldner*innen immer erpressen. Privatschuldner*innen werden gepfändet, verschuldete Staaten bekommen Sparauflagen. Öffentliche Leistungen werden gekürzt, Löhne gedrückt, die Schwächsten zu Sündenböcken gestempelt. Rechte Populisten*innen treiben die Dehumanisierung der Gesellschaft voran.

Das Teuflische am Geld ist, wenn mir einmal ein religiöser Begriff erlaubt ist, dass dieses unbegrenzt angehäuft werden kann. Das geschieht nicht mehr wie bei Donald Duck in der Form des Hortens von Goldmünzen, sondern es genügen Bits und Bytes, die Kontostände verändern. Während der Akkumulation materieller Güter physische Grenzen gesetzt sind, lässt sich Vermögen unbegrenzt vermehren, wenn nicht die Gesellschaft Grenzen setzt. Dies macht es offensichtlich auch schwer, freiwillig etwas davon abzugeben.

Lebensmittel zu horten, wenn ich satt bin, macht keinen Sinn, weil diese verderben. Sportwägen zu sammeln hat auch Grenzen. Man kann nur jeweils einen zur selben Zeit fahren. Nur Geld lässt sich unbegrenzt anhäufen. Auch wenn dieses Geld, sofern es angelegt wird, nur so lange Wert hat, als man damit rechnen kann, es auf Wunsch wieder zurückzubekommen. Angesichts der ungeheuren Schuldenberge wird dies freilich unsicherer. Der Zukunftsforscher Franz Josef Radermacher vergleicht die Situation mit dem Spiel »Reise nach Jerusalem« – würden alle Gläubiger*innen zur gleichen Zeit ihr verliehenes Geld zurückwollen, würden immer einige überbleiben, die leer ausgehen.[13] Durchaus bürgerliche Ökonomen wie Raimund Dietz gehen davon aus, dass nur durch ein globales Schuldenmoratorium die prekäre Lage wieder ins Lot gebracht werden könne. Die Schuldenbremse erfordere auch eine Vermögensbremse.[14] Der österreichische Ökonom Erich Kitzmüller meinte nach der Finanzkrise, das Dilemma liege in einer Guthabenkrise, nicht in der Schuldenkrise.[15]

Die Akkumulationsdynamik führt dazu, dass die Vermögenskonzentration steigt, weil Investitionen neues Geld bringen, das wiederum investiert werden kann. Immobilienreichtum basiert beispielsweise auf diesem Prinzip: Mit den Mieteinahmen der ersten Immobilie wird die zweite erstanden, mit den nun verdoppelten Einnahmen können weitere Immobilien angeschafft werden. Wir kennen das aus dem Spiel Monopoly, das früher DKT hieß. Wer Häuser besitzt, kann mit den erzielten Einnahmen derer, die per Würfelzahl auf deren Felder fahren (was den Mieten entspricht), weitere Häuser zukaufen. Das Spiel wurde ursprünglich, wie Maja Göpel ausführt, von einer Frau erfunden, die damit auf die destruktive Dynamik des Kapitalismus hinweisen wollte. Doch kein Spieleverlag nahm ihren Entwurf, da das Spiel zu politisch sei. Die Erfinderin hat ihr Material um eine kleine Summe Geldes an jemanden verkauft, der dieses um die pädagogischen Teile bereinigt und dann viel Geld mit dem Verkauf gemacht hat. Eine gute Allegorie für das kapitalistische Wirtschaftssystem![16]

»Wer Aufklärung über den Kapitalismus der neuen Zeit will, muss nach dem Eigentum fragen«, so der Wirtschaftsjournalist Hans-Jürgen Jakobs in »Wem gehört die Welt?«.[17] Denn: »Am Ende hat Macht, wer über Geld disponiert.« Mit einem 50-köpfigen internationalen Redaktionsteam hat Jakobs zusammengetragen, wem die weltweiten Vermögen gehören, wie sie veranlagt und wo sie investiert werden. Die 200 vorgestellten Akteure der Finanzbranche, die Chefs der größten Vermögensverwalter, Pensionskassen, Staatsfonds, Private-Equity-Unternehmen, Hedge-Fonds, Banken und Versicherungen sowie Privatanleger*innen verwalten zusammen mehr als 40 Billionen Dollar – dass sind 60 Prozent des Bruttoinlandsprodukts der Welt oder fast das Dreifache des BIP der EU. Jakobs lässt keinen Zweifel daran, dass die Manager*innen der Finanzbranche – der Autor nennt sie die »neuen Kapitalisten« – mittlerweile das Weltwirtschaftsgeschehen dominieren und, wenn auch diskret, die politischen Spielregeln bestimmen. Banken seien dabei nur mehr einer unter vielen Akteuren – Vermögensverwalter wie Larry Fink von Blackrock mit einer Jahresgage von zuletzt 28,6 Millionen Dollar, Hedge Fonds oder Private-Equity-Firmen, die sich auf Unternehmensbeteiligungen spezialisiert haben, würden ebenso eine wichtige Rolle spielen wie chinesische oder arabische Staatsfonds, so Jakobs.

Vermögenskonzentration bedeutet Machtkonzentration

Die Vermögenskonzentration liegt also nicht nur am Zinseszinssystem, wie die Zinskritiker*innen meinen, sondern an der Möglichkeit, Kapital investiv zu noch mehr Kapital zu machen. Nun könnte man einwenden, dass es ja gut sei, wenn Kapital investiert und damit Werte und Arbeitsplätze geschaffen werden. Doch die Vermögenskonzentration führt zugleich zu einer stärkeren Konzentration der Macht. Die 500 größten Aktiengesellschaften kontrollieren 50 Prozent der Weltwirtschaft, so der Historiker Fabian Scheidler.[18] Diese Vermögenskonzentration äußert sich im direkten, wenn auch diskreten Einfluss auf die Politik. Die Schweizer Studie »Wie Reiche denken und lenken« von Ueli Mäder und Kolleg*innen gibt beklemmende Aufschlüsse darüber, wie dies funktioniert.[19] Der Psychoanalytiker und Reichtumsforscher Martin Schürz warnt vor der politischen Macht, die Vermögenden zukommt, auch wenn sie diese diskret ausüben. Er kritisiert den »Überreichtum«, der für die Gesellschaft schädlich sei.[20] Der britische Politikwissenschaftler Colin Crouch spricht daher von einem postdemokratischen Zeitalter, in das wir hineinschlittern.[21] Die zunehmende Deregulierung der Finanzmärkte wird ebenso auf den Einfluss der Vermögensbesitzenden zurückgeführt, wie der ehemalige Arbeitsminister Robert Reich an Befunden aus den USA ausgeführt hat.[22] Vermögensbesitzende kontrollieren auch immer mehr Medien und bauen damit ihre ideologische Macht aus. Die Entdemokratisierung der Medien spielt eine wichtige Rolle in der Durchsetzung des neoliberalen Denkens seit den späten 1970er Jahren.

Die Vermögenskonzentration stärkt die Macht der Großkonzerne und deren Möglichkeiten, Gewinne steuerschonend – wie dies süffisant genannt wird – zu veranlagen. An die 480 Mrd. US-Dollar gehen den Staaten weltweit durch Steuervermeidung und Steuerflucht verloren, so das Tax Justice Network. Emanuel Saez und Gabriel Zucman zeigen, wie Konzerne mit allerlei Tricks Steuern hinterziehen. [23] Und sie erhöht die Erpressbarkeit der

Staaten sowie deren Bürger*innen. Nicht mehr der Arbeitsstreik der Belegschaften, sondern der Investitionsstreik der Unternehmer ist in der globalisierten Wirtschaft zum Hauptproblem geworden, wie der Politikwissenschaftler Wolfgang Streeck pointiert ausführt, wenn er im Zusammenhang mit dem neuen Staatsinterventionismus von einer lediglich vertagten Krise des Kapitalismus spricht.[24]

Der verstorbene Soziologe Ulrich Beck beschrieb es wie folgt: Zu fürchten sei heute nicht der Einmarsch einer feindlichen Armee, sondern der Nicht-Einmarsch eines Konzerns beziehungsweise dessen Drohung, das Land zu verlassen. Öffentliche wie private Schulden machen erpressbar. Sie würden dazu führen, die Vorstellungen der Konzernzentralen bedingungslos anzunehmen, niedrigere Sozial- oder Umweltstandards zu akzeptieren. Gesetzliche Mindestlöhne sind ebenso wenig durchsetzbar wie Arbeitszeitverkürzungen, so Beck.[25] In meinem Buch »Von nichts zu viel – für alle genug« spreche ich von der Ideologie der Knappheit, die Veränderungen im Keim erstickt und das Weiterlaufen im Hamsterrad erzwingt.[26] Schulden engen eben die Handlungsspielräume ein. Die Drohung, die Schulden einfach nicht zu begleichen, ist zu riskant, da weitere Kredite zur Aufrechterhaltung des Staates beziehungsweise das Einkommen durch Arbeit, auch wenn es niedrig ausfällt, überlebensnotwendig sind.

Komplexe Finanzkonstrukte unterhöhlen Demokratie

Das Wirtschaftsgeschehen wird immer komplexer, die globalen Abhängigkeiten nehmen zu. Dies gilt umso mehr für den Finanzbereich, der kaum mehr zu durchschauen ist und uns in fragile Abhängigkeiten gebracht hat, wie die große Finanzkrise zuletzt gezeigt hat. Die Politik hinkt den immer neueren Finanzprodukten hinterher. Regulierung ist kaum möglich.

Die in den USA lehrende deutsche Rechtswissenschaftlerin Katharina Pistor macht in »Der Code des Kapitals« auf die Komplexität der heutigen Finanzkonstrukte aufmerksam. Die Juristin geht der Frage nach, wie Kapitalgesellschaften seit Jahrhunderten für sich selbst Rechte und Privilegien setzen, von denen die »normale« Bevölkerung nur träumen könne. Möglich mache dies das angelsächsische Rechtssystem, in dem nicht geschriebene Gesetze, sondern Präzedenzfälle maßgeblich seien, wodurch Firmenanwält*innen insbesondere in London und New York ein Privatrecht hätten schmieden können, um immer neue Finanzprodukte als privates Kapital auszuweisen und so der öffentlichen Sphäre zu entziehen.

Eine zentrale Rolle hinsichtlich der Codierung des Privatrechts für Besitz weist Pistor internationalen Rechtsfirmen zu, die nicht nur die Ansprüche ihrer Klientel verteidigen und dafür hohe Honorare kassieren, sondern an der immer differenzierteren Ausgestaltung des Privatrechts aktiv mitwirken. Sie spricht von den Anwälten als »Herren des Codes«. Dem Staat komme dabei die Rolle der Absicherung dieser Rechte zu. Die Tatsache, »dass das Kapital mit der Macht des Staates verbunden und von ihr abhängig ist«, werde in den Debatten über Marktwirtschaften häufig außer Acht gelassen. »Mit den besten Anwälten in ihren Diensten«, so heißt es an anderer Stelle, »können Vermögensbesitzer ihre Eigeninteressen mit nur wenigen Einschränkungen verfolgen. Sie beanspruchen Vertragsfreiheit, lassen aber die Tatsache außer Acht, dass ihre Freiheiten letztendlich von einem Staat garantiert werden, wenn auch nicht unbedingt von ihrem Heimatstaat.«[27] Doch was tun? Pistor schlägt vor, alle Ausnahmen und Sonderregelungen für das Kapital zu streichen. Die freie, jeweils günstigste Wahl der Rechtsordnung soll erschwert, private Schiedsgerichtsbarkeit bei öffentlichen Interessen unterbunden werden. Vermögende sollten die Risiken, die mit ihren Finanzgeschäften verbunden sind, selbst tragen müssen und nicht länger der Allgemeinheit aufbürden können. Es sollten rein spekulative Verträge nicht mehr vor Gerichten durchsetzbar sein, und schließlich spreche vieles dafür, »dass die Demokratien ihre Kräfte bündeln und diese Strategien gemeinsam verfolgen sollten, und sich nicht in einen Regulierungswettlauf begeben«.[28]

Resümee: Wir brauchen Expertise gerade im Finanzbereich, um immer komplexer werdende Systeme zu durchschauen und steuern zu können. Dabei sind sich Ökonom*innen naturgemäß nicht einig, wie das Gegensteuern gegen die aktuellen Krisen zeigt.

Ambivalenz der lockeren Geldpolitik

Die lockere Geldpolitik der Europäischen Union sowie in den USA wird ambivalent gesehen. Zum einen habe sie die Wirtschaft trotz Einschränkungen durch die Pandemie sowie trotz Teuerungen durch die Turbulenzen auf den

Energiemärkten am Laufen gehalten. Und die Staaten wie die Unternehmen konnten sich billig verschulden. Andererseits seien in den Krisenjahren die Vermögen der Reichen weiter exorbitant gestiegen. Es gibt die These, dass billiges Geld die Vermögen vermehrt, weil Vermögenstitel leicht zu haben sind. Vermögen brauchen nicht nur Schulden, weil jeder Vermögenstitel auf der Sollseite eine Schuld braucht, sondern staatliche Verschuldung könne auch zu Vermögensmehrung führen, argumentiert die Journalistin Carmen Losmann in dem Arte-Film »Oekonomia«.[29]

Die Positionen unter Ökonom*innen sind hier unterschiedlich. Früh wurde vor einer möglichen Blasenbildung an den Finanzmärkten gewarnt, so etwa die Wirtschaftsweisen Deutschlands in einem Gutachten. Die aktuell hohe Inflation hänge wohl auch mit dem lockeren Geld zusammen.[30] Auch Thomas Piketty warnt vor einer zu lockeren Geldpolitik. Die Bilanz der europäischen Zentralbanken unter Führung der EZB (Europäische Zentralbank) sei von 2007 bis 2018 von unter 10 auf nahezu 40 Prozent des BIPs angestiegen. Dies habe zwar Pleitewellen verhindert, aber »jene hinter verschlossenen Türen ohne demokratische Legitimierung beschlossene Geldschöpfung stimulierte auch die Finanz- und Immobilienkurse, bereicherte die reichsten und löste keine strukturellen realwirtschaftlichen Probleme«.[31]

Aufgrund der stark gestiegenen Inflation wird seit Beginn 2023 gegengesteuert. Die erhöhten Zinsen verteuern Kredite und Staatsschulden, ob damit die Inflation nachhaltig gedrückt werden kann, ist noch offen. Der Ex-Wirtschaftsweise Peter Bofinger meint, die EZB habe keinen Anteil an der Inflation.[32] Andere wiederum sprechen von einer Vermögenspreisinflation. Höhere Profite der Unternehmen, Übergewinne sowie überbewertete Vermögenswerte würden die Inflation antreiben.[33]

Die These der vertagten Krise durch immer größere Interventionen der Zentralbanken gewinnt jedoch an Bedeutung. Die Lösung eines Problems führe zum nächsten, so Ole Nymoen und Wolfgang M. Schmitt über die Macht der Zentralbanken.[34] Seit der Finanzkrise 2008 stützen Zentralbanken die Finanzmärkte mit enormen Mitteln. Ohne sie wäre die Weltwirtschaft längst kollabiert. Doch die Eingriffe vergrößern auch die Krisenanfälligkeit des Kapitalismus, argumentiert auch Joscha Wullweber[35], der den Begriff des »Zentralbankkapitalismus« im Kontext der milliardenschweren

Rettungsprogramme zur Abfederung der Finanz- und dann der Pandemiekrise geprägt hat. Das destabilisierende Element sieht der Ökonom in der Zunahme des Schattenbankenwesens, also der Vergabe von Geldmitteln außerhalb des regulierten Bankensystems. Über Schattenbanken seien Geldmittel viel leichter erhältlich, da sie gesetzliche Regulierungen umgehen können, deutlich geringere Zinssätze zahlen müssen und keiner Bonitätsprüfung unterzogen werden. Das Schattenbankensystem müsse, so Wullweber, wieder deutlich eingeschränkt werden. Eine Tobin Tax müsste den Finanzhandel entschleunigen. Zudem müsse es neben der Überwindung der ungleichen Vermögensverteilung aktivere Investitionsprogramme geben. Das bedeute auch, die marktliberale »rote Linie« der Staatsfinanzierung durch Zentralbanken zu hinterfragen.

Krisen werden auch das Finanzsystem verändern

Was ist zu tun? Zunächst geht es darum, genauer hinzusehen, die richtigen Fragen zu stellen. Die sich mehrenden Krisen sind keine Ausrutscher, sondern im Akkumulations- und Spekulationssystem des renditefixierten Wirtschaftens angelegt. Zum zweiten ist der über Jahrzehnte betriebenen Abwertung des Staates, der öffentlichen Hand, von Parteien und Gewerkschaften entgegenzuwirken. Die ökologischen, ökonomischen und sozialen Krisen erfordern nicht weniger, sondern mehr Staat – und sie erfordern insbesondere einen anderen Staat. Eine hohe Staatsquote und ein starker öffentlicher Sektor nutzen in der Regel der Gesamtwirtschaft wie die skandinavischen Staaten zeigen.[36] Investitionen in gemeinwohlorientierte und ökologische Projekte führen meist zu mehr Lebensqualität als weitere Subventionen in den privaten Konsumgüter- und Finanzsektor.

Mit der Finanzkrise, der Pandemie sowie der Energieverteuerung hat sich die Rolle des Staates ohnedies geändert – dieser soll nun alle Probleme lösen. Gesprochen wird von »Staatskapitalismus«[37]. Die teilweise zu großzügige und zu wenig zielgenaue Verteilung von Hilfsgeldern an Unternehmen sowie das Ausschütten von Hilfen an Haushalte ohne Absehen auf deren Einkommen nach dem Gießkannenprinzip wurde von so manchem Rechnungshof mittlerweile kritisiert. Die zu erwartenden Kosten des Klimawandels, die Verteuerung der Rohstoffe und die demografischen Verschiebungen werden dazu führen, dass der private Konsum zurückgeht. Zugleich wird der Staat auf neue Steuereinnahmen angewiesen sein, sollte er dem Würgegriff der Verschuldung entgehen und seine Handlungsspielräume wieder ausweiten wollen. Die höhere Besteuerung von Naturressourcen wird aus ökologischen Gründen geboten sein – wenn diese aufkommensneutral gestaltet wird, das heißt, wenn jene, die weniger Rohstoffe verbrauchen und weniger Emissionen verursachen, belohnt und jene, die mehr verbrauchen, bestraft werden, schafft dies Anreize für die ökologische Wende, erhöht jedoch nicht das Steueraufkommen des Staates. Unumgänglich wird daher auch eine höhere Besteuerung von Vermögen, die Begrenzung von Erbvermögen sowie die Verringerung der Einkommensspreizung ebenfalls durch entsprechende Steueranreize sein. Dafür politische Mehrheiten zu gewinnen, um Spielräume für Bildungs- und Sozialpolitik sowie Arbeitszeitverkürzungen zu gewinnen, wird eine zentrale Herausforderung in den Wohlfahrtsstaaten sein (mehr siehe das Kapitel Steuerwende in Abschnitt III).

Zusammenfassung

1. Die ursprüngliche Funktion des Geldes liegt in der Möglichkeit, Güter leichter und über Distanzen tauschen zu können. Geld gibt aber nicht nur Gütern einen Preis, sondern auch der von Menschen verrichteten Arbeit. Geld ist auch ein Wertzumesser.
2. Zentral im Kapitalismus ist die Funktion des Geldes als Investitionsressource. Durch den Einsatz von Kapital wird Wachstum generiert, das zu mehr Kapital führt, das wiederum investiert werden kann. Im Kapitalismus führt Geld daher zu steigender Vermögenskonzentration, wenn der Staat nicht ausgleichend eingreift.
3. Die Kehrseite von privater Vermögensanhäufung ist öffentliche und private Verschuldung. Die Verringerung von Schulden ist nur möglich bei gleichzeitiger Verringerung der Vermögen.
4. Vermögen führt zu Macht und politischem Einfluss. Die Rechtswissenschaftlerin Katharina Pistor legt dar, wie Konzerne und Finanzmarktak-

teure mit ihren Rechtsanwält*innen die Regeln zu ihren Gunsten auslegen bzw. gestalten.

5. Banken können Kredite vergeben, die nur begrenzt mit Einlagen gedeckt sein müssen. Doch sind sie darauf angewiesen, dass die Kredite zurückgezahlt werden. Als Problem werden die vielen neuen Finanzmarktakteure gesehen, die sogenannten Schattenbanken, für die weniger Regeln gelten.
6. Neben dem Investivkapital hat in den letzten Jahrzehnten das Spekulationskapital stark zugenommen, das keine neuen Werte schafft, sondern die Finanzmärkte destabilisiert.
7. Die Politik des leichten Geldes durch die Zentralbanken im Zuge der aktuellen Krisen wird unterschiedlich gesehen: als notwendige Maßnahme, aber auch als Aufblähung der Finanzmärkte.

Kapitel 7
Wachstum

Notwendigkeit, Zauberformel und Fetisch

Der Begriff des Wachstums hat mehrere Bezüge. In der Natur wird von organischem Wachstum gesprochen. Menschen, Tiere, Bäume oder Pflanzen wachsen bis zur Reife, danach werden nur mehr bestehende Zellen erneuert. Der Alterungsprozess läutet am Ende das Absterben ein. Als inneres Wachstum wird beim Menschen die Entwicklung der Persönlichkeit, des Charakters sowie der Lebensweisheit bezeichnet. In der Wirtschaft bedeutet Wachstum die Vermehrung der Güter und Dienstleistungen. Gemessen wird Wachstum hier mit dem Bruttoinlandsprodukt, in dem alle monetär bewerteten in einer bestimmten Periode geschaffenen Güter summiert und mit der Vorgängerperiode verglichen werden. Man unterscheidet nominelles und reales Wachstum, bei Letzterem wird die Inflation abgerechnet, da diese keiner realen Wertsteigerung entspricht. Wichtig ist die Unterscheidung in absolutes und prozentuelles Wachstum. Mit absolutem Wachstum wird die Vermehrung der Wirtschaftsleistung um einen bestimmten Betrag verstanden, prozentuelles Wachstum bezieht sich auf die Steigerung gegenüber der Vorperiode. Dies führt zur Unterscheidung des linearen gegenüber dem exponentiellen Wachstum. Letzteres tritt ein, wenn das Prozentwachstum permanent fortgeführt wird. Der Zuwachs wird jeweils auf der Basis der Vorperiode berechnet, steigt also in jeder Periode an. Schrumpfung wird interessanterweise als Minus-Wachstum bezeichnet.

Das BIP eines Landes gibt die Größe seiner Volkswirtschaft an, das BIP pro Kopf wird mit dem Wohlstand der Menschen gleichgesetzt. BIP-Prognosen gelten als Planungsinstrument – Unternehmen leiten daraus zu erwartende Absatzzahlen ab und richten ihre Investitionen dementsprechend aus, Staaten kalkulieren die zu erwartenden Steuereinnahmen.

Wirtschaftswachstum gilt in der Mainstreamökonomie als Indikator für wirtschaftlichen Erfolg sowie als Notwendigkeit, weil bei Stagnation oder gar Schrumpfung eine Abwärtsspirale drohe. Sinkende Investitionen bei erwartetem Rückgang der Wirtschaftsleistung würden dazu führen, dass die Wirtschaft weiter schrumpft. Kapitalismus ohne Wachstum sei daher nicht möglich, wird argumentiert.[1]

Wachstumsstadien in den Wirtschaftswissenschaften

Laut dem Wirtschaftswissenschaftler Walt W. Rostow durchlaufen Staaten fünf Stadien des Wachstums von der traditionellen, agrarisch geprägten Gesellschaft (1) über die Schaffung der Voraussetzungen für den wirtschaftlichen Aufstieg durch ein freies Unternehmertum und die Herausbildung konsolidierter Nationalstaaten (2) bis hin zum wirtschaftlichen *Take off* durch eine Mechanisierung der Landwirtschaft und eine aufsteigende Industrie (3). Die Entwicklung zur Reife würde über die Pluralisierung und Diversifizierung der Wirtschaftszweige erfolgen (4) und schließlich in das Zeitalter des Massenkonsums (5) münden.[2]

Die Ökonomin Kate Raworth setzt dem ein sechsstufiges Modell entgegen. Das Zeitalter des Massenkonsums ersetzt sie durch Vorbereitungen zur Landung auf einem erreichten Wirtschaftsniveau, dem schließlich das Stadium einer stabilen, nicht länger wachsenden Wirtschaft folgen müsse. Die Exponentialkurve unbegrenzten Wachstums würde, so Raworth, ersetzt durch eine S-Kurve, die nach Erreichen des Reifestadiums das Ende des Wachsen-Müssens anzeigt. »Im Jahr 2015 belief sich das Gesamt-BIP der Welt auf rund 780 Billionen US-Dollar, und die Weltwirtschaft wuchs mit rund drei Prozent jährlich. Würde sich diese Wachstumsrate unbegrenzt fortsetzen, würde sich der Umfang der Weltwirtschaft bis zum Jahr 2050 verdreifachen oder bis 2100 verzehnfachen und bis 2200 fast auf das 240-fache anwachsen.«[3] Damit macht Raworth deutlich, dass permanentes Wachstum der Weltwirtschaft rein physikalisch nicht möglich sein wird.

Dazu kommt, dass Wirtschaftswachstum allein kein Garant für steigenden Wohlstand ist. Für die Erklärung von globaler Ungleichheit gibt es im Wesentlichen zwei Theoriestränge: Dependenztheorien und Modernisierungsansätze. Die Modernisierungstheorie, auch Phasentheorie genannt, setzt auf den Übergang der Entwicklungsländer von Agrar- zu Industriegesellschaften. Nachholende Entwicklung gilt als Leitbild; freie Märkte und freies Unternehmertum, Demokratisierung und Rechtssicherheit sowie ein freier Welthandel werden als Vorrausetzungen genannt. Dependenztheorien problematisieren die strukturelle Abhängigkeit der Länder des Südens von den reichen Ländern des Nordens. Die Welt sei geteilt in Zentren, Semiperipherien und Peripherien, der Süden gefangen in der Rolle als Lieferant billiger Rohstoffe und Arbeitskräfte; der Welthandel werde von den reichen Ländern zu deren Gunsten diktiert. Für die Entwicklungssoziologinnen Karin Fischer von der Johannes Kepler-Universität Linz und Margarete Grandner vom Institut für Internationale Entwicklung der Universität Wien ist die Hoffnung auf »Trickle- down« sowie nachholende Modernisierung weitgehend gescheitert.[4]

Kritisiert wird auch die Konvergenzthese, die besagt, dass sich mit der Zeit alle Ökonomien angleichen würden. Basierend auf Daten des Human Development Index der UNO, der Lebenserwartung, Bildung und Bruttoinlandsprodukt verbindet, zeigt die Entwicklung zwar in allen Weltregionen in eine positive Richtung. Die Konvergenzthese habe jedoch einen Haken, so die Ungleichheitsforscher Axel Anlauf und Stefan Schmalz: »Ohne China stagniert die globale Ungleichheit, ohne China und Indien steigt sie sogar.«[5] Und die Kluft ist global nach wie vor eklatant: »Weltweit vereinte das oberste Prozent fast 30 Prozent des gesamten Einkommenswachstums von 1980 bis 2016 auf sich, die oberen 10 Prozent fast 60 Prozent.«[6] Karin Fischer spricht von einer »Geografie der globalen Einkommensungleichheit« als »Lotterie der Geburt«.[7]

Die Grenzen des Bruttoinlandsprodukts

Es gibt zunehmend Kritik am Wachstumsdogma. Zum einen wird das BIP als Wohlstandsindikator selbst problematisiert, weil dieses zu wenig über den realen Wohlstand aussage, wie bereits ausgeführt wurde. Negativkosten wie Verkehrsunfälle oder Umweltschäden erhöhen das BIP, weil zu ihrer Behebung Geld fließt, nicht bezahlte Sorgearbeit oder ehrenamtliche Tätigkeit scheint aber nicht auf, weil eben kein Geld fließt. Das BIP sagt nichts darüber aus, woraus es sich zusammensetzt – auch die Produktion von Waffen erhöht das BIP – und wie es verteilt wird. Der Verlust an »Naturkapital« wird ebenfalls nicht berücksichtigt. Von Robert F. Kennedy ist der Satz überliefert: »Das Bruttoinlandsprodukt misst alles – außer dem, was das Leben lebenswert macht.« In einer Wahlrede 1968 meinte er über das BIP: »Es erfasst nicht die Gesundheit unserer Kinder, nicht die Qualität ihrer Ausbildung und nicht die Freude ihres Spielens. Es enthält nicht die Schönheit unserer Dichtung und nicht die Stärke unserer ehelichen Bindungen, es enthält nicht die Intelligenz der politischen Diskussionen und nicht die Integrität der öffentlichen Verwaltung. Es misst weder unseren Mut noch unsere Weisheit noch unsere Hingabe zu unserem Land. Kurz gesagt misst es alles, bis auf die Dinge, die das Leben lebenswert machen.«[8]

Kritisiert wird insbesondere das Konzept des prozentuellen Wachstums. Denn wenn eine Volkswirtschaft bereits ein hohes Niveau erreicht hat, machen ein paar Prozent Wachstum absolut bedeutend mehr aus als bei einer Volkswirtschaft mit niedrigem Niveau. Ein Prozent Wirtschaftswachstum in Deutschland oder Österreich entsprächen vom Volumen her etwa fünfzig Prozent Wachstum in einem sehr armen Land.[9] Zwei Prozent jährliches Wirtschaftswachstum bedeutet eine Verdoppelung alle 35 Jahre. Exponentielles Wachstum ist daher auf Dauer unmöglich. Der Wirtschaftswissenschaftler Kenneth Boulding bringt es auf den Punkt: »Jeder, der glaubt, exponentielles Wachstum kann andauernd weitergehen in einer endlichen Welt, ist entweder ein Verrückter oder ein Ökonom.«[10] Der Club of Rome hat daher bereits vor 50 Jahren von »organischem Wachstum« gesprochen, Herman Daly, einer der Begründer der Ökologischen Ökonomie, von »Steady State Economies«.[11] Dafür brauchen wir neue Indikatoren für Wohlstand, die die Lebensqualität messen, wie im Kapitel über planetare Buchhaltung bereits ausgeführt wurde.

Perspektive Postwachstum

Über die Frage des Wachstums wird in letzter Zeit intensiver nachgedacht – Postwachstumsökonomie wurde zu einer Teildisziplin der Wirtschaftswissenschaften, wenn auch noch wenig verankert. Außeruniversitär wird in Postwachstumskonferenzen über Wege eines guten Lebens jenseits des Wachstumszwangs diskutiert. Die Zahl an Publikationen ist stark gestiegen.[12] Postwachstum bezieht sich auf die materiell reichen Gesellschaften bzw. Volkswirtschaften mit einem deutlich überhöhten Öko-Fußabdruck. Ärmere Länder haben das Recht, auch materiell weiterzuwachsen. Die britische Ökonomin Kate Raworth bringt es auf den Punkt: »Kein Land kann Wohlstand ohne Wachstum erreichen. Aber ebenso kann kein Land ökologische Probleme mit Wachstum lösen.«[13] Postwachstum bedeutet auch nicht, dass nichts mehr wächst. Erwünschte Dinge, etwa erneuerbare Energieanlagen, sollen wachsen, alles Nicht-Nachhaltige muss schrumpfen, zum Beispiel der motorisierte Individualverkehr, bzw. auslaufen, zum Beispiel der Verbrennungsmotor. Die gegenwärtige Automobilflotte zur Gänze durch E-Autos zu ersetzen, wäre ebenso wenig nachhaltig. Das erfordert Strukturwandel, aber kein weiteres Wachstum.

Häufig genannte Argumente für Wirtschaftswachstum

Ein erstes Argument lautet, dass Wirtschaftswachstum mehr Wohlstand bringt. Wachstumsskeptiker*innen entgegnen, dass Wirtschaftswachstum in der Tat Massenwohlstand ermöglicht. Doch ab einem bestimmten Niveau materiellen Wohlstands steige die Zufriedenheit nicht mehr. Der Ökonom Mathias Binswanger spricht von den »Tretmühlen des Glücks« durch die Vergleichs-, Status- und Anspruchsfalle.[14] Entscheidend sei eine faire Verteilung des Wirtschaftsprodukts sowie der Zugang zu öffentlichen Gütern für alle. Der Anthropologe Jason Hickel meint: »Wenn Wachstum ein Ersatz für Verteilung war, dann ist Verteilung ein Ersatz für Wachstum.«[15]

Gewicht hat das Argument, dass Wirtschaftswachstum unsere Sozialsysteme sichert. Es stimmt: Sozial- und Krankenversicherungen, öffentliche Leistungen wie Schulen, Universitäten, Kultureinrichtungen sowie staatliche Transfers sind mit dem Wirtschaftswachstum gestiegen. Doch diese könnten auch finanziert werden, wenn die Vermögenden stärker zur Finanzierung herangezogen würden und man darauf achtet, Negativkosten möglichst zu vermeiden, etwa durch Gesundheitsprävention, so die Vertreter*innen der Postwachstumsökonomie. Das führt zum nächsten Argument, der Sicherung von Arbeitsplätzen. Es stimmt: Es gibt eine

Korrelation zwischen Arbeitslosigkeit und Wirtschaftswachstum. Wenn durch Produktivitätsfortschritte Jobs wegfallen, müssen anderswo neue geschaffen werden. Die Arbeitslosigkeitsschwelle wird mit 1,5 bis 2,5 Prozent Wirtschaftswachstum angegeben.[16] Es gibt aber auch »Jobless Growth« durch Automatisierung. Steigende Arbeitsproduktivität ermögliche eine Neuverteilung der Arbeit durch Arbeitszeitverkürzung, argumentieren die Wachstumskritiker*innen. Ein weiteres Argument bezieht sich auf Umweltschutz, den wir uns nur mit Wirtschaftswachstum leisten könnten. Simon Kuznets argumentierte, dass Volkswirtschaften in der ersten Wachstumsphase mehr Ungleichheit und mehr Umweltverschmutzung verursachen, später würde sich dies jedoch umkehren (»Kuznetskurven«).[17] Beides trifft nicht zu, wie die aktuellen Entwicklungen zeigen. Wirtschaftswachstum verstärkt die Umweltprobleme, die Entkoppelung von Energie- und Ressourcenverbrauch sind (bisher) nicht genügend gelungen. Die Energie- und Klimawende erfordern große Investitionen, aber in allen nicht nachhaltigen Sektoren müssen die Investitionen zurückgefahren werden.

Das gewichtigste Argument lautet, dass das kapitalistische Zins- und Konkurrenzsystem Wirtschaftswachstum erfordert. Es stimmt, wenn ein Unternehmen oder Staat Kredite aufnimmt, muss mehr erwirtschaftet werden als die Kreditsumme, da auch der Zins anfällt. Die Niedrigzinsstrategie der letzten Jahre war der Versuch, die Wirtschaft in den Krisen anzukurbeln, zugleich wurden dadurch auch Staatsschulden günstiger. Und: Investiert wird nur in Erwartung steigenden Absatzes, also höheren Wachstums (»Wachstumsspirale«). Mit Ausnahme der Krisenjahre 2008 (Finanzcrash) und 2020 (Corona) ist die Weltwirtschaft in den letzten Jahrzehnten jährlich immer um drei bis sechs Prozent gewachsen.[18] Doch laut dem Ökonomen Hans Christoph Binswanger reichen 1,5 Prozent Wachstum weltweit, um Stagnation zu entgehen.[19] Argumentiert wird auch, dass Arbeitnehmer*innen auf ihren Lohn angewiesen sind, Unternehmer*innen jedoch häufig über Vermögen verfügen, das ihnen erlaubt, bei schlechteren Gewinnaussichten einfach nicht zu investieren.[20] Arbeitnehmer*innen seien daher stärker auf Wirtschaftswachstum angewiesen als Unternehmer*innen. Hier wäre es Aufgabe der Staaten, den Zugang aller zu den Grundbedürfnissen sicher zu stellen, erwidern die Wachstumsskeptiker*innen.

Es gibt erste erfolgreiche Postwachstumsunternehmen (mehr siehe Kapitel Unternehmenswende); wie Staaten erfolgreich ihre Aufgaben auch ohne Wirtschaftswachstum erfüllen können und wie der Deflationsgefahr entgegengewirkt werden kann, darüber müssen erst Erfahrungen gesammelt werden (mehr siehe das Kapitel zu Degrowth-Ansätzen).

Zusammenfassung

1. Wirtschaftswachstum gilt in den öffentlichen Debatten sowie im Mainstream der Wirtschaftswissenschaften als Garant für Wohlstand und die Finanzierung der sozialen Leistungen.
2. Doch exponentielles Wachstum ist physisch unmöglich und ist durch organisches Wachstum, das in einem Reifestadium endet, zu ersetzen.
3. Die Maßzahl für Wirtschaftswachstum, das Bruttoinlandsprodukt, ist als Steuerungsgröße für Unternehmen sowie Staaten hilfreich, aber nicht geeignet, Wohlstand und Wohlbefinden zu messen.
4. Alternative Indikatoren wie die Lebenszufriedenheit, die Verteilung des Wohlstands, der Schutz der Ökosysteme müssen in der Wirtschaftspolitik stärker berücksichtigt werden.
5. Postwachstum bezieht sich auf bereits reiche Volkswirtschaften und bedeutet nicht, dass gar nichts mehr wächst. Nachhaltige Sektoren wachsen, nicht nachhaltige müssen auslaufen. In Summe würde das BIP aber nicht mehr wachsen.
6. Zudem müssen Wege entwickelt werden, die in bereits reichen Volkswirtschaften die Gewährleistung der öffentlichen Aufgaben und sozialen Sicherungsleistungen auch ohne Wirtschaftswachstum ermöglichen.
7. Ärmere Volkswirtschaften haben das Recht auf weiteres Wirtschaftswachstum, dies muss jedoch ökologisch erfolgen.

Kapitel 8

Energie

Warum ohne sie nichts geht

Grundlage allen Lebens ist die Energiezufuhr durch die Sonne, die durch Photosynthese Biomasse erzeugt, die wiederum Nahrungsgrundlage für Tiere und Menschen ist. Flora, Fauna und Mensch stehen also in enger Wechselbeziehung. Neben die Energie der Sonne trat früh das Feuer, das letztlich auch auf die Sonne zurückgeht – denn Holz gäbe es nicht ohne den Vorgang der Photosynthese. Der Stoffwechsel mit der Natur wurde auf eine neue Stufe gestellt. Das Feuer wärmt, es macht aber auch Nahrung bekömmlicher. Es ist »der älteste Komplize von Homo sapiens bei seinem Ausbruch aus dem Zirkel bloßer Naturbedingungen«, so der Philosoph Peter Sloterdijk.[1]

Über Jahrhunderte bestand die zentrale Energiezufuhr über tierische und menschliche Muskelkraft, die in neue Herrschaftsformen führte. Nicht mehr Zusammenhalt in der Sippe, sondern die Ausbeutung anderer Menschen bestimmte die anfänglichen »Hochkulturen«. Nochmals Sloterdijk: »Wo der Horizont der ursprünglichen fremdmuskulären Arbeit wächst, erfährt der Energiehaushalt der Gesellschaften, besser: der frühen Staatskonstrukte, eine explosive Erweiterung. Durch sie treten die anfänglichen Hochkulturen als Überbauungen von massenhafter sklavischer Anstrengung ins Dasein.«[2]

Menschen erfanden in der Folge weitere Techniken und Technologien, die Energie besser nutzbar machten, wie das Rad, oder neue mechanische Energie nutzten, wie die Wind- und Wassermühlen, mit denen unter anderem Getreide gemahlen wurde. Der Quantensprung erfolgte mit der Nutzung unterirdischer Energiequellen, zunächst der Kohle, dann auch von Erdöl und Erdgas. Auch diese Energien entstammen der Sonne, da sie in Millionen von Jahren als Ablagerungen von Biomasse entstanden sind. Das Industriezeitalter beginnt, wie wir bereits gesehen haben, mit der Nutzung der fossilen Energieträger. Erst sie ermöglichten den Antrieb von Dampfmaschinen, Automobilen und Flugzeugen. Die Produktivität der Wirtschaft sowie die physische Mobilität von Gütern und Menschen wurden in exponentielle Wachstumskurven katapultiert.

»Der durchschnittliche Erdbewohner hat heute rund 700 Mal so viel nutzbare Energie zur Verfügung wie seine Vorfahren zu Beginn des 19. Jahrhunderts«, so der Umweltwissenschaftler Vaclav Smil.[3] Der Energie- und Utopieforscher Johannes Schmidl pointiert: »Wenn man der Ansicht zuneigt, der reiche Teil der Bevölkerung in den industrialisierten Ländern der Erde würde gegenwärtig quasi im einst ersehnten Utopia leben, dann findet man in den fossilen Energieträgern die entscheidende materielle Basis dafür.«[4] Die Bedeutung des Energiesektors unterstreicht Schmidl mit einer Zahl: 18 Prozent des Weltbruttosozialprodukts entfallen heute auf den Energiesektor. Die westlichen Konsumgesellschaften seien dank dieser Energierevolutionen dort angelangt, was frühere Utopien ausmalten: in der Verfügung über eine Fülle an Gütern. Doch sei ein großer Teil der Menschheit nach wie vor vom Zugang zu modernen Energiedienstleistungen ausgeschlossen: 1,3 Milliarden Menschen verfügen über keine Elektrizität, 2,3 Milliarden Menschen kochen und heizen weiterhin auf der Basis von Technologien niedrigster Effizienz.[5] Die Weltbank geht davon aus, dass über 3 Milliarden Menschen keinen Zugang zu sauberen Energien für das Kochen haben.[6]

Während die Verknappung der Ressourcen durch Preissignale angezeigt werden wird (wodurch Anpassung und zumindest eine Streckung der Frist möglich sei), würden die Folgen des Verbrennens der fossilen Energien, der menschengemachte Klimawandel trotz aufgeregten Redens darüber letztlich negiert, so Schmidl weiter: »Wir wissen, dass die Erfüllung der Utopie das Leben zukünftiger Generationen bedroht, aber dieses Wissen scheint uns kaum in einer Form zu erreichen, dass wir daraus Taten ableiteten.« Und jene, die in unserer Wahrnehmung die kausale Macht zu Veränderungen hätten, die »vielgeschmähten nationalen und multinationalen Weltkonzerne lassen wir gewähren, weil das, was sie tun, auf heimtückische Weise geschieht, um uns die Utopie zu erfüllen«.[7] Peter Sloterdijk drückt es so aus:

»Die moderne Menschheit ist ein Kollektiv von Brandstiftern, die an die unterirdischen Wälder und Moore Feuer legen.«[8]

Der verstorbene politische Ökonom Elmar Altvater prägte zwei Begriffe: »Fossilismus« als Bedingung des Kapitalismus heutiger Prägung und »Kapitalozän« als passenderer Bezeichnung für Anthropozän.[9]

Der Energiehunger der Welt bleibt unersättlich

Der Weltenergieverbrauch hat sich von 1980 bis 2022 mehr als verdoppelt, lediglich 2020 gab es pandemiebedingt einen kurzfristen Verbrauchsrückgang.[10] 80 Prozent des Weltenergiebedarfs werden noch immer aus fossilen Quellen gespeist. 2020 fielen 29,5 Prozent auf Öl, 26,8 Prozent auf Kohle, 23,7 Prozent auf Gas, 9,8 Prozent auf Biomasse und 5 Prozent auf Atomenergie. Wasserkraft machte lediglich 2,7 Prozent sowie Wind- und Sonnenenergie nur 2,5 Prozent aus.[11] Die G20-Länder verbrauchen vier Fünftel des weltweiten Energieverbrauchs. Angeführt wird der Energiehunger von China mit 3.801 Millionen Kilotonnen Öleinheiten, den USA mit 2.182 Millionen Kilotonnen Öleinheiten sowie Indien mit 1.005 Millionen Kilotonnen Öleinheiten.[12]

Aussagekräftiger ist jedoch der Pro-Kopf-Verbrauch: Die Rangliste hier wird angeführt von Ölförderländern des Nahen Osten – Spitzenreiter ist Katar mit über 182.000 Kilowattstunden, die Vereinigten Staaten liegen bei 77.500 Kilowattstunden, Deutschland und Österreich bei knapp über 40.000 Kilowattstunden, China liegt bereits bei über 30.000 Kilowattstunden. Ein Hundertstel davon, etwa 300 Kilowattstunden werden in Burundi, 200 Kilowattstunden im »Schlusslicht« Äthiopien verbraucht.[13]

Weltweit gibt es also große Unterschiede im Energieverbrauch. Das Verhältnis zwischen den USA und Indien liegt beispielsweise bei etwa 1:12. Das bedeutet, dass der durchschnittliche Mensch in den USA in einem Monat ungefähr so viel Energie verbraucht wie durchschnittliche Inder*innen in einem ganzen Jahr. Brit*innen verbrauchen im Durchschnitt doppelt so viel wie Brasilianer*innen. In den ärmsten Ländern der Welt ist der Energieverbrauch so niedrig, dass er kaum registriert wird, abgesehen von der Verbrennung einiger fester Brennstoffe zum Kochen.[14]

Als großer Energiefresser gilt das Internet. Dieses funktioniert über große Server, die 24 Stunden und 365 Tage im Jahr laufen und Strom brauchen. Jede Datei muss durch verschiedene Server geleitet werden, Suchanfragen müssen verwaltet und Dateien gespeichert werden. Dabei wird Energie verbraucht und es entsteht Wärme. Damit die großen Serverfarmen optimal laufen, werden Serverräume klimatisiert und bei möglichst konstanten und kühlen 22 bis 24 Grad Celsius gehalten. Eine Studie aus 2014 hat errechnet, dass das Internet bereits 2012 4,6 Prozent des weltweiten Stromverbrauchs ausgemacht hat. Damit wäre das Internet im internationalen Ländervergleich auf Platz sechs hinter China, den USA, der EU, Indien und Japan.[15] Auch Kryptowährungen sind ein Problem. Eine 2022 erschienene Studie kam etwa zu dem Schluss, dass durch die weltweit führende Kryptowährung Bitcoin größere Klimaschäden verursacht werden als durch die Produktion von Rindfleisch. Zudem ist der Wasserverbrauch zur Kühlung der Server enorm.[16]

Energieverbrauch und Klimakrise

Die Internationale Energieagentur geht von einem Zuwachs des Energieverbrauchs um weitere 30 Prozent bis 2040 aus, an die 60 Prozent sollen weiterhin aus fossilen Brennstoffen stammen, aufgeteilt auf Erdöl, Kohle und Erdgas. »Dies entspricht dem Hinzufügen eines weiteren Chinas und Indiens zur heutigen globalen Nachfrage.«[17] Der Anteil von Kohle, Erdöl und Erdgas an der weltweiten Energieversorgung, der jahrzehntelang bei 80 Prozent lag, beginne zu sinken und falle in einem Zukunftsszenario bis 2030 auf 73 Prozent, so die Internationale Energieagentur vorsichtig optimistisch: »Das Ende der Wachstumsära für fossile Brennstoffe bedeutet nicht das Ende der Investitionen in fossile Brennstoffe, aber es untergräbt die Argumente für eine Erhöhung der Ausgaben«.[18] Laut Klimaforschung müsste die Öl- und Gasproduktion global bis 2050 pro Jahr um drei Prozent sinken. 60 Prozent der Reserven an Erdöl und Erdgas sowie 90 Prozent der Kohlereserven dürften nicht abgebaut werden, wenn das CO_2-Budget zur Einhaltung des 1,5-Grad-Ziels eingehalten werden soll.[19]

Von einer Dekarbonisierung des Wirtschaftens sind wir jedoch weit entfernt. So ist der CO_2-Fußabdruck in China in den letzten Jahrzehnten kontinuierlich gestiegen. Im Jahr 2021 war China mit einem Anteil von rund 30 Prozent an den globalen Kohlenstoffdioxid-Emissionen der weltweit größte CO_2-Emittent. Die USA trugen mit rund 15 Prozent ebenfalls wesentlich zum CO_2-Ausstoß bei. Deutschlands Anteil an den weltweiten CO_2-Emissionen lag zuletzt bei rund 1,8 Prozent, jener von Österreich bei 0,2 Prozent.[20]

Der Pro-Kopf-Austsoß an Treibhausen ist ebenso ungleich wie der Energieverbrauch. Er liegt in Österreich bei 9 Tonnen pro Kopf, in den USA bei 15 Tonnen, in Indien unter 2 Tonnen. Um das 2-Grad-Ziel zu erreichen, stünden jedem Menschen bis 2050 jährlich weitere 2,7 Tonnen Treibhausgase zu. Dieser Wert entspricht in etwa einem Flug von Wien nach New York. Da der Treibhausgas-Ausstoß in den reichen Ländern deutlich zu hoch ist und diese beträchtliche Klimaschulden angehäuft haben, müsste er hier bis 2050 jedoch auf eine Tonne reduziert werden.[21] Es ist aber davon auszugehen, dass die Emissionen weiter steigen werden, berücksichtigt man den wachsenden Wohlstand auch in den Transformationsländern sowie den steigenden Energiehunger in den Ländern des Südens.[22]

Zu berücksichtigen sind zwei weitere Aspekte: Zum einen die Externalisierung der CO_2-Emissionen aus den reichen Ländern durch die Auslagerung klimaschädlicher Produktionen in Transformationsländer wie China. Zum anderen der unterschiedliche Klimafußabdruck innerhalb von Staaten. Daten zeigen, dass der Umweltverbrauch mit dem Einkommen zunimmt. Franz-Josef Radermacher verweist auf Studien, denen gemäß die reichsten 10 Prozent der Weltbevölkerung knapp die Hälfte der CO_2-Emissionen verursachen, während die ärmere Hälfte der Weltbevölkerung zusammen für nur rund 10 Prozent verantwortlich sind.[23]

Hoffnung auf die Energiewende

Die Energiewende erfordert zweierlei: den Umstieg auf 100 Prozent erneuerbare Energien und eine drastische Reduktion des Energieverbrauchs in den Wohlstandsländern, wohl auch in den Transformationsländern. Meist wird nur Ersteres betont – es braucht aber beides. Wie steht es um die Prognosen für die erneuerbaren Energieträger? Ihr Anteil beträgt derzeit – wie gesagt – 10 Prozent am Weltenergieverbrauch. Die Produktion hat sich seit

1965 verachtfacht auf heute 8.000 Terrawattstunden. Gut die Hälfte davon entfällt auf Wasserkraft, die andere Hälfte verteilt sich auf Wind-, Sonnen- und andere erneuerbare Energieträger.[24] Erneuerbare Energien werden in den kommenden Jahrzehnten eine Schlüsselrolle bei der Dekarbonisierung unserer Energiesysteme spielen. Die Potenziale sind noch längst nicht ausgeschöpft – die Kosten sinken permanent. Sie sollen bei Sonne und Wind bereits niedriger sein als jene bei fossilen Energien. Noch überwiegt die Abhängigkeit von fossilen Energien, wie Europa aufgrund des Krieges gegen die Ukraine schmerzlich erfahren musste. Noch machen auch die Fossilkonzerne satte Gewinne. Und die Investitionen in fossile Energieträger sind nach wie vor enorm: Acht Billiarden Dollar rechnet der Internationale Währungsfonds für das Jahr 2022 vor.[25] Aber ohne 100 Prozent Umstieg auf erneuerbare Energie in den nächsten Jahrzehnten wird die Eindämmung der Erderhitzung nicht gelingen.

Chinas Ausbau erneuerbarer Energien

China erhöht seit Jahren den Anteil nicht fossiler Energieträger (inklusive Atomkraft) an seinem Energiemix. Bis 2030 strebt das Land einen Anteil von 25 Prozent nicht fossiler Energieträger am Primärenergieverbrauch und bis 2060 bereits 90 Prozent an. Die Ziele sind ambitioniert, stammten doch 2021 nur knapp 16 Prozent der Primärenergie aus nicht fossilen Energieträgern, während Kohle mit 57 Prozent trotz rückläufigem Trend nach wie vor dominiert. Dennoch halten Expert*innen die Ziele nicht für unerreichbar. Mit einer Ende 2021 installierten Gesamtleistung von 306 Gigawatt Fotovoltaik und 328 Gigawatt Windkraft liegt China weltweit vorne. Strom aus erneuerbaren Energien hat laut einem Bericht von »German Trade and Invest« bei der Netzeinspeisung Vorrang. Die Preise für Solar- und Windstrom liegen inzwischen weitgehend auf Kohlestromniveau oder darunter. Künftig werden daher – selbst für Offshore-Windkraftanlagen – keine Subventionen mehr in Form von Tarifaufschlägen gewährt.[26]

Zwischen 2020 und 2022 wurden in China jährlich rund 140 Gigawatt (GW) an Kapazitäten dazu gebaut. Zum Vergleich: In der EU waren es zwischen 30 und 40 Gigawatt. China hat in diesem Zeitraum mehr Erneuerbare hinzugefügt als die gesamte EU, USA und Indien zusammen. In den ersten vier Monaten des Jahres 2023 wurden fast dreimal so viele neue Fotovoltaik-Kapazitäten gebaut wie erwartet. 154 Gigawatt könnten es 2023 werden – wesentlich mehr als die USA insgesamt installiert haben. 2024 könnte der Wert auf 200 bis 300 Gigawatt steigen, so ein Bericht des Momentum Instituts.[27] Davon profitiere das Land auch wirtschaftlich. China habe seit 2011 über 50 Milliarden Dollar in die Produktion von Fotovoltaikanlagen investiert und damit rund 300.000 Jobs geschaffen. Das Land dominiere den Markt und habe über alle Produktionsschritte hinweg einen Marktanteil von 80 Prozent. Durch diese Investitionen habe China den Preis für Anlagen wesentlich schneller sinken lassen als prognostiziert wurde. Das habe jedoch laut Internationaler Energiebehörde auch eine Schattenseite: Je konzentrierter die Liefer- und Produktionskette, desto leichter könne sie auch brechen. Und: China baut leider auch weiterhin Kohlekraftwerke, aber das Argument, dass wir nichts ausrichten könnten, weil die chinesischen Emissionen alles zunichtemachen, gilt so nicht. Eher liegt das Problem darin, dass chinesische Fotovoltaikanlagen am Weltmarkt bestimmend werden und andere Länder ins Hintertreffen geraten.

An erneuerbaren Energien führt kein Weg vorbei

»Energie ist das Blut der Volkswirtschaft. Und das Energiesystem ist der Blutkreislauf«, so die Energieökonomin Claudia Kemfert vom Deutschen Institut für Wirtschaft.[28] Der Energiemarkt sei – anders als andere Märkte wie jener für Textilien – aber träge. Ein Kohlekraftwerk habe eine Laufzeit von etwa 30 Jahren und brauche mindestens 10 Jahre, um seine Kosten wieder hereinzuspielen. Gaskraftwerke können etwa 50 Jahre laufen und benötigen ebenso viele Jahre, um rentabel zu sein. Änderungen bräuchten daher Zeit – und wenn noch heute in Fossilmärkte investiert wird, so sei dies fatal, weil weitere Pfadabhängigkeiten geschaffen werden. Kemfert beschreibt, wie sich viele europäische Länder, insbesondere Deutschland und Österreich, in die Energieabhängigkeit von Putins Russland begeben haben, anstatt die erneuerbare Energiewende energischer voranzutreiben. Versäumnisse, die rasch korrigiert werden müssten.[29]

Die Zeit drängt. Es gibt aber mittlerweile zahlreiche Vorbilder. Kemfert nennt etwa die 800 Energiegenossenschaften mit rund 200.000 Mitgliedern in Deutschland, die rekommunalisierte Hamburg Energie, die 100 Prozent erneuerbare Energie liefert oder das Bundesland Baden-Württemberg, wo seit Anfang 2022 für alle Neubauten und ab 2023 auch für sanierte Bestandsdächer eine Solarpflicht gilt.[30] Nicht gelten lässt die Energieökonomin, die bereits heute 80 Prozent erneuerbare Energien für Deutschland möglich hält, die Angst vor einer Deindustrialisierung. Laut Münchner ifo-Institut liege der Anteil der Energiekosten am Bruttoproduktionswert in der Autobranche bei 0,5 Prozent, im Maschinenbau bei 0,8 Prozent und in der Chemie bei 3,1 Prozent.[31] Kemferts Fazit: »Die Politik der kleinen Schritte in den letzten Jahren und Jahrzehnten war vielleicht für manche eine angenehme Gangart. Doch uns läuft die Zeit davon. Unsere kleinen Schritte müssen deutlich größer werden, aber vor allem schneller und am besten auch zu weiten Sprüngen führen.«[32]

»Die Globalisierung von Massenproduktion, Massenkonsum und Massenmedien war das explizite Ziel modernisierungstheoretisch inspirierter Zukunftsentwürfe, und Wachstum war der gemeinsame Nenner«, so der Historiker Jürgen Osterhammel über die Zeit ab den 1950er Jahren.[33] Angetrieben war dieses Modernisierungsmodell von billigen fossilen Energien – nun brauchen wir ein neues, postfossiles Zukunftsversprechen, das für die reichen Volkswirtschaften Wachstum durch Ankommen ersetzt.

Zusammenfassung

1. Ohne Energie gibt es kein Leben. Die Sonne ist seit jeher jene Energiequelle, die Leben auf unserem Planeten ermöglicht hat.
2. Muskelkraft von Tieren und Menschen war für lange Zeit eine wichtige Energieressource. In frühen Zivilisationen war die Haltung von Sklav*innen gang und gäbe.
3. Neben der durch Photosynthese erzeugten Biomasse kam früh das Feuer als Energiequelle hinzu. Holz wurde so neben Wasser- und Windmühlen zu einem wichtigen Rohstoff auch für die Energieproduktion.
4. Die industrielle Revolution im 19. Jahrhundert führte zur Nutzung neuer fossiler Energieträger – von Kohle über Erdöl bis Erdgas. Der Konsumkapitalismus basiert auf der billigen Verfügbarkeit dieser Energieträger.
5. Der Weltenergieverbrauch hat sich von 1980 bis 2022 mehr als verdoppelt. 80 Prozent des Energiekonsums entfallen weiterhin auf fossile Energie. Wasserkraft macht nur 2,7 Prozent, Wind und Sonne nur 2,5 Prozent aus. Atomenergie kommt auf 5 Prozent.
6. Die massenhafte Verbrennung fossiler Energie führt jedoch zum Ausstoß von Kohlendioxid als wichtigstem Treibhausgas. Vier Fünftel des Energieverbrauchs sowie der Treibhausgase entfallen auf die G20-Staaten.
7. Die menschengemachte Klimaerwärmung erfordert den raschen Umstieg auf erneuerbare Energieträger. Der Großteil der noch verfügbaren fossilen Energieressourcen muss unter der Erde bleiben. Zudem muss der Energieverbrauch gedrosselt werden.
8. Erneuerbare Energien werden immer besser und kostengünstiger. Noch ist die Energiewende nicht geschafft, da fossile Energie nach wie vor große Profite verspricht.

Kapitel 9

Stoffe

Warum sie im Kreislauf geführt werden müssen

Menschen eignen sich die Natur an, indem sie Äcker bebauen, Nutztiere halten, Wiesen und Weiden nutzen, Wälder abholzen, Plantagen anlegen. Sie entnehmen der Erde aber auch Stoffe der nicht belebten Natur – Erze, Steine, Seltene Erden. Tiere leben in, von und mit der Natur. Der Mensch, insbesondere der moderne Mensch der Industriekultur, beutet sie aus. Der Bibelspruch »Macht euch die Erde untertan« wurde allzu wörtlich genommen. Die Zivilisationen des Konsumkapitalismus sind Extraktions- und Wegwerfkulturen. Der Stoffwechsel mit der Natur erfolgt in linearer Form: Stoffe werden entnommen und in degradierter Form als Abfall und Emissionen wieder ausgeschieden. Der Pro-Kopf-Verbrauch an Energie und Rohstoffen ist in Industriegesellschaften etwa 20-mal höher als in einfachen Subsistenzgemeinschaften der Jäger und Sammler*innen. Der gesellschaftliche Stoffwechsel moderner Gemeinschaften führte zur »Kolonisation von Natur« – so ein von der Sozialökologin Marina Fischer-Kowalski geprägter Begriff[1] – sowie zum Verlust der »Erdverbundenheit«, wie der Netztheoretiker und Ökologe Bruno Latour ausführt.[2]

In allen Produkten – ob Smartphones, Tablets, PCs, E-Auto-Batterien oder Fotovoltaikmodulen – stecken wertvolle Rohstoffe, die jedoch nur begrenzt wiederverwertet werden. Laut »Circularity Gap Report« der niederländischen Organisation Circle Economy liege der Anteil der Kreislaufwirtschaft in der EU derzeit lediglich bei zehn Prozent, weltweit gar nur bei sieben Prozent. Der Globus sei fast ausschließlich auf neue Materialien angewiesen. Das bedeute, dass mehr als 90 Prozent der Materialien entweder verschwendet werden, verloren gehen oder über Jahre hinweg nicht wiederverwendet werden können, da sie in langlebigen Beständen wie Gebäuden und Maschinen eingeschlossen sind.[3]

Der Wirtschaftspublizist Wolfang Kessler zitiert eine Studie von Bitkom e. V., einem Branchenverband der IT-Industrie, der gemäß Ende 2021 in Schubladen und Abstellkammern deutscher Privathaushalte 1.400 Tonnen Kobalt, 180 Tonnen Lithium, 140 Tonnen Magnesium, außerdem tonnenweise Titan, Gold und viele andere Rohstoffe lagerten, die in Smartphones und Handys eingebaut waren. Mit allen nicht verwendeten Smartphones und Laptops in deutschen Haushalten, zitiert Kessler das Institut der deutschen Wirtschaft, ließe sich der Materialbedarf für die Smartphones in den nächsten Jahrzehnten decken. Ein recyceltes Smartphone spare gegenüber einem Neugerät 14 Kilogramm an Primärrohstoffen und 58 Kilogramm an Treibhausgasemissionen.[4] Zugleich sind Smartphones ein gutes Beispiel für innovative Technologien: Sie vereinen zunehmende Miniaturisierung mit Multifunktionalität. Mit dem Smartphone kann nicht nur telefoniert werden, sondern auch fotografiert, gefilmt, im Internet gesurft sowie per E-Mail und Social Media kommuniziert werden. Immer mehr Apps erleichtern den Alltag, etwa das Finden von Zugverbindungen, das Zahlen von Rechnungen oder das Scannen von Dokumenten. Multifunktionale Geräte sind sinnvoll. Das Problem besteht darin, dass – wie am Beispiel Handy zu sehen ist – unsere Produkte eine immer kürzere Nutzungsdauer haben, weil es neuere gibt oder die alten einfach nicht mehr gefallen. Zudem fehlt es an Anreizen zu einem wirksamen Recycling. Die Wiederverwertung von Materialien wird daher in Zukunft eine zentrale Rolle spielen – gesprochen wird von Urban Mining. Kreislaufwirtschaft beginnt aber bereits beim Design von Produkten, ihrer Langlebig- und Reparierbarkeit. Zudem geht es darum, den Konsum materieller Güter generell zu reduzieren.

Der Ressourcenverbrauch ist ungleich verteilt. Laut »Circularity Gap Report 2022« stellen die Länder des globalen Südens 48 Prozent der Bevölkerung, verbrauchen 19 Prozent der Ressourcen und stoßen 17 Prozent der Emissionen aus. Die wachsenden Transformationsländer umfassen 37 Prozent der Bevölkerung, verbrauchen 51 Prozent der Ressourcen und sind für 47 Prozent der Emissionen verantwortlich. Die Wohlstandsländer stellen 15 Prozent der Bevölkerung, verbrauchen 31 Prozent der Ressourcen und verursachen 43 Prozent der Emissionen.[5] Der Rohstoffverbrauch steigt mit dem Wachstum der Weltwirtschaft. Eine Entkopplung von Wirtschaftswachstum und Ressourcenverbrauch gelingt bisher kaum. Das führt zur Verknappung kritischer Rohstoffe und zu Versorgungsrisiken. Das Ansteigen der Rohstoffpreise gilt als wichtiges Marktsignal für Verknappungstendenzen. Zudem führen Rohstoffmonopole zu gefährlichen Abhängigkeiten. So ist China der Hauptproduzent von knapp der Hälfte der an die 70 wichtigsten industriell genutzten Mineralien und Metallen.[6] Die Nachfrage nach Seltenen Erden, die etwa in E-Autos oder Windgeneratoren, aber auch in Airpods und Kampfjets zum Einsatz kommen, könnte sich bis 2050 verzehnfachen, so das Ergebnis einer Studie der NGO Südwind. Diese beleuchtet die komplexen Lieferwege sowie die Schürfungsbedingungen. Denn: »Der Rohstoffhunger des Globalen Nordens wird oft im Globalen Süden gestillt. Und zwar oft unter illegalen und menschenunwürdigen Bedingungen.«[7]

Das Fraunhofer-Institut für System- und Innovationsforschung hat für die zukünftige Entwicklung der europäischen Wirtschaft notwendige Metalle identifiziert, für die es ein erhöhtes Versorgungsrisiko gibt (kritische Metalle). Darunter fallen Seltene Erden, Platin, Niob, Magnesium, Antimon, Gallium, Indium, Wolfram, Beryllium, Tantal und Cobalt.[8] Mit der Verknappung dieser Rohstoffe macht das Setzen auf langlebige Produkte, ihr Reparieren und am Ende das Recyceln der Wertstoffe allein aus ökonomischen Gründen Sinn.

Rebound-Effekte und Obsoleszenz

Rebound-Effekte beschreiben das Phänomen, dass Effizienzsteigerungen sowie ressourcensparende Produkte und Dienstleistungen durch Mehrkonsum in anderen Bereichen oder Zusatzleistungen wieder aufgesogen werden.[9] Unterschieden werden mehrere Formen von Rebound-Effekten. Direkter Rebound: Eine Dienstleistung, die effizienter geworden ist, kann dadurch billiger angeboten werden. Was billiger wird, wird stärker nachgefragt. Indirekter Rebound: Wer dank Effizienzsteigerung Kosten spart, konsumiert in anderen Bereichen mehr, was ebenfalls Energie und Ressourcen verbraucht. Ressourcen-Effekt: Im Sinne der Effizienz wird eine endliche Ressource durch eine andere endliche Ressource ersetzt. Das Ziel eines regenerierbaren Systems ist damit nicht gelöst. Zudem wird von einem Transformationseffekt gesprochen: Technische Effizienzsteigerungen verändern das Konsumverhalten, was sich auf Infrastrukturen und soziale Normen auswirkt. Ein Beispiel: Das Internet ermöglicht Online-Shopping und führt so zu mehr Verbrauch. Der Mental Rebound besagt, dass Einsparungen durch effizientere Technologien zur moralischen Selbstlegitimierung von zusätzlichem Konsum führen können. Ein Beispiel sind effizientere, treibstoffsparende Fahrzeugmotoren, deren Einsparung durch mehr Fahrkilometer sowie durch aufwändige neue Autoaccessoires aufgewogen werden. Das Elektroauto könnte als Zweit- oder Drittauto dazu führen, dass der Materialverbrauch weiter steigt.[10]

Der Begriff »Obsoleszenz« stammt aus dem Lateinischen und ist mit »Abnutzung, Altwerden« zu übersetzen. Geplante Obsoleszenz beschreibt das Phänomen, dass Hersteller Produkte bewusst auf eine beschränkte Gebrauchsdauer hin konzipieren, um rascher Neugeräte absetzen zu können. Beispiele wären Waschmaschinen oder Autos mit störanfälligen Innenteilen, Drucker mit begrenzter Druckkapazität oder PCs, an denen keine neue Software installiert werden kann. In Deutschland und Österreich wurden einschlägige Studien dazu erstellt.[11]

Nachzuweisen ist geplante Obsoleszenz schwer. Die Unternehmen sprechen von »optimaler Lebensdauer« und verweisen auf das zu berücksichtigende Kosten-/Preisverhältnis von Produkten. Eine Sonderform des frühzeitigen Verschleißes stellt die kulturelle Obsoleszenz dar. Darunter wird die Strategie von Unternehmen verstanden, Produkte rasch als veraltet darzustellen, um die jeweils neuen Modelle an den Mann oder die Frau zu bringen.

Rohstoffverknappung erfordert rechtlichen Rahmen

Die zunehmenden Krisen in den fossil getriebenen Gesellschaften des Konsumkapitalismus erfordern nicht nur den Übergang zu einer solaren Energiebasis, sondern auch eine radikale Reduzierung des Energie- und Stoffumsatzes. Für die Transformation zu einer Kreislaufwirtschaft sowie einer Kultur des Reparierens gibt es ökologische, ökonomische und kulturelle Gründe. Der Abbau von Rohstoffen ist mit Umweltzerstörung und Emissionen verbunden. Ob im Tagebau, in Bergwerken oder beim Fracking – die ökologischen Folgen sind problematisch. In den Ländern des Südens kommen dazu schlechte Arbeitsbedingungen sowie der »Rohstofffluch« von Ländern, in denen internationale Konzerne in fragwürdigen Verträgen mit nationalen Regierungseliten Rohstoffe billig ausbeuten.[12] Mit der Verknappung der Rohstoffe werden die Preise steigen. Der Anreiz, ressourceneffizienter zu wirtschaften, wird zunehmen. Da Märkte aber zu spät reagieren können und im kapitalistischen Wirtschaftssystem an jene verkauft wird, die über die größte Kaufkraft bzw. Investitionskraft verfügen, sind neue Ungerechtigkeiten zu befürchten. Es wird Aufgabe der Politik sein, rechtliche Rahmenbedingungen zu setzen, die langlebige und reparierfähige Produkte preislich bevorzugen. Zudem ist der Konsum in den Wohlstandsländern zu begrenzen (mehr siehe Kapitel Stoffwende).

Zusammenfassung

1. Seit jeher entnimmt der Mensch der Natur Stoffe für die Errichtung von Behausungen, die Herstellung von Gütern und Werkzeugen sowie die Nahrungsproduktion.
2. Mit der industriellen Revolution ist die Kolonialisierung der Natur exponentiell angestiegen. Wir entnehmen der Natur etwa 20-mal so viel an Ressourcen wie Jäger- und Sammler*innengesellschaften.
3. Die Schürfung von Rohstoffen für den globalen Norden erfolgt vor allem im globalen Süden unter Ausbeutung von Mensch und Natur.
4. Die Verknappung von wertvollen Rohstoffen sowie die Beendigung von Ausbeutungsverhältnissen erfordert den Übergang zu Kreislaufwirtschaften. Langlebige und reparierfähige Produkte gehören ebenso dazu wie das Recycling von Materialien. Derzeit werden weltweit nur sieben Prozent, in der EU zehn Prozent der in Verkehr gebrachten Rohstoffe einer Wiederverwertung zugeführt.
5. Ein Problem stellen Rebound-Effekte dar. Werden Produkte mit weniger Ressourceneinsatz hergestellt, werden mehr und andere Produkte gekauft. Mit Obsoleszenz wird das Phänomen umschrieben, dass Güter

bewusst auf eine begrenzte Lebensdauer ausgerichtet werden. Notwendig sind politische Vorgaben zum Übergang in Kreislaufwirtschaften.

Kapitel 10
Technik

Von ihren Chancen und Grenzen

Der Mensch ist nicht nur in der Lage, sein eigenes Verhalten zu reflektieren und Zukunftspläne zu schmieden, sondern er hat auch die Fähigkeit, sich mit technischen Hilfsmitteln das Leben zu erleichtern. Vom Faustkeil der Steinzeit bis zur heutigen Computermaus fand eine permanente Steigerung der Technikartefakte statt, die das Leben, die Gesellschaften und die Kulturen präg(t)en.

Der Technikforscher Michael Jischa unterscheidet unterschiedliche Kulturstufen, denen er jeweils unterschiedliche politische Organisationsformen sowie Basisressourcen zu Grunde legt. Die frühen Jäger- und Sammler*innengesellschaften waren demnach tribal organisiert, das heißt: in Stämmen; die zentrale Produktionsressource war die Natur in ihrem Urzustand. Die Agrargesellschaften, die bis ins 18. Jahrhundert heraufreichten, waren feudal organisiert; Acker- und Weideland galten als zentrale Ressource. Die sich ab dem 18. Jahrhundert entwickelnden Industriegesellschaften basierten auf den sich herausbildenden Nationalstaaten sowie auf dem produktiven Einsatz von Kapital. Die heutige Informationsgesellschaft ist global ausgerichtet; die zentrale Ressource sei Wissen, so Jischa. Jeder Entwicklungssprung habe zu einer Erhöhung der Produktivität und des Bruttoinlandsprodukts geführt, wobei das Wachstum exponentiell angestiegen sei.[1] Jischa bezieht sich selbstredend nur auf die materiellen Wohlstandsländer und er übersieht die Rolle fossiler Energieträger in der Industrialisierung und, dass die heutige Informationsgesellschaft weiterhin auf einem gigantischen Ressourcenverbrauch basiert.

Wirtschaftsaufschwünge durch technische Innovationen

Wirtschaftsaufschwünge werden auch in den Wirtschaftswissenschaften mit technologischen Innovationen verknüpft. In der auf den österreichischen Ökonomen Josef Schumpeter bzw. den russischen Statistiker Nicolai Kondratieff basierenden Theorie der langen Wellen lassen sich langfristige und großräumige Verschiebungen der ökonomischen Wachstumsdynamik der Erde erklären. Die zentrale Aussage der Theorie lautet, dass grundlegende technische Neuerungen in zyklischen Abständen gehäuft auftreten und lange Wachstumsschübe auszulösen vermögen. In Abschwungphasen suchen »Pionierunternehmer« Basisinnovationen (neue Produkte oder Produktionsverfahren) durchzusetzen. Nach Berechnungen von Kondratieff haben diese Zyklen eine Dauer von etwa 40 bis 60 Jahren.

Die erste Welle wird mit der Erfindung der Dampfkraft, der Textil- und Eisenindustrie in der ersten Hälfte des 19. Jahrhunderts datiert, gefolgt von der zweiten Welle mit der Erfindung der Eisenbahn, der Dampfschiffe sowie der Stahlindustrie. Mit der Erfindung der Elektrizität sowie der Automobil- und Chemieindustrie wird die dritte lange Welle etwa ab 1900 verbunden, die Elektronik und Petrochemie mit der Folgephase. Aktuell befinden wir uns nach dieser Theorie in der Phase der Mikroelektronik sowie der Bio- und Gentechnologie (siehe Abb. 8).

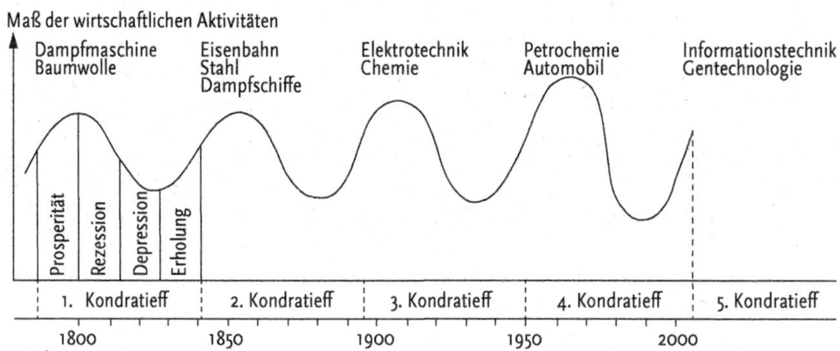

Abb. 8 Theorie der langen Wellen, *Quelle: Wikimedia*[2]

Mit der Theorie der Innovationszyklen werden auch räumliche Verschiebungen der Innovationszentren verbunden. War während der ersten Welle England (Manchester) das Zentrum sowie im zweiten Zyklus zusätzlich das Ruhrgebiet und die Ostküste der USA, so konzentrierte sich die dritte und vierte Welle in den USA, Japan und Deutschland. Als neues Innovationszentrum komme nun China dazu. Zu kritisieren ist an der Wellentheorie, dass sie Abstiegsphasen suggeriert, während die reale Entwicklung bislang ein exponentielles Wachstum der Produktivität sowie der Produktion gebracht hat (siehe das Kapitel zu Wachstum).

Der neueste Hype liegt in den Erwartungen an die Künstliche Intelligenz (KI), die in zahlreiche Arbeitsbereiche einfließen wird, was im Kapitel zu den Produktionsweisen bereits beschrieben wurde. Auf »ingenier.de« ist nicht nur nachzulesen, wie KI entsteht und trainiert wird, sondern welche Anwendungen es bereits gibt.[3]

Andere sehen die großen Durchbrüche der Zukunft, etwa auch, um unsere ökologischen Probleme zu lösen, in der synthetischen Biologie, im Eingriff in die Natur mittels Genschere. Mittels hochleistungsfähiger Computer werden Moleküle zersetzt und neu zusammengesetzt, um neue biologische Prozesse auszulösen oder neue Werkstoffe zu generieren. Versprochen werden Turbobäume, die mehr CO_2 aufnehmen, trockenresistente Pflanzen, die dem Klimawandel trotzen, oder Bio-Beton, der die energieintensive Zementindustrie revolutionieren würde. Auch die Fixierung von CO_2 oder gar deren Verarbeitung zu neuen Kunststoffen soll möglich werden. Gehofft wird zudem auf Bakterien, die das im Meer treibende Plastik auffressen, Flugtreibstoff, der aus Industrieabgasen gewonnen wird, Fleisch, das im Labor gezüchtet wird und das Tierleid beendet[4] (mehr siehe die Kapitel zu Ernährungs- und Stoffwende).

Technikkritik und Technikfolgenabschätzung

Da neue Technologien die Produktionsweisen und die Alltagswelten verändern, erzeugen diese auch immer Gewinnende und Verlierende. Im 19. Jahrhundert wehrten sich die Weber gegen die neuen Textilfabriken, weil diese ihnen die Geschäftsgrundlage entzogen. Aufgrund der Digitalisierung wird befürchtet, dass es zu großen Kündigungswellen kommen könnte, wie im Kapitel zu Arbeit bereits ausgeführt wurde. Mit der Disziplin der Technikfolgenabschätzung wird nun versucht, soziale und gesundheitliche Implikationen neuer Technologien zu erforschen und diese politikberatend in gesetzliche Rahmenbedingungen einzubringen. Technikeuphorie auf der einen und Technikkritik auf der anderen Seite begleiten die Technikgeschichte seit jeher. In der Zukunftsforschung gab und gibt es die Technikoptimist*innen sowie die kritischen Mahner*innen, die eine humane Technik einfordern. Zu Letzteren zählte Robert Jungk, der bereits in den frühen 1950er Jahren mit seinem Bestseller »Die Zukunft hat schon begonnen« nicht nur vor den unkontrollierbaren Gefahren der Atomtechnologie, sondern auch vor den ökologischen Folgen einer industrialisierten Landwirtschaft sowie der sich rasch ausbreitenden Industriekonglomerate mit ihren Abgasen warnte. Jungk verwies auch auf unkalkulierbare Risiken moderner Technologien: »Denn obwohl die menschlichen Schöpfer sich bemüht haben, aus ihrer Kreation Schicksal, Zufall, Katastrophen, Unglück und Tod zu verbannen, so treten die Fortgewiesenen nun verkleidet nur noch viel eindringlicher auf: Kalkulationsfehler der Planstatistiker, Versagen der technischen Apparatur, Unfälle und Explosionen bringen ein Vielfaches an Leid.«[5] Lewis Mumford verfasste in den 1960er-Jahren dazu das Standardwerk »Der Mythos der Maschine«. Er warnte darin: »Anstatt als autonome Persönlichkeit zu handeln, wird der Mensch ein passives, zielloses, von Maschinen abhängiges Tier werden, dessen eigentliche Funktionen nach Ansicht der modernen Techniker der Maschine übertragen oder zum Nutzen entpersonalisierter, kollektiver Organismen strikt eingeschränkt und kontrolliert sein werden.«[6]

Ein weiterer Strang der Technikkritik bezieht sich auf die Frage, welche Technologien unser Leben tatsächlich erleichtern und welche uns nur eingeredet werden, damit neue Produkte verkauft werden können. Die Ambivalenz neuer Technologien zeigt sich etwa in der Kommunikation: E-Mails und Mobiltelefone erleichtern und beschleunigen die Kontaktaufnahme und Übermittlung von Informationen, sie führen aber zum Problem der ständigen Erreichbarkeit – auch außerhalb der Arbeitszeiten.

Der Philosoph Ivan Illich hat den Begriff der Prothesengüter geprägt. Er meint damit Anschaffungen, die uns vermeintlich das Leben erleichtern, aber in Summe Mehrarbeit erfordern. Illich illustriert dies am Beispiel des

Autos: Dieses bringt uns – von Staus einmal abgesehen – schneller von A nach B, erhöht also unsere Mobilität. Rechne man aber die Arbeitszeit ein, die man damit zubringt, um jenes Geld zu verdienen, welches der Kauf und Betrieb des Autos kosten, schaue die Bilanz negativ aus. Ein Leben ohne Auto mit weniger Ausgaben könne daher befriedigender sein. Der Autor plädiert für eine konviviale, also lebensfreundliche Technik. Das Konzept der lebensfreundlichen Technik, so die Wachstumsforscherin Andrea Vetter, baut auf Illichs Überlegungen auf und rege eine umfassende gesellschaftliche Diskussion über eine Technik für eine »enkeltaugliche Welt« an: Wie wollen wir leben? Und welche Technik brauchen wir dafür?[7]

Die Unfähigkeit, das Genügende zu erkennen, sei die »fundamentale Hilflosigkeit der modernen, vom Wachstumsglauben geschwächten Menschen«, schlussfolgert die Erziehungswissenschaftlerin Marianne Gronemeyer in Anlehnung an Ivan Illich, der in der 1975 erschienenen Schrift »Selbstbegrenzung. Eine politische Kritik der Technik« gemeint hat: »In einer Gesellschaft, in der man verbissen um das ‚Bessere' kämpft, muss jeder Versuch, der Veränderung Grenzen zu setzen, als Bedrohung empfunden werden.« Entschleunigung wäre daher im Bündnis mit der Fähigkeit des Unterlassens eine wohl geeignete Richtschnur für ein gutes Leben, folgert Gronemeyer.[8]

Ein Problem bzw. eine mögliche Falle immer effizienterer Technologien liegt im Umstand, dass wir die höhere Effizienz dazu nutzen, noch mehr Projekte anzugehen, die Arbeitszeiten zu verdichten und die Arbeitsschritte weiter zu beschleunigen, anstatt die gewonnene Zeit durch mehr Muße (Arbeitszeitverkürzung) und mehr Reflexion über unser Tun zu verbinden.

Forschung wird zu weiteren Technikinnovationen führen

Technikgeschichte ist eng verknüpft mit der Geschichte menschlicher Zivilisationen und wirtschaftlicher Entwicklung. Technische Entwicklungen sind ergebnisoffen – mit der Ausdifferenzierung des Wissens, der Zunahme an Forschungsstätten sowie wissenschaftlichem Personal nimmt die Zunahme an Erfindungen exponentiell zu. Nach dem Gründer des Chiphersteller Intel, Gordon E. Moore, ist das Mooresche Gesetz benannt, demgemäß sich die

Anzahl der Transistoren, die auf einer bestimmten Fläche Platz finden, seit den 1970er Jahren alle 1,5 bis 2 Jahre verdoppelt hat. Damit erhöht sich die Rechenleistung von Computern exponentiell und ermöglicht immer neue Anwendungen. Analog dazu wird von einer exponentiellen Zunahme des Wissens ausgegangen.[9] Die weitere Optimierung von Chips wird irgendwann an physische Grenzen stoßen, doch der Fortschritt in der Entwicklung neuer Technologien wird damit nicht gestoppt. Das ist gut so – Technikoffenheit gepaart mit kritischer Reflexion der Folgen kann uns helfen, die Herausforderungen der Zukunft zu lösen.

Zusammenfassung

1. Menschen waren immer bestrebt, sich mittels neuer Technologien das Leben zu erleichtern und die Produktivität der Wirtschaft zu erhöhen. Die Geschichte der Technik zeigt, wie neue Erfindungen die Produktions- und Lebensweisen verändern. Mit den Kondratieff-Wellen werden Sprünge in der Wirtschaftsentwicklung im Kontext technischer Innovationen beschrieben.
2. Fallen der Technik können darin liegen, dass sie zwar Arbeitsabläufe rationalisieren, dass dafür aber mehr Aktivitäten in der gleichen Zeit verrichtet werden.
3. In der Technikkritik wird auf die Gefahr der Entmündigung des Menschen durch die Technologien hingewiesen, die vom Menschen nicht mehr kontrolliert werden können. Technikfolgenabschätzung soll die sozialen und ökologischen Risiken bereits während deren Entwicklung analysieren.
4. Technik ist nie herrschaftsfrei, sie kann aber helfen, das Leben der Menschen zu verbessern und Probleme zu lösen. Eine offene Gesellschaft zeichnet sich daher durch Technikoffenheit aus. Notwendig ist eine kritische Begleitung, etwa in Bezug auf Künstliche Intelligenz oder Gentechnik.

Kapitel 11
Konsum

Wie er zum Treiber der Wirtschaft wurde

Wirtschaften besteht immer aus den Vorgängen des Produzierens und Konsumierens. Eine Wirtschaft, in der ohne Bezug auf potenzielle Käufer*innen produziert würde, kann nicht funktionieren. Während in Planwirtschaften Güter nach verordneten Plänen erzeugt und dann verteilt werden, reguliert diesen Austausch in Marktwirtschaften der Markt. Es geht um das Austarieren von Angebot und Nachfrage. Dies erfordert Kommunikation zwischen Unternehmen, die produzieren, und Nachfragenden, die konsumieren. Kauf- und Verkaufsakte sind daher Wesensmerkmale in arbeitsteiligen, geldbasierten Marktwirtschaften. Kaufakte sind dabei immer auch Kommunikationsakte: Die Kaufenden sind bestrebt, die ihnen wichtigen Güter zu einem möglichst niedrigen Preis zu finden. Die Verkaufenden trachten danach, ihre Güter möglichst vielen Käufer*innen zu einem möglichst hohen Preis zu veräußern, wobei sie in Konkurrenz zu anderen Anbietenden stehen.

Die Nachfrage der privaten Haushalte nach Konsumgütern stellt einen entscheidenden Faktor im Wirtschaftsleben dar und ist für Staat und Unternehmen gleichermaßen interessant. Mit freiwilligen Haushaltserhebungen werden die Einnahmen und Ausgaben privater Haushalte erfasst – in Österreich und Deutschland alle fünf Jahre. Knapp 25 Prozent der Konsumausgaben werden in Österreich für Wohnen und Energie, 14 Prozent für Verkehr, 13 Prozent für Freizeit und 12 Prozent für Ernährung und nicht alkoholische Getränke ausgegeben.[1] In Deutschland sind die Daten ähnlich, für Wohnen und Energie werden mehr als ein Drittel des Gesamtbudgets ausgegeben, wobei hier wohl Treibstoff inkludiert ist.[2] Daten über Konsumausgaben beziehen sich freilich immer auf Durchschnittswerte. Aussagekräftiger sind die verfügbaren Haushaltseinkommen nach Einkommensstufen und den realen Lebensbedingungen. Denn wer nur über ein geringes Einkommen verfügt und Miete zahlen muss, gibt bedeutend mehr für Wohnen aus als jemand, der gut verdient und eine eigene Immobilie besitzt. Faktum ist aber, dass der sich nach dem Zweiten Weltkrieg entwickelnde Konsumkapitalismus zu großen Steigerungen des materiellen Wohlstands geführt hat. Die Konsumausgaben haben sich seit den 1950er Jahren mehr als vervierfacht und der Konsum wurde auf immer mehr Bereiche ausgeweitet. Wurde in den 1950er Jahren noch die Hälfte des Haushaltseinkommens für Lebensmittel aufgewendet, macht dieser Bereich heute nur mehr gut ein Zehntel aus. Verbunden ist dies mit der massiven Ausweitung der Werbung für immer neue Produkte.

Der Kampf um Kunden und die Werbung

In der sozialen Marktwirtschaft entspricht der Gewinn dem Unternehmerlohn sowie der Rücklage für weitere Investitionen. In der neoliberalen Theorie verselbständigt sich der Gewinn als Profitstreben zum maximalen Gewinn, bei Aktienunternehmen zur Ausschüttung maximaler Renditen. Dies wird als »erfolgreiches« Wirtschaften verstanden. Der Markt kümmert sich nicht mehr um die Befriedigung der Grundbedürfnisse für alle, sondern geworben wird um jene, die über genügend Kaufkraft verfügen. Das sind meist jene, die bereits genug haben. Hier kommt Wirtschaftswerbung ins Spiel. In der klassischen Wirtschaftstheorie werden die Konsument*innen als rational agierende Wirtschaftsteilnehmer*innen gesehen, die zu erwerben trachten, was sie brauchen. Doch ist nicht ausgemacht, ob dem immer so ist und welche Rolle der Werbung in diesem Wirtschaftskreislauf zukommt. Denn es werden Bedürfnisse seitens der Unternehmen künstlich erzeugt, Statusvergleiche ausgenutzt und anderes mehr, wie der Wirtschaftsdidaktiker Till van Treeck ausführt.[3]

Früh hat hierfür der Soziologe Thorstein Veblen die Theorie des außengeleiteten Bedürfnisses nach Anerkennung entwickelt. 1899 war sein Werk »The Theory of the Leisure Class«, auf Deutsch »Die Theorie der feinen Leute", erschienen.[4] Der Harvard-Ökonom John Kenneth Galbraith wies in »The Affluent Society« (erschienen 1958) auf den Widerspruch hin, dass die Vereinigten Staaten nach dem Zweiten Weltkrieg im privaten Sektor zwar reich wurden, im öffentlichen Sektor jedoch arm blieben, es an sozialer und physischer Infrastruktur mangelte und die Einkommensunterschiede fortbestanden.[5] Eine Diagnose, die auch heute noch Gültigkeit hat. Weiterhin aktuell ist der Psychoanalytiker Erich Fromm mit seinem Bestseller »Haben oder Sein«, der die Tiefenstrukturen des Besitzen-Wollens und den Verlust an Beziehungsqualität durch das Eingespannt-Sein im Konsumhamsterrad thematisiert hat.[6]

Kritik an der Konsumgesellschaft gibt es aber auch heute noch. Die Konsumforscherin Gabriele Sorgo spricht von einem »Konsumdispositiv«, welches es Menschen nahelege, »alle ihre Bedürfnisse, materielle ebenso wie soziale und emotionale, über die Angebote des derzeit vorherrschenden, profitorientierten Marktsystems befriedigen zu wollen«. Doch Erlebnisse ließen sich nicht kaufen, sondern müssten selbst hergestellt werden.[7] Der Arbeits- und Sozialrechtler Klaus Firlei spricht in diesem Zusammenhang von »Erlebniskapitalismus«.[8] Die Erziehungswissenschaftlerin Marianne Gronemeyer argumentiert mit der Versäumnisangst des modernen Menschen. »Das Leben als letzte Gelegenheit« erfordere, möglichst viel an Weltofferten hineinzustopfen.[9] Früher kauften wir Güter, weil wir sie brauchten. Wir kauften neue, wenn die alten nicht mehr zu reparieren waren. Jetzt kaufen wir Güter, weil sie uns gefallen oder weil sie andere auch haben. Und wir kaufen neue, weil es diese gibt und am Markt durch Werbung angepriesen werden.

Der Konsumkapitalismus hat strukturelle Ursachen, die im Wachstumszwang begründet sind. Der Philosoph Günter Anders kritisierte in »Die Antiquiertheit des Menschen« bereits in den 1950er Jahren die Zurichtung der Bürger*innen zu Konsument*innen mit dem Ziel, die Produktion in Gang zu halten. Das industrielle Zeitalter habe nicht nur zu jenem »prometheischen Gefälle« zwischen dem, was wir herstellen, und dem, was wir uns vorstellen können, geführt (mit Blick auf die Atombombe), sondern auch zu einem Gefälle »zwischen dem, was wir herstellen, und dem, was wir verwenden können. Um Produkte konsumieren zu können, haben wir es nötig, diese zu benötigen. Da uns aber dieses Benötigen nicht (wie der Hunger) in den Schoß fällt, müssen wir es produzieren«, so Anders. Dafür sei eine eigene Industrie geschaffen worden, nämlich die Werbung, »die den Hunger der Waren nach Konsumiertwerden und unseren Hunger nach diesen auf gleich bringen soll«. Unsere heutige Endlichkeit bestehe nicht mehr in der Tatsache, so Anders weiter, dass wir bedürftige Lebewesen sind, sondern umgekehrt darin, dass wir viel zu wenig bedürfen können – »kurz: in unserem Mangel an Mangel«.[10] Anders spielt auf das Funktionieren des kapitalistischen Produktionsprozesses an – am Konsum der Produkte wird verdient, der sogenannte Mehrwert. Er kritisiert die Entfremdung des Menschen, die durch das »Konsumieren-Müssen« ausgelöst wird.

Der Psychoanalytiker Christian Aigner sieht im ungehinderten Konsum ein identitätsstiftendes Merkmal in postmodernen Gesellschaften, ob er nun leistbar oder wenigstens anzustreben sei: »Obwohl Verbote zur Verhaltenssteuerung oder Verzicht bei Ressourcenknappheit wirksam sein mögen – wenn es um eine Einschränkung von Konsum im weiteren Sinne (also auch Mobilität, Reisen usw.) geht, hört sich der Spaß auf.« Konsum werde im Neoliberalismus zu einer normativen Kraft – ohne jede moralische Rücksicht auf irgendjemand oder -etwas: »Die sich selbst genügenden Individuen wollen – ungestört von Vorschriften – nur noch ihre Präferenzen leben – und niemandem gegenüber moralisch verantwortlich sein.«[11]

Von Pflichten, genügsamem Leben und Muße

Der Philosoph Richard David Precht verweist mit dem ehemaligen Verfassungsrichter Ernst-Wolfgang Böckenförde darauf, dass der Staat auf die staatsbürgerlichen Pflichten seiner Bürger*innen angewiesen ist: »Sie müssen bereit sein, Steuern zu zahlen, die Gesetze und die Polizei zu achten sowie deren Anordnungen.«[12] Der materielle Wohlstand habe die Gesellschaften zum einen befriedet, zum anderen zur Zunahme von Egoismus, Gereiztheit sowie Ablehnung der öffentlichen Institutionen geführt. Denn: »Wenn alle ein Maximum an Freiheit bei einem Minimum an Pflichtgefühl leben, steuert die Demokratie in den Zustand der Unregierbarkeit, der Anomie.«[13] Materieller Wohlstand allein könne also Demokratien nicht sichern. Harald Welzer verweist in diesem Sinn auf die Nicht-Nachhaltigkeit des aktuellen Konsumverhaltens. In einer »reduktiven Moderne« würden die Errungenschaften des Wohlfahrtsstaates erhalten, der materielle Konsum aber stark reduziert.[14]

Dass Konsum auch wirtschaftlich ambivalent ist, zeigt folgendes Beispiel. Drei Viertel der österreichischen Haushalte besitzen ein oder mehrere Autos. Das stellt einen beachtlichen Kostenfaktor für das Haushaltsbudget dar. Umgelegt auf den durchschnittlichen Arbeitslohn bedeute ein Auto, dass wir rund ein Viertel der Arbeitszeit für den eigenen fahrbaren Untersatz aufwenden, so der Verein für Konsumenteninformation.[15]

Das Ende der Konsumgesellschaft ist nicht in Sicht

Trotz breiter medialer Berichte über die ökologischen Krisen ist noch keine Abkehr vom Konsumdenken zu erkennen – von Nischenakteuren einmal abgesehen. Im Zusammenspiel von Unternehmen, die mehr Güter absetzen wollen, einer Politik, die glaubt, ohne Wirtschaftswachstum die öffentlichen Aufgaben nicht mehr erfüllen zu können bzw. nicht mehr gewählt zu werden, sowie von Bürger*innen, die im Konsum Selbstverwirklichung sehen, dreht sich die Konsum-Wachstumsspirale weiter. Grenzen könnten die sich zuspitzenden Krisen setzen, damit neue kulturelle Bewegungen der Konsumzurückhaltung mehr Akzeptanz gewinnen.

In der Zufriedenheitsforschung wird die Rolle von Konsumfallen erörtert, in der Transformationsforschung die Auswirkung der globalen Konsument*innen-Klasse auf die Ökosysteme sowie die Chancen und Grenzen von Konsument*innen-Demokratie zur Diskussion gestellt. Für die Zukunft ist zu fragen, welche Lebensbereiche dem Markt überantwortet und welche öffentlich zur Verfügung gestellt werden sollen. Aus Nachhaltigkeitssicht, die eine starke Reduzierung des Verbrauchs an Ressourcen nahelegt, sind neue Prioritätensetzungen im Kontext der Konsumausgaben anzupeilen. Die Ausgaben für den Kauf von materiellen Gütern sowie für Automobilität sollten sinken, jene für immaterielle Güter wie Bildung, Kultur oder soziale Dienste steigen. Zudem sollten Wohnen und Lebensmittel hoher Qualität für alle Bürger*innen leistbar sein.

Der Soziologe Philipp Staab vertritt die These, dass das »Prinzip der Selbstverwirklichung« in Zukunft von jenem der »Selbsterhaltung« abgelöst und dem Fortschrittsdenken das demütigere Leitmotiv der Anpassung folgen werde. Hartmut Rosa fordert Resonanzbeziehungen, die dem verdinglichten Objektbegehren folgen (sollen), der Zeitforscher Fritz Reheis eine »Resonanzstrategie«, die uns wieder mit anderen Menschen, mit uns selbst und mit der Natur verbindet. Der Ökonom Niko Paech plädiert für

Suffizienz, allein aus Gründen der Selbsterhaltung, weil die Zeit nicht mehr reichen werde, all die Konsumangebote wahrzunehmen[16] (mehr siehe das Kapitel »Degrowth-Ansätze«).

Zusammenfassung

1. Wirtschaften besteht immer aus den Vorgängen des Produzierens und Konsumierens. Eine Wirtschaft, in der ohne Bezug auf potenzielle Käufer*innen produziert würde, kann nicht funktionieren.
2. Das Wachstum des Kapitalismus ist nicht zu denken ohne Massenkonsum. Unternehmensprofite sind somit auf kaufkräftige Konsument*innen angewiesen.
3. Der materielle Wohlstand hat uns viele Annehmlichkeiten beschert und Gesellschaften auch befriedet. Er ist jedoch sozial und kulturell ambivalent sowie ökologisch bedenklich bis fatal.
4. Die Anfeuerung des Konsums erfolgt mittels Werbung, mit der nicht nur neue Produkte angepriesen, sondern auch neue Bedürfnisse generiert werden.
5. In der Konsumkritik wird auf Fallen verwiesen: Glück und Zufriedenheit ließen sich nicht kaufen, das Haben-Wollen verarme die menschlichen Beziehungen, die Befriedigung aus Konsum sei kurzlebig, erzeuge daher immer neues Begehren.
6. Noch ist trotz breiter Wahrnehmung der Ökokrisen kein Ende des Konsumwachstums abzusehen. Veränderungen könnten die Zuspitzung von Krisen bringen, die Selbsterhaltung vor Selbstverwirklichung stellen sowie kulturelle Bewegungen stärken, die auf Suffizienz und Resonanzbeziehungen setzen.

Teil III

Neue Transformationsansätze

Kapitel 12
Ernährungswende

Von Biolandbau bis zur Planetary Health Diet

In den reichen Volkswirtschaften trägt Landwirtschaft nur mehr mit ein bis zwei Prozent zur Wertschöpfung bei und ebenso niedrig ist der Anteil der hier Beschäftigten. Doch Ernährung ist die Grundlage des Lebens. Ernährungssicherheit gilt daher als Grundmenschenrecht. Die Sustainable Development Goals der Vereinten Nationen formulieren zwar als Ziel 1 »Überwindung des Hungers«, doch noch sind wir weit davon entfernt. Die agroindustrielle Landwirtschaft hat zwar die Produktion stark erhöht, den Hunger aber nicht abgeschafft. Sie laugt zudem die Böden aus, Massentierhaltung erzeugt großes Tierleid und führt überdies durch massiven Antibiotikaeinsatz auch zu Resistenzen beim Menschen. Nicht zuletzt sind die Landwirtschaft und das industrielle Ernährungssystem für einen beträchtlichen Treibhausgas-Ausstoß verantwortlich, sei es durch die energieaufwändige Herstellung von Düngemitteln und Pestiziden oder durch die großen Transportaufwände.[1] Im Folgenden werden einige Alternativansätze vorgestellt.

Regenerative Landwirtschaft

Im Zuge der Verteuerung der Energiepreise durch den Krieg gegen die Ukraine sind die Preise für Lebensmittel aus konventioneller Landwirtschaft stark gestiegen, weil neben Treibstoff auch Kunstdünger teurer wurde. Stickstoffdünger basiert nämlich auf Erdgas, führt also auch zu CO_2-Ausstoß,[2] auch wenn der Großteil der landwirtschaftlichen Treibhausgase aus Methan- und Lachgas-Emissionen besteht.[3] Hohe Nährstoffeinträge sichern zwar hohe Ernten, belasten aber die Umwelt und bedrohen die

Ökosysteme, insbesondere die Bodenqualität. 60 Prozent der Böden in Europa sind nicht gesund, 83 Prozent der Böden enthalten Rückstände von Schädlingsbekämpfungsmitteln. 50 Milliarden Euro jährlich kostet uns die Schädigung der Böden, rechnet die EU-Kommission vor.[4] Vor allem die Lebensgemeinschaften in Flüssen, Seen und Meeren leiden unter den intensiven Düngemitteleinträgen der Landwirtschaft, zudem ist die intensive Düngung schädlich fürs Klima. Deshalb fordern Fachleute schon seit Jahren, dass weniger gedüngt wird. Aber passiert sei sehr wenig, gerade auch in den vergangenen Jahren, so Andreas Frey in einem Beitrag in Spektrum der Wissenschaft.[5]

Ein Ausweg läge in der regenerativen Landwirtschaft. Diese beschreibt einen adaptiven Ansatz, »Landwirtschaft zu betreiben, der praktisch erprobte und wissenschaftlich fundierte Maßnahmen anwendet, die sich auf die Gesundheit von Böden und Pflanzen konzentriert, um die Ertragsresilienz zu steigern und gleichzeitig positive Auswirkungen auf Kohlenstoff- und Wasserkreisläufe sowie die Biodiversität zu schaffen«, erfährt man auf der Homepage des Naturschutzbunds Deutschland. Im Kern der regenerativen Landwirtschaft steht die Entdeckung der Bodenbiodiversität als landwirtschaftliches Produktionsmittel, vor allem der Pilze und Bakterien im Boden. Die regenerative Landwirtschaft und ihre Praktiken ermöglichen eine wachsende Unabhängigkeit der Landwirt*innen von der Agrarindustrie und der deutschen Wirtschaft von Gasimporten, heißt es im Bericht.[6]

Die Erholung der Ackerböden ist auch aus Klimaschutzgründen wichtig. Das deutsche »HumusKlimaNetz« ist ein Modell- und Demonstrationsvorhaben zum Humusaufbau in Ackerböden. Es soll bis zunächst Ende 2027 in bundesweit 150 ökologisch und konventionell wirtschaftenden Betrieben Maßnahmen zum Humusaufbau und -erhalt als Beitrag zum Klimaschutz erproben und in der Breite etablieren. Die Gesamtkoordination für das Vorhaben verantworten der Bund Ökologische Lebensmittelwirtschaft und der Deutsche Bauernverband.[7] Am Projekt Humus+ der Ökoregion Kaindorf nehmen bereits 400 Landwirt*innen aus ganz Österreich teil. Rund ein Viertel sind Biolandwirt*innen, der Rest arbeitet mehr oder weniger konventionell.[8] Laut Berechnungen könnte eine weltweite Steigerung des Humusgehalts im Oberboden um vier Promille sogar die weltweiten CO_2-Emissionen ausgleichen, wie die »4-Promille-Initiative« aufzeigt. Mittlerweile gibt es zahlreiche Pionierprojekte der Initiative in verschiedenen Ländern wie Schweden oder Österreich.[9]

Einschätzung: Regenerative Landwirtschaft muss zum Muss für alle Landwirtschaftsbetriebe werden, damit sich die stark geschädigten Böden wieder erholen können. Den Pilotprojekten müssen gesetzliche Vorgaben folgen, die seitens der EU bereits geplant sind.

Biologische Landwirtschaft

Der Königsweg liegt in der biologischen Landwirtschaft. Der Bio-Landbau garantiert durch den Verzicht auf Kunstdünger und chemische Pflanzenschutzmittel sowie eine schonende Bewirtschaftung Lebensmittel hoher Qualität und den Schutz der Böden ebenso wie eine artgerechte Tierhaltung. Die biologische Landbewirtschaftung hat sich vom Nischendasein mittlerweile zu einer breiten und gesellschaftlich anerkannten Bewegung entwickelt.

Laut »The World of Organic Farming« gibt es weltweit 3,7 Millionen Bio-Produzent*innen (2021), die interessanterweise stark in Ländern des Südens vertreten sind. Denn mit 1,6 Millionen Betrieben führt Indien die Rangliste an. Die meisten Bioflächen gibt es in Australien mit 36 Millionen Hektar, in Asien sind es 6,5 Millionen Hektar und in Afrika 2,7 Millionen Hektar. Der größte Biomarkt besteht in den USA mit 48,6 Milliarden Euro Umsatz, wobei einer großer Teil importiert wird, da die USA nur über 3,5 Millionen Hektar Biofläche verfügen. In der EU sind Frankreich, Spanien und Italien die größten Produzenten von Bio-Produkten. Die größte Marktnachfrage gibt es in Deutschland, gefolgt von Frankreich. Hinsichtlich des Bio-Anteils an der Gesamtlandwirtschaftsfläche liegt Österreich mit 26,5 Prozent hinter Liechtenstein mit 40 Prozent an zweiter Stelle, gefolgt von Estland mit 23 Prozent, Schweden mit 20 Prozent und der Schweiz mit 17,4 Prozent.[10] Die EU fordert einen Anteil von 25 Prozent bis 2030.[11] Gemessen an der Gesamtwertschöpfung der Landwirtschaft, die 2021 weltweit bei 4,4 Billionen Dollar[12] lag, ist der Umsatz mit Bioprodukten mit 125 Milliarden Euro jedoch noch immer gering. Es gibt Luft nach oben.

Kritik gibt es auch an der Agrarförderpolitik. EU-weit gesehen wird mit über 75 Prozent der bei weitem größte Teil der Mittel der Gemeinsamen

Agrarpolitik (GAP) nach wie vor über Direktzahlungen der Marktordnung, also nach den Erträgen, ausgeschüttet, die nicht an wirksame Nachhaltigkeitskriterien geknüpft sind.[13] Drei Viertel der Empfänger von GAP-Mitteln in der EU-28 erhielten im Jahr 2019 weniger als 5.000 Euro jährlich (insgesamt 15 Prozent der Direktbeihilfen). Nur sehr wenige Betriebe, nämlich knapp 122.000 von insgesamt 6,3 Millionen, das heißt 1,93 Prozent, erhielten hingegen über 50.000 Euro.[14] Gefordert wird eine Umstellung der EU-Agrarförderung, um eine nachhaltige Landwirtschaft zu unterstützen.

Einschätzung: Im Rahmen des Green New Deal der Europäischen Union soll der Einsatz von Kunstdünger stark reduziert, der Pestizideinsatz bis 2030 gar halbiert werden, was zu Protesten der Agrarlobbys geführt hat[15] – ebenso wie eine neue Biodiversitätsrichtlinie der EU, die fordert, dass mehr Schutzflächen ausgewiesen werden müssen.[16] Zudem gibt es eine neue Richtlinie zur Bodenüberwachung mit Blick auf eine Sanierung der Böden bis 2050.[17] Biologischer Landwirtschaft mit nachgewiesenen Vorteilen für die Böden, einer besseren Tierhaltung und gesünderen Lebensmitteln, verbunden mit klaren Zertifizierungen, gehört die Zukunft. Ihr Ausbau weltweit muss vorangetrieben werden. Transportwege fallen aber auch bei Bioprodukten an, wie in der Europäischen Union oder den starken Importen der USA abzulesen ist. »Bio« schneidet jedoch hinsichtlich Klimaschutz besser ab, auch wenn hier die Reduktion des Fleischkonsums eine noch stärkere Rolle spielt (siehe Unterkapitel zu Vegetarismus und Veganismus).

Agroforstwirtschaft

Mit dem Begriff Agroforstwirtschaft werden Landnutzungssysteme bezeichnet, bei denen Bäume oder Sträucher mit Ackerkulturen und/oder Tierhaltung so auf einer Fläche kombiniert werden, dass zwischen den verschiedenen Komponenten ökologische und ökonomische Vorteilswirkungen entstehen. Dies ist beim Deutschen Fachverband für Agroforstwirtshaft nachzulesen. Neben den ökologischen Vorteilen nennt der Verband auch Vorteile für die Landwirt*innen: Bereitstellung von stark nachgefragten holzartigen Bioenergieträgern auf landwirtschaftlichen Flächen,

Erweiterung der landwirtschaftlichen Produktpalette, Verbesserung der Einkommensfunktion (insbesondere auf ertragsschwachen Standorten), verbesserte flächenbezogene Energiebilanz und verbesserte Nährstoffnutzungseffizienz, positive Ertragseffekte und höhere Ertragsstabilität bei annuellen Kulturen aufgrund eines verbesserten Mikroklimas (zum Beispiel durch Windschutzwirkung der Baumstreifen) sowie eine bessere saisonale Verteilung von Arbeitsspitzen (Bewirtschaftung der Gehölze im Winter). Auch die Reduzierung des flächenbezogenen Düngemittel- und Pflanzenschutzmittelverbrauchs wird versprochen.[18]

»Die integrierte Nutzung von Wald oder lockeren Beständen ausdauernder Holzgewächse in Kombination mit Pflanzenbau oder Viehwirtschaft kann vor allem in den Tropen die Erträge wesentlich steigern«, heißt es in einem Bericht von Spektrum der Wissenschaft.[19] Als Beispiele werden die seit langem in die dörfliche Wirtschaft einbezogenen Kulturbaumparks in Westafrika und eine neu entwickelte Methode genannt, bei der die Feldfrüchte zwischen geradlinig angepflanzten Gehölzreihen angebaut werden.

Einschätzung: In stark von Erosion betroffenen Regionen, etwa in Afrika, spielt Agroforstwirtschaft seit jeher eine Rolle. In Europa sind Agroforstsysteme, zu denen die Waldweidewirtschaft und die Feld-Wald-Wirtschaft gehört, kaum noch anzutreffen. Mit einem intensiven Landbau scheinen sie ebenso wenig vereinbar wie mit den Zielen einer modernen Forstwirtschaft. In Zukunft kann aber eine erneut arbeitsintensivere Landwirtschaft wieder an Bedeutung gewinnen.

Permakultur

Dies gilt auch für die Permakultur. »Permakultur will Erträge erwirtschaften und gleichzeitig möglichst ressourcenschonend sein«, so ist auf der Homepage von Sepp Holzer, einem Pionier der Permakultur in Österreich, zu lesen. Zentral sei der effiziente Umgang mit Wasser, Energie und Boden. Permakultur nehme immer eine Langzeitperspektive ein, berücksichtige die spezifischen, lokalen Gegebenheiten und nutze diese bestmöglich.[20] Das Konzept stammt aus den 1970er Jahren und wurde vom Australier Bill Mollison entwickelt. Der Begründer der Transition-Town-Bewegung Rob Hopkins trug auch zur Verbreitung bei.

Als Prinzipen gelten: langfristig statt kurzfristig, Vielfalt statt Einfalt, nachhaltige Optimierung statt kurzfristiger Maximierung, Optimieren statt Maximieren sowie Kooperation statt Konkurrenz. Angebaut wird in ausgeklügelten Mischkulturen. Pflanzen, die sich vom Nährstoffbedarf her ergänzen und sich gut vertragen, werden zusammengesetzt. Man geht also ab vom Konzept der Monokulturen und nutzt die Vielfalt an Pflanzen. Bestandteile sind Aquakulturen, Gründüngung und Mulchen sowie Waldgärten.

Einschätzung: Permakultur ist eine wichtige Fundgrube über altes und neues Wissen hinsichtlich des Zusammenwirkens unterschiedlicher Pflanzen sowie natürlicher Behandlungsmethoden. Die herkömmliche Landwirtschaft schreckt davor zurück – aus mangelndem Wissen und wohl auch, weil Permakultur arbeitsintensiver ist als die üblichen Monokulturen. Zukunftspotenzial hat diese Form von Agrikultur allemal – das Wissen wird mittlerweile in zahlreichen Kursen weitergegeben.

Urban Gardening

In Zeiten, als die Haushaltsbudgets noch bedeutend geringer waren, gab es viele Gärten in der Stadt – in Wohnanlagen oder Schrebergärten. Sie verschwanden mit dem steigenden materiellen Wohlstand – Gemüse ist heute in Lebensmittelmärkten billig und ohne eigenen Arbeitsaufwand zu haben. Weniger aus ökonomischer Notwendigkeit, sondern mehr aus Interesse am Gärtnern sowie einem neuen Bezug zur Natur gewinnt Stadtgärtnern in letzter Zeit erneut an Bedeutung. Ökologische und gärtnerische Anliegen werden häufig mit sozialen Aspekten verbunden – gemeinsam Gärtnern schafft Verbindungen, häufig auch über Grenzen hinweg, wie in multikulturellen Gärten. »In Gemeinschaftsgärten wächst weit mehr als nur selbstherangezogenes Gemüse, es entsteht – oft ganz nebenbei – eine Gemeinschaft, die im sozialen Miteinander Kommunikations- und Integrationsprozesse ermöglicht«, heißt es auf der Vernetzungshomepage der österreichischen Gemeinschaftsgärten »gartenpolylog«.[21]

Mittlerweile existieren auch zahlreiche wissenschaftliche Arbeiten über die Wirkung von Gemeinschaftsgärten. Die gemeinnützige Münchner »anstiftung« sammelt Wissen über urbane Gemeinschaftsgärten, betreut eine digitale Landkarte und gibt Beratungen.[22] Die Sozialwissenschaftlerin Christa Müller hat zahlreiche Gemeinschaftsgartenprojekte besucht und ihre Qualitäten beschrieben.[23] Verwandt mit Urban Gardening ist das Prinzip der »Essbaren Stadt«. Auch hier geht es darum, den Stadtraum zum Anbau von Lebensmitteln nutzbar zu machen und eine lokale Versorgung vor Ort aufzubauen. So sollen Städte widerstandsfähiger gegen die Klimakrise werden.[24]

Einschätzung: Urban Gardening gilt als alte und wieder neu entdeckte Form von Landwirtschaft in der Stadt. Meist findet dies in Gemeinschaftsgruppen statt, vielfach in Selbstorganisation, häufig auch von Stadtteilbüros unterstützt. Urban Gardening liegt im Trend und bereichert die Stadtkultur. Immer mehr Kommunen unterstützen Projekte, weil es den sozialen Zusammenhalt fördert und zumindest zu einer Teil-Selbstversorgung beiträgt. Die Motive für die Mitwirkung sind unterschiedlich: Interesse am Gärtnern, Gemeinschaft erleben oder auch etwas Geld sparen. Gemeinschaftsgärten können in Konkurrenz zur gewinnbringenderen Verwertung von Flächen treten, jede Stadt braucht aber auch Grünflächen. Diese werden in Zeiten der Stadterhitzung immer wichtiger. Sie für das Gärtnern freizugeben, erfordert nur die Bereitschaft und Offenheit von Stadtverwaltungen und Wohnbaugesellschaften. Eine Selbstversorgung der Städte darf man von Urban Gardening aber nicht erwarten, dafür soll wieder stärker das Stadtumland herangezogen werden.

Solidarische Landwirtschaft & Food Coops

»In der Solidarischen Landwirtschaft tragen mehrere private Haushalte die Kosten eines landwirtschaftlichen Betriebs, wofür sie im Gegenzug dessen Ernteertrag erhalten. Durch den persönlichen Bezug zueinander erfahren sowohl die Erzeuger*innen als auch die Verbraucher*innen die vielfältigen Vorteile einer nichtindustriellen, marktunabhängigen Landwirtschaft.« So wird dieses neue Prinzip von Erzeuger-Verbraucher-Initiativen beim Deutschen Netzwerk für Solidarische Landwirtschaft erklärt. Solidarische Landwirtschaft (SoLaWi) sei – so die Idee – eine innovative Strategie für eine lebendige, verantwortungsvolle Landwirtschaft, die gleichzeitig die Existenz der dort arbeitenden Menschen sicherstellt und einen essenziellen

Beitrag zu einer nachhaltigen Entwicklung leistet. Lebensmittel werden nicht mehr über den Markt vertrieben, sondern fließen in einen eigenen durchschaubaren Wirtschaftskreislauf, der von den Verbraucher*innen mitorganisiert und finanziert wird.[25] 460 SoLaWi-Initiativen verzeichnet das deutsche Netzwerk aktuell – verstreut im gesamten Bundesgebiet. Auch in anderen europäischen Ländern gibt es Projekte. In den USA wird Community-Supported Agriculture bereits seit den 1980er Jahren aufgebaut – mittlerweile findet die Idee auch in Afrika oder China Nachahmung.

Ähnliche Ziele verfolgen Food Coops, also Lebensmittelkooperativen, als Zusammenschluss von Personen und Haushalten, die selbstorganisiert biologische Produkte direkt von lokalen Bauernhöfen, Gärtnereien, Imkereien etc. beziehen. Historische Vorläufer sind die Konsumgenossenschaften des 19. Jahrhunderts. Der persönliche Kontakt zu den Produzierenden steht auch hier im Mittelpunkt. Jede Food Coop braucht eine gute Gemeinschaft: Es müssen ehrenamtliche Arbeiten wie die Bestellung der Waren, das Betreiben der Läden – in der Regel mietet die Gruppe einen kleinen Raum – sowie andere organisatorische Aufgaben übernommen werden. Ernährungssouveränität sei »das Recht von Menschen, über die Art und Weise der Produktion, der Verteilung und der Konsumtion von Lebensmitteln selbst zu bestimmen«, ist auf der Homepage der Food Coops in Österreich zu lesen.[26] Dies sieht auch die Bundesarbeitsgemeinschaft der Lebensmittelkooperativen in Deutschland so: »Das Interesse an Lebensmitteln, fairem Handel und Regionalität nimmt zu. Die Lebensmittel-Kooperativen sind ein praktischer Ansatz zur Ernährungssouveränität.«[27] An die Hundert Initiativen sind auf dem Österreich-Netzwerk verzeichnet. Die deutschen Partner sprechen von circa 1.000, auch wenn es keine genauen Erhebungen gäbe.

Einschätzung: Food Coops sowie Projekte solidarischer Landwirtschaft sind ein urbanes Phänomen einer ökobewussten Bevölkerungsschicht – häufig mit akademischem Hintergrund. Man kann in diesen Nischen-Initiativen eine Weiterentwicklung von Bauernmärkten sehen, die in den Ländern des Südens noch stärker verbreitet sind, aber auch in vielen unserer Städte noch eine Bereicherung darstellen. Direktvermarktung, wie sie auch die gerade im Biobereich weit verbreiteten Hofläden darstellen, sind für die Bauern und Bäuerinnen zwar mit Mehrarbeit verbunden, bieten aber auch neue Absatzmärkte und verringern die Abhängigkeit von den großen Lebensmittelkonzernen. Die Versorgung mit Lebensmitteln wird aber weiterhin auf Lebensmittelmärkte angewiesen sein – auch diese reagieren auf Ernährungstrends und weiten ihre Regale für Frischobst und -gemüse weiter aus. Immer mehr werden bewusst auch Regale bzw. Stände mit Lebensmitteln aus der Region ins Sortiment integriert. Der größere Gewinn wird aber noch immer mit den weniger gesunden, industriell verarbeiteten, häufig zu süßen oder salzigen Lebensmitteln gemacht. Auch Ernährungsräte können die Sensibilität für landwirtschaftliche Produkte stärken.[28]

Vegetarische & vegane Ernährung

Jede vierte Person in Österreich will weniger Fleisch essen. 30 Prozent sind bereits bewusst reduzierte Fleischessende. Und die Zahl jener, die sich bewusst vegetarisch oder vegan ernähren, steigt. Anfang 2021 gaben rund elf Prozent einer Umfrage an, sich vegetarisch oder vegan zu ernähren. 2017 waren es erst rund die Hälfte. Wenn sich die Leute an diesen Vorsatz halten, ist das eine gute Entwicklung, so das Momentum Institut, denn ein hoher Fleischkonsum sei schlecht für die betroffenen Tiere, aber auch für die Umwelt und das Klima.[29]

Eine Jugendstudie aus 2023, in der junge Menschen aus Österreich, Deutschland und der Schweiz befragt wurden, ergab, dass Tierschutz eine wichtige Rolle spielt. Auf die Frage, für welche Themen du dir vorstellen kannst, dich einzusetzen, gaben knapp die Hälfte Tierschutz an, parallel zu den Bereichen Menschenrechte sowie Umwelt und Klima.[30] Vegetarismus kann also in Zukunft mehr Bedeutung gewinnen.

Die Veränderung der Ernährungsgewohnheiten lässt sich auch an der starken Zunahme einschlägiger Kochbücher, Internetseiten sowie vegetarischer und veganer Restaurants ablesen. Auch die Lebensmittelindustrie ist auf den Zug aufgesprungen. Der Markt mit Fleischalternativen boomt. Sie werden auch von Portalen für fleischlose Ernährung angeboten.[31]

Als wenig verarbeitetes Ersatzprodukt für Fleisch gilt Tofu, der aus Soja hergestellt wird. 87 Prozent des weltweit angebauten Sojas werden derzeit an Tiere verfüttert und nur 13 Prozent zu Lebensmittel verarbeitet.[32] Mit der Menge an Soja als Futtermittel für 1 Kilogramm Fleisch lassen sich jedoch

12 bis 16 Kilogramm Tofu aus europäischem Bio-Soja herstellen, so der Bio-Soja-Landwirt Carsten Hoffmann aus Deutschland.[33]

In den Wohlstandsländern nimmt der Fleischverzehr ausgehend von einem (zu) hohen Niveau etwas ab, weltweit steigt er aber weiterhin an, weil sich mehr Menschen in den Transformationsländern wie China mehr Fleisch leisten können.[34] Hinsichtlich Klimawirkung ist Vegetarismus und Veganismus aber von großem Vorteil, wie eine Studie der Universität für Bodenkultur in Wien zeigt: Der gegenwärtige Fleischkonsum in Österreich führt zu circa 1,5 Tonnen Treibhausgasen pro Kopf im Jahr, bei »Bio« sind es 1,2 Tonnen. Die Reduktion des Fleischkonsums auf ein Drittel, was aus Gesundheitsgründen empfohlen wird, würde die Treibhausgase um ein Viertel reduzieren, bei vegetarischer Ernährung halbieren. Bei veganer Ernährung fällt nur mehr ein Drittel an Treibhausgasen an.[35]

Einschätzung: Schon vor Jahren hat das deutsche Umweltbundesamt vorgerechnet, dass ganz Europa aus eigener Biolandwirtschaft ernährt werden könnte – einzige Bedingung: Wir müssten den Fleischkonsum halbieren. Das heißt, hier sind wir als Konsument*innen gefordert – das zunehmende Gesundheitsbewusstsein sowie die Ablehnung von Tierleid unter jungen Menschen zeigt, dass vegetarische und vegane Ernährung an Bedeutung zunimmt. Kein Restaurant kommt heute mehr umhin, auch vegetarische Speisen anzubieten. Doch wir werden nicht alle zu Vegetarier*innen werden. Ebenso wichtig ist daher die Reduktion des Fleischkonsums, der Einsatz für strengere Tierhaltungsrichtlinien, wie etwa in der Biolandwirtschaft, sowie das generelle Verbot der Massentierhaltung, wie dies etwa der Verein gegen Tierfabriken fordert.[36] Der Philosoph Thomas Macho verweist in diesem Zusammenhang auf unser gespaltenes Verhältnis zu Tieren: Wir verhätscheln Haustiere, zugleich blenden wir das massenhafte Leid aus, dass wir unseren Nutztieren antun.[37]

Lebensmittelkennzeichnungen & Tierwohlskala

»Wie muss eine Tierwohlkennzeichnung inhaltlich und optisch aufgebaut sein, um von den Stakeholdern Politik, Lebensmittelhandel, Gütesiegel und Landwirtschaft am Markt anerkannt zu werden?« Dieser Frage stellte sich Chiara Brammer in einer Masterarbeit. Sie hat hierfür eine vierstufige Tierwohlskala entwickelt, die den Konsument*innen ermöglichen soll, tierische Produkte miteinander zu vergleichen, ohne dabei alle Gütesiegel recherchieren zu müssen. Die Stufen stehen für die Tierwohlstandards, die bei den jeweiligen Produkten Fleisch, Eier, Käse eingehalten werden. Auf einer zugehörigen Website könnte in Zukunft über die einzelnen Skalenstufen je Tiergattung informiert werden. Auch die Kriterien, anhand derer den Produkten eine Skalenstufe zugeordnet wird, müssten hier offengelegt werden, so Brammer. Je höher die Transparenz der Skala sei, desto nachvollziehbarer sei sie später für die Konsument*innen.[38]

In Deutschland sind viele Fleischpackungen mit der Haltungsform der Tiere gekennzeichnet. Der Vorstoß des Handels sorgt zwar für mehr Orientierung. Er ist aber kein Ersatz für ein ambitioniertes staatliches Tierwohlkennzeichen, ist die deutsche Verbraucherzentrale überzeugt. Die Haltungsform-Kennzeichnung könne Verbraucher*innen die Orientierung beim Fleischeinkauf erleichtern. Doch diese hätten nicht wirklich die Wahl, denn das Angebot der besseren Haltungsformen sei immer noch viel zu gering. Ob es den Tieren tatsächlich gut gegangen ist, darüber mache die Haltungsform-Kennzeichnung keine Aussage. Denn mehr Platz und Einstreu im Stall seien noch kein Garant für mehr Tierwohl. Um echte Orientierung und Verlässlichkeit beim Einkauf von Fleisch aus besserer Tierhaltung mit mehr Tierwohl zu geben, brauche es eine staatliche Tierwohlkennzeichnung mit Kriterien deutlich über dem gesetzlichen Mindeststandard, so die Verbraucherzentrale.[39]

Mit dem »Nutri-Score« wird der Nährwert von Lebensmitteln angegeben, etwa bei Pizzen und anderen Fertiggerichten.[40] Laut dem Konsumentenmagazin Help schneidet der Nutri-Score in Studien und Umfragen unter Verbraucher*innen gut ab. In Frankreich, wo das System entwickelt wurde, ergab eine Studie zur Einführung 2017, dass das System am leichtesten verständlich sei. In Deutschland, wo der Nutri-Score 2020 eingeführt wurde, befürworteten knapp 90 Prozent der Befragten die Kennzeichnung. 570 Unternehmen mit 860 Marken waren Mitte 2022 in Deutschland registriert, die das Nährwert-Logo tragen.[41] Die Verbraucherorganisation Foodwatch Österreich fordert die Einführung dieser Lebensmittelkennzeichnung auch in Österreich sowie eine EU-weite Verpflichtung.[42]

Doch es gibt auch Kritik: Der Nutri-Score nehme keine Rücksicht auf die Menge des konsumierten Essens. Die meisten Leute genießen wohl nur wenige Scheiben Prosciutto, dennoch wäre das Nutri-Score-Label tiefrot. Und noch ein kritischer Aspekt wird genannt: Hochverarbeitete Lebensmittel – etwa Fertiggerichte oder unzählige Varianten Cornflakes – seien beim Nutri-Score-System tendenziell bevorzugt im Vergleich zu einfacher und traditioneller Nahrung. Der Grund sei, dass der Hersteller beim hochverarbeiteten Produkt die Rezeptur geringfügig ändern könne, sodass eine bessere Bewertung herauskommt, beispielsweise durch den stärkeren Einsatz künstlicher Süßstoffe statt Zucker. Die Stiftung Warentest verweist darauf, dass die Bewertungsskala lediglich Lebensmittel der gleichen Produktgruppe miteinander vergleicht. Somit könne es vorkommen, dass beispielsweise eine Tiefkühlpizza einen besseren Nutri-Score erhält als ein Naturjoghurt. Gezeigt werde lediglich, dass das Produkt im Vergleich zu anderen Tiefkühlpizzen gesünder sei.[43]

Einschätzung: Bessere Lebensmittelkennzeichnungen sind ein Schritt in die richtige Richtung. Beispielsweise wird die Herkunftsbezeichnung von Fleisch auch für die Gastronomie gefordert – für den Handel gibt es diese bereits. Das Ziel müssen aber strengere Auflagen für die Qualität von Lebensmitteln sowie für die Tierhaltung sein. Dass Konsument*innen höhere Preise in Kauf nehmen, wenn sie gut informiert sind, zeigt das Beispiel Schweden: Dort existieren strengere Tierhaltungsnormen, der Großteil der Schwed*innen kauft das einheimische Fleisch, obwohl jenes aus den Tierfabriken Norddeutschlands billiger wäre, wie eine Arte-Doku zeigt.[44] Möglich wären gestaffelte Konsumsteuern, die Lebensmittel mit hohem Zucker- oder Salzgehalt oder Fleisch aus Massentierhaltung höher besteuern. Werbeverbote für nachweislich ungesunde Nahrungsmittel wären ein weiterer Schritt. Fleischersatzprodukte sind ambivalent: Sie reduzieren den Fleischkonsum, sind aber industriell verarbeitet.[45] Um die Entscheidung für gesunde und ethisch vertretbare Nahrungsmittel nicht den Konsument*innen allein zu überlassen, führt an strengeren Richtlinien kein Weg vorbei. Dass dies möglich ist, zeigt etwa das Verbot von Käfighaltung bei Hühnern in mehreren Ländern, bis 2027 soll dieses in der EU verpflichtend sein – spät, aber doch. »Das ist ein großer Erfolg der Europäischen Bürgerinitiative ‚End the Cage Age', der sich 1,4 Millionen Menschen angeschlossen hatten«, berichtet

Foodwatch Deutschland.[46] In Deutschland wird eine Tierwohlabgabe zur Unterstützung des Umbaus der Ställe gemäß artgerechter Tierhaltung diskutiert.[47] Eine fünfstufige staatliche Kennzeichnung wurde 2023 beschlossen. Sie gilt bislang für Schweinefleisch und ist ab August 2025 verpflichtend.[48]

Verbot von Lebensmittelverschwendung

»Jeder zehnte Mensch auf dieser Welt hungert – und gleichzeitig werden jährlich 931 Millionen Tonnen Lebensmittel verschwendet, 57 Millionen davon in Europa, eine Million in Österreich«, rechnet Katharina Moser, Direktorin der Diakonie Österreich, vor.[49] Sogenannte Mülltaucher*innen machen auf die Entsorgung großer Mengen von Lebensmitteln durch die Supermärkte aufmerksam. Sie sind in der Nacht mit Stirnlampen unterwegs und holen aus den Müllcontainern der Supermärkte jede Menge zwar abgelaufener, aber weiterhin genießbarer Lebensmittel heraus. In öffentlichen Koch-Aktionen werden daraus Gerichte gezaubert.[50]

Doch Supermärkte machen nur einen Teil des Problems aus – das noch größere liegt bei den Konsument*innen. Die Europäische Kommission schätzt, dass in der EU pro Person und Jahr 173 Kilogramm Lebensmittel weggeworfen werden. Das macht insgesamt 88 Millionen Tonnen Abfall pro Jahr. 53 Prozent aller weggeworfenen Lebensmittel gehen dabei auf das Konto der privaten Haushalte. 30 Prozent landen bei Landwirtschaft und Produzenten im Müll, 12 Prozent in der Gastronomie und 5 Prozent im Handel. Der Handel hat vor allem über seine Angebotspolitik Einfluss auf einen achtsamen Umgang mit Lebensmittel. Mengenrabatte, Großpackungen und Preisaktionen können Konsument*innen dazu verführen, mehr Lebensmittel zu kaufen, als eigentlich gebraucht werden.[51]

Laut den Sustainable Development Goals der UN soll bis 2030 die Pro-Kopf-Lebensmittelverschwendung weltweit um 50 Prozent gesenkt werden. Handelt es sich bei der UN-Vorgabe um einen Richtwert ohne inhaltliche Vorgaben, wird das Kreislaufwirtschaftspaket der Europäischen Union konkreter. Die EU-Staaten müssen der EU-Kommission seit 2020 alle zwei Jahre ihre Reduktionsfortschritte dokumentieren.[52] In Deutschland soll bis 2030 die Lebensmittelverschwendung pro Kopf auf Einzelhandels- und Verbraucherebene halbiert und die entlang der Produktions- und Lieferkette entstehenden Lebensmittelabfälle einschließlich Nachernteverlusten verringert werden.[53] In Österreich müssen Supermärkte seit 2023 melden, wie viele Lebensmittel sie wegwerfen und spenden.[54]

Sogenannte »Tafeln«, in denen noch genießbare Lebensmittel an sozial Bedürftige zu einem günstigen Preis abgegeben werden,[55] sowie neue Apps wie »Too good to go«[56] sollen helfen, die Lebensmittelverschwendung zu verringern. Initiativen des Foodsharing verfolgen ein ähnliches Ziel. Die Gruppen registrieren Anbieter*innen und mögliche Abnehmende – die Lebensmittel werden aber kostenfrei abgegeben.[57]

Einschätzung: Lebensmittelverschwendung ist Ausdruck eines Ernährungssystems, das auf permanenter Verfügbarkeit aller Lebensmittel zu allen Zeiten beruht. Es spiegelt auch den Verlust an Achtsamkeit gegenüber Lebensmitteln, die in Überfülle vorhanden sind. Maßnahmen der Politik für den Handel sind wichtig und notwendig, aber gefragt sind auch wir als Verbraucher*innen. Das Hereinfallen auf Mengenrabatte, das offensichtlich aus der Mode gekommene »Resteverkochen« sowie die Missverständnisse hinsichtlich des Mindesthaltbarkeitsdatums, über das hinaus Lebensmittel noch eine ganze Weile genießbar sind, spielen hier eine wichtige Rolle. Soziale Tafeln werden als Armutszeugnisse einer reichen Gesellschaft kritisiert, sie sind aber als zweitbeste Lösung noch immer besser als gar keine Verwendung der überschüssigen Ware. Einschlägige Apps oder Foodsharing-Initiativen sind praktische Ansätze, die zumindest im Kleinen Lebensmittel vor dem Wegwerfen bewahren.

Neue Nahrungsquellen: Algen, Seetang & Insekten

Algen und Seetang kennt man als glibberigen Schleim oder im Sushi. Eine Studie des am IIASA Laxenburg tätigen Forschers Scott Spillias zeigt die Rolle, die Algen bei der Verlangsamung des Klimawandels, als Lebensmittel und sogar als grüner Treibstoff spielen können. Es sei schon längst kein Geheimnis mehr, dass in der Meerespflanze viele Möglichkeiten stecken. Bisher werde Ethanol für den Biosprit meistens aus Mais gewonnen, aber es könne genauso gut aus Algen gewonnen werden, für die keine Anbauflächen an Land notwendig seien. Diese würden angesichts der steigenden Weltbevölkerung knapp. Das mache Algen zu einer fruchtbaren, alternativen

Energiequelle für die Wissenschaft. Algen hätten ein großes kommerzielles und ökologisches Potenzial als nahrhaftes Lebensmittel und als Baustein für kommerzielle Produkte wie Tierfutter, Kunststoffe, Fasern, Diesel und Ethanol, so Spillias. Algen gelten auch als Nahrungsmittel und werden seit Jahrhunderten in Asien gezüchtet und kultiviert. In den letzten Jahren hat sich die Algenzucht aufgrund ihrer wachsenden Beliebtheit rund um den Globus rapide ausgebreitet, berichtet auch das Portal der Algenzucht-Zertifizierungsstelle ASC.[58]

Die Experten für Ökodesign Markus Petruch und Dominik Walcher setzen ebenfalls auf Algen. Die Anwendungsbereiche, für die wir heute oder in naher Zukunft Algen einsetzen können, seien vielfältig: »Mit ihrem komplexen Nährstoffprofil und einem hohen Anteil an Omega-3-Fettsäuren könnten die Meerespflanzen in Zukunft dazu beitragen, die Nahrungsmittelversorgung zu unterstützen, und nährstoffreiche Nebenprodukte aus der Algenproduktion könnten als tierisches Futtermittel verwendet werden.« Von 1990 bis 2020 habe sich die weltweite, industrielle Produktion von Algen von 4,2 Millionen auf über 35 Millionen Tonnen mehr als vervierfacht, so die Experten.[59]

Auch Insektenprodukte gelten als alternative Proteinquelle zu Fleisch oder Fisch. Sie dürfen unter anderem Brot, Nudeln oder Chips zugesetzt werden – aber nicht ohne entsprechende Kennzeichnung. Hierfür gibt es Richtlinien seitens der EU. Zahlreiche Angebote gäbe es mittlerweile im Internet, in den Supermärkten seien entsprechende Produkte noch rar, erfährt man auf dem Portal der deutschen Bundesregierung. Frischware oder gar lebende Speiseinsekten biete der Handel in Deutschland bislang nicht an.[60]

Einschätzung: Ernährungsgewohnheiten weisen regional und kulturell Unterschiede auf, wie der Algenverzehr in Asien zeigt, einer Weltregion, in der auch Insekten gegessen werden. Die Auswirkungen bei großmaßstäbiger Algenzucht auf die Meeresökosysteme sind aber noch nicht geklärt; so wie es auch noch Forschungsbedarf hinsichtlich Züchtung braucht. Der Verzehr von Insekten wird sich bei uns wohl weniger durchsetzen, möglicherweise wird aber die Beimengung in verarbeiteten Lebensmittel an Bedeutung gewinnen, denn hier sieht man die Tierchen nicht mehr.

Indoor Farming

Im Zuge des steigenden Bevölkerungswachstums benötigen wir immer mehr Ackerfläche, um Nahrungsmittel anzubauen. Gleichzeitig schaden wir dem Boden durch Monokulturen, Düngemittel und Pestizide und machen so viele Landflächen unfruchtbar. Um diesen Problemen vorzubeugen, suchen Forscher*innen kontinuierlich nach platzsparenden Lösungen für den Anbau von Nutzpflanzen. Eine solche Lösung sei das Indoor Farming, wird auf »utopia.de« berichtet. Der Anbau von Pflanzen erfolgt beim Indoor Farming nicht im Freien, sondern in einem geschlossenen System – also einer Halle, einem Container oder einem Gewächshaus. Die Pflanzen bekommen dabei weder Sonnenlicht noch Wind oder Niederschlag ab. Um die Sonne zu ersetzen, kommen LEDs zum Einsatz. Diese können das Sonnenlicht zwar nicht exakt reproduzieren, Forscher*innen können die Intensität der Beleuchtung jedoch gezielt an die Bedürfnisse spezifischer Pflanzenarten anpassen. Auch andere Faktoren wie Temperatur, Luftfeuchtigkeit und Bewässerung werden beim Indoor Farming von automatisierten Systemen geregelt. Für die Bewässerung werden Nährlösungen genutzt, die nicht nur Wasser, sondern alle wichtigen Nährstoffe enthalten.[61]

Indoor Farming tritt oft in Kombination mit Vertical Farming auf. Dabei werden Pflanzen in mehreren Schichten übereinander angebaut – ein Prinzip, das auch bei Urban Gardening Anwendung findet. Sogenannte Regalbeete sind für Indoor Farming besonders sinnvoll, da Betreiber*innen die Fläche einer Halle so optimal nutzen können. Zudem können automatisierte Systeme verhindern, dass einige Pflanzen zu wenig LED-Licht abbekommen. Die Regalbeete rotieren und verschaffen den Pflanzen abwechselnd die benötigte Lichtzeit.

Einschätzung: Indoor Farming ist energieintensiv. Offensichtlich ist es kostengünstiger, auf die Kräfte der Natur zu vertrauen. Die Produktion von Kartoffeln, Getreide, Reis oder Mais, wahrscheinlich auch von Tomaten und anderem Gemüse, gedeihen auf einem Acker oder im Glashaus noch immer besser und mit bedeutend geringeren Kosten. Denn die Sonne als Energielieferant schickt in diesem Fall keine Rechnung. Für Spezialbedarfe kann Indoor Farming aber passen.

Landwirtschaft 2.0

»High-Tech in der Landwirtschaft. Per App steuern Landwirte künftig Trecker, Drohnen reduzieren den Chemieeinsatz und Computer melden, wenn die Kuh kränkelt.« So wird ein Bericht auf »galileo.tv« über Landwirtschaft 2.0 angekündigt.[62] Auch der neue Club-of-Rome-Bericht »Earth for All« plädiert für den Einsatz digitaler Technologien in der Landwirtschaft, um Kunstdünger effizient und schonend einbringen zu können.[63] Der Agrarökonom Matin Quaim von der Universität Göttingen sieht im alleinigen Setzen auf Biolandwirtschaft keine Lösung, da der Ertrag pro Fläche um 30 Prozent geringer sei. Der Experte plädiert für eine Diversifizierung: Sowohl mit Blick auf die Welternährung als auch auf die Umwelt sollten etwa Hülsenfrüchte eine wichtigere Rolle spielen. Der Einsatz von Chemie in der Landwirtschaft sei aufgrund öffentlichen Drucks bereits gesunken, ein gänzlicher Verzicht ist für den Experten jedoch nicht vorstellbar.[64]

Einschätzung: Es ist davon auszugehen, dass es auch in Zukunft Landwirtschaft mit dem Einsatz von Chemie geben wird. Daher macht es Sinn, diesen zu optimieren. Und es kann auch zu strengeren politischen Vorgaben kommen. Der »Green Deal« der Europäischen Union sieht etwa eine merkliche Reduktion von Kunstdünger und Spritzmittel vor. Die Vorzüge von biologischer bzw. naturangepasster Landwirtschaft dürfen deswegen nicht außer Acht gelassen werden. Technologisch orientierte Ansätze gehen vom fleischzentrierten Ernährungsstil der Wohlstandsländer aus. Mehr Gemüse auf den Tellern würde – wie wir bereits gesehen haben – den Umweltverbrauch drastisch senken. Und: Hunger gibt es nicht, weil zu wenige Nahrungsmittel verfügbar sind, sondern weil den Hungernden die Mittel fehlen, um sich diese leisten zu können.

Grüne Gentechnik

Mit der Ernährung der zukünftigen Weltbevölkerung sowie mit der Anpassung an die Klimaerwärmung wird auch die Grüne Gentechnik argumentiert. Ihr Ziel ist es, komplette künstliche biologische Systeme zu erzeugen. Gesprochen wird auch von synthetischer Biologie. Die junge Forscherin der Oxford-University Tara Shirvani stellt zahlreiche Anwendungsbereiche vor, die uns aus ihrer Sicht helfen könnten, Probleme wie die Klimaerwärmung, die Vermüllung der Meere oder den Welthunger zu lösen. Shirvani nennt als Beispiele Bäume, die zehn Mal mehr CO_2 binden als die bisher bekannten, Bakterien, die das im Meer treibende Plastik einfach auffressen, Flugtreibstoff, der aus Industrieabgasen gewonnen wird, oder Fleisch, das im Labor gezüchtet wird und das Tierleid beendet.[65]

Oliver Stengel, Nachhaltigkeitsforscher an der Hochschule Bochum, spricht von einer postlandwirtschaftlichen Revolution. Den heute zunehmend umstrittenen Einsatz von Gentechnik sieht der Autor als eine Fortführung des Eingreifens in die Natur, da Gentechnik dieser nicht entfremdet, sondern nachempfunden sei. In seiner Vision einer Welt ohne Landwirtschaft könnten In-vitro-Fleisch und Pflanzen in vertikalen Farmen mit genetisch optimiertem Photosyntheseprozess die Rückwandlung von Weide- und Agrarflächen in Wildnis möglich machen und damit zur Stabilisierung des Klimas und unserer Lebensgrundlagen beitragen.[66] Auch Richard David Precht setzt auf In-vitro-Fleisch, da Fleisch aus Massentierhaltung mit Antibiotika versetzt sei und viel Fett enthalte. Seine Überzeugung: »Insgesamt wird Fleisch aus dem Labor gesundheitlich voraussichtlich wesentlich gesünder sein als das aus der Massentierhaltung.« Zudem würden wir auf diesem Weg endlich das Tierleid beenden.[67]

Künstliches Fleisch wird freilich noch ambivalent bewertet. In den USA wurde dieses als Nahrungsmittel zugelassen, in Europa ist es noch nicht so weit. Neben gesundheitlichen Fragen gibt es auch ökologische Probleme. Die Bioreaktoren, in denen das Fleisch gezüchtet wird, sind sehr energieintensiv. Wie umweltfreundlich die Produktion ist, hänge davon ab, woher die Energie kommt, es sei aber möglich, kultiviertes Fleisch durch den Einsatz erneuerbarer Energien CO_2-neutral herzustellen, so Lisa Schenzle vom »Austrian Center of Industrial Biotechnology«. Das gehe bei der Massentierhaltung nicht. Wie gesund Laborfleisch ist, hänge davon ab, wie es hergestellt wird. Dem Nährmedium könnten zum Beispiel Omega-3-Fettsäuren zugefügt werden, damit gesündere Fette im Fleisch »wachsen«. Als Problem bleibe der Preis: Ein Burger mit Laborfleisch kostet aktuell etwa 100 US-Dollar.[68]

Am konkretesten sind die Forschungen im Bereich der Weiterentwicklung von Pflanzen durch den Einbau neuer DNA durch die sogenannte Genschere. In der EU ist hierfür ein umfangreiches Zulassungsverfahren nötig. Eva Stöger, Forscherin am Institut für Angewandte Genetik und Zellbiologie der BOKU Wien, argumentiert, dass das Verfahren mit der Genschere viel genauer sei als die Bestrahlungsmethode in der Saatgutzüchtung. Es sei daher sinnvoll, die Forschungen voranzubringen und das Verfahren in der Landwirtschaft zuzulassen.[69] Die EU-Kommission hat im Sommer 2023 vorgeschlagen, Agrarprodukte, die mit der Genschere hergestellt werden, in Zukunft nicht mehr anders als konventionell hergestellte Produkte zu behandeln. Die Begründung lautete, dass es sich um ein Verfahren »von nie dagewesener Präzision« handle.[70] Anfang 2024 gab es mit knapper Mehrheit grünes Licht seitens des EU-Parlaments.[71]

Einschätzung: In der politischen Debatte gibt es unterschiedliche Positionen zum Vorstoß der EU. Befürwortenden stehen die Bedenken jener entgegen, die Probleme für das Nebeneinander von konventioneller und ökologischer Landwirtschaft befürchten. Die moderne Gentechnik darf nämlich im Biolandbau nicht verwendet werden. Die Biobauern müssen wissen, was im Saatgut drin ist und was die Nachbarhöfe anbauen. Wenn sie das nicht wissen, müssen sie selbst Vorsorge treffen, und das wird den Ökolandbau erheblich verteuern, so die Befürchtung. Die Bevölkerung ist ersten Umfragen zufolge ohnedies noch skeptisch. Es ist davon auszugehen, dass es weitere Forschungen geben wird, was sinnvoll ist. Hinsichtlich der weiteren Versprechen der synthetischen Biologie etwa von In-vitro-Fleisch sind ebenfalls weitere Forschungen nötig. Noch sind die Verfahren teuer und energieintensiv – die Kosten könnten den Nutzen überwiegen. Die Natur ist wohl noch immer unsere kostengünstigste Dienstleisterin.

Wiederbegrünung der Welt

Mit Maßnahmen gegen zunehmende Wüstenbildung sowie für die Schaffung natürlicher CO_2-Senken hat der Ansatz der (Wieder-)Aufforstung zu tun. Die weltweite Aufforstung von Wäldern wäre auf einer Fläche von 0,9 Milliarden Hektar möglich und könnte so zwei Drittel der vom Menschen verursachten CO_2-Emissionen aufnehmen. Zu diesem Schluss kommt eine im Wissenschaftsmagazin Science publizierte Studie der ETH Zürich. Die Erde könne ein Drittel mehr Wälder vertragen, ohne dass Städte oder Agrarflächen beeinträchtigt würden, hatten die Forschenden der ETH errechnet.[72] An der Studie gab es Kritik. Das Potenzial von Baumpflanzungen zur Eindämmung des Klimawandels sei dramatisch überbewertet, hieß es in einer Replik in Science. Der Wert von 205 Milliarden Tonnen Kohlenstoff sei viel zu hoch angesetzt. Schwerwiegende Mängel hätten zu einer fünffachen Überschätzung des Potenzials neu gepflanzter Bäume für die Eindämmung des Klimawandels geführt. So werde in der Studie etwa davon ausgegangen, dass Böden in Ökosystemen ohne Bäume keinen Kohlenstoff enthalten – in vielen Lebensräumen wie Savannen und Torfmooren sei aber mehr Kohlenstoff im Boden gebunden als in der oberirdischen Vegetation.[73]

Dennoch: Wiederaufforstung macht so wie die Renaturierung von Mooren als wichtige CO_2-Speicher Sinn. Dass es mittlerweile zahlreiche Projekte gibt und diese häufig einen Mehrfachnutzen bringen, zeigt Jochen Schilk in »Die Wiederbegrünung der Welt«. Der Journalist berichtet über fünfzig Beispiele aus allen Kontinenten. Viele stammen von Pionier*innen der Zivilgesellschaft, manche auch von staatlichen Initiativen wie etwa in China oder Korea. Am bekanntesten ist wohl die kenianische Friedensnobelpreisträgerin Wangari Maathai, die mit ihrem »Green Belt Movement« Frauen dazu ermunterte, Baumschulen zu gründen und Bäume zu pflanzen. Die von Schilk vorgestellten Beispiele, darunter auch solche aus Israel, den USA und Europa zeigen: Es braucht engagierte Menschen, die sich einer Sache annehmen und die es schaffen, Mitstreiter*innen in der Region zu gewinnen. Eines wird dabei deutlich: Monokulturen mögen kurzfristig ertragreich sein, in Summe zerstören sie jedoch die Ökosysteme und damit auch die Lebensgrundlagen vieler Menschen.[74] Auf dem Portal »justdiggit« werden ebenfalls zahlreiche Beispiele der Wiederbegrünung bzw. Renaturierung geschildert. Die Initiative betreut Projekte in mehreren afrikanischen Ländern und hat auch ein Onlinetool »Greener.LAND« entwickelt, in dem man eine große Auswahl an Wiederbegrünungsmethoden findet.[75]

Einschätzung: Renaturierungsmaßnahmen und Wiederaufforstung sind wichtige Beiträge zur Regeneration der Ökosysteme. In ariden Gebieten können sie auch zu Ertragssteigerungen der Landwirtschaft führen. Wälder sind ebenso wie Moore wichtige CO_2-Speicher. Die Europäische Union hat die Notwendigkeit von Renaturierungsmaßnahmen ebenfalls erkannt. Die Abgeordneten des Europäischen Parlaments befürworteten im Juli 2023 den Kommissionsvorschlag, bis 2030 Renaturierungsmaßnahmen für mindestens 20 Prozent aller Land- und Meeresflächen in der EU einzuführen und diese schließlich bis 2050 auf alle Ökosysteme auszudehnen, die einer Wiederherstellung bedürfen.[76] Der Klimaforscher Hans Joachim Schellnhuber plädiert für eine weltweite, gigantische Aufforstungsaktion sowie das Bauen mit Holz, um Klimapositivität zu erreichen.[77]

Planetary Health Diet

Zum Abschluss dieses keineswegs vollständigen Rundgangs durch Neuansätze im Bereich Landwirtschaft und Ernährung soll auf ein Konzept eingegangen werden, das von Expert*innen im Auftrag der Vereinten Nationen erstellt wurde: die Planetary Health Diet. Sich ausgewogen ernähren und gleichzeitig den Planeten schützen, lautet der Ansatz des Speiseplans der Zukunft, den die EAT-Lancet-Kommission, eine Gruppe von Forschenden aus 16 Ländern, im Jahr 2019 vorgestellt hat. Ziele der Planetary Health Diet sind, die steigende Weltbevölkerung bis zum Jahr 2050 gesundheitsfördernd zu ernähren sowie eine nachhaltige Lebensmittelproduktion, um die Umwelt- und Klimabelastungen möglichst klein zu halten. Die Planetary Health Diet sei kein strikter, sondern ein flexibler Ernährungsplan, ausgehend von einer täglichen Energiezufuhr von 2500 Kilokalorien, berichtet die Verbraucherzentrale Bayern: »Die Basis sind pflanzliche Lebensmittel: Gemüse, Hülsenfrüchte, Obst, Vollkorngetreide, Nüsse und hochwertige Pflanzenöle. Nur ein geringer Anteil an Fleisch, Fisch, Milchprodukten und Eiern sind erlaubt. Denn: Tierische Lebensmittel benötigen deutlich mehr begrenzte Ressourcen wie Wasser, Energie und Land und tragen durch den höheren CO_2-Ausstoß deutlich zum Klimawandel bei. Lebensmittel wie Zucker und Weißmehlprodukte sollten aus Gesundheitsgründen so gut wie gar nicht mehr verzehrt werden, ebenso rotes Fleisch, das in seiner Produktion besonders klimaschädlich ist.«[78]

Die Expert*innen gehen davon aus, dass mit dieser Ernährungsform pro Jahr circa elf Millionen vorzeitige Todesfälle durch ernährungsbedingte Erkrankungen verhindert werden könnten. Gleichzeitig würde damit eine Erderwärmung von 1,5 Grad als Klimaziel bis Ende des Jahrhunderts im Sektor Ernährung erreicht werden, heißt es im Bericht.

Einschätzung: Die Empfehlungen der Planet Health Diet sind überzeugend – und es gibt auch Anleitungen dazu, wie man diese im eigenen Essalltag umsetzen kann. Wie andere Vorschläge für eine gesunde Ernährung appellieren sie an uns als Konsument*innen. Sie schaffen ein Bewusstsein für die wichtige Rolle von Ernährung für die eigene Gesundheit, aber auch jene des Planeten. Eine bei der internationalen Konferenz »Nutrition 2023« vorgestellte US-Langzeitstudie hat ergeben, dass mit einem gesunden Lebensstil das Lebensalter um über 20 Jahre erhöht werden kann. Schlechte Ernährung erhöhe das Sterberisiko um mindestens 20 Prozent, so das Ergebnis der Studie.[79] Neben Bewusstseinsbildung brauchen wir aber auch eine andere Ernährungspolitik: durch stärkere Förderung naturangepasster Landwirtschaft, durch Vorgaben für die Lebensmittelindustrie hinsichtlich des Zucker- oder Salzgehalts, durch steuerliche Anreize, etwa gestaffelte Mehrwertsteuersätze, und Verbote, etwa dass Süßigkeiten an den Supermarktkassen auf Augenhöhe von Kindern positioniert werden, um diese beim Anstellen zum Kauf zu animieren. Die Förderung nicht verarbeiteter Lebensmittel muss ebenso ins Zentrum der öffentlichen Debatten rücken wie die Beendigung des Tierleids. Die Mehrheit der Menschen wird auch in Zukunft ihre Lebensmittel in Supermärkten einkaufen – diese sowie die großen Lebensmittelkonzerne sind und bleiben die Hauptakteure des Ernährungssystems –; sie müssen auf zukunftsfähig getrimmt werden.

Zusammenfassung

1. Die Erzeugung von Nahrung ist die Grundlage allen Wirtschaftens und verbunden mit Energieeinsatz sowie fruchtbaren Böden.
2. Die Produktivität der Landwirtschaft ist durch Mechanisierung und Kunstdünger sowie Pestizid-Einsatz stark gestiegen. Negative Folgen sind jedoch die Auslaugung der Böden, die zukünftige Abnahme der Erträge sowie die Verschärfung der Klimakrise.
3. Ansätze wie der Biolandbau, Agroforstwirtschaft und naturangepasste Anbaumethoden ermöglichen die Regeneration der Ökosysteme, sind aber noch immer Nischenphänomene.
4. Dies gilt auch für neue Ansätze wie die Solidarische Landwirtschaft, die Direktvermarktung sowie das Urban Gardening.
5. Nischen bilden auch neue Ansätze wie Indoor Farming, Algenzucht und mehr Pflanzenresistenz mittels Genschere-Verfahren.
6. Im Sinne von mehr Konsumentensouveränität werden neue Lebensmittelkennzeichnungsprojekte sowie Maßnahmen gegen Lebensmittelverschwendung vorgeschlagen.
7. Die Reduzierung des Fleischkonsums sowie die Ausbreitung von Vegetarismus und Veganismus sind aus ökologischen und gesundheitlichen Gründen wichtig.
8. Aus Klimaschutzgründen wird großflächigen Wiederaufforstungsprogrammen eine wichtige Rolle zukommen.

Kapitel 13

Unternehmenswende

Von Gemeinwohlbetrieben bis Lieferkettengesetzen

Unternehmen kommt eine wichtige Rolle im Kontext der Wirtschaftswende zu. Die Unternehmenslandschaft ist vielfältig – sie reicht von den zahlreichen Klein- und Mittelbetrieben bis hin zu den transnationalen Konzernen, deren Umsätze teilweise die Budgets von Staaten übersteigen. Im Folgenden stellen wir unterschiedliche Neuansätze des Wirtschaftens im Kontext nachhaltiger Entwicklung vor und loten ihre Stärken und Schwächen aus. Dabei werden exemplarisch Initiativen von NGOs, Unternehmensvereinigungen sowie der Politik vorgestellt.

Gemeinwohlunternehmen

Der Ansatz der Gemeinwohl-Ökonomie (GWÖ) stellt ein alternatives Wirtschaftskonzept dar, das auf Werten wie Menschenwürde, Mitgefühl, Solidarität, Gerechtigkeit, ökologische Verantwortung und Demokratie aufbaut. Die Vermehrung des Finanzgewinns ist dabei nicht mehr das eigentliche Ziel des Wirtschaftens, sondern nur mehr Mittel zum Zweck. Unternehmen sind eingeladen, eine »Gemeinwohl-Bilanz« zu erstellen, welche den Beitrag des Unternehmens zum Gemeinwohl über die gesetzlichen Verpflichtungen hinaus misst. Dabei können bis zu 1.000 Gemeinwohl-Punkte erreicht werden. Eine partizipativ entwickelte Gemeinwohl-Matrix dient der Visualisierung der aktuell 20 Bilanz-Indikatoren.[1]

Als »Berührungsgruppen« (Stakeholder) gelten die Lieferanten, Geldgeber, Mitarbeiter*innen und Eigentümer*innen, Kund*innen und Mitunternehmer*innen sowie das gesellschaftliche Umfeld. Die Matrix dient als Analyse- und Bewertungsinstrument. »Unternehmen können schauen, wo sie in punkto Gemeinwohl stehen und wo es Verbesserungsmöglichkeiten gibt«, so Sabine Lehner, GWÖ-Beraterin, im Gespräch mit dem Verfasser. Für positive Leistungen werden Pluspunkte vergeben, für Defizite gibt es Minuspunkte. Am Ende steht eine qualitativ und quantitativ bewertete Gemeinwohl-Bilanz. Die Bilanzerstellung erfolgt auf freiwilliger Basis; Unternehmen, die sich der Prüfung stellen und ein bestimmtes Maß an Punkten erreichen, dürfen das Logo der Bewegung im Unternehmensauftritt verwenden. Von der Politik wird gefordert, dass GWÖ-Betriebe bei öffentlichen Aufträgen sowie steuerlich bevorzugt werden sollen, um Marktanreize im Sinne des Gemeinwohls zu geben. Als Gründer der GWÖ gilt der österreichische Wirtschaftspublizist Christian Felber.[2] Die Bewegung ist mittlerweile international vernetzt – in vielen europäischen Ländern gibt es Initiativen. Eine Publikation informiert über Gemeinwohlunternehmen und -gemeinden in Deutschland und Österreich.[3]

Einschätzung: Die Gemeinwohl-Bilanz ist ein ganzheitliches Instrumentarium für das von der EU (zumindest für Großbetriebe und deren Zulieferer) geforderte nicht monetäre Berichtswesen und geht über an keine Kriterien geknüpfte Nachhaltigkeitsberichte sowie CSR-Aktivitäten hinaus. 2015 wurden die Kriterien der GWÖ im Europäischen Wirtschafts- und Sozialausschuss als zukunftsweisende Leitlinie befürwortet. Der Ansatz basiert aber bislang wie CSR allein auf Freiwilligkeit, auch wenn die GWÖ als zivilgesellschaftliche Bewegung auch auf politische Veränderungen der Anreizstrukturen setzt. Kritisch zu fragen ist, wer die Kriterien in welcher Form festlegen und bewerten bzw. auditieren soll, wenn die GWÖ-Matrixpunkte zum Beispiel steuerrechtlich relevant werden sollen. Als Analyseinstrument hat die GWÖ jedoch bereits innovative Akzente gesetzt.

Genossenschaften

»Die Genossenschaft ist eine Gesellschaft von nicht geschlossener Mitgliederzahl mit dem Zweck, den Erwerb oder die Wirtschaft ihrer Mitglieder oder deren soziale oder kulturelle Belange mittels gemeinschaftlichen Geschäftsbetriebes zu fördern«, so die Definition des Gabler Wirtschaftslexikons.[4] Neben genossenschaftlich organisierten Unternehmen gibt es auch landwirtschaftliche Vertriebsgenossenschaften, Bezugs- und Handelsgenossenschaften, Kreditgenossenschaften, Wohnbaugenossenschaften und – seit jüngerer Zeit – auch Energiegenossenschaften.

Als Gründer der genossenschaftlichen Bewegung gilt Friedrich Wilhelm Raiffeisen. Seine Überzeugung war: Was einer allein nicht schafft, schaffen viele. Heute zählen die 7.500 genossenschaftlichen Unternehmen in Deutschland mehr als 20 Millionen Mitglieder, so ein Bericht auf »deutschland.de«. Weltweit umfassen Genossenschaften, auch Kooperativen genannt, laut dem Beitrag rund 800 Millionen Mitglieder in über 100 Ländern und sichern 100 Millionen Arbeitsplätze: In Kanada sei jede*r dritte Bürger*in ein Genossenschaftsmitglied. In Frankreich stellten Genossenschaften 700.000 Arbeitsplätze. In Japan seien 91 Prozent der Landwirte in einer Genossenschaft organisiert, in Kuwait interessanterweise 80 Prozent des Einzelhandels als Konsumgenossenschaften zusammengeschlossen. In Bolivien wird ein Viertel der nationalen Ersparnisse von Genossenschaften verwaltet.[5]

Besonders an genossenschaftlichen Unternehmen ist, dass diese zur wirtschaftlichen Förderung ihrer Mitglieder unterhalten werden. Im Vordergrund stehe somit der genossenschaftliche Förderzweck und nicht die Zahlung einer Rendite, heißt es beim deutschen Netzwerk der Genossenschaften. Dies bedeute jedoch keineswegs, dass Genossenschaften keine Gewinne erwirtschaften. Auch eine Genossenschaft müsse sich marktkonform und betriebswirtschaftlich effizient verhalten, um im Wettbewerb bestehen und die Mitglieder langfristig fördern zu können. Die größte europäische Genossenschaft ist die »Mondragón Corporación Cooperativa« in Spanien, zu der Unternehmen verschiedener Sektoren wie Maschinenbau, Automobilindustrie, Haushaltsgeräte, Bauindustrie, Einzelhandel (Supermarktketten), Banken und Versicherungen gehören. Auf der Homepage des Netzwerks werden sowohl die Prüfverbände sowie Porträts von Genossenschaften in Deutschland dargestellt.[6]

Einschätzung: Es gibt eine lange Erfahrung mit Genossenschaften und diese sind ein spannendes Lernfeld wirtschaftlicher Kooperation. Genossenschaften stehen wie andere Unternehmen im Wettbewerb, sie haben aber nicht den Druck durch Aktionär*innen. Sie fördern den Zusammenhalt der Genossenschaftsmitglieder. Manche Genossenschaften etwa im Bankensektor unterscheiden sich jedoch kaum mehr von anderen Unternehmen.

Innovationen gehen wohl eher von kleineren Betrieben aus, die als Genossenschaft geführt werden. Angestoßen durch das Erneuerbare-Energien-Gesetz erlebten Energiegenossenschaften in Deutschland seit Anfang der 2000er Jahre einen Aufschwung. Energiegenossenschaften werden auch von der EU favorisiert – in allen Mitgliedsländern gibt es Initiativen. Als besonders erfolgreiches Beispiel gelten hier die Elektrizitätswerke Schönau im Schwarzwald.[7] Mit dem Instrument der Energiegemeinschaften wird ermöglicht, auch kleinere Erzeuger-Verbraucher-Initiativen zu starten. Diese können als Genossenschaft, aber auch als Verein organisiert werden. Hier sind in Zukunft neue Erfahrungen und Impulse zu erwarten (mehr siehe das Kapitel zu Energiewende).

Unternehmen nach Stiftungsrecht

Unternehmen nach Stiftungsrecht verbindet mit Genossenschaften, dass nicht eine möglichst hohe Rendite, sondern der Stiftungszweck im Vordergrund steht. Auch Stiftungsunternehmen müssen erfolgreich wirtschaften, die Überschüsse gehen aber in der Regel wieder ins Unternehmen. Als Motive für die Gründung eines Stiftungsunternehmens werden der langfristige Erhalt des Unternehmens, seine Unabhängigkeit von familiären Entwicklungen sowie der Erhalt der Arbeitsplätze genannt. In einer Studie der Deutschen Familienunternehmen heißt es: »Das wichtigste Motiv ist der Erhalt des Unternehmens in einer Hand, indem die Bündelung der Gesellschaftsanteile in einer Stiftung die Zersplitterung durch Erbfolgen oder Verkäufe verhindert. An zweiter Stelle steht die Steigerung der Resilienz des Unternehmens gegenüber Entwicklungen in nachfolgenden Generationen, gefolgt vom langfristigen Erhalt der Arbeitsplätze. Eine besonders wichtige Rolle wird auch dem Schutz der Kapitalbasis vor Erb- und Abfindungsansprüchen eingeräumt.«[8] Bekannte deutsche Unternehmen wie Aldi, Bosch, Bertelsmann, Lidl oder Würth befinden sich im Eigentum von Stiftungen. Einige von ihnen, wie beispielsweise Fresenius, ZF Friedrichshafen oder Zeiss, sind sogar an der Börse notiert. Die Mehrzahl der Stiftungsunternehmen entsteht dadurch, dass Unternehmensgründer*innen oder Unternehmerfamilien ihr Unternehmen in eine Stiftung einbringen, anstatt es zu vererben oder zu verkaufen: »Die Motive hierfür sind vielfältig und können familiäre Gründe (z. B. Kinderlosigkeit, Vermeidung von Familienstreit), unternehmensbezogene Gründe (z. B. Möglichkeit der langfristigen Planung durch stabile Eigentümerstruktur) und steuerliche Gründe (Vermeidung oder Reduzierung der Erbschaftsteuer) haben oder sind durch die Person des Gründers motiviert (Möglichkeit, das Unternehmen auch nach dem eigenen Tod über die Stiftung noch weiterhin zu prägen).«[9]

Bei »sozialen Stiftungsunternehmen«, so ist einem gleichnamigen Band zu entnehmen, stehe »nicht das Profitinteresse, sondern der Dienst an der Gesellschaft an erster Stelle«. Ein Teil der Gewinne werde reinvestiert, der andere gleichmäßig an die Mitarbeitenden verteilt. »Volle paritätische Mitbestimmung, sichere Arbeitsplätze auch in Krisenzeiten, Unabhängigkeit von den Banken, soziales Engagement jenseits imageträchtiger PR-Projekte, Fairplay gegenüber Kunden und Partnern« werden versprochen.[10]

Es gibt auch Kritik an Stiftungsunternehmen. Weil Eigentum und Kontrolle entkoppelt sind, fehle die Aufsicht durch die Eigentümer*innen bzw. Aktionär*innen. Häufig könne das Management nach Gutdünken entscheiden. Die Auswahl der Aufsichtsgremien widerspreche modernen Corporate-Governance-Regeln, also den Kriterien guter Unternehmensführung. Auch die Gewinnverteilung biete Anlass zu Kritik, weil schwer nachvollziehbar sei, was an die Stiftung geht und was als Rücklage im Unternehmen bleibt, so ein Bericht der WirtschaftsWoche. Positiv zugestanden wird: »Aufgrund der geringeren Abhängigkeit vom Kapitalmarkt und der häufig höheren Rücklagen können Stiftungsunternehmen aber auch mal ein Verlustjahr durchstehen, ohne gleich zu angelsächsischen Hire-and-Fire-Methoden greifen zu müssen.« Dazu komme die höhere Krisenresistenz von Stiftungsunternehmen, da diese Eigentumskonstruktion Schutz vor feindlichen Übernahmeversuchen oder Zerschlagung biete. Während Börsenunternehmen bei schlechteren Ergebnissen und sinkenden Aktienkursen für Firmenjäger zur leichten Beute werden, seien Stiftungsunternehmen unverkäuflich, heißt es im Bericht.[11]

Einschätzung: Die geringere Kapitalmarktabhängigkeit sowie der fehlende Renditedruck durch Aktionär*innen kann als Vorteil von Unternehmen nach Genossenschafts- wie nach Stiftungsrecht gesehen werden. Der Ökonom Hans Christoph Binswanger erhofft sich daraus eine Dämpfung des Wachstumsdrangs, was aus ökologischen Gründen geboten sei.[12] Anhand eines Datensatzes von 204 Stiftungsunternehmen aus Deutschland, der Schweiz und Österreich wurde gezeigt, dass Stiftungsunternehmen in Bezug auf den Umsatz signifikant weniger wachsen als Nicht-Stiftungsunternehmen.[13] Aber auch Unternehmen nach Stiftungsrecht spielen nur eine Nischenrolle – der Großteil der Konzerne ist an der Börse notiert und den Aktionär*innen verpflichtet. Klein- und Mittelbetriebe werden in der Regel als Familienunternehmen geführt. Vorschläge, börsennotierte Unternehmen gänzlich zu verbieten, wie dies der Wirtschaftspublizist Christian Felber[14] fordert, wären konsequent, weil so Gewinne im Unternehmen selbst investiert werden müssten, Fremdkapital käme nur von Banken (mehr siehe Kapitel IV). Da auch dies unrealistisch erscheint, bleiben nur öffentliche Debatten über die Nicht-Angemessenheit von hohen Renditen und Boni-Zahlungen. Deren Attraktivität könnte durch höhere Gewinnsteuern und stark progressive Einkommenssteuern reduziert werden.

Kritische Aktionär*innen

Eine Möglichkeit, großen börsennotierten Unternehmen auf die Finger zu schauen, sind Bewegungen kritischer Aktionär*innen. Entstanden sind diese in der Friedensbewegung der 1980er Jahre, als sich Aktivist*innen in Rüstungsunternehmen als Aktionär*innen beteiligten und bei Aktionärsversammlungen öffentlichkeitswirksam kritische Fragen stellten. Heute setzen sich kritische Aktionär*innen dafür ein, dass soziale und ökologische Missstände, Menschenrechtsverletzungen und Ähnliches von Aktienunternehmen aufgedeckt werden.

Wie funktioniert das? Einmal im Jahr findet die Hauptversammlung einer Aktiengesellschaft statt. Alle Aktionär*innen haben ein Rede-, Frage- und Stimmrecht und sie können den Vorstand und Aufsichtsrat des Unternehmens entlasten oder nicht entlasten. Wer nicht selbst an der Hauptversammlung teilnimmt, kann sich vom Dachverband der Kritischen Aktionär*innen vertreten lassen, heißt es auf der Homepage, die auch die Kritik an Konzernen dokumentiert.[15] Die Medien berichten regelmäßig über die Arbeit der Kritischen Aktionär*innen. So gelingt es, den öffentlichen Druck auf die Konzerne zu erhöhen. Der Dachverband vereint mit Stand 2023 29 Organisationen und Initiativen, die sich konzernkritisch für Menschenrechte, Frieden sowie Umwelt- und Klimaschutz einsetzen.

Einschätzung: Kritische Aktionär*innen schaffen Öffentlichkeit für soziale und ökologische Belange. Sie nutzen die Möglichkeiten und Rechte, die das Aktiengesetz bietet, um Probleme aufzuzeigen – im Sinne von »Blame and Shame«. Das Prinzip der börsennotierten Unternehmen wird nicht grundsätzlich abgelehnt, aber es werden kritische Fragen in den Aktionärsversammlungen gestellt.

Postwachstumsunternehmen

Eine Onlinebefragung von kleinen und mittleren Unternehmen (KMU) des Instituts für ökologische Wirtschaftsforschung (IÖW) zum Thema Wachstum ergab: Für die Mehrheit der befragten Unternehmen steht die Frage, wie sie Umsätze oder Mitarbeiterzahlen steigern können, nicht im Mittelpunkt. Deutlich wichtiger sei es, unabhängig vom Größenwachstum langfristig erfolgreich zu wirtschaften. Statt sich darauf zu konzentrieren, quantitative Kenngrößen wie Umsätze oder Mitarbeiterzahlen zu steigern, könnten sich Unternehmen auf qualitative Entwicklungsziele ausrichten – etwa auf langfristige und gute Beschäftigung, eine hohe Innovationsfähigkeit oder Beiträge zur Verbesserung der Lebensqualität in der Region.[16]

In der ebenfalls vom ÖIW durchgeführten Studie »Wachstumsneutrale Unternehmen« wurden Bedingungen für erfolgreiches Wirtschaften ohne Wachstumszwang erforscht. Als strategische Ansätze werden genannt: Positionierung in Marktnischen, nachhaltigkeitsorientierte Qualitätsführerschaft, regionale Einbettung, Vermeidung von Abhängigkeiten, Entschleunigung, Kostenreduktion.[17] Um Wachstumsmechanismen, Gründe für Wachstum und sogenannte Postwachstumsunternehmen geht es in einer Studie der Wirtschaftsuniversität Wien. Das Ergebnis: Die Inhaber-Geschäftsführer*innen nicht wachsender mittelständischer Unternehmen vertreten Werte und verfolgen Ziele, die sie von Wachstumsmechanismen befreien oder deren Auslösung verhindern. Darüber hinaus würden sie sich stark mit ihrem KMU identifizieren, sie agieren in Nischenmärkten und streben nach finanzieller Unabhängigkeit. Dies verdeutliche, dass ein Wachstumszwang weder unvermeidlich sei noch Wachstumsmechanismen immer wirksam seien, sondern von Strukturen und Institutionen abhängen, so die Studien-Autor*innen.[18] Der Ökonom André Reichel spricht im »Zukunftsreport 2016« des Zukunftsinstituts von »Low Growth«, wobei neben Konsumgrenzen auch neue Modelle kollaborativer Ökonomie des Reparierens, Teilens und Tauschens das Wachstum dämpfen würden. Neue Geschäftsmodelle für Postwachstumsunternehmen sieht er in langlebigen Produkten sowie in der Verbindung von Produkten, Wartung und Reparatur.[19]

Einschätzung: Unternehmen ohne Wachstum sind möglich, bisher aber vor allem in Nischen zu finden. Unabhängigkeit von Fremdfinanzierungen, starke Kundenbindung mit Serviceorientierung sowie ein geändertes Wertebewusstsein gelten offensichtlich als Erfolgsbedingungen. Keine zu hohen Einkommensspreizungen sowie Mitarbeiter*innenzufriedenheit und eine starke Identifikation mit dem Unternehmen zählen auch dazu. Preissteigerungen müssen selbstverständlich auch nicht wachsende Unternehmen abfedern, ansonsten wären sie zum Schrumpfen gezwungen. Die zitierten Studien analysieren Klein- und Mittelbetriebe. Großbetriebe haben in der Regel andere Bedingungen, etwa eine viel stärkere Fremdfinanzierungsabhängigkeit sowie noch größeren Wettbewerbsdruck. Zugleich bestimmen die Großkonzerne wesentlich das Wirtschaftsgeschehen, sie brauchen daher noch mehr als KMUs strenge Auflagen hinsichtlich Sozial- und Ökostandards.

Fairer Handel

»Fairtrade verändert die Art und Weise, wie der Handel funktioniert, durch bessere Preise, menschenwürdige Arbeitsbedingungen und gerechtere Bedingungen für Landwirte und Arbeiter in Entwicklungsländern.« So liest man auf der Homepage des internationalen Fairtrade-Netzwerks.[20] Gegründet ursprünglich in Holland, gibt es Fairtrade-Initiativen mittlerweile in zahlreichen Ländern. Als Kriterien werden genannt: Preise, die darauf abzielen, die durchschnittlichen Kosten einer nachhaltigen Produktion ihrer Ernte zu decken – ein wichtiges Sicherheitsnetz, wenn die Marktpreise fallen; die Fairtrade-Prämie – ein Geldbetrag, der zusätzlich zum Verkaufspreis gezahlt wird, um in Geschäfts- oder Gemeinschaftsprojekte zu investieren; menschenwürdige Arbeitsbedingungen und ein Verbot von Diskriminierung, Zwangs- und Kinderarbeit sowie Zugang zu einem Vorschusskredit vor der Erntezeit. Die Folge: Mit mehr Sicherheit und stärkeren Beziehungen zu Käufer*innen können die Produzierenden in den Ländern des Südens besser für die Zukunft planen.

Das Fairtrade-Gütesiegel soll garantieren, dass die Kriterien eingehalten werden. Betont wird, dass unter den Zertifizierungssystemen bei Fairtrade einzigartig sei, dass die Produzent*innen das gleiche Mitspracherecht bei der Abwicklung haben und in alle Entscheidungen einbezogen werden. Neben der Zertifizierungsstelle gibt es Importorganisationen für Fairtrade-Produkte sowie eigene Weltläden. Immer mehr Fairtrade-Produkte werden aber mittlerweile über den Lebensmittelhandel der Supermärkte abgesetzt.

Die am meisten vertriebenen Produkte sind Kaffee und Bananen, es gibt aber auch Zucker, Kakao, Reis, Hirse, Kräuter, Nüsse und anderes mehr. Mittlerweile werden auch Textilien mit Fairtrade-Gütesiegel verkauft. In einem interaktiven Tool des internationalen Fairtrade-Netzwerks können die Produktions- und Verkaufszahlen aller Fairtrade-Produkte, auch differenziert nach Regionen, abgerufen werden.[21] Zudem findet man Angaben zur Entwicklung der Zahl der Produzierenden, die häufig in Genossenschaften organisiert sind, aufgeschlüsselt nach Ländern. Über 200 Millionen Euro wurden 2022 an die Produzent*innen abgegeben als Prämie – neben dem höheren Marktpreis, so eine der zahlreichen Statistiken auf dem Portal.[22] Auch die Europäische Union fördert die Initiative des Fairen Handels. In einem viereinhalbjährigen von der EU geförderten Multi-Stakeholder-Projekt ging es darum, die Governance des Fairtrade-Systems zu stärken.[23]

Einschätzung: Fairtrade macht vor, dass faire Handelsbeziehungen möglich sind, wenn Verbraucher*innen bereit sind, einen geringfügig höheren Preis zu zahlen und wenn es Unternehmen gibt, denen Fairness ein Anliegen ist. Fairtrade ist mit dem Ziel angetreten, Bewusstsein für faire globale Handelsbeziehungen zu schaffen. Heute wird damit ein Marktsegment bewusster Konsument*innen bedient, denen neben Bio auch Fairtrade wichtig ist. Fair gehandelte Produkte sind nach wie vor eine, wenn auch wachsende Nische. 2021 betrug die Weltproduktion von Bananen knapp 125 Millionen Tonnen,[24] dem stehen 1,4 Millionen Tonnen fair gehandelter Bananen, also knapp ein Prozent, gegenüber. Aber für die Produzent*innen zumindest dieser Bananen macht es einen Unterschied. Insgesamt brauchen wir jedoch faire Produktions- und Handelsbeziehungen für alle Produzent*innen und Güter, die politisch hergestellt werden müssen.

Globaler Mindestlohn

Georgios Zervas und Peter Spiegel zeigen Wege auf, wie Entwicklung in den benachteiligten Regionen der Welt auf nachhaltiger Basis angestoßen werden könne. Sie setzen dabei auf Bildung, für die sich durch die digitale Revolution ganz neue Möglichkeiten eröffnen würden, auf neue Kommunikationsmittel sowie auf Solarenergie, etwa »Solar Houses«. Als Motor und Hebel für diese Entwicklungen schlagen die Autoren – darauf bezieht sich der Titel ihres Buches »Die 1-Dollar-Revolution« – einen globalen Mindestlohn als Menschenrecht vor. Dieser soll als Untergrenze einen Dollar netto für alle Tätigkeiten betragen. Der Mindestlohn würde die wirtschaftliche Lage zahlreicher Menschen in den Ländern des Südens markant verbessern, er würde die Ausbeutung durch 50- oder 60-Stundenwochen unterbinden, da diese für Unternehmen nicht mehr lukrativ wäre, und damit mehr Menschen in Arbeit bringen. Und die Konsument*innen würden diese »Verteuerung« kaum spüren, da die Löhne für die in Entwicklungsländern produzierten Waren nur einen marginalen Anteil am Endpreis ausmachen, so die Autoren. Vorgerechnet wird dies am Beispiel einer Textilarbeiterin in Bangladesch: Für das Zusammennähen einer Jeans bekommt diese derzeit etwa 15 Cent, bei einem Mindestlohn von einem Dollar wären es 45 Cent. Bezogen auf den Durchschnittspreis einer in Deutschland verkauften Jeans würde die Kostensteigerung jedoch nur 0,4 Prozent ausmachen. Als weiteren Vorteil eines globalen Mindestlohns, der als Menschenrecht festgeschrieben werden soll, sehen die Autoren die Wettbewerbsneutralität – alle Unternehmen wären daran gebunden.

Doch wie soll ein globaler Mindestlohn durchgesetzt werden? Die Autoren plädieren für ein »Made for One World«-Label, das Produkte entsprechend kennzeichnen soll. Zerfas und Spiegel bleiben aber nicht bei freiwilligen Maßnahmen von einzelnen Vorzeigeunternehmen stehen. Notwendig sei eine für alle Konzerne verbindliche Festlegung im Rahmen eines »Global Fair Trade Systems« über die UN bzw. WTO (Welthandelsorganisation).

Gehofft wird auf die Europäische Union. Diese müsse den globalen Mindestlohn sowie andere soziale und ökologische Mindeststandards, die innerhalb der EU gelten, auf sämtliche Produkte, die auf dem EU-Markt gehandelt werden, ausweiten. Einen Textvorschlag für eine EU-Verordnung findet man im Buch.

Einschätzung: In zahlreichen Staaten gibt es gesetzliche Mindestlöhne, aber vor allem in wirtschaftlich reicheren Ländern. In Ländern des globalen Südens sind diese, wenn es sie überhaupt gibt, gering. Im Januar 2023 betrug der gesetzliche Mindestlohn pro Stunde in Brasilien 1,09 Euro, in Australien beispielsweise lag er hingegen bei 14,1 Euro pro Stunde.[25] Auch wenn man die unterschiedlichen Lebenskosten berücksichtigt, sind die Unterschiede enorm. Die Idee eines globalen Mindestlohns ist daher bestechend und würde viel bringen. Die Frage bleibt, welche Instanz diesen umsetzen soll. Vielleicht sind Lieferkettengesetze ein Schritt in diese Richtung?

Lieferkettengesetze für Unternehmen

Seit vielen Jahren fordern NGOs in mehreren Ländern die gesetzliche Verpflichtung von Unternehmen, in ihren Lieferketten Verantwortung für Umwelt- und Menschenrechtsstandards zu übernehmen. Die europaweite Kampagne »Gerechtigkeit geht alle an! Justice is Everybody‘s Business« tritt für ein starkes Lieferkettengesetz ein. Es müsse dafür gesorgt werden, dass Unternehmen die Menschenrechte, die Umwelt und das Klima respektieren. Unternehmen müssten strikte, sachliche Verpflichtungen auferlegt werden, um Schäden zu verhindern und zu beenden. Mutterunternehmen sollen vor Gericht für Schäden verantwortlich gemacht werden, die irgendwo in ihrer Lieferkette entstehen. Gefordert werden auch garantierte Tarifverhandlungen der Gewerkschaften und ein echtes Mitspracherecht bei der Prüfung der Unternehmen.[26] Als erste Länder haben Großbritannien, Norwegen, die Niederlande, Australien sowie Frankreich – Letzteres für Unternehmen samt Tochterfirmen mit mindestens 5.000 Angestellten – Lieferkettengesetze umgesetzt. 2020 wurde ein Gesetz in abgeschwächter Form in Deutschland verabschiedet, in Österreich steht dieser Schritt noch bevor.

Das deutsche Lieferkettengesetz, das am 1. Januar 2023 in Kraft getreten ist, erfasst Unternehmen mit mehr als 3.000 Mitarbeitenden und ab 2024 Unternehmen mit mehr als 1.000 Mitarbeitenden. Dazu zählen auch Unternehmen, die in Deutschland eine entsprechend große Niederlassung haben. Unternehmen müssen eine betriebsinterne Zuständigkeit für Umwelt und Menschenrechte in der Sorgfaltspflicht festlegen, ein Risikomanagement einrichten, Risiken analysieren und priorisieren, ihre Maßnahmen dokumentieren und über all das öffentlich Bericht erstatten. Sorgfaltspflicht heißt aber auch, dass Risiken und Rechtsverletzungen, wo sie von den Unternehmen gesehen werden, so gut wie möglich gemindert oder beendet werden. Das Gesetz kontrolliert und setzt das Bundesamt für Wirtschaft und Ausfuhrkontrolle durch. Dort können auch Beschwerden gegen Gesetzesverstöße eingereicht werden.[27]

In Österreich steht ein Lieferkettengesetz noch aus. Es wird aber nicht umhinkommen, ein entsprechendes Gesetz in die Wege zu leiten. [28] Denn im Dezember 2023 einigten sich das Parlament, die Kommission und die Mitgliedsstaaten der EU über die »Sorgfaltspflichtrichtlinie«. Nun liegt es an den Regierungen der Mitgliedsstaaten, entsprechende nationale Gesetze zu verabschieden. Worauf hat man sich geeinigt? Unternehmen sollen verpflichtet werden, gegen Menschenrechtsverstöße wie Kinder- oder Zwangsarbeit und Umweltverschmutzung in ihren Lieferketten vorzugehen. Verantwortlich sind die Unternehmen für ihre Wertschöpfungskette, also auch für Geschäftspartner*innen und teilweise auch für nachgelagerte Tätigkeiten wie Vertrieb oder Recycling. Eine zivilrechtliche Haftung, Strafen und Schadenersatzansprüche bei Missachtungen sind ebenfalls geplant. Damit wäre das europäische Lieferkettengesetz verschärfter als das deutsche. Betroffene sowie Gewerkschaften und zivilgesellschaftliche Organisationen können in einem Zeitraum von fünf Jahren Klage erheben. Zudem sollen Verfahrenskosten für Kläger*innen begrenzt werden. Was die EU-Pläne ebenfalls von dem deutschen Gesetz unterscheidet, ist der Klimaaspekt. Größere Unternehmen müssen demnach einen Klimaplan erstellen, der im Einklang mit dem 1,5-Grad-Ziel des Pariser Abkommens von 2015 steht.[29]

Der Betroffenenkreis wurde auf Drängen des EU-Rates etwas verringert. Die vom neuen EU-Parlament am 24.4.2024 verabschiedete Richtlinie wird für Unternehmen ab 1.000 Mitarbeiter*innen (ursprünglich geplant 500) und mit einem weltweiten Jahresnettoumsatz von 450 Millionen Euro (ursprünglich 150) gelten. Die in der Erstfassung vorgesehene Einbeziehung von kleineren Unternehmen, sofern diese Risikosektoren wie Textilien, Landwirtschaft und Lebensmittelherstellung, Fischerei, Abbau von mineralischen Rohstoffen fallen, wurde gestrichen. Die Richtlinie muss bis spätestens 2027 in nationale Gesetze der Mitgliedstaaten der EU gegossen werden.[30]

Das im November 2023 vom EU-Parlament beschlossene Verbot von Produkten aus Zwangsarbeit zielt darauf ab, – anders als beim Lieferkettengesetz – Produkte vom Markt zu nehmen, für deren Produktion Zwangsarbeit nachgewiesen wird. Vom EU-Lieferkettengesetz sind nur große Unternehmen erfasst, das Verbot von Produkten aus Zwangsarbeit betrifft alle Unternehmen.[31]

Einschätzung: Verbindliche Vorgaben für Unternehmen sind der zentrale Hebel, um faire Wettbewerbsbedingungen unter ökologischen und sozialen Kriterien zu erreichen. Sie hätten auch Vorteile für Unternehmen, die sich schon bisher an entsprechende Standards halten, denn diese hätten durch einen fairen Wettbewerb keine Nachteile mehr. Ein wichtiger Punkt im EU-Lieferkettengesetz ist die Möglichkeit, gegen Unternehmen vor Gericht vorzugehen, wenn Menschenrechte oder die Umwelt entlang von Lieferketten zu Schaden kommen. Aus Sicht der österreichischen Arbeiterkammer sollten aber nicht nur einige wenige große Unternehmen in die Pflicht genommen werden, auch wenn Zulieferbetriebe indirekt ohnedies betroffen sein werden.[32] Kritisiert wird auch, dass der Finanzbereich ausgenommen wurde – darüber soll noch weiter verhandelt werden. Das Verbot von Zwangsarbeit wäre auch ein wirksames Mittel, um Menschenrechtstandards einzuhalten.

Klimaklagen und Ökozid-Gesetze

Ein an Bedeutung gewinnendes Instrument sind Klimaklagen. Nicht nur Staaten, sondern auch Unternehmen werden angeklagt. An die 2.000 Klimaklagen wurden mittlerweile eingereicht, einige davon waren erfolgreich – etwa eine Klage gegen die deutsche Bundesregierung wegen zu geringer Anstrengungen für eine wirksame Klimapolitik, der der deutsche Verfassungsgerichtshof stattgegeben hat. Erfolgreich war auch eine Klage gegen den niederländischen Ölkonzern Shell. Gute Chancen werden auch Klimaklagen vor dem Europäischen Gerichtshof für Menschenrechte eingeräumt, so der österreichische Rechtswissenschaftler Gerhard Schnedl. Im April 2024 wurde einer ersten Klimaklage stattgegeben. Die Schweizer Klima-Seniorinnen hatten Klage gegen ihr Land eingebracht. Die Mitglieder, Frauen mit dem Durchschnittsalter von 73 Jahren, argumentierten damit, besonders von den Auswirkungen des Klimawandels betroffen zu sein, etwa durch vermehrte Hitzetage.[33] Es ist somit erkennbar, dass Aktivist*innen und NGOs beim Einsatz juristischer Werkzeuge strategischer werden, unterschiedliche Ansätze verfolgen und sich mit ihren Beschwerden an verschiedenste Rechtsorgane wenden, heißt es in einem Bericht der Heinrich-Böll-Stiftung.[34]

Einen Schritt weiter geht eine Bewegung, die Ökozid im internationalen Strafrecht verankern möchte. Als Ökozid werden »rechtswidrige oder willkürliche Handlungen mit dem Wissen begangen, dass eine erhebliche Wahrscheinlichkeit schwerer und entweder weitreichender oder langfristiger Schäden für die Umwelt besteht, die durch diese Handlungen verursacht werden«, so Sara Varda St. Vincent in einem Sammelband zum Thema, der bestätigt, dass ein internationales Ökozid-Gesetz die Tätigkeit industrieller Konzerne transformieren könnte.[35] Geplant ist die Aufnahme des Ökozids in die Gerichtsbarkeit des Internationalen Strafgerichtshofs, der dann dazu bemächtigt wäre, Einzelpersonen zu belangen, die für schwere Umweltzerstörungen verantwortlich sind. Ein solcher Schritt wäre wegweisend und hätte zum Ziel, »Einzelpersonen für ihre Entscheidungen als Unternehmensvertreter*innen haftbar zu machen, Jurisdiktions-Shopping zu begrenzen und Formen von rücksichtslosen industriellen Praktiken abzuschrecken«, so Vincent weiter.[36]

Es gibt erste Präzedenzfälle: Shell Nigeria wurde wegen Verschmutzungen durch lecke Ölpipelines verurteilt, wenn auch nur mit einer Strafe von 15 Millionen Euro, weniger als 0,04 Prozent des Gewinns der Firma im Jahr 2022. Der schwedischen Lundin Group wird vorgeworfen, sich im Zuge der Beauftragung des sudanesischen Militärs mit der Bewachung von Ölinfrastrukturen Kriegsverbrechen mitschuldig gemacht zu haben. Zwei Manger sind angeklagt, das Urteil steht noch aus, erfährt man im Beitrag.

Einschätzung: Juristische Wege zur Einklagung von Umweltzerstörungen werden ebenso an Bedeutung gewinnen wie neue Lieferkettengesetze.

Sollte der Europäische Menschenrechtsgerichtshof Klimaklagen für zulässig erklären – ein Urteil ist für 2024 zu erwarten –, dann wäre dies ein ebenso wichtiger juristischer Schritt wie die Anerkennung von Ökozid beim Internationalen Strafgerichtshof.

Gewerkschaften für Klimaschutz

Einen gewissen Sprung machen wir mit dem nächsten Thema, das aber ebenfalls mit einer Unternehmenswende zu tun hat: der Rolle von Gewerkschaften in der Umwelt- und Klimafrage. Lange Zeit galten Gewerkschaften als Blockierer von ökologischen Maßnahmen. Tatsächlich habe sich in den letzten Jahren aber viel getan, so der Soziologe Max Knapp der Arbeiterkammer Wien. Gewerkschaften hätten sozial gerechte Klimastrategien erarbeitet. Wichtig sei ihnen, die Arbeitnehmer*innen in der Debatte mitzunehmen, denn ohne breite Unterstützung der arbeitenden Menschen sei ein sozial-ökologischer Umbau nicht möglich. Der Machtverlust der Gewerkschaften in den letzten Jahrzehnten bedeute für diese ein Dilemma: Die vorhandenen Ressourcen müssten oftmals schwerpunktmäßig auf kurzfristige Themen gelenkt werden, ohne dabei andere Ziele, wie die Bekämpfung der Klimakrise, aus den Augen zu verlieren.

Im Übrigen gäbe es systemische Grenzen für gewerkschaftliche Klimapolitik, die sich aufgrund ihrer Rolle im kapitalistischen Produktionsregime ergeben. Traditionell beruhe das gewerkschaftliche Geschäftsmodell auf der Teilhabe ihrer Mitglieder am Wirtschaftswachstum. Die Erfolgsgeschichte von Gewerkschaften hänge demnach unmittelbar mit der Entstehung einer wirtschaftlichen Produktions- und Konsumtionsweise zusammen, deren Folgen für das planetare Klima es mit Hilfe neuer Strategien zu bekämpfen gelte. Es überrasche daher nicht, dass gewerkschaftliche Klimapolitik über weite Strecken im Einklang mit Wirtschaftsinteressen von Unternehmen zu stehen scheint. Für den Umbau ökologisch nicht nachhaltiger Sektoren brauche es ganzheitliche Konzepte, die den Beschäftigten eine Perspektive bieten, so der Experte. Nur wenn dies garantiert sei, könnten Gewerkschaften bei ökologisch notwendigen Forderungen mitgehen. Die Verkürzung der Normalarbeitszeit, die Umschulung von Beschäftigten sowie die Frage nach globaler Gerechtigkeit würden zentrale Umbaukonflikte darstellen.

Bezug genommen wird auf das Konzept von »Just Transition«. Diese müsse auch die Lage der Arbeitenden im globalen Süden berücksichtigen, was ein weiteres Spannungsfeld eröffne. Nur Gewerkschaften könnten die soziale Abfederung von ökologischen Transformationsprozessen garantieren, da eine Gegenmacht zur neoliberalen Hegemonie nur mit starken Gewerkschaften aufgebaut werden könne. Knapp benennt einige Schritte: Klimapolitik müsse auch als Verteilungsfrage behandelt werden, es brauche breite Bündnisse, schließlich eine Verknüpfung von Produktion und Lebensweise: »Dies beinhaltet neben einer Reduzierung des individuellen Ressourcenverbrauchs eine globale Solidarität entlang von Lieferketten.«[37]

Das neue Programm des Österreichischen Gewerkschaftsbundes (ÖGB) beginnt mit einem Kapitel zu »Klima, Energie, Transformation, Mobilität, Verkehr – Just Transition«. Darin heißt es, dass der Ausstieg aus kohlenstoffhaltigen Energieträgern die Arbeits- und Lebenssituation der Arbeitnehmer*innen massiv verändern werde: »Wird dieser Prozess nicht aktiv begleitet, werden Gewinne und Kosten ungleich verteilt und es kommt zu massiven Verwerfungen am Arbeitsmarkt.«[38] Es gab auch bereits Kooperationen zwischen ÖGB und Fridays for Future.[39] In Deutschland arbeitet Fridays for Future mit der Dienstleistungsgewerkschaft Verdi zusammen.[40] Beim globalen Klimastreik im März 2023 gab es beispielsweise gemeinsame Aktionen, um die Verkehrswende voranzubringen.[41]

Einschätzung: Lange Zeit galten die Gewerkschaften als Bremser, wenn es um ökologische Anliegen ging. Wirtschaftswachstum und die angemessene Teilhabe der Arbeitnehmer*innen daran galten als zentrales Ziel. Die Gewerkschaften erkennen aber immer mehr, dass die Transformation kommen wird. Es ist daher nur klug, wenn sie sich aktiv einbringen.

Zusammenfassung

1. Es gibt mittlerweile mehrere Ansätze auf Unternehmensebene für ein nachhaltiges Wirtschaften. Dazu zählen etwa die Gemeinwohlökonomie, Genossenschaften, Unternehmen nach Stiftungsrecht sowie Postwachstumsunternehmen.
2. Zugleich brauchen wir politische Maßnahmen, die auf die Umsteuerung der Wirtschaftstätigkeiten wirken. Erste Beispiele sind die von der EU geforderten erweiterten Berichtslegungen für größere Unternehmen sowie strengere Auflagen durch Lieferkettengesetze, die mit den EU-Richtlinien für unternehmerische Sorgfaltspflichten vorgegeben werden.
3. Kritische Aktionär*innen setzen sich als zivilgesellschaftliche Initiativen für die Transformation von Unternehmen ein.
4. Die Bewegung des Fairen Handels macht vor, wie auf dem Weltmarkt faire Preise funktionieren können. Der Ansatz verbleibt bislang aber in einer Nische, da er auf Freiwilligkeit basiert.
5. Ein globaler Mindestlohn würde die Lebensbedingungen von Arbeiter*innen in den Ländern des Südens merklich verbessern. Derzeit fehlt aber die politische Bereitschaft dazu.
6. Es wird Aufgabe der Politik und der Staatengemeinschaft sein, für alle Unternehmen gleiche Marktbedingungen mit sozialen und ökologischen Standards zu schaffen. Pionierprojekte machen aber vor, dass ein anderes Wirtschaften möglich ist.
7. Juristische Wege durch Klimaklagen und ein Ökozid-Gesetz, mit dessen Hilfe der Internationale Strafgerichtshof angerufen werden kann, werden in Zukunft an Bedeutung gewinnen.
8. Zur Lösung der ökologischen Krisen wird es eine Verbindung mit sozialen Fragen im Sinne von »Just Transition« brauchen. Gewerkschaften müssen hierfür ebenso gewonnen werden wie Wirtschaftsverbände.

Kapitel 14
Arbeitswende

Von guter Arbeit bis zur Vier-Tage-Woche

Der Arbeitsmarkt wird sich im Zuge der ökologischen Transformation verändern. Neue Fertigkeiten und Qualifikationen im Bereich von Green Jobs werden ebenso nötig sein wie die Öffnung für neue Arbeitszeitmodelle im Kontext postmaterieller Lebensstile. Gute Arbeitsbedingungen und Arbeitszufriedenheit spielen eine wichtige Rolle, wenn es darum geht, Arbeitnehmer*innen für die ökologische Wende zu gewinnen. Und: Arbeit ist mehr als Erwerbsarbeit, wie wir bereits gesehen haben. Konzepte wie Mischarbeit, plurale Arbeit oder Care-Arbeit verweisen darauf. Im Folgenden werden innovative Ansätze für die Arbeit der Zukunft vorgestellt.

Green Jobs

Laut Definition der Europäischen Union sind Green Jobs Arbeitsplätze in der Herstellung von Produkten, Technologien und Dienstleistungen, die Umweltschäden vermeiden und natürliche Ressourcen erhalten. Indem wir unsere Volkswirtschaften ökologisieren, könnten wir qualitativ hochwertige Produkte liefern, grüne Jobs zur Bekämpfung der Arbeitslosigkeit schaffen und gleichzeitig den Klimawandel sowie die Umweltzerstörung bekämpfen, heißt es in einer Studie »Green Jobs. Success and Opportunities for Europe«. Vorgestellt werden darin Vorzeigebeispiele aus zahlreichen Regionen der EU. Die EU könne von solchen Bemühungen nur profitieren. Eine »grüne Politik« würde es ermöglichen, Exporte im Wert von zusätzlich 25 Milliarden Euro pro Jahr zu generieren, zudem würden die Energiekosten bis 2050 um 350 Milliarden Euro pro Jahr gesenkt werden. Die Abhängigkeit von importierter Energie und zu volatilen Preisen gekauften Ressourcen würde sinken und die Versorgungssicherheit Europas gestärkt.[1]

Laut einer Studie der Internationalen Arbeitsorganisation würden für die Erreichung des Pariser Klimaziels von 1,5 bis 2 Grad maximaler Erhöhung der globalen Temperatur an die 18 Millionen grüne Jobs bis 2030 nötig sein.[2] In Deutschland haben im Jahr 2020 rund 311.000 Beschäftigte (gemessen in Vollzeitäquivalenten) in »Green Jobs« gearbeitet. Von 2016 bis 2019 waren im Umweltschutz pro Jahr durchschnittlich 18.000 Arbeitsplätze geschaffen worden, im Corona-Jahr weitere 6.000.[3] In Österreich waren – allerdings bei einer weitergefassten Definition von Umweltjobs – 2021 über 240.000 Personen in der Umweltwirtschaft tätig und erwirtschafteten einen Umsatz von 46 Milliarden Euro. Die Bruttowertschöpfung betrug 19 Milliarden Euro, wobei der Exportanteil mit 15 Milliarden Euro beträchtlich war.[4] Der »Global Green Skills Report 2023«, der den Stellenmarkt in 48 Ländern analysiert, berichtet von einer Lücke zwischen grünen Fachkräften und angebotenen grünen Jobs. Zwischen 2022 und 2023 sei der Anteil grüner Fachkräfte in den untersuchten Ländern um 12,3 Prozent gestiegen, während der Anteil der Stellenausschreibungen, die mindestens eine grüne Qualifikation erfordern, um 22,4 Prozent angestiegen sei. Weltweit habe nur einer von acht Beschäftigten eine oder mehrere grüne Qualifikationen.[5]

Die Jobbörse für Umweltfachkräfte »Green Jobs« listet Stellenangebote in Deutschland in über 30 Branchen auf. Bei meinen Homepage-Aufruf waren beispielsweise über 1.000 Jobs im Bereich »Ingenieurswesen«, an die 1.000 im Bereich »Naturwissenschaften« oder über 660 im Bereich »Landwirtschaft« ausgewiesen.[6] Auf »CimateEuroJobs« werden freie Stellen in den Bereichen Energie und Klima europaweit ausgeschrieben.[7] Eine Studie im Auftrag der EU erstellte eine Taxonomie zu »Jobs for the Green Transition« und bringt Beispiele für »Green Job Plans« sowie »Green Skills« aus Irland, Portugal und Kanada.[8]

Einschätzung: Vertreter*innen eines Green New Deal (mehr siehe Kapitel »Green-Growth-Ansätze«) verweisen auf die Beschäftigungseffekte der Energie- und Klimawende. In der Tat werden hier zahlreiche neue Jobs geschaffen, die auch neue Fertigkeiten erfordern. Durch die aus ökologischen Gründen notwendige Schrumpfung des Konsumwachstums und die Konversion nicht nachhaltiger Industriebranchen, etwa der alten Automobilindustrie, werden aber auch Arbeitsplätze wegfallen. Innovative Modelle der Arbeitszeitverkürzung könnten in Postwachstumsökonomien Beschäftigungsrückgänge abfedern, im Bereich sozialer Dienste auch neue Jobs entstehen, etwa aufgrund der alternden Gesellschaften (mehr siehe Kapitel »Degrowth-Ansätze«).

Vier-Tage-Woche

Neben der politischen Forderung nach weiteren Arbeitszeitverkürzungen gibt es erste Unternehmen, die diese praktizieren, etwa in Form einer Vier-Tage-Woche. Der Blog »kontrast.at« berichtet über Beispiele aus Österreich, in denen Betriebe die Arbeitszeit bei vollem Lohnausgleich auf vier Tage reduziert haben. Es handelt sich dabei um Unternehmen vornehmlich aus der Kreativ- und Kommunikationsbranche. Die Ergebnisse laut »kontrast.at«: »Die Mitarbeiter*innen sind glücklicher, zufriedener und produktiver.«[9] Beispiele gibt es auch in Deutschland: Awin ist der weltweit größte Anbieter für Affiliate Marketing, mit Tausenden von Werbekund*innen und Vertriebspartner*innen weltweit. Die Firma stieg auf das Modell der Vier-Tage-Woche um und reduzierte von 40 Stunden pro Woche auf 32 Stunden, das bei vollem Gehalt. Damit will die Firma mehr Flexibilität und Erholung für die Mitarbeiter*innen schaffen, damit diese an den Arbeitstagen motiviert und effizient sind.[10]

Daneben gibt es die Möglichkeit zur Vier-Tage-Woche ohne Arbeitszeitverkürzung. Belgien führte diese 2022 für alle Arbeitnehmer*innen ein. Wer an vier Tagen der Arbeitswoche zwei Stunden mehr arbeitet, kann dafür am Montag oder Freitag freinehmen. Der Lohn bleibt gleich, genau wie die Arbeitszeit, die nur anders über die Woche verteilt wird. Unternehmen können dieses Arrangement zwar ablehnen; wenn Mitarbeiter*innen es beantragen, müssen sie die Ablehnung aber begründen.[11] Bereits 2021 schaffte Spanien Anreize für Unternehmen, auf das neue Modell umzusteigen. Das Arbeitsrecht ermöglicht dies auch in Deutschland, der Schweiz und Österreich. Dadurch haben Unternehmen mehr Spielraum in Bezug auf die konkrete Gestaltung der Vier-Tage-Woche, ohne die Arbeitszeit zu reduzieren.[12]

Einschätzung: Einer der offensichtlichsten Vorteile der Vier-Tage-Woche ist der neu gewonnene freie Tag für die Mitarbeiter*innen. Auf die gesamte Woche gesehen haben diese nun drei ganze freie Tage und damit eine bessere Work-Life-Balance. Für Unternehmen sinkt der Energieverbrauch und angeblich steigt auch die Leistung der Belegschaften. Ohne Arbeitszeitverkürzung gibt es aber auch Nachteile: Die Arbeitsbelastung pro Arbeitstag steigt auf mindestens zehn Stunden, die Urlaubstage werden entsprechend reduziert, auch wenn die Zahl der Urlaubswochen gleichbleibt. Mit vollem Lohnausleich wagen den Schritt offensichtlich vor allem Unternehmen mit höheren Gewinnmargen wie im IT- oder Marketingbereich. In Zukunft werden jedoch flexiblere Arbeitszeitmodelle, die die Begriffe »Voll- und Teilzeit« durch »Wunscharbeitszeit« ersetzen, an Bedeutung gewinnen. In manchen Ländern gibt es bereits mit den Gewerkschaften vereinbarte Ansätze, in denen Arbeitnehmer*innen bewusst auf Lohnerhöhungen verzichten, dafür aber ihre Arbeitszeit verkürzen – nach dem Motto »Mehr Freizeit statt mehr Lohn«.[13] Studien zu den ökologischen Auswirkungen von Arbeitszeitverkürzungen zeigen, dass positive Effekte vor allem eintreten, wenn diese auch mit Konsumreduktion verbunden sind. Der Einkommenseffekt spiele daher eine wesentliche Rolle für den Energieverbrauch und die Emissionen.[14] Neben Freistellungszeiten zur Betreuung von Kleinkindern[15,16] oder für Fortbildungsmaßnahmen gibt es auch selbstfinanzierte Auszeiten, die durch Lohnaufschub finanziert werden.[17]

Einkommensungleichheit verringern & Equal Pay Day

Arbeitszeitverkürzungen ohne Lohnausgleich sind möglich in besser bezahlten Branchen. Im Niedriglohnsektor müssen die Löhne erhöht werden, wenn auch hier Arbeitszeitverkürzungen greifen sollen. Aus Nachhaltigkeitssicht spielt neben der Verringerung der Vermögensschere auch jene der Einkommensschere eine Rolle. Ein Aspekt dabei, nicht der einzige, ist der Einkommensunterscheid zwischen Männern und Frauen. Der Equal Pay Day, der internationale Aktionstag für Entgeltgleichheit zwischen Frauen und Männern, macht auf den bestehenden Gender Pay Gap aufmerksam und wird in zahlreichen Ländern an unterschiedlichen Tagen begangen. Der Aktionstag markiert symbolisch die Lohnlücke zwischen Frauen und Männern. Diese betrug in Deutschland 2022 18 Prozent.[18]

Ähnlich liegen die Werte in Österreich. Frauen arbeiten nach dieser Berechnung bis Anfang März umsonst. Im EU-Durchschnitt liegt die Lohnlücke deutlich darunter. 2021 wird ein Wert von 12,7 Prozent ausgewiesen. Auch wenn der Gender Pay Gap im letzten Jahrzehnt etwas zurückgegangen ist – in Österreich betrug dieser beispielsweise 2010 noch 24 Prozent –, die Einkommensungleichheit bleibt bestehen.[19] Die Gründe sind unterschiedlich: Frauen ergreifen häufig Berufe im Bereich der personenbezogenen und sozialen Dienstleistungen, wie zum Beispiel Krankenschwester oder Erzieherin, überwiegend mit geringen Verdienst-, Aufstiegs- und Entwicklungsmöglichkeiten. Zudem ist der Anteil von Frauen in Leitungs- und Entscheidungspositionen nach wie vor gering. Eine Rolle spielen auch familienbedingte Unterbrechungen, aber zudem der Umstand, dass frauentypische Berufe weiterhin unterbewertet sind. Angeführt wird auch mangelnde Einkommenstransparenz.[20] Eine Analyse von Statistik Austria zeigt, dass in Österreich aber nur ein Drittel des gesamten Gender Pay Gap aufgrund von Merkmalen wie Branche, Beruf, Alter, Dauer der Unternehmenszugehörigkeit und Arbeitszeitausmaß erklärt werden können.[21] Da es auch um die faire Verteilung der Haus- und Sorgearbeit geht, wird auch von »Equal Care & Equal Pay« gesprochen.[22]

Um gleichen Lohn für gleiche und gleichwertige Arbeit zu erreichen, werden als Maßnahmen unter anderem die Förderung von Frauen in Führungspositionen sowie in Branchen mit hohem Verdienst und Maßnahmen zur besseren Vereinbarkeit von Beruf und Familie für Frauen und Männer vorgeschlagen. Zudem müsse die Einkommenstransparenz erhöht werden. Online-Gehaltsrechner ermöglichen die Eruierung, ob die eigene Bezahlung fair ist.[23] Dass Maßnahmen, zu denen auch Quotenregelungen gehören können, sowie Bewusstseinsbildung wirken, zeigen skandinavische Länder. In Schweden betrug die Lohnlücke 2021 nur mehr elf Prozent, im öffentlichen Sektor knapp vier Prozent.[24] In Deutschland gibt es mit dem Entgelttransparenzgesetz zwar Klagemöglichkeiten, aber hier müssen die Frauen beweisen, dass sie ungleich bezahlt werden. Stattdessen könnte man einführen, dass Unternehmen beweisen müssen, dass sie vergleichbare Arbeit gleich bezahlen, so Henrike von Platen, Wirtschaftsexpertin und Gründerin vom »Fair Pay Innovation Lab«.[25] Das Konzept der Familienarbeitszeit bzw. des Familiengeldes, das in Deutschland diskutiert wird, würde ebenso die Vereinbarkeit von Beruf und Familie fördern: Es soll insgesamt 24 Monate bezogen werden können – für alle Kinder, die ab einem bestimmten Tag geboren sind und in einem Zeitraum bis zu deren achtem Lebensjahr.[26]

Einschätzung: Die Initiativen für Gender Fair Pay bzw. der Equal Pay Day – mittlerweile gibt es auch den Equal Pension Day – schaffen ein Bewusstsein für die nach wie vor ungleiche Verteilung der Einkommen zwischen Männern und Frauen. Darüber hinaus darf aber nicht übersehen werden, dass auch die Einkommensungleichheit zwischen den unterschiedlichen Branchen und Tätigkeiten in den Unternehmenshierarchien nach wie vor zu groß ist. Es wäre eine aufschlussreiche Studie, zu erheben, wie viele Stunden jemand in welchem Job arbeiten muss, um beispielsweise 100 Euro netto zu verdienen. Maßnahmen, um eine bessere Vereinbarkeit von Beruf und Familie für beide Geschlechter zu ermöglichen, sind sinnvoll, wenn die Zuwendungen als Ersatz für den Lohnausfall ausreichen, um das Leben gut bestreiten zu können. Häufig entscheiden sich Eltern, dass die Frau die Auszeit in Anspruch nimmt, weil der Mann über ein höheres Einkommen verfügt. Die Kopplung des Elterngeldes an das Einkommen wird damit argumentiert, dass es auch mit höheren Einkommen attraktiver werden soll, die Karenzzeit in Anspruch zu nehmen. Andererseits wäre zu überlegen, ob eine Art Familiengeld, das für alle gleich hoch ist, nicht sozial fairer wäre. Das entspräche einer Erhöhung der bisherigen Zuwendungen für Kinder. In der Wissenschaft wird die Idee einer Familienarbeitszeit sowie eines neuen Zeitwohlstandes seit längerem diskutiert, etwa durch den Zeitforscher Jürgen Rinderspacher oder den Verfasser.[27]

Index »Gute Arbeit« und Arbeitsklima-Index

Ein faires Einkommen gilt als zentraler Bestandteil für Arbeitszufriedenheit. Unter »Guter Arbeit« werden vom Deutschen Gewerkschaftsbund aber auch Arbeitsbedingungen verstanden, die von den Beschäftigten als entwicklungsförderlich und belastungsarm beschrieben werden. Dazu gehört selbstverständlich auch ein Einkommen, das als angemessen und leistungsgerecht empfunden wird. Eine schlechte Arbeitsqualität resultiere aus Arbeitsbedingungen, die keine Entwicklungsmöglichkeiten, geringe Ressourcen, hohe Fehlbeanspruchungen und ein geringes Einkommen aufweisen.[28] Über einen Online-Fragebogen kann der persönliche Index erhoben werden. Die persönliche Einschätzung der Einkommenssituation und der Arbeitsplatzsicherheit spielt ebenso eine Rolle wie die Ressourcenausstattung und die Belastungssituation.[29]

Der Arbeitsklima-Index der österreichischen Arbeiterkammer basiert auf regelmäßigen Befragungen. Die Daten, in die auch der österreichische Arbeitsgesundheitsmonitor integriert ist, werden jährlich publiziert. Zudem können Betriebe das Arbeitsklima in ihrem Unternehmen sowie Arbeitnehmer*innen ihre Arbeitszufriedenheit abfragen. Ein Tool für Führungskräfte ermöglicht diesen, neue Erkenntnisse zu gewinnen.[30] Der aktuelle Arbeitsklima-Index deutet auf eine zunehmende Eintrübung der Stimmung unter österreichischen Arbeitnehmer*innen hin. Ein Viertel der Beschäftigten wolle den Job wechseln, im Tourismus seien es sogar 40 Prozent. Gründe dafür seien Corona, Zeitdruck und ständige Arbeitsbelastung.[31]

Einschätzung: Es ist wichtig, dass Erwerbsarbeit nicht nur am Einkommen gemessen wird, so wichtig dieses ist. Der Index »Gute Arbeit« sowie der Arbeitsklima-Index schaffen ein Bewusstsein für eine erweiterte Bewertung von Erwerbsarbeit. Die Tools ermöglichen, sich als Arbeitnehmer*in selbst einzuschätzen. Auch kirchliche Organisationen wie die Katholische Arbeitnehmer*innen-Bewegung in Österreich machen Kampagnen zu »Guter Arbeit«.[32]

New Work und Homeoffice

Neben Gewerkschaften, Kirchenverbänden und Sozialwissenschaften, die Vorschläge für »Gute Arbeit« beschreiben, gibt es auch Ansätze aus der Unternehmensberatung. Eines davon wird mit »New Work« umschrieben. »New Work« umfasst alle Konzepte, die den Mitarbeiter*innen eine möglichst flexible Lebensgestaltung ermöglichen. Hierzu gehören Homeoffice, Coworking-Spaces, Gleitzeit oder Sabbaticals. Eine strikte fachliche Trennung von Arbeitsgruppen wird ersetzt durch gemischte und fluide Teams. Als Vorteile dieser neuen Arbeitsformen werden genannt: Bessere Work-Life-Balance durch flexible Arbeitszeiten; höhere Familienfreundlichkeit durch bessere Vereinbarkeit von Karriere und Familie;

Zeitersparnis, zum Beispiel durch Homeoffice; bessere Netzwerk- und Kooperationsmöglichkeiten durch flexible Auswahl des Arbeitsplatzes und abteilungsübergreifende Zusammenarbeit; mehr Motivation, Kreativität, Innovation und Produktivität durch flache Hierarchien und Entscheidungsfreiheit; mehr Selbstbestimmung durch Anpassung der Arbeit an den individuellen Lebensstil; höhere Produktivität durch weniger Ablenkung, wie zum Beispiel im Großraumbüro, so der Unternehmensberater Frank Rechsteiner.[33]

Unter New Work fällt auch Homeoffice. Arbeiten von zuhause hat es bereits vor Corona gegeben, wurde aber durch die Pandemie stark ausgeweitet. Wir sahen, welche Branchen überhaupt das Arbeiten von zu Hause ermöglichen. Ausgeschlossen sind alle Bereiche im produzierenden Sektor, wo Maschinen zu bedienen sind, personenbezogene Dienstleistungen vom Handel bis zum Gesundheitswesen sowie Tätigkeiten, die Anwesenheit aus anderen Gründen erfordern, wie der öffentliche Verkehr. Unterricht an Schulen und Lehre an Hochschulen und Universitäten wurde nur pandemiebedingt in die Wohnzimmer verlegt. Die Auswirkungen der Pandemie auf die Arbeitswelt hingen stark vom Bildungsgrad ab, wie eine Studie der Universität Wien ergab: Arbeitnehmer*innen mit Lehre oder Pflichtschulabschluss wurden mehrheitlich in Kurzarbeit geschickt oder gar arbeitslos. Homeoffice stand vor allem jenen mit Matura (50 Prozent) oder Hochschulabschluss (63 Prozent) offen.[34]

Mittlerweile gibt es auch rechtliche Rahmenbedingungen für das Arbeiten von zuhause. Geregelt werden Arbeitszeiten, die Nutzung bzw. Bereitstellung von Arbeitsgeräten oder Versicherungsfragen. Zu klären sind unter anderem Fragen wie: Wer stellt die Arbeitsgeräte und Infrastruktur zur Verfügung? Wie wird diese abgegolten, wenn der*die Arbeitnehmer*in sie stellt? Was passiert bei Schäden an Geräten oder bei einem (Arbeits-)Unfall? Wie werden die Arbeitsaufzeichnungen geführt?[35]

Auswirkungen hat Homeoffice nicht nur auf den Verkehr, der reduziert werden soll, sondern auch auf die Immobilienwirtschaft. Der Mangel an Mietwohnungen in deutschen Großstädten könnte laut einer Studie durch die Umwandlung von Bürogebäuden aufgrund von mehr Homeoffice gelindert werden.[36] Führungskräfte wollen aber offensichtlich Homeoffice wieder einschränken. Laut einer Umfrage könne nur jede*r vierte CEO sich weiterhin hybride Arbeitsmodelle vorstellen, während nur drei Prozent dauerhaft und ausschließlich an Homeoffice glauben.[37]

Einschätzung: Die geschilderten neuen Arbeitsformen sind nur in bestimmten Branchen bzw. Tätigkeitsfeldern möglich. Eine Ärztin oder ein Krankenpfleger, der Müllmann, die Verkäuferin oder Reinigungskraft kann nicht im Homeoffice arbeiten, wie die Corona-Lockdowns gezeigt haben. Auch flexible Arbeitszeiten sowie Arbeiten unterwegs (»Remote Work«) sind nur in bestimmten Branchen möglich. Wichtig erscheint der Blick auf die mögliche Entgrenzung der Arbeit, die als Freiheitsgewinn wahrgenommen, aber auch zur Selbstausbeutung werden kann. Als Gefahren des Arbeitens von zuhause kann auch das Weiterarbeiten bei Erkrankung, der Wegfall der Pflegefreistellung sowie die Auslagerung der Infrastrukturkosten durch Unternehmen gesehen werden.

Neue Arbeitszeitmodelle aus der Wissenschaft

Der Betriebswirtschaftler Konrad Stopp hat in den deutschen »Gewerkschaftlichen Monatsheften« das Modell einer »30-Stundenwoche als Regelarbeitszeit im atmenden Arbeitsmarkt« entworfen. Das Modell basiert auf freiwilligen Vereinbarungen. Der für die Arbeitnehmer*innen unvermeidliche Bruttolohnverzicht soll über die Entlastung bei der Lohnsteuer und bei der Arbeitslosenversicherung in etwa ausgeglichen werden. Arbeitgeber*innen, die sich auf die 30-Stunden-Woche einlassen und damit neue Arbeitsplätze schaffen, entlasten die Arbeitslosenversicherung und sollen daher mit geringeren Beiträgen dazu »belohnt« werden.[38]

Einen Schritt weiter geht das Konzept einer »Halbtagesgesellschaft«, das von den Wirtschaftswissenschaftlern Axel Schaffer und Carsten Stahmer durchgerechnet wurde. Die beiden entwickelten ein Szenario, in dem in Deutschland nicht mehr wie bisher im Jahr 1.600 Stunden, sondern durchschnittlich nur mehr 1.000 Stunden gearbeitet wird. Ziele der Halbtagesgesellschaft: Eine gerechtere gesellschaftliche Aufgabenteilung zwischen Männern und Frauen ebenso wie zwischen Jüngeren und Älteren, eine befriedigendere Vereinbarkeit von Beruf und Familie für alle sowie nachhaltigere Konsummuster. Das Modell Halbtagesgesellschaft wäre eine Alternative zur Voll-Dienstleistungsgesellschaft, in der immer mehr Betreuungsaufgaben monetarisiert und in den Markt ausgelagert werden.[39] Am weitesten geht wohl das Modell der »Vier-In-Einem-Perspektive« der Ökonomin Frigga Haug. Sie plädiert dafür, die Lebenszeit aller Menschen im Erwerbsalter auf vier gleiche Abschnitte zu teilen – und zwar für Männer und Frauen: Ein Viertel Erwerbsarbeit, ein Viertel Haus- und Sorgearbeit, ein Viertel Muße- und Bildungszeit sowie ein Viertel Zeit für gesellschaftliches Engagement.[40]

Einschätzung: Modelle innovativer Arbeitszeitregelungen werden von immer mehr Arbeitnehmer*innen nachgefragt werden, wohl aber nur in Sektoren mit entsprechender Entlohnung. Die Abspaltung eines zunehmend prekären Arbeitsmarktsektors erfordert eine arbeitsrechtliche Absicherung dieser Jobs. Bei den Arbeitgeber*innen und den Wirtschaftsverbänden stoßen Wünsche nach flexiblen Arbeitszeitverkürzungen aktuell auf wenig Zustimmung, zumindest dort, wo Arbeitskräftemangel herrscht. Die Arbeitsbedingungen gerade in den Sektoren mit Mangelberufen attraktiver zu gestalten, wird aber wichtig sein, um neue Arbeitskräfte zu gewinnen. Auch Arbeitszeitkonten, über die Freizeit angespart werden kann, können zu einer flexibleren Zeitgestaltung führen.[41]

Universelle Arbeitsplatzgarantie

Das Arbeitsmarktservice Niederösterreich startete 2020 das wissenschaftlich begleitete Modellprojekt Arbeitsplatzgarantie Marienthal. Projektziel ist es, alle langzeitarbeitslosen Personen der niederösterreichischen Gemeinde Gramatneusiedl wieder in Arbeit zu bringen.[42] Entwickelt wurde das Konzept der Jobgarantie unter anderem von der Ökonomin Pavlina Tcherneva vom »Levy Economy Institute« des Bard College. Das Ziel: Jede Person, die einen Arbeitsplatz möchte, soll unabhängig von ihrer Qualifikation einen aus öffentlichen Mitteln bezahlten Arbeitsplatz erhalten. Diese Arbeitsplätze stünden unter dem Motto: Sorge für die Umwelt, Sorge für die Gemeinschaft und Sorge für Menschen. Die Vorstellung, so die Ökonomin, dass einige Menschen im Kampf gegen andere wirtschaftliche Übel zwangsläufig ihre Arbeit verlieren, sei ein tiefgreifendes moralisches Versagen der Wirtschaftswissenschaften.[43] Die Politologin Barbara Prainsack kann dem Konzept einiges abgewinnen, denn es mangle in unserer Gesellschaft nicht an Arbeit, die erledigt werden müsse, trotzdem sei eine universelle Arbeitsplatzgarantie »die falsche Lösung für das richtige Problem«.[44] Sie sei teuer und bürokratisch. Denn es müsste für jede Person, die eine Erwerbsarbeit möchte, ein Arbeitsplatz gefunden oder geschaffen werden. Jene, die diese Arbeit nicht annehmen, würden aber als Trittbrettfahrende stigmatisiert. Und, so Prainsack, eine universelle Jobgarantie würde »die Ansicht zementieren, dass nur bezahlte Arbeit als Arbeit gilt«.[45]

Die Arbeitssoziologin Hanna Quinz begrüßt das Modell. So lasse sich Vollbeschäftigung erreichen und soziale Inklusion über Erwerbsarbeit, selbst für vulnerable Gruppen, ermöglichen. Es gäbe zwar Arbeitsmarktprogramme, was es braucht, sei aber eine gesetzliche Verankerung. Sie berichtet, dass der Ausschuss der Regionen 2023 die EU-Kommission aufgefordert habe, 750 Millionen Euro für Jobgarantie-Projekte europaweit zu investieren. In Deutschland wurde mit dem Teilhabechancengesetz die »Schaffung neuer Teilhabechancen für Langzeitarbeitslose auf dem allgemeinen und sozialen Arbeitsmarkt« verankert.[46]

Einschätzung: Arbeitsagenturen vermitteln nicht nur Jobs, sondern finanzieren auch Fortbildungen. Umschulungen werden im Zuge der ökologischen und demographischen Transformation wichtiger. In sozialökonomischen Betrieben werden Menschen, die am ersten Arbeitsmarkt keinen Arbeitsplatz finden, vorübergehend mit dem Ziel der Wiedereingliederung beschäftigt. Eine Jobgarantie würde eine starke Ausweitung öffentlich finanzierter Stellen im Sinne eines Zweiten Arbeitsmarktes erfordern. Wahrscheinlich sinnvoller wäre es, die notwendigen Tätigkeiten im Sozial- und Umweltbereich besser zu dotieren, sodass reguläre Arbeitsplätze von den Trägerorganisationen angeboten werden können.

Zusammenfassung

1. Arbeit ist mehr als Erwerbsarbeit, auch wenn diese im Zentrum der öffentlichen Wahrnehmung steht.
2. Arbeitnehmer*innen wurden in der Geschichte immer wieder durch Lohnerhöhungen sowie Arbeitszeitverkürzungen an Produktivitätsfortschritten beteiligt. Aktuell wird verstärkt über eine Vier-Tage-Woche diskutiert – es gibt erste erfolgreiche Beispiele.
3. Unter New Work werden flexible Arbeitszeiten sowie flexible Arbeitsorte zusammengefasst. Homeoffice und Remote Work sind jedoch nur in bestimmten Branchen möglich.
4. Karenzmodelle für Bildung, Elternzeit oder selbstfinanzierte Auszeiten gelten als bereits bewährte Unterbrechungen der Erwerbsarbeitszeiten und werden wichtiger; Umschulungen und Neuorientierungen werden zunehmen.
5. Mit dem Equal Pay Day wird auf die nach wie vor ungleichen Einkommen zwischen Männern und Frauen aufmerksam gemacht. Veränderungen erfordern Maßnahmen auf mehreren Ebenen.
6. Ansätze wie der Gute-Arbeit-Index des Deutschen Gewerkschaftsbundes sowie der österreichische Arbeitsklima-Index machen deutlich, dass neben einem ausreichenden und fairen Einkommen auch andere Faktoren über die Qualität eines Arbeitsplatzes entscheiden.
7. In der Wissenschaft gibt es weiterführende Arbeitszeitmodelle, die von pluralen Tätigkeiten ausgehen und Care-Arbeit sowie zivilgesellschaftliches Engagement in den Fokus rücken.
8. Das Modell einer universellen Jobgarantie wird kontrovers diskutiert. Dem Recht auf einen Erwerbsarbeitsplatz für jeden Menschen, der Erwerbsarbeit sucht, wird die Gefahr der alleinigen Fokussierung auf Erwerbsarbeit entgegengesetzt.

Kapitel 15
Steuerwende

Von globaler Mindest- bis Vermögensbesteuerung

Jeder Staat braucht Steuern, um seine Ausgaben finanzieren zu können. Steuern haben aber auch – wie der Name sagt – die Aufgabe, zu steuern. Man spricht von einer Lenkungsfunktion: Zu ungleiche Markteinkommen sollen korrigiert, umweltschädliche Verhaltensweisen und Konsumstile unterbunden werden. Massensteuern wie Konsumsteuern treffen alle, oder zumindest große Teil der Bevölkerung, etwa Lohnsteuern. Unternehmens- oder Vermögenssteuern treffen jene, die Unternehmen oder Vermögen besitzen. Steuern sind nicht auf Demokratien beschränkt, diese müssen sich Steuern jedoch durch Mehrheiten legitimieren lassen. Debatten über die richtigen Steuern und die passende Höhe und Zusammensetzung des Steueraufkommens sind daher ein wesentlicher Bestandteil politischer Auseinandersetzungen. Im Folgenden werden einige innovative Ansätze einer Steuerwende vorgestellt.

Globale Mindestbesteuerung

Die aggressiven Steuervermeidungsstrategien multinationaler Konzerne und der Steuerwettbewerb zwischen den Staaten führen weltweit zu jährlichen Steuerausfällen bei der Körperschaftsteuer von bis zu 240 Milliarden US-Dollar, das sind fast zehn Prozent des gesamten Körperschaftsteueraufkommens, erfährt man auf dem Blog »Arbeit & Wirtschaft«.[1] Globalisierung und Digitalisierung haben dazu beigetragen, dass multinationale Konzerne die Gewinne, losgelöst von den tatsächlichen wirtschaftlichen Aktivitäten, problemlos dorthin verschieben können, wo sie gar nicht oder nur sehr niedrig besteuert werden. Künftig sollen die Gewinne multinationaler

Konzerne jedoch mit mindestens 15 Prozent besteuert werden. Das soll weltweit jährlich zusätzliche Steuereinnahmen von bis zu 220 Milliarden US-Dollar bringen. Nach Entwürfen der OECD und der EU hat man sich darauf geeinigt, die Vorschriften zur Mindestbesteuerung am 1.1.2024 in Kraft treten zu lassen.

Martin Saringer, Referent in der Abteilung Steuerrecht der Arbeiterkammer Wien, erklärt das Vorhaben: Wenn der effektive Gewinnsteuersatz für die Konzernunternehmen in einem Land unter den besagten 15 Prozent liegt, dann kann der Staat, in dem die Konzernzentrale ansässig ist, diese Differenz erheben. Eine wesentliche Stärke dieser Methode liege darin, dass die Mindestbesteuerung auch dann zur Anwendung kommen soll, wenn die Tochtergesellschaften in Staaten ansässig sind, die sich dieser Einigung nicht angeschlossen haben. Das führe jedenfalls dazu, dass Gewinne in Steueroasen und Niedrigsteuerländern mit diesem Mindeststeuersatz von 15 Prozent versteuert werden. In jenen Fällen, wo die Konzernmutter selbst in einer Steueroase ansässig ist, könnten die Mitgliedstaaten diese Differenz einziehen.[2]

Das deutsche Bundesfinanzministerium sieht in dem Vorhaben »eine der größten Reformen der internationalen Besteuerung von Unternehmen«. Die Unternehmen sollten dort Steuern zahlen, wo sie auch die Gewinne erwirtschaften. Mit einer Einführung eines Mindeststeuerniveaus würde der Steuerkuchen für alle Staaten größer und aggressiver Steuergestaltung ein Riegel vorgeschoben. Dies stärke auch die Wettbewerbsfähigkeit von Unternehmen, die solche Gestaltungen nicht nutzen.[3] Es gibt aber auch Kritik: Ein Mindeststeuersatz von 15 Prozent sei eigentlich zu niedrig, die Umsatzgrenze von 750 Millionen Euro wiederum zu hoch. Die Möglichkeit der Einführung der nationalen Ergänzungssteuersysteme helfe letztendlich Steueroasen und Niedrigsteuerländern.[4] Die NGO »attac« fordert eine Gesamtkonzernsteuer. Der Gewinn sollte auf Basis der im jeweiligen Land erzielten Wertschöpfung aufgeteilt und dann entsprechend besteuert werden.[5]

Einschätzung: Die Einführung einer globalen Mindeststeuer von 15 Prozent für Konzerne muss als Schritt in die richtige Richtung gesehen werden. Auch wenn ein höherer Mindeststeuersatz wünschenswert gewesen wäre, müsse man sich aber vor Augen halten, dass ein globaler Mindeststeuersatz vor wenigen Jahren noch als völlige Utopie behandelt wurde, gerade auch innerhalb der EU, argumentiert Experte Saringer.[6]

Unterbindung von Steuerflucht

Ebenfalls von globaler Dimension ist die Möglichkeit von Steuerflucht bzw. steuerschonender Veranlagung von Gewinnen und Vermögen in sogenannten Steueroasen. Eine EU-Liste der nicht kooperativen Länder und Gebiete für Steuerzwecke nennt 16 Staaten, darunter Russland. Unter Länder und Gebiete mit einem nominalen Ertragssteuersatz kleiner als neun Prozent fallen die Bahamas, Bermuda, Jersey, die Kaiman- und Marshallinseln sowie die Vereinigten Arabischen Emirate.[7] Die NGO »Tax Justice Network« erstellt jährlich den »Financial Secrecy Index«: Anhand 15 verschiedener Geheimhaltungs-Kennziffern wird ermittelt, in welchen Ländern es am einfachsten ist, Geld zu verstecken, um so Steuern zu umgehen. Anders als Listen zeigt der Index das Ausmaß an Steuerfluchtgelegenheiten an, also wo Länder in das Spektrum des Finanzgeheimnisses fallen. »Finanzgeheimnisse begünstigen Steuermissbrauch, ermöglichen Geldwäsche und untergraben die Menschenrechte aller. Der Index identifiziert die weltweit größten Anbieter von Finanzgeheimnissen und beleuchtet die Gesetze, die Regierungen ändern können, um ihren Beitrag zur Finanzgeheimnis zu reduzieren«, heißt es auf der Homepage. Neben den oben genannten tauchen hier aber auch weitere Länder auf. Die USA, Schweiz, Hongkong und Singapur nehmen die Spitzenplätze ein.[8]

Im Zentrum der Forderungen des Tax Justice Network steht ein globales Steuerregister: »Durch die Bereitstellung einer zentralisierten globalen Ressource, die detailliert aufzeigt, wem was gehört und wo es sich befindet, würde ein globales Vermögensregister die Rechtsstaatlichkeit für Billionen von Vermögen und Vermögenswerten gewährleisten, die vor der Küste verborgen sind, und ein Mittel zur Messung, zum Verständnis und zur Bekämpfung globaler Ungleichheit bieten.«[9]

Emmanuel Saez und Gabriel Zucman sehen als großes Problem die rasant gewachsene »Steuervermeidungsindustrie« – Steuerberatungsfirmen, Vermögensberater*innen, Steueranwält*innen, die Konzernen und Vermögenden zu immer neuen Schlupflöchern der steuerschonenden

Finanzgebarung verhelfen. An die 250.000 Personen sollen weltweit allein damit beschäftigt sein, Konzernen durch Gewinntransfers zwischen Tochterfirmen (verrechnet werden Services, Patente, Dienstleistungen und anderes mehr) Steuern zu sparen.[10] Zucman leitet die neue europäische Steuerbeobachtungsstelle, die recherchiert, wie Steuervermeidung in der EU funktioniert und was sich dagegen tun ließe.[11] Für sein Buch »Steueroasen«[12] verglich er die Vermögensbilanzen aller Länder und kam dabei auf große Lücken zwischen einzelnen Angaben. Insgesamt fehlen weltweit etwa 5,8 Billionen Euro, wovon etwa 80 Prozent nicht versteuert werden. Deutschland gehöre zu den großen Verlierern, denn infolge der massiven Steuerflucht würden jährlich Einnahmen von etwa 10 Milliarden Euro fehlen. Weitere 20 Milliarden Euro koste die »Steueroptimierung« der multinationalen Konzerne, die ihre Profite durch interne Verrechnungstricks in jene Länder verschieben, in denen die Gewinnsteuern am niedrigsten sind.[13]

Einschätzung: Globale Steuergerechtigkeit sowie die Austrocknung von Steueroasen sind zentrale Maßnahmen, um die Weltwirtschaft fairer zu gestalten. Notwendig sind transparente Daten, das Anprangern von Ländern, die steuerschonende Veranlagungen ermöglichen, abgesehen von den großen Summen, die an Schwarzgeldern kursieren. Wie die Rechtswissenschaftlerin Katharina Pistor aufzeigt, werden die komplexen Rechtskonstrukte häufig von Expert*innen geschrieben, die den Vermögenden und Konzernen nahestehen.[14] Auch hier ist eine kritische Öffentlichkeit nötig.

Vermögens- und Erbschaftssteuern

Als zentrale Forderung für eine Eindämmung der Vermögensakkumulation werden höhere Vermögens- und Erbschaftssteuern gefordert. Beide Steuern werden von Land zu Land unterschiedlich gehandhabt, wie eine Studie des Deutschen Bundestages zeigt.[15] Viele Länder heben eine Erbschaftssteuer ein, weniger auch eine Vermögenssteuer. In Österreich fehlen beide vermögensbezogenen Steuern. Deutschland verfügt über eine Erbschaftssteuer, aber keine Vermögenssteuer, die 1996 vom Verfassungsgerichtshof aufgehoben wurde. Das Gericht war der Auffassung, dass der Fiskus insgesamt nicht mehr als die Hälfte der Einnahmen eines Steuerzahlers einfordern dürfe. In Österreich wurde die Erbschafts- bzw. Schenkungssteuer 2008 abgeschafft. Der Verfassungsgerichtshof hatte diese für rechtswidrig erklärt, da die Bewertungsvorschriften für Grundstücke gegen den Gleichheitsgrundsatz verstoßen hatten. Anstatt dies zu reparieren, hat der Gesetzgeber die Steuer auslaufen lassen, dafür die Grunderwerbssteuer etwas erhöht.[16]

»Angesichts hoher Vermögensungleichheiten und pandemiebedingt stark beanspruchter öffentlicher Kassen können Erbschaftssteuern ein wichtiges Instrument sein, um der Ungleichheit entgegenzuwirken«, stellte die Organisation für wirtschaftliche Zusammenarbeit und Entwicklung (OECD) 2021 in einer Studie fest. Entscheidend sei freilich die Ausgestaltung. Betont wird eine extreme Ungleichheit in den Mitgliedsländern: »Im Durchschnitt betragen die von den wohlhabendsten privaten Haushalten (oberste 20 Prozent) ausgewiesenen Erbschaften und Schenkungen nahezu das 50-fache der von den ärmsten Haushalten (untere 20 Prozent) ausgewiesenen Werte.« Der Studie zufolge könnten Erbschaftssteuern die Vermögenskonzentration verringern und die Chancengleichheit verbessern: »Erbschaftssteuern sind im Allgemeinen mit geringeren Effizienzeinbußen verbunden als andere Steuern für Wohlhabende und lassen sich leichter bemessen und erheben als alternative Formen der Vermögensbesteuerung.«[17]

Umstrittener sind Vermögenssteuern, weil hier zwischen Finanz-, Unternehmens- und sonstigem sowie Immobilienvermögen zu unterscheiden ist. Letzteres lässt sich am ehestens besteuern, da es – anders als Finanzvermögen – das Land nicht verlassen kann. Besteuert wird jedenfalls die Substanz im Gegensatz zu Vermögenszuwachssteuern, die nur den jährlichen Zuwachs an Vermögen belasten. Generell ist Vermögen nicht exakt erfasst.

Es gibt unterschiedliche Modelle der Vermögensbesteuerung: Beim 1-2-3-4-Tarif – ein Vorschlag der österreichischen Arbeiterkammer – handelt es sich um eine vierstufige Vermögenssteuer, die für ein Vermögen ab einer Million Euro einen Steuersatz von einem Prozent vorsieht, ab einem Vermögen von zehn Millionen Euro fallen zwei Prozent Steuer an. Ab 100 Millionen Euro Vermögen beträgt der Steuersatz drei Prozent und ab einer Milliarde Euro vier Prozent. Ein anderer, besonders weitreichender Vorschlag für eine Vermögenssteuer beruht auf Überlegungen des französischen Ökonomen Thomas Piketty, der die Besteuerung davon abhängig machen würde, wie viel

Vermögen die Menschen durchschnittlich besitzen. Da exzessiver Reichtum Gesellschaft und Demokratie schade, sieht Pikettys Modell besonders hohe Steuersätze auf jene Teile von Vermögen vor, die mehr als 1.000-mal (60 Prozent) bzw. 10.000-mal (90 Prozent) so hoch sind wie das Durchschnittsvermögen.[18]

Eine Umfrage 2023 in Österreich hat eine hohe Zustimmung zu Vermögenssteuern erbracht: Zwei Drittel der Befragten sprechen sich dafür aus. Dafür solle die Mehrwertsteuer auf Lebensmittel und für Beschäftigte gesenkt werden (80 Prozent Zustimmung). Außerdem sind 55 Prozent für höhere Steuern auf Unternehmensgewinne. Geringer, aber immer noch in der Mehrheit, ist der Zuspruch bei Erbschafts- und klimabezogenen Steuern. Knapp die Hälfte ist jeweils dafür, allerdings auch ein knappes Drittel dagegen.[19]

Auch Millionär*innen fordern eine höhere Besteuerung von Millionenvermögen. In einem Appel von »Tax me now« heißt es: »Wir sind überzeugt, dass mehr Steuergerechtigkeit der zukunftsweisende Weg zu einer Gesellschaft ist, die sich an den Werten Gemeinwohl, Chancengleichheit und Zusammenhalt orientiert. Diejenigen, die viel besitzen, können einen höheren Beitrag leisten, um die großen Herausforderungen unserer Zeit anzugehen: Klimawandel, Digitalisierung, demographischer Wandel, Wohnungsmangel, Bildungsgerechtigkeit und Förderung einer effektiven Vermögensbildung für alle.«[20] Marlene Engelhorn, Millionenerbin und Aktivistin der Initiative »Tax me now«, ist für eine offene Debatte über Reichtum, sie kritisiert den Philanthropismus und fordert mehr Beteiligung der Reichen an den staatlichen Aufgaben, weil dies der einzig demokratische Weg der Mittelverwendung sei.[21] Sie hat einen Bürgerrat ins Leben gerufen, der entschieden hat, wie die 25 Millionen Euro ihres Erbes verteilt werden sollen.[22] Ähnlich wie Engelhorn argumentiert die internationale Initiative »Millionaires of Humanity«, die eine Besteuerung des Großvermögens mit einem Prozent jährlich fordert: »Unsere Mitglieder sind Millionäre und Milliardäre, die alle die Notwendigkeit erkennen, über die Philanthropie hinauszugehen: Wohltätigkeit allein reicht nicht aus, egal wie großzügig und klug sie auch sein mag.«[23]

Als Kritik an Vermögenssteuern, speziell der Besteuerung von Unternehmensvermögen, wird vorgebracht, dass dies den Wirtschaftsstandort sowie die Investitionstätigkeit schwäche, so beispielsweise Deutschlands Finanzminister Christian Lindner, der auch auf die mangelnde Vergleichbarkeit unterschiedlicher Länder verweist – die Schweiz habe zwar hohe Vermögenssteuern, aber ansonsten geringe Belastungen für Unternehmen.[24] Marcel Fratzscher, Präsident des Deutschen Instituts der Wirtschaft, etwa argumentiert, dass Privateigentum der Schlüssel der sozialen Marktwirtschaft sei. In Deutschland zum Beispiel sei sehr viel Privatvermögen in der Hand von Familienunternehmen, die häufig gute Jobs mit langfristiger Perspektive schaffen würden, die nicht wie börsennotierte Unternehmen kurzfristig agieren würden, sondern ihr Vermögen im Sinne der Gesellschaft einsetzen: »Der Grund, warum wir viel Wohlstand in Deutschland haben, ist auch, weil Menschen Risiken eingehen und Unternehmen gründen.« Doch Handlungsbedarf sieht auch Fratzscher: »Es gibt fast kein Land, das Vermögen so gering besteuert und Arbeitseinkommen so stark besteuert wie Deutschland. Und das macht ökonomisch überhaupt keinen Sinn.«[25]

Einschätzung: Die Staaten sind aus demokratiepolitischen und volkswirtschaftlichen Gründen aufgerufen, der zunehmenden Konzentration des Vermögens entgegenzuwirken. Erbschaftssteuern sind stärker verbreitet als Vermögenssteuern, da sie sich leichter umsetzen lassen. Es wird aber auch eine stärkere Heranziehung der Vermögen selbst zur Finanzierung der öffentlichen Aufgaben brauchen. Eine immer höhere Verschuldung der Staaten kann nicht die Lösung sein. Mythen und Warnungen, etwa vor der Bedrohung des Mittelstandes, ist mit Fakten zu entgegnen. Hilfreich dabei sind die Initiativen von Vermögenden wie »Tax me now«.

CO_2-Steuern und Bepreisung von Emissionen

Die zweite Gruppe intensiv diskutierter und in manchen Ländern bereits umgesetzter Steuern sind jene, die die Reduktion der Treibhausgase erreichen sollen, bekannt als CO_2-Steuern. Als Bezugsgröße dient der Verbrauch der fossilen Energieträger – aus diesem lässt sich mit einem Umrechnungsfaktor der CO_2-Ausstoß berechnen. Wenn ein Fahrzeug einen Liter Benzin verbraucht, stößt es etwa 2,37 Kilogramm CO_2 aus. Wurde Diesel getankt, sind es 2,65 Kilogramm CO_2.[26] Die Berechnung lässt sich für alle anderen Verwendungen fossiler Energieträger, etwa Heizöl, anstellen. Neben den CO_2-Steuern gibt es ein EU-weites Emissionszertifikate-System für große Unternehmen – diese können die ihnen zustehenden Zertifikate verbrauchen oder verkaufen –; wer mehr Treibhausgase ausstößt als vorgegeben, muss Zertifikate zukaufen.[27]

Es gibt zwei Modelle der Besteuerung, besser gesagt, der Verwendung der eingenommenen Mittel. In einem Fall verwendet der Staat die Einnahmen für Umweltmaßnahmen, im anderen Fall gibt er die Einnahmen als Klimabonus an alle Staatsbürger*innen zurück. Wer mehr CO_2 ausstößt, wird bestraft, wer klimafreundlicher lebt, wird belohnt. Zudem gibt es Mischmodelle wie in der Schweiz.

2019 betrugen die Einnahmen der EU-Länder aus Umweltsteuern 330 Milliarden Euro, fast vier Fünftel davon entfielen auf CO_2-Steuern und die Bepreisung von CO_2-Emissionen.[28] Die Höhe der CO_2-Besteuerung ist noch immer sehr unterschiedlich: Sie liegt in Schweden mit knapp 110 Euro pro Tonne und Finnland mit über 60 Euro pro Tonne am höchsten – beide Länder haben bereits in den 1990er Jahren die Steuer mit einem jährlichen steigenden Steuersatz eingeführt; Frankreich lag 2021 bei 45 Euro und Deutschland bei 25 Euro pro Tonne CO_2. In Österreich wurde 2022 eine CO_2-Steuer eingeführt, beginnend mit 30 Euro pro Tonne. Der Preis steigt jährlich und soll 2024 bereits bei 45 Euro liegen. Im Emissionshandel geht der Europäische Rechnungshof von einem mittleren Preis pro Tonne CO_2 von 60 Euro im Jahr 2020 aus. 120 Euro pro Tonne CO_2 werden als erforderlicher Preis im Jahr 2030 für eine Dekarbonisierung bis zur Mitte des Jahrhunderts geschätzt – der Preis liegt derzeit deutlich zu niedrig.[29]

Einschätzung: Die Bepreisung des Ausstoßes von CO_2 als wichtigstem Treibhausgas ist unerlässlich, um Anreize für mehr Klimaschutz zu setzen. Wenn die CO_2-Steuer mit einem Bonussystem verbunden wird, hat diese auch eine soziale Lenkungswirkung, weil Haushalte mit höherem Einkommen nachweislich auch mehr Treibhausgase ausstoßen. Länder wie Schweden oder die Schweiz zeigen, dass wirksame CO_2-Steuern die Wettbewerbsfähigkeit der Wirtschaft keineswegs beeinträchtigen, vielmehr regen sie zu Innovationen im Bereich von Energieeffizienz und Umstiegstechnologien an.[30] Marktinstrumente allein werden aber die notwendigen Transformationen nicht erreichen – gefordert sind Energie- und Mobilitätswenden –, etwa das Verbot des Verbrennungsmotors, das die EU mit 2035 anvisiert. Zudem müssen die Steuerbefreiungen für Flugbenzin und Schiffstreibstoff aufgehoben werden. Ersteres wird in Deutschland ab 2024 für Inlandsflüge über eine höhere Luftverkehrsabgabe umgesetzt.[31] Der Ökonom Stephan Schulmeister fordert einen EU-weit festgelegten, ständig ansteigenden Preis für fossile Energieträger, um den Marktpreisschwankungen entgegenzuwirken.[32]

Obergrenze für das Lebenseinkommen

Überschüssiges Kapital tendiere dazu, immer wieder profitträchtig veranlagt zu werden, was den Wachstumsdruck und die Klimakrise antreibe, zugleich steige die öffentliche Verschuldung aufgrund der sich häufenden Krisen, so Dieter Drabiniok, ehemaliger Abgeordneter der Grünen im Deutschen Bundestag. Um beides zu entschärfen, schlägt er eine einfache Maßnahme vor: die Begrenzung des Lebenseinkommens für Personen. In seinem Vorschlag auf maximal 20 Millionen Euro brutto. Wer diese Summe erreicht hat, wird für das, was darüber geht mit 100 Prozent besteuert. Als Einkommen zählen dabei auch Gewinne aus Immobilien, Finanzanlagen, Vererbungen oder Schenkungen. Bestehendes (Betriebs-)Vermögen, Besitz und das Recht auf Eigentum blieben unangetastet.

Es gehe nicht primär darum, den Vermögenden etwas wegzunehmen, »sondern sie und ihre Erben nicht noch vermögender werden zu lassen«.[33] Das Ziel der Obergrenze bestehe darin, die Dynamik aus dem Zwang zum Wachstum herauszunehmen, denn das abgeschöpfte Kapital würde der Investitionsspirale entzogen, hofft Drabiniok. Er sieht in dieser Maßnahme aber weitere Vorteile: Kapital bleibe im Unternehmen, dessen Verkauf würde aber gebremst, falls die 20-Millionen-Euro-Grenze dadurch überschritten würde. Es wäre weniger attraktiv, hohe Managergehälter zu beziehen bzw. würden jüngere nachrücken, wenn ältere Gutverdienende ihre Höchstgrenze erreicht haben. Und die Staaten hätten wieder mehr Geld zur Verfügung, die Verschuldung würde sinken, auch andere Steuern, die die breite Bevölkerung treffen, könnten reduziert werden. Die Wahrscheinlichkeit weiterer Krisen sei hoch, ein größeres Finanzpolster wäre daher sinnvoll, um den sozialen Frieden zu sichern. Denn: »Wir fahren ökonomisch bereits mit dem Reservetank.«[34] Drabiniok ist nicht gegen Eigentum und Wettbewerb, doch es gäbe »in einem demokratischen und sozialen Gemeinwesen kein Grundrecht auf unbegrenztes Eigentum«.[35]

Einschätzung: Der Vorschlag wirkt einfach. Es würde nicht in bestehendes Eigentum eingegriffen, sondern nur in jene Zuwächse, die über das festgelegte Lebenseinkommensmaximum hinausgehen. Es handelt sich um eine erweiterte Form von Erbschaftssteuern, da über Erbschaften und Schenkungen hinaus auch Einkommen aus Immobilien, Geldanlagen, Vorstandsgagen oder Unternehmensgewinnen herangezogen werden, sobald sie das maximale Lebenseinkommen überschreiten. Der weiteren Konzentration von Kapital würde entgegengewirkt. Die Umsetzung erscheint wohl noch auf Hürden zu stoßen – das Geschrei über Enteignung würde sich rasch erhöhen. Doch wenn Staaten ihre Schulden begrenzen wollen, ein permanentes Weiterwachsen der Wirtschaft ökologisch nicht möglich ist und die Kosten der sich zuspitzenden Krisen weiter steigen, wird die Politik angehalten sein, die öffentlichen Haushalte auf neue Beine zu stellen.

Gestaffelte Konsumsteuern

In manchen Ländern wird auf Konsumgüter eine unterschiedlich hohe Steuer eingehoben – in Deutschland beträgt die Mehrwertsteuer in der Regel 19 Prozent, auf Bücher aber nur 7 Prozent. Es gibt unterschiedliche Modelle, diese Steuern stärker zu staffeln – etwa bei Lebensmitteln nach dem Anteil des Zuckergehalts. Ein achtstufiges Modell versucht, die CO_2-Steuer in die Mehrwertsteuer zu integrieren sowie weitere Differenzierungen einzubauen. Der Mehrwertsteuersatz könnte demnach generell für alle Waren und Leistungen bei 7 Prozent liegen. Das ergäbe mit den Multiplikationsfaktoren von 0 bis 7 Staffelungen von 0 bis 49 Prozent Steuer, so Rob Kenius auf telepolis. Heizöl und Erdgas würde er mit dem Faktor 7=49 Prozent belasten, den Transport mit LKWs etwa mit Faktor 4=28 Prozent und Taxifahrten oder Busreisen als Dienstleistungen mit geringerem Kraftstoffverbrauch bekämen etwa den Faktor 3=21 Prozent. Dienstleistungen und Handwerkertätigkeiten, die bereits mit hohen Lohnsteuern belastet sind, könnten auf diese Weise auch niedrigere Mehrwertsteuersätze bekommen.[36]

Ein anderes Modell setzt auf gestaffelte Konsumsteuern, die ökologische *und* soziale Kriterien berücksichtigen. Georgios Zervas und Peter Spiegel integrieren bestehende Sozial- und Umweltstandards in einem Gütesiegel. Nach dem Vorbild des europäischen CE Label, das schon heute verbindliche

Standards für alle auf dem europäischen Markt gehandelten Produkte vorsieht, soll eine wettbewerbsneutrale Global-Trade-Lizenz umgesetzt werden. Vorgeschlagen werden drei einfache Labels, die Auskunft über die Entstehungsbedingungen aller am Weltmarkt gehandelten Produkte geben. Das orange Label würde vergeben, wenn Unternehmen die Sozialstandards SA 8000 einhalten, von der NGO »Social Accountability International« erarbeitete, freiwillige Sozial- und Arbeitsmindestanforderungen. Beim grünen Label werden zusätzlich die ISO-Umweltstandards eingehalten. Der Königsweg wäre das blaue Label, das Produkte erhalten sollen, die zudem klimaneutral und wiederverwertbar sind. Über einen QR-Code würde der gesamte Lebenszyklus eines Produktes einsehbar. Zervas und Spiegel kombinieren dieses weltweite Label nun mit einem neuen Steuersystem. Steuern sollen analog der Grundbedürfnispyramide von Maslow gestaffelt werden – die niedrigste Steuer entfiele demnach auf die Grund- und Sicherheitsbedürfnisse, die höchste auf jene, die der Selbstverwirklichung dienen. Dazu addiert werden soll ein Steuersatz je nach Labelfarbe – 0 Prozent für blaue Produkte, 15 Prozent für grüne und 30 Prozent für orange Produkte.[37]

Einschätzung: Gestaffelte Mehrwertsteuern könnten ein Marktanreiz für ökologischen und sozialen Kriterien genügenden Produkten und Dienstleistungen sein. Der Recherche- und Dokumentationsaufwand könnte jedoch ein Problem darstellen. Wenn die Besteuerung auf bereits bestehenden Standards basiert, wie bei der Global Trade Lizenz, wäre der Aufwand wohl geringer. Dass Güter mit einem Öko-Preis versehen werden können, zeigt der von der EU geplante CO_2-Grenzzoll, der sogenannte »Carbon Border Adjustment Mechanism«. Importeure sollen demnach eine CO_2-Grenzabgabe zahlen, indem sie die gleiche Anzahl an Emissionszertifikaten kaufen, die europäische Produzenten für ein vergleichbares Produkt innerhalb des EU-Emissionshandels kaufen müssen.[38]

Zusammenfassung

1. Steuern sind die zentrale Einnahmequelle zur Finanzierung von öffentlichen Aufgaben und Institutionen. Sie dienen aber auch der Steuerung des wirtschaftlichen und gesellschaftlichen Handelns.
2. Eine zentrale Rolle spielt die Abfederung der Einkommens- und Vermögensdisparitäten über eine höhere Besteuerung von Vermögen und Erbschaften, eine Forderung, die auch von Vermögenden selbst erhoben wird.
3. Mit dem Ansatz globaler Mindeststeuern wird versucht, dem internationalen Steuerdumping-Wettbewerb entgegenzuwirken. Erste Vereinbarungen sind ein Schritt in die richtige Richtung.
4. Eine wichtige Aufgabe besteht in der international koordinierten Unterbindung von Steuerflucht, durch die den Staaten erhebliche Mittel verloren gehen.
5. Ansätze wie Maximalvermögensgrenzen gehen einen Schritt weiter, indem sie das Lebenseinkommen von Privatpersonen beschränken würden.
6. Mit gestaffelten Konsumsteuern sollen Anreize zur Bevorzugung etwa unverarbeiteter, gesunder Lebensmittel sowie fair produzierter Produkte geschaffen werden.
7. Die in einigen Staaten mittlerweile erfolgreich umgesetzten Umwelt- bzw. CO_2-Steuern haben das Ziel, den Umweltverbrauch sowie die Verbrennung fossiler Energieträger zu verteuern. Externalisierte Kosten sollen ins Wirtschaften internalisiert werden.

Kapitel 16
Finanzwende

Von Green Finance bis Vollgeld

Finanzkrisen kommen im Kapitalismus immer wieder vor. Ausgelöst werden sie durch Spekulationsrisiken, Blasenbildung, Herdenverhalten an den Börsen sowie durch die permanente Beschleunigung der Transaktionen. Die Finanzkrise von 2008 hat den Staaten und damit uns als Steuerzahlenden viel Geld gekostet. Reformen wurden eingefordert, aber nur zum Teil umgesetzt. Ein stabiles Finanzsystem ist aber nötig, um die sozial-ökologische Transformation finanzieren zu können. Im Folgenden werden einige Vorschläge zur Stabilisierung der Finanzmärkte und die Lenkung von Kapital auf Öko-Investments vorgestellt.

Finanzwende.de

»Finanzmärkte sind ein entscheidender Faktor für den Umbau zu einer nachhaltigen Wirtschaftsweise. Damit sie dazu einen größeren Beitrag als bisher leisten können, müssen sie strengeren Regeln unterworfen werden. Vonnöten ist aber auch eine grundlegende Reform des Finanzsektors, die ihn insgesamt stabiler und zuverlässiger macht.« So die Herausgeber*innen einer Spezialausgabe von Politische Ökologie zum Thema »Nachhaltige Finanzwirtschaft«.[1] Einer der Autoren, Gerhard Schick, ist der Gründer von Finanzwende e. V. sowie der Finanzwende Recherche GmbH. Bearbeitet werden von diesen Einrichtungen Themen wie Finanzlobbyismus, Geldwäsche oder sozial-ökologische Investments. In Kampagnen wird Transparenz im Finanzsektor, die Verhinderung von Steuerflucht oder die Umsetzung eines stabilen Finanzsystem eingefordert.[2]

Fünf Punkte umfasst die Kampagne für ein stabiles Finanzsystem. Erstens: Die Zurückdrängung von Schattenbanken, denn diese würden zwar ähnlich wie Banken agieren, unterliegen aber nicht den gleichen Regeln. Ihre Regulierung sei weiterhin unzureichend. Gleichzeitig sei der Sektor rasant angewachsen, wodurch die Risiken insgesamt zugenommen haben. Zweitens: Umsetzung der geplanten europäischen Einlagensicherung, für die sich die Mitgliedstaaten im Rahmen der europäischen Bankenunion bereits geeinigt hatten. Doch unter anderem Deutschland habe sich hier quergestellt – wegen Widerstand aus der Bankenlobby. Somit gebe es in Europa nach wie vor keine Institution, die im Krisenfall umfassend und schnell handeln könne. Drittens: Einführung eines Trennbankengesetzes, mit dem das Investmentgeschäft vom klassischen Einlagen- und Kreditgeschäft der Banken getrennt würde. Dies sei von der EU-Kommission erst vorgeschlagen und dann mangels Fortschritt in den Verhandlungen wieder zurückgezogen worden. Auch hier habe die Finanzlobby zum Scheitern des Gesetzes beigetragen. Viertens: Umsetzung der seit langem geforderten Finanztransaktionssteuer. Diese würde den Finanzsektor an den Krisenkosten und der Bekämpfung der Armut durch Finanzkrisen beteiligen. Bis heute gibt es jedoch keine europäische Finanztransaktionssteuer – ein Erfolg der Finanzlobby, so »Finanzwende.de«. Fünftens: Höhere Eigenkapitalvorgaben. Bisher sind für Großbanken vier bis fünf Prozent Eigenkapital nötig, »Finanzwende.de« fordert aber mindestens zehn Prozent. Denn nur so wäre eine Schuldenbremse für Banken gegeben, da sie mit einem Verlustpuffer ihre Robustheit im Krisenfall erhöhen würden.[3]

Im Zusammenhang mit einer ökologischen Finanzwende fordert die NGO, die 2020 von 16 deutschen Banken eingegangene Klima-Selbstverpflichtung verbindlich zu machen. Denn die Freiwilligkeit reiche nicht: Ob die Banken die Anforderungen dieser Selbstverpflichtung einhalten, überprüfen sie ausschließlich selbst. Die erzielten Resultate seien weder vergleich- noch kontrollierbar und insgesamt eine Enttäuschung. Damit zeige sich: Ohne gesetzliche Regeln wird es nicht gehen.[4]

Einschätzung: Finanzwende e. V. sowie die Finanzwende Recherche GmbH leisten wichtige Forschungs- und Aufklärungsarbeit. Da offensichtlich die Finanzlobbys nach wie vor großen Einfluss auf die Gesetzgebung – EU-weit und national – haben, ist mehr Transparenz und finanzwirtschaftliche Gegenkompetenz unumgänglich. Gemeinsam mit anderen Initiativen wie »attac« oder »Tax me now« kann auf Politik, Medien und Gesellschaft eingewirkt werden.

EU-Taxonomie für nachhaltige Investments

Eine wichtige Rolle im European Green Deal nimmt das Konzept »Sustainable Finance« ein. »Sustainable Finance« bedeutet, dass Nachhaltigkeitsfaktoren in Entscheidungsprozessen von Investitionen und Finanzierung berücksichtigt werden. Dies erfolgt häufig über sogenannte ESG-Kriterien (Environmental, Social, Governance). Einen ersten Schritt hat die Europäische Kommission mit der sogenannten EU-Taxonomie gesetzt. Das Ziel ist, private Investitionen in die grüne Transformation zu lenken und Wettbewerbsgleichheit sowie Rechtssicherheit für alle innerhalb der EU tätigen Unternehmen zu gewährleisten. Zudem müssen Finanzunternehmen den Kund*innen offenlegen, inwiefern sie Nachhaltigkeitsfaktoren in den Entscheidungsprozess berücksichtigen: »Beide Gesetze folgen der Zielsetzung des Green Deals und bauen auf folgende Eckpunkte: Neuausrichtung von Kapitalströmen mit Fokus auf nachhaltige Investitionen, Etablierung von Nachhaltigkeit als Bestandteil des Risikomanagements, Förderung/Ermutigung zu langfristigen Investitionen und Wirtschaften«, so die EU-Kommission.[5]

Die EU-Taxonomie-Verordnung beschreibt einen Rahmen, um »grüne« oder »nachhaltige« Wirtschaftstätigkeiten innerhalb der EU allgemeingültig zu klassifizieren. Für den Begriff der Nachhaltigkeit sollen klare Regeln und Rahmenbedingungen geschaffen werden, wann ein Unternehmen nachhaltig oder umweltfreundlich wirtschaftet. Dadurch würden sich diese Unternehmen positiv von ihren Mitbewerbern abheben und sollen von höheren Investitionen profitieren. Sechs Umweltziele werden genannt: Klimaschutz, Anpassung an den Klimawandel, nachhaltiger Einsatz und Gebrauch von Wasser oder Meeresressourcen, Übergang zu einer Kreislaufwirtschaft, Vorbeugung oder Kontrolle von Umweltverschmutzung, Schutz und Wiederherstellung von Biodiversität und Ökosystemen. Die Nachhaltigkeit der gesamten Geschäftstätigkeit eines jeden Unternehmens muss laut Verordnung für diese Ziele nachgewiesen werden. Die Auflagen gelten für alle Unternehmen, die Finanzprodukte in der EU vertreiben sowie für große Unternehmen ab 500 Mitarbeiter*innen, welche unter die nicht finanzielle Berichterstattung fallen. Dabei muss jeweils der von der

EU als nachhaltig eingestufte Anteil des Umsatzes, der Investitionsausgaben und des Betriebsaufwands für das Unternehmen berichtet werden.[6]

Für den Bereich Klimawandel gibt es bereits detaillierte Angaben. Neun Sektoren werden aufgelistet, die für rund 90 Prozent der direkten Treibhausgase in der EU verantwortlich sind. »Detaillierte Kriterien legen fest, wann Aktivitäten dieser Sektoren einen substanziellen Beitrag zur Eindämmung des Klimawandels leisten, ohne gleichzeitig den anderen fünf Zielen zu schaden«, so Antje Schneeweiß, Mitglied des »Sustainable Finance«-Beirats der deutschen Bundesregierung.[7] Große Unternehmen müssen sowohl über ihren Umsatz mit als auch über ihre Investitionen in diese Aktivitäten berichten. Banken müssen ihre sogenannte Green Asset Ratio berechnen, also den Anteil ihrer Investitionen, der in die taxonomiekonformen Aktivitäten fließt.

Auf Drängen des EU-Parlaments wurden soziale Aspekte in Form von Mindestkriterien in die Taxonomie aufgenommen. Das heißt, Aktivitäten sollen nur dann als nachhaltig gelten, wenn sie auch soziale Mindestkriterien einhalten. Schneeweiß wünscht sich hier eine Präzisierung dahingehend, dass sich diese Mindestanforderungen an das gesamte Unternehmen und nicht nur auf eine Aktivität oder ein Produkt beziehen. Zudem solle eine Verbindung zum EU-Lieferkettengesetz hergestellt werden (siehe oben). Andere Akteure seien, so Schneeweiß, was die Implementierung sozialer Kriterien anbelangt, schon weiter: »Kleinanleger*innen, Stiftungen, Pensionsfonds und Vermögensverwalter*innen setzen Umwelt-, Sozial- und Governance-Kriterien in ihren Strategien bereits um.«[8]

Einschätzung: Von Initiativen sozial-ökologischer Geldanlage wird seit Jahren vorgemacht, dass und wie ethisches Investment möglich ist. Mit der EU-Taxonomie-Verordnung wird zumindest für Großunternehmen verpflichtend, ihren Anteil an solchen Investitionen transparent zu machen. Dasselbe gilt für die Finanzakteure. Die Rechts- und Finanzabteilungen der Unternehmen tun gut daran, sich darauf einzustellen. Ein Schwachstelle stellt der Umstand dar, dass bestimmte Formen der Atomenergie und der Stromerzeugung mit Gas in die Taxonomie aufgenommen wurden, was Umwelt-NGOs heftig kritisiert haben.[9]

Grüne und ethische Banken sowie Crowdinvesting

Mittlerweile bietet wohl jede Bank grüne oder ethische Investments an – jedoch nur als einen kleinen Teil des Portfolios. Eben für jene Nische an Anleger*innen, die danach fragen. Ebenso wird aber weiterhin etwa in Fossil- oder Rüstungskonzerne investiert. Seit vielen Jahren gibt es jedoch ausgewählte Banken, die nur ethische und grüne Investments anbieten. Dazu zählt etwa die GLS-Bank in Deutschland oder die kirchennahe Steylerbank.[10] Portale wie Öko-Invest informieren über Green Investments.[11]

Jüngeren Datums ist Crowdinvesting, auch Crowdfunding genannt, wo abseits von Banken Geld von Anleger*innen investiert wird. Vergeben werden hier sogenannte Nachrangdarlehen, was so viel heißt, dass der Kredit im Falle einer Insolvenz der*s Kreditnehmenden erst nachrangig nach den Forderungen anderer Gläubiger behandelt wird. Mittlerweile gibt es eine Vielzahl an Crowdinvesting-Plattformen, die Anlagemöglichkeiten anbieten. Diese sind nicht zwingend ethisch oder ökologisch ausgerichtet, aber mehrheitlich entsprechen sie diesen Kriterien. Auf »crowdfundig.de« findet man verschiedene Plattformen sowie Anlagemöglichkeiten nach Bereichen.[12]

Unterschieden werden Spenden-, Vorverkauf- und Rendite-Crowdfunding.[13] Letzteres verhält sich dabei am ehesten wie traditionelle Investments – die Rendite ist erfolgsabhängig. Zudem gibt es Angebote mit einem festen Zinssatz und die Kombination von einem garantierten Zins sowie einer erfolgsabhängigen Variable. Rechtlich gesehen werden Crowdinvesting-Projekte in Deutschland wie Direktinvestments zu den Vermögensanlagen gezählt. Direktinvestments sind beispielsweise Beteiligungen an Frachtschiffen, Immobilien oder erneuerbaren Energien.[14]

Eine Sonderform des Crowdinvesting bietet als Gegenleistung für die finanzielle Beteiligung Produkte oder Dienstleistungen. Eine österreichische Brauerei hat beispielsweise seine Solaranlage mit Gemeinschaftsanlagen finanziert – als Gegenleistung gibt es Bierlieferungen.[15] Der Schuhhersteller Waldviertler nahe Wien finanziert seine Investitionen ebenfalls mittels Crowdinvesting – der Firmeninhaber Heini Staudinger hat in Österreich durchgesetzt, dass diese Finanzierungsform gesetzlich anerkannt wurde.[16]

Zudem gibt es eben die Möglichkeit, Projekte ohne Gegenleistung zu unterstützen, was Spenden entspricht.

Einschätzung: Aufgrund der digitalen Möglichkeiten und der Kritik am Bankensystem gewinnen alternative Anlageformen an Bedeutung, auch wenn man sich der Nachrangigkeit dieser Kredite bewusst sein muss. Pionierinstitute ethischer Geldanlage haben gezeigt, dass Investieren auch mit gutem Gewissen möglich, das alleinige Schielen auf hohe Erträge nicht alles ist. Wie bei vielen Innovationen beginnen Änderungen im Kleinen, ehe sie breitere Kreise ziehen. Das Gros der Investitionen wird jedoch nach wie vor über herkömmliche Banken, Börsen und Fonds vergeben.

Divestment-Bewegung

Die Nachhaltigkeitswende erfordert große Investitionen. Der Green European Deal setzt neben öffentlichen Mitteln daher auch auf die Umlenkung von privaten Finanzströmen, wie wir bereits gesehen haben. Doch noch immer werden große Summen in fossile Energieträger investiert. Die Divestment-, auch Fossil-Free-Bewegung genannt, deckt auf, welche Investoren in Erdöl-, Kohle- oder Gaskonzerne investieren und sie fordert diese dazu auf, ihre Investitionen abzuziehen. Divestment ist das Gegenteil von Investment. Das bedeutet, dass unethische Aktien, Anleihen oder Investmentfonds abgestoßen werden. Die Fossil-Free-Kampagne fordert, dass Institutionen und Einzelpersonen alle neuen Investitionen in Kohle-, Öl- und Gaskonzerne einfrieren und Direktinvestitionen und alle gemischten Fonds mit öffentlichen Beteiligungen und Industrieobligationen innerhalb von fünf Jahren abstoßen. 200 börsennotierte Unternehmen sind laut Homepage der Fossil-Free-Kampagne im Besitz der großen Mehrheit der gelisteten Kohle-, Öl- und Gasvorkommen. »Ziel der Divestment-Kampagne ist es, den politischen Einfluss der Kohle-, Öl- und Gasindustrie zu schwächen, die immer wieder Schritte zur Bekämpfung des Klimawandels behindert. Mit jeder Institution, die sich öffentlich von den Kohle-, Öl- und Gasunternehmen trennt, höhlen wir deren Macht, ihre unmoralischen Geschäftspläne weiterzuverfolgen, ein bisschen mehr aus.« [17] Ins Leben gerufen wurde die Divestment-Bewegung 2011 in den USA von Studierenden mehrerer Universitäten, bekannt wurde die Bewegung durch den US-Ökologen Bill McKibbens, Sprecher von »350.org«.[18] Seine Überzeugung: Divestment könne zum »politischen Bankrott« von Fossilkonzernen führen und deren Einflussnahme schmälern. Es gehe darum, diese Firmen zu Außenseitern zu machen. Zielgruppen sind auch Gesundheits- und Pensionskassen sowie Stiftungen. Diese werden in Kampagnen aufgerufen, ihre fossilen Investments zu beenden. In den USA und Großbritannien wurden große Universitäten gewonnen, mittlerweile haben sich auch Gesundheitseinrichtungen sowie zahlreiche Städte angeschlossen, unter anderem Kopenhagen, Oslo, Oxford, New York City und San Francisco.[19] »Divestment-Kampagnen funktionieren deswegen, weil sie die gegebenen Strukturen unseres Wirtschaftssystems nutzen, ohne es zunächst selbst infrage zu stellen«, ist auf der Homepage »Sustainable Banking« zu lesen. In Deutschland werden dort die Bundesländer Baden-Württemberg, Brandenburg, Hessen und Nordrhein-Westfalen sowie auf kommunaler Ebene unter anderem die Städte Berlin, Nürnberg und Münster angeführt.[20]

Einschätzung: Die Wirkung der Divestment-Bewegung wird unterschiedlich eingeschätzt. Zum einen wird darin ein wirksames Mittel gesehen, auf die nach wie vor steigenden Investitionen in fossile Energien hinzuweisen und diese anzuprangern. Die Gegenargumente: Der Großteil der Aktien werde von großen institutionellen Investoren wie BlackRock oder Fidelity Investments gehalten, die ihren Wertpapierbestand vermutlich nicht für eine soziale oder moralische Agenda einsetzen würden. Und manche der größten CO_2-Emittenten würden zudem überhaupt keine Aktien verkaufen.[21] Die Kampagne hat aber durchaus mehr Bewusstsein geschaffen. Nun müssen politische Schritte folgen.

Vollgeld und Monetative

Aufgrund sich häufender Krisen steigt die Verschuldung der Staaten. Dem stehen die steigenden Vermögen der Reichen gegenüber. In vielen Ländern des globalen Südens führt die Überschuldung zu rigorosen Sparmaßnahmen bei den öffentlichen Ausgaben, teilweise droht Zahlungsausfall. Von Entwicklungsorganisationen wie Jubilee werden Schuldenstreichungen verlangt, teilweise wurden diese für die am wenigsten entwickelten Länder auch gewährt.[22] In den reichen Volkswirtschaften wird als ein möglicher

Weg, um dem Auseinanderdriften von privaten Vermögen und öffentlichen Schulden entgegenzuwirken, der Umstieg auf Vollgeld vorgeschlagen.

Die alte Vorstellung von einem Finanzwesen, in dem Sparende Geld auf die Bank legen und diese die Ersparnisse als Kredite an Investierende weitergibt, entspricht alles anderem als der Realität. Nicht nur, dass Banken selbst Geld schöpfen, wenn sie Kredite vergeben im Vertrauen, dass diese wieder abbezahlt werden. Der größere Teil der Finanztransaktionen erfolgt heute über Nicht-Banken beziehungsweise das Schattenbanken-System. Zu den Akteuren des Schattenbankensystems zählen beispielsweise Hedgefonds, Crowdfunding-Firmen, Geldmarktfonds, Vermögensverwalter oder private Kreditfonds, so das Gabler Banklexikon.[23]

Wo liegen die Dilemmata? Die Staaten sind angewiesen auf niedrige Zinsen, um ihre Schulden bedienen beziehungsweise refinanzieren zu können. Und sie brauchen Wirtschaftswachstum, um ihre Staatseinnahmen sicherzustellen. Unternehmen müssen ebenso wachsen, um Kredite bedienen zu können. Haushalte verschulden sich, um größere Investitionen tätigen zu können oder weil sie in die Konsumschuldenfalle tappen. Zu all dem kommt die Destabilisierung des Finanzsystems durch die Zunahme der Spekulation, wie am Beispiel des Schattenbankenwesens gezeigt wurde (siehe Kapitel zu Geld).

Daher fordern manche eine radikale Reform des Finanzsystems durch den Übergang zu Vollgeld, also die Unterbindung der Geldschöpfung durch Banken via Kredite. Banken, deren Kredite gegenwärtig nur zu einem kleinen Prozentsatz gedeckt sein müssen, würden nur mehr Geld vergeben, dass zu 100 Prozent von der Zentralbank zur Verfügung gestellt ist. Sie würden also zwar weiterhin Kredite vermitteln, aber nicht mehr Geld herstellen können, was zu einer stabileren Wirtschaftsentwicklung beitrage, so die Vollgeld-Befürworter*innen. Zudem würden die Gewinne aus der Geldschöpfung der Allgemeinheit gehören, da Geld und dessen Herstellung nun ein öffentliches Gut sei. Allein für die Schweiz, wo eine Vollgeldinitiative[24] lanciert wurde, würden jährlich Geldschöpfungsgewinne von mindestens 10 Milliarden Franken zu Gunsten der Öffentlichkeit anfallen, so das Denknetz Schweiz. Wie diese Gelder verwendet werden, müsse das Parlament entscheiden. Die Initiator*innen erhoffen sich durch Vollgeld auch eine Zurücknahme des Wachstumszwangs.[25]

Die Finanzkrise hat zur Wiederbelebung der Idee des Vollgeldes geführt, die der US-Ökonom Irving Fisher angesichts der Weltwirtschaftskrise der 1930er Jahre erstmals vorgeschlagen hatte. Die IWF-Mitarbeiter Jaromir Benes und Michael Kumhof haben in »The Chicago Plan Revisted« 2012 das Konzept des Vollgeldes wieder ins offizielle Gespräch gebracht. Der deutsche Ökonom Jürgen Kremer, dem dieser Hinweis entstammt, befürwortet in seinen »Grundlagen der Ökonomie« das Konzept des Vollgeldes mit der Frage, »warum der Staat sich die Hoheit über die Geldversorgung aus der Hand nehmen lässt und warum staatliche Kredite bei privatwirtschaftlich operierenden Banken aufgenommen und dessen immense Zinslasten von der Allgemeinheit getragen werden müssen«.[26]

Mit den derzeit von den Banken erwirtschafteten Gewinnen aus der Geldschöpfung, der sogenannten Seigniorage, sollten laut Vollgeld-Konzept die öffentlichen Schulden abgetragen werden. Manche meinen, dass sich damit auch ein Grundeinkommen finanzieren ließe. Die Legislative und Judikative des Staates würden durch eine Monetative als unabhängige Instanz ergänzt. Diese entspräche einer ausgeweiteten Zentralbank. In mehreren Ländern haben sich mittlerweile Initiativen für das Konzept des Vollgeldes gebildet, etwa im angelsächsischen Raum das vom American Monetary Institute favorisierte US-Money und das britische Positive Money sowie im deutschen Sprachraum das Geldreform-Netzwerk Moderative um den an der Universität Halle lehrenden Wirtschafts- und Umweltsoziologen Joseph Huber sowie der Verein Monetäre Modernisierung in der Schweiz.[27]

Kritik an der Vollgeld-Idee bezieht sich auf die Gefahr, dass der Staat zu leichtfertig Geld vergeben würde, mit dem Problem hoher Inflation, dass Kredite verknappt würden, und dass die Lenkung von Geldströmen besser den Finanzmärkten überlassen werden sollte. Höhere Eigenmittel der Banken würden auch reichen, die Stabilität des Finanzsektors zu gewährleisten. Banken könnten gar nicht nach Belieben Geld schöpfen, da sie im Wettbewerb stehen. Giralgeld, also Sichteinlagen der Bankkund*innen, seien Schulden der Banken, die diese bedienen müssten; in einem Wettbewerbssystem würde Giralgeldschöpfung daher nur bis zu dem Punkt getrieben, wo Grenzerträge und Grenzkosten sich ausgleichen, so etwa Martin Hellwig vom Max-Planck-Institut zur Erforschung von Gemeinschaftsgütern in Bonn.[28] Der Finanzmarktexperte Stephan Schulmeister sieht Vollgeld ebenfalls kritisch. Nicht das Geldsystem an sich, sondern die Entfesselung der Finanzmärkte, legitimiert durch die neoliberale Wirtschaftstheorie, sei das Problem. Durch Vollgeld würden sich Probleme wie die Finanzspekulation oder Inflation nicht lösen lassen, wichtige Stärken des Kreditgeldsystems – flexible, weil dezentrale Kreditversorgung – aber verloren gehen. Zudem würde die Macht der Notenbank in einer Weise ausgeweitet, die mit den Prinzipien einer Demokratie unvereinbar sei.[29]

Das Problem eines Missbrauchs der Geldschöpfung durch den Staat könne durch die Einbettung der Zentralbank in ein demokratisch legitimiertes Regelwerk als unabhängige vierte Gewalt (»Monetative«) verhindert werden, antworten die Vollgeldbefürworter*innen. Die Zentralbank/Monetative würde nur über die optimale Geldmenge entscheiden, also sowohl Geldschwemme als auch Geldknappheit verhindern und dafür sorgen, dass der Zahlungsverkehr auch in Krisenzeiten reibungslos funktioniert. Die Entscheidung über die Geldverwendung bleibe beim Staat und die Kreditvergabeentscheidung bei den Banken.[30]

Die Vertreter*innen der Modern Monetary Theory (MMT) verfolgen ähnliche Ziele, wollen dazu aber nicht die Zentralbanken, sondern die Position der Staaten stärken. Nach Auffassung der MMT seien Staaten in der legitimen Position, sich zur Erfüllung ihrer Aufgaben nötigenfalls unbegrenzt zu verschulden und auf diese Weise jederzeit eine Ausweitung der Geldmenge zu veranlassen. Auch um die Zinslasten zu bedienen, könne der Staat unbegrenzt neue Schulden aufnehmen. Gemeinsam sei den verschiedenen Konzepten, dass sie die staatlichen Steuerungsfähigkeiten durch die Geldschöpfung erhöhen wollen, so das Netzwerk für monetäre Vielfalt. Die private Geldschöpfung sei de facto nicht kontrollierbar. Dadurch verlaufe sie prozyklisch – investiert werde bei wachsender Wirtschaft – und verursache (Vermögenspreis-)Inflation und Spekulationsblasen auf Finanzmärkten, die wiederum zu realwirtschaftlichen Schocks führen. Außerdem würden private Banken von der Kreditgeldschöpfung durch Gewinne profitieren, welche dem Staat zustehen sollten.[31]

Einschätzung: Eine Vollgeldreform würde das Finanzsystem stark verändern und es liegen bislang keine praktischen Erfahrungen dazu vor. Staaten würden sich nicht mehr am Finanzmarkt verschulden, sondern aus den Erträgen der Geldschöpfung ihre Schulden sowie andere Ausgaben bedienen.

Argumentiert wird, dass aufgrund der Geldschöpfung der Banken die Geldmenge schneller wächst als die Produktionsmenge der Wirtschaft. Es sei also bedeutend mehr virtuelles Geld vorhanden als an Werten produziert wird. Dies mache es unmöglich, Schulden je zur Gänze zurückzuzahlen, da diese mit in der Realwirtschaft erzielten Werten beglichen werden müssen.[32] Eine zu lockere Geldpolitik der Zentralbanken, dies zeigen Beispiele, führt aber zu Inflation, in manchen Ländern zu Hyperinflation. Auf »Finanzwende.de« findet man beispielsweise keine Einträge zum Thema Vollgeld – diese Initiative konzentriert sich auf schrittweise Reformen.

Regionalwährungen, Zeitwährungen & Tauschkreise

Regionalwährungen werden vorgeschlagen und auch umgesetzt, um regionale Wirtschaftskreisläufe zu fördern. Autor*innen wie Margret Kennedy oder Bernd Lietaer haben theoretische Konzepte hierfür entwickelt.[33] Der Österreicher Tobias Plettenbacher, der selbst ein Zeitgutschein-System aufgebaut hat, beschreibt zahlreiche Modelle.[34] Im Zuge der Finanz- und Eurokrise wurden auch nationale Zweitwährungssysteme etwa für Griechenland vorgeschlagen. Tauschkreise basieren in der Regel auf der Währung »Zeit«, wobei eine Arbeitsstunde unabhängig von der Tätigkeit in der Mehrzahl der Initiativen gleich viel wert ist.[35]

Um Regionalgeld zu verwenden, bedarf es zunächst einer Gemeinschaft von Nutzer*innen mit einem gemeinsamen Interesse. Anders als beim Euro erfolgt die Bildung dieser Gemeinschaft durch die Menschen vor Ort und nicht durch einen Akt des Gesetzgebers oder der Verwaltung. Die ersten Regios sind so in Deutschland 2003 in Umlauf gekommen. Regionalgeld ergänzt den Euro um ein regionales Zahlungsmittel. Der Euro und Regio können dabei aufgrund ihrer unterschiedlichen Eigenschaften auch in Wettbewerb treten. Der deutsche Regio-Verband sieht folgende Ansätze: »Die gegenwärtigen Regionalgelder sind entweder mit Euro hinterlegt, basieren auf Zusagen von Unternehmen als Einlösegaranten einzustehen (Leistungsgeld) oder stellen Mischformen zwischen Euro-Hinterlegung und Garantiezusagen von Unternehmen dar. Der Regio kann als Zahlungsmittel in der Form von Papiergeld, Giralgeld oder Kartengeld vorkommen.«[36] Das primäre Ziel von Regiogeld ist die Stärkung der regionalen und lokalen Wirtschaft. Viele Regionalgelder sind als »Schwundgelder« konzipiert, die nach einem im Voraus bekannten Zeitpfad an Wert verlieren. Erreicht werden soll damit, dass das Geld im regionalen Kreislauf zirkuliert.

Das Netzwerk für monetäre Vielfalt listet eine Vielzahl an komplementären Geldsystemen auf: Regiogeld, Bonussysteme und Unternehmenswährungen, Bartersysteme, in denen Unternehmen miteinander Leistungen tauschen, Tauschringe und Zeitbanken, Energiewährungen, auch virtuelle und Kryptowährungen werden genannt.[37]

Weltweit gibt es an die 2.000 Regionalwährungen mit unterschiedlichen Konzeptionen und Ausprägungen. In Deutschland ist der Chiemgauer die größte Regionalwährung mit einer Verbreitung in den Landkreisen Rosenheim und Traunstein. Der Regiogeld-Verband verzeichnet etwa 30 aktive Regionalwährungen in Deutschland, die in einer Karte fortlaufend aktualisiert werden. Weitere Beispiele sind der Bristol Pound in Großbritannien, der Sardex in Sardinien und der Banco Palmas in Brasilien. Auch in Österreich und der Schweiz gibt es Regio-Geld-Initiativen. Zeitwährungssysteme vergüten Leistungen und Güter nicht in Geld, sondern in Zeitaufwand (siehe Kapitel zur Sozialwende).

Einschätzung: Regionalwährungen, Tauschkreise sowie Zeitgutschriftensysteme sind spannende soziale Innovationen, die lokal ihre Wirkung entfalten können. Der Tausch von Gütern und Dienstleistungen im Nahfeld ermöglicht eine nicht oder weniger anonyme Beziehung zwischen den Marktteilnehmer*innen. Auch die in vielen Kommunen angebotenen Regionalgutscheine haben das Ziel, die regionale Wirtschaft zu fördern. Das Gros der Wirtschaftsaktivitäten wird wohl auch in Zukunft über die anonymisierten, überregionalen Märkte ablaufen, mehr Regionalität könnte aber im Kontext von Krisen an Bedeutung gewinnen.

Zusammenfassung

1. Die stark liberalisierten Finanzmärkte, immer neue Finanzprodukte sowie die Beschleunigung des Tradings mittels digitaler Tools haben zur Destabilisierung des globalen Finanzsystems geführt.
2. Zivilgesellschaftliche Organisationen wie »Finanzwende.de« leisten Informationsarbeit und machen Vorschläge für ein nachhaltiges Finanzsystem.
3. Einrichtungen für Öko- und Social Investments möchten Investitionsströme auf die Nachhaltigkeitswende lenken. Die Divestment-Bewegung fordert Großinvestoren auf, ihre Investitionen in fossile Energieträger zu beenden.
4. Mit Crowdinvesting wurden neue Möglichkeiten des Investierens jenseits von Banken geschaffen. Die Vergütungen reichen von normalen Renditen bis hin zu Produkten als Gegenleistung.
5. Mit der EU-Taxonomie wurde erstmals ein Instrument geschaffen, dass Großunternehmen dazu verpflichtet, Auskunft über ihre Nachhaltigkeitsanstrengungen zu geben und damit Transparenz für Investor*innen zu schaffen. Leider sind damit noch keine verbindlichen Öko-Maßnahmen verbunden.
6. Kontrovers diskutiert werden die Ansätze von Vollgeld und einer Monetative, die es allein den Staaten erlauben würde, Geld zu schöpfen.
7. Mittlerweile bekannt, aber nur in Nischen verbreitet, sind Regionalwährungen, die das Ziel haben, die lokale Wirtschaft zu fördern.

Kapitel 17
Sozialwende

Von Zeitbanken bis Grundeinkommen

Eine nachhaltige Entwicklung lebt auch vom gesellschaftlichen Zusammenhalt und dem Engagement der Bürger*innen. Wie wir gesehen haben, würde unser Wirtschaftssystem ohne die unentgeltlich erbrachten Leistungen im Bereich der Sorgetätigkeiten sowie des Ehrenamts nicht funktionieren. Neben einer ausreichenden Dotierung der Sozialsysteme brauchen wir auch Engagement aus der Zivilgesellschaft. Zudem gibt es innovative Ideen der fairen Verteilung des Wohlstandes sowie der Erhöhung gleicher Startchancen. Im Folgenden werden exemplarisch einige soziale Innovationen vorgestellt, die das Wirtschaften verändern können.

Zeitbanken

»Stellen Sie sich vor, es gibt in Österreich eine virtuelle Bank, bei der jede in Österreich lebende Person ein Konto für Nachbarschaftshilfe, Bildung, Vorsorge, Integration und vieles mehr besitzt. Mit Hilfe dieses Online-Kontos wird allerdings nicht Geld, sondern Zeit angespart, verwaltet und ausgegeben.« Damit wirbt das Projekt der Österreichischen Stundenbank. Es gibt funktionierende Zeitbanksysteme bereits seit den 1980er Jahren, die lokal oder regional verankert sind. Die Stundenbank möchte Zeitbanken auf das gesamte Staatsgebiet ausdehnen. Die ehrenamtlich erbrachten Leistungen sollen in einer Datenbank erfasst und gegen die Dienste und auch Güter anderer getauscht werden können.

Das Konzept: Wer ehrenamtlich tätig ist – egal in welchem Bereich: Feuerwehr, Rettungsorganisation, NGO etc. – bekommt pauschal eine Stunde pro Monat auf dem eigenen Stundenbankkonto gutgeschrieben. Die einzige Voraussetzung sei, dass die Organisation das Engagement bestätigt. »Das bedeutet einen zusätzlichen Anreiz in Organisationen ehrenamtlich tätig zu sein bzw. zu werden. Und das alles, ohne dass der Organisation laufende Kosten entstehen«, heißt es auf der Homepage. Das Prinzip: Man darf maximal fünf Stunden ausgeben, dann muss man wieder selbst etwas einbringen. Die Betreuung des Systems wird durch einen Monatsbeitrag aller Mitglieder finanziert. Das erst in Entwicklung befindliche Projekt soll auch die Möglichkeit bieten, Gleichgesinnte für gemeinsame Aktivitäten zu finden.[1] Auch auf der Homepage des österreichischen Parlaments werden Zeitbanksysteme positiv bewertet: »Zeitbanken sind sozio-technische Systeme, die Dienstleistungen mit Zeit anstatt mit Geld vergüten. Sie zielen generell darauf ab, künftigen Herausforderungen wie dem demografischen Wandel und daraus resultierenden Problemlagen entgegenzuwirken. Vor allem im Bereich der Altersvorsorge (z. B. Betreuungsbedürfnisse der älteren Generation) spielt die Idee des Zeittausches eine Rolle.«[2]

Ähnlich wie Tauschkreise stellen Zeitbanken eine persönliche Beziehung zwischen Anbietenden und Nachfragenden her. Als Währung gilt hier Zeit, die aufgewendet wird, um für jemand anderen etwas zu leisten. Geleistete Stunden werden auf einem Zeitkonto gutgeschrieben und mit Leistungen, die man selbst in Anspruch nimmt, gegenverrechnet. Das Alster-Institut für soziologische und ökonomische Fragestellungen in Hamburg listet aktuell 71 Zeitbankensysteme in Deutschland sowie einige in Österreich und eines in Tschechien auf.[3]

Ein innovatives Modell wird in Österreich und Liechtenstein mit dem Projekt Zeitpolster umgesetzt. Helfende unterstützen ältere Menschen, Familien mit Kindern oder Menschen mit Behinderung durch verschiedenste einfache Unterstützungsleistungen. Dafür erhalten sie eine Zeitgutschrift, die sie später einlösen können, wenn sie selbst Betreuung benötigen. Verrichtet werden Angebote wie Einkaufen, Besuche oder gemeinsame Freizeitaktivitäten, die von den professionellen Sozialträgern nicht abgedeckt werden. Jene, die die Leistungen in Anspruch nehmen, bezahlen einen gewissen Stundenbetrag. Aus diesen Mitteln sollen später die Zeitgutschriften für eigene Inanspruchnahmen von Leistungen finanziert werden. Zeitpolster sieht sich als Ergänzung zum Sozialsystem – angesprochen werden etwa jüngere Pensionist*innen, die ältere Menschen unterstützen.[4]

In einem Band »Sozialrevolution« werden angesichts der Flexibilisierung der Arbeitsverhältnisse neue Formen der sozialen Absicherung jenseits der »Wohlfahrtsbürokratie« gefordert. Das Prinzip der Gegenseitigkeit soll wieder vom Sozialstaat auf selbstorganisierte Vertrauensnetze verlagert werden. Beschrieben werden neue Modelle von Peer-to-Peer-Versicherungen wie die niederländischen »Broodfonds«[5], in denen sich Selbständige zusammenschließen, oder Plattformen wie »Common-Easy«[6], eine Arbeitsausfallversicherung für Selbstständige, sowie die alternative Krankenversicherung Artabana[7], die nach dem Prinzip der Liquid Democracy auf onlinebasierten Versicherungssystemen basieren. Als Beispiel, das bereits vor dem Siegeszug des Internet funktionierte, wird das japanische Vorsorge-Zeitkonto »Fureai Kippu«, auf Deutsch »Ticket für gegenseitigen Kontakt«, genannt. Freiwillig geleistete Betreuungsarbeit wird auf einem Konto gutgeschrieben, welches in Anspruch genommen werden kann, wenn man selbst Betreuung braucht.[8]

Einschätzung: Die demografischen Veränderungen erfordern die Sozialsysteme ergänzende Aktivitäten, die aus der Gesellschaft kommen. Da wir immer älter werden und in der Regel auch immer länger fit bleiben, macht es Sinn, der breiter werdenden Gruppe der »jungen Alten« Angebote zu machen, wie sie sich sinnvoll in die Gesellschaft einbringen können. Neben der Möglichkeit eines gleitenden Übergangs in die Pension über das gesetzliche Pensionsantrittsalter hinaus bieten Projekte wie Zeitbanken eine attraktive Gelegenheit, sich zu engagieren. Generell könnten Zeitbanken zur Aufwertung von Engagement bei Jung und Alt führen. Wie beim Freiwilligenengagement ist aber wichtig, dass dadurch der Staat nicht aus der Verantwortung für professionelle Dienstleistungen entlassen wird. Ob neue Peer-to-Peer-Versicherungssysteme den Markt beleben, müssen Erfahrungen zeigen.

Freiwilligenzentren & Freiwilligenbörsen

Freiwilligenengagement beruht nicht auf einer erwarteten Gegenleistung – die Benefits sind immaterieller Natur: Anerkennung, Gemeinschaft, die Möglichkeit, Neues zu entdecken oder zu lernen. Noch immer sind viele Menschen im klassischen Ehrenamt wie Sportvereinen, Feuerwehren, Rettungsdiensten oder Ähnlichem tätig. Doch nicht alle wollen sich auf längere Zeit binden und nicht alle finden die passende Tätigkeit. Hier helfen Freiwilligenzentren sowie Freiwilligenbörsen. Der deutsche Dach-

und Fachverband der Freiwilligenagenturen zählt rund 400 solche Einrichtungen des bürgerschaftlichen Engagements in Deutschland. Sie bauen Brücken zwischen Bürger*innen, die sich engagieren möchten und gemeinwohlorientierten Organisationen.[9] In rund 50 deutschen Städten und Gemeinden gibt es derzeit Freiwilligenzentren allein in Trägerschaft der Caritas. Über die Homepage können Interessierte ein Zentrum in ihrer Nähe finden und kontaktieren.[10] Auch in vielen anderen Ländern gibt es mittlerweile Freiwilligenagenturen. Während für das klassische Ehrenamt die Freiwilligen meist von den Organisationen selbst geworben werden, etwa durch Jugendbindung, helfen Freiwilligenzentren, auch Menschen für das »neue Ehrenamt«, bei dem man sich beispielsweise nicht länger bindet, zu finden.

Einschätzung: Jede Gesellschaft lebt davon, dass sich Menschen auch außerhalb von Familie und Beruf für gemeinwohlorientierte Anliegen einsetzen. Das kann im Sozial-, Kultur- oder Sportbereich ebenso sein wie in Nichtregierungsorganisationen oder Parteien, die sich gesellschaftspolitisch einbringen. Freiwilligenagenturen und -zentren helfen dabei, die für einen passende Stelle zu finden. Zudem unterstützen sie im richtigen Umgang mit Freiwilligen und bieten auch den sich Engagierenden Fortbildungen an. Klar ist, dass unsere Gesellschaften ohne Freiwilligenengagement nicht funktionieren würden.

Freiwilligen- & Pflichtjahre

Einen Schritt weiter als Freiwilligenarbeit gehen Freiwilligen- oder gar Pflichtjahre. Für junge Menschen gibt es Angebote, nach dem Schulabschluss und vor dem Einstieg in eine Berufsausbildung ein Freiwilligenjahr zu absolvieren – dies kann im Sozial- oder Umweltbereich sein. Zudem gibt es freiwillige Friedensdienste im Ausland. Wie dies funktioniert, erfährt man auf den Homepages der Vermittlungsstellen.[11]

Zudem gibt es die Forderung nach einem sozialen Pflichtjahr. In Deutschland wird seit Abschaffung der Wehrpflicht im Jahr 2011 darauf stärker gedrängt. In Österreich und der Schweiz besteht zwar noch die Wehrpflicht mit der Möglichkeit Ersatzzivildienst zu leisten, aber selbstredend nur für Männer. Angestoßen hat die Debatte über Pflichtjahre unter anderem der Philosoph Richard David Precht. Der materielle Wohlstand habe die Gesellschaften zum einen befriedet, zum anderen aber zur Zunahme von Egoismus, Gereiztheit sowie Ablehnung der öffentlichen Institutionen geführt. Precht schlägt daher zwei Pflichtjahre für alle Staatsbürger*innen vor, um dieser »Entpflichtungshaltung« entgegenzuwirken: eines nach dem Schulabschluss und eines nach dem Eintritt in die Pension. Denn: »Wenn alle ein Maximum an Freiheit bei einem Minimum an Pflichtgefühl leben, steuert die Demokratie in den Zustand der Unregierbarkeit, der Anomie.«[12] Denkbar seien Einsatzbereiche, für die der Staat nicht aufkommen kann, etwa in der Unterstützung von Jugendlichen mit sozialen oder Lernschwierigkeiten.

Einschätzung: Freiwilligenjahre für junge Menschen können hilfreich sein in der Orientierungsphase vor dem Einstieg in die Berufsausbildung. Sie sind keine verlorene Zeit. Pflichtjahre gehen einen Schritt weiter. Sie fordern diesen Einsatz als Teil der staatsbürgerlichen Pflicht, etwas zum Gemeinwohl beizutragen. Gesamtgesellschaftlich könnte dies durchaus positive Effekte haben, der Widerstand von Bürger*innen, aber auch der Wirtschaft, die den Ausfall von Arbeitskräften fürchtet, ist aber vorprogrammiert.

Erbe für alle

Wir kommen nun zu sozialen Innovationen, die durch neue Wege der Umverteilung erreicht werden sollen. 120.000 Euro als »Erbe« für jeden, übergeben am 25. Geburtstag als eine Art Startkapital – damit will der Ökonom Thomas Piketty die ungleiche Vermögensverteilung mildern und zugleich die Startchancen benachteiligter junger Menschen erhöhen. Finanziert werden soll das Ganze durch eine Vermögenssteuer von 90 Prozent für die Allerreichsten.[13] Marcel Fratzscher, Präsident des Deutschen Instituts für Wirtschaft, findet die Idee im Prinzip gut, er hält aber den Finanzierungsvorschlag durch massive Vermögensbesteuerung bei Piketty für überzogen. Sinnvoll findet Fratzscher hingegen Pikettys Idee des »Erbes für alle« – jedenfalls bis zu einem gewissen Grad. »Ich würde es wahrscheinlich begrenzen«, sagt er gegenüber dem Deutschlandfunk Kultur. Aber: »Etwas zu erben, gibt Menschen eine Chance.«[14] Sein Kollege, der Ökonom

Stefan Bach des Deutschen Instituts für Wirtschaft, argumentiert ebenfalls für ein Grunderbe für alle: »Ob man in eine arme oder reiche Familie geboren wird, ist reiner Zufall, sozusagen Spermalotterie. Wer Vermögen in der Familie hat, kann größere Risiken eingehen, eine längere Ausbildung machen, eine Auszeit nehmen, mal ganz abgesehen vom kulturellen Kapital, vom Habitus, den man mitbekommt. Wenn Menschen in der Gesellschaft beim Start ins Leben sehr ungleiche Chancen haben, kann man das auch als Neo-Feudalismus bezeichnen.«[15] Bachs Konzept geht davon aus, dass der Staat allen jungen Erwachsenen ein Grunderbe in Höhe von 20.000 Euro vermacht. Damit könnten diese zum Beispiel eine Ausbildung finanzieren, ein Unternehmen gründen, eine Wohnung mitfinanzieren oder das Geld bei Arbeitslosigkeit oder Krankheit nutzen.

Der Wirtschaftspublizist Thomas Kessler schlägt Ähnliches vor. 400 Milliarden Euro würden in Deutschland jedes Jahr vererbt, doch die Hälfte aller jungen Menschen gehe leer aus. Kessler berichtet, dass es im US-Bundesstaat Connecticut bereits ein Erbe-für-alle-Modell gibt – allerdings ist der allen jungen Menschen ausbezahlte Betrag an die Verwendung für Aus- und Fortbildung, die Schaffung von Wohnraum, die Gründung eines Unternehmens oder für die Altersvorsorge gebunden. 18-Jährige aus armen Familien können mit einer Zuwendung aus dem sogenannten »Babyfonds« rechnen. Eingeführt wurde diese Geldanlage, um die soziale Kluft zwischen Schwarzen und Weißen zu verringern.[16]

Einschätzung: Ein Erbe für alle wäre ein mutiger Schritt, in der Sozialpolitik neue Wege zu gehen. Widerstand würde nicht nur von Vermögenden und diese vertretenden Parteien kommen, sondern wohl auch von Bürger*innen, die Besorgnis äußern, dass die jungen Menschen das geschenkte Geld missbräuchlich verwenden würden. Eine Junktimierung würde diesen Bedenken entgegenwirken.

Grundeinkommen & Grundauskommen

Die Forderung nach einem Grundeinkommen hat in der Corona-Krise an Bedeutung gewonnen – mit den vielen Pros und Contras. Gesellschaften mit hoher Wirtschaftsproduktivität müssen es sich leisten können, dass jede*r Bürger*in ein Existenzminimum unabhängig von Erwerbsarbeit bekommt, so die Begründung für ein Grundeinkommen, das bedingungslos, also ohne Bereitschaft Erwerbsarbeit anzunehmen, gewährt werden soll. Argumentiert wird mit dem Ende der Vollbeschäftigung, was eine Entkopplung von Arbeit und Einkommen erfordern würde, ebenso wie mit dem Umstand, dass ein großer Teil der Arbeit bereits jetzt jenseits der Erwerbsarbeit stattfinde. Um Arbeit zu ermöglichen, müsse es ein Einkommen geben und nicht umgekehrt, so etwa dm-Gründer Götz Werner, ein vehementer Verfechter eines bedingungslosen Grundeinkommens (BGE).[17] Richard David Precht argumentiert das Grundeinkommen mit dem drohenden Verlust zahlreicher Arbeitsplätze durch die Ausbreitung der Künstlichen Intelligenz.[18] Die Politikwissenschaftlerin Barbara Prainsack sieht zwar die sinnstiftende Rolle von Erwerbsarbeit, erwartet von einem Grundeinkommen aber eine Ausweitung der Wahlmöglichkeiten für Arbeitnehmer*innen und die Chance, sich auch in der Erwerbsarbeit neu orientieren zu können.[19]

Die Initiative »Mein Grundeinkommen« sammelt Spenden und vergibt dafür Grundeinkommen. An die 2.000 Grundeinkommen in der Höhe von 1.000 Euro zwölf Mal monatlich wurden bereits verlost. 2023 hat das Team um Michael Bohmeyer gemeinsam mit dem Deutschen Institut für Wirtschaftsforschung ein Finanzierungsmodell entwickelt, das zeigen soll, wie viel Bezieher*innen eines bedingungslosen Grundeinkommens tatsächlich bekommen und wie viel als Steuern sie wieder in den Finanzierungstopf abliefern würden. Das Ergebnis: 83 Prozent der Erwerbstätigen würden mehr Einkommen haben; 75 Prozent der Gesamtsumme des nationalen BGE seien bereits finanziert bzw. würden sich durch das BGE selbst refinanzieren (Einsparungspotenziale, Steuerrückflüsse etc.). Durch zusätzliche, zielgerichtete Steuern zur Umverteilung (Finanztransaktionssteuer, Vermögenssteuer) könnte sogar eine Überfinanzierung entstehen.[20]

Als Gegenargumente zu einem bedingungslosen Grundeinkommen werden das Abgehen vom Prinzip des Sozialstaats, wonach jede*r in seinen Möglichkeiten auch zu dessen Finanzierung beitragen soll, sowie die Gefahr der Aushöhlung wohlfahrtsstaatlicher Leistungen gesehen. Götz Werner etwa plädiert für den Ersatz aller bisherigen Transferleistungen durch das Grundeinkommen. Befürchtet wird ein »Sozialstaat light«[21].

Im Zuge der Pandemie erhielten die Befürworter*innen eines bedingungslosen Grundeinkommens, also eines Kriseneinkommens, Aufwind.

Eine Petition an die Europäische Union forderte ein Notfall-Grundeinkommen und ein EU-geführtes Finanzinstrument, »welches es allen Mitgliedstaaten der EU ermöglicht, schnell ein bedingungsloses Grundeinkommen einzuführen«. [22] Und es gab praktische Umsetzungen: In Baden-Württemberg zahlte das Land seinen freien Kulturschaffenden sowie allen anderen in freien Berufen Tätigen, denen in der Krise alle Honorare weggebrochen sind, aus Landesmitteln ein monatliches Grundeinkommen von 1.180 Euro. Deutschlandweit umgesetzt wurde ein auf Selbständige ausgeweitetes Modell der Grundsicherung. Antragsteller*innen mussten sechs Monate lang weder Vermögensverhältnisse offenlegen noch ihr Vermögen antasten.[23] In Spanien wurde im Zuge der Pandemie ein bedingungsloses Grundeinkommen für Mittellose eingeführt.[24] Ein ähnliches Modell in Italien wurde 2023 von der neuen Rechtsregierung wieder abgeschafft.

Ein alternativer Vorschlag kommt von der französischen Décroissance-Bewegung, die ein Grundauskommen (Dotation inconditonelle d´Autonomie) fordert.[25] Als Alternative oder Ergänzung zum in Geld ausbezahlten Grundeinkommen soll das Grundauskommen allen Menschen Zugang zu einer gewissen, demokratisch festzusetzenden Menge an Grundgütern als soziales Recht gewähren. Dazu gehöre das Recht auf Wohnraum und Zugang zu Land (natürlich begrenzt pro Person), das Recht auf Würde (Mindestmaß an lokal produzierten Lebensmitteln und Grundbedürfnisse wie Kleidung, Möbel, Fahrräder), Zugangsrechte zu Wasser, Energie, öffentlichem Verkehr, Gesundheits-, Bildungs-, Kultur- und Kinderbetreuungsangeboten. Notwendig hierfür wären eine Wiederaneignung und Demokratisierung der kollektiven Infrastrukturen sowie die Festlegung eines Maximaleinkommens – gefordert wird maximal das Vierfache des Grundeinkommens, alles darüber würde wegbesteuert.

Einschätzung: Das Prinzip freier öffentlicher Güter ist nicht neu: der Zugang zu Schulen, größtenteils auch jener zu Kinderbetreuungseinrichtungen ist bei uns bereits jetzt kostenfrei, in Luxemburg oder der estnischen Hauptstadt Tallinn gibt es mittlerweile auch den Nulltarif beim öffentlichen Verkehr. Das Ziel des Grundauskommens wäre ein ausgeweiteter gemeinwohlorientierter Sektor zur Befriedigung der Grundbedürfnisse. Das bedingungslose Grundeinkommen setzt auf Geldtransfers und würde die Entscheidung über den Einsatz der Mittel den Menschen selbst überlassen. Es bricht mit dem Solidarprinzip, auf dem unsere Wohlfahrtsstaaten basieren, und wird wohl noch länger Utopie bleiben.

Zusammenfassung

1. Neue Ansätze einer Sozialwende beziehen sich zum einen auf soziale Innovationen, die die Beziehungen unter Menschen stärken sowie neue Tauschverfahren etablieren. Am bekanntesten sind Zeitbanken und Tauschkreise, die in Nischen existieren. Neue Peer-to-Peer-Versicherungen können an Bedeutung gewinnen.
2. Ansätze wie Freiwilligen- oder allgemeine Pflichtjahre fördern das ehrenamtliche Engagement und ermöglichen neue Erfahrungen. Freiwilligenzentren vermitteln passende Freiwilligenstellen.
3. Ein von mehreren Autoren vorgeschlagenes Erbe für alle würde die Startchancen junger Menschen besser verteilen.
4. Vertreter*innen eines bedingungslosen Grundeinkommens erwarten sich davon die Aufwertung nicht bezahlter Arbeit sowie die Erhöhung der Wahlmöglichkeiten am Arbeitsmarkt. Das Grundeinkommen wird kontrovers diskutiert. Kritiker*innen sehen darin eine Abkehr vom Solidarmodell des Sozialstaats.
5. Als Sonderform gelten der Ansatz eines Grundauskommens, über den Grundbedürfnisse kostenfrei abgedeckt würden, sowie der Anspruch auf ein universelles Erbe, das jedem zustehen soll.

Kapitel 18
Konsumwende

Von Second-Hand und Sharing bis Suffizienz

An den Supermarktkassen werden keine politischen Entscheidungen getroffen. Aber ein bewusstes Konsumverhalten hat Einfluss auf die Unternehmen, die auf die Marktnachfrage reagieren müssen. Was und wie viel gekauft wird, bestimmt wesentlich mit, was und wie viel produziert wird. Es gibt unterschiedliche Maßnahmen, mit denen der Konsum und damit der Ressourcenverbrauch gedrosselt werden können.

Länger nutzen – Second-Hand-Märkte – Reparaturbonus

Der Reparaturexperte Sepp Eisenriegler ist überzeugt, dass billige Waschmaschinen letztlich teurer kommen, weil sie bedeutend weniger lang halten als Qualitätsware. Er hält auch nichts davon, neue Elektrogeräte anzuschaffen, nur weil diese bessere Energieverbrauchswerte aufweisen, wenn die alten noch funktionstüchtig sind. Der ökologische Rucksack der neuen Geräte wiege nämlich die Energieeinsparung im Verbrauch mehr als auf. Eisenriegler spricht von »Konsumtrotteln«, weil uns vieles Falsches eingeredet werde.[1]

Die »Sechs-R«-Regel besagt Folgendes: Rethink – Brauche ich das wirklich; Refuse – Vermeide beim Kauf unnötigen Ballast; Reduce – Kaufe nur so viele Güter, die für den angestrebten Nutzen ausreichen; Reuse – Nutze Güter so lange wie möglich oder gib sie an einen Second-Hand-Laden; Repair – Repariere defekte Güter oder lasse sie reparieren; Recycle – Wenn etwas nicht mehr repariert werden kann, führe die Stoffe der Wiederverwertung zu.[2]

Politisch werden längere Garantiefristen, reparaturfähige Produkte sowie die Unterbindung von Obsoleszenz gefordert. Die Ökodesign-Richtlinie 2018 der Europäischen Union verlangt, über die Energieeffizienz hinaus alle umwelttechnisch relevanten Aspekte eines Produkts in den Blick zu nehmen: seine Zusammensetzung, Haltbarkeit, Zerlegbarkeit, Reparatur- und Recycelfähigkeit.[3] Der 2020 verabschiedete »Circular Economy Action Plan« hat das Ziel, nachhaltige Produkte zur Norm in der EU zu machen sowie die Stärkung von Verbraucher*innen und öffentlichen Käufern voranzubringen. Der Fokus soll auf jene Sektoren gelegt werden, die die meisten Ressourcen verbrauchen und in denen das Potenzial für Kreislaufwirtschaft hoch ist, wie: Elektronik, Batterien und Fahrzeuge, Verpackung, Kunststoffe, Textilien, Bau und Gebäude, Lebensmittel, Wasser und Nährstoffe. Als Maßnahmen werden längere Garantiefristen und Reparatursiegel angekündigt. Die Recyclingquoten bis 2030 sind ehrgeizig: bei Siedlungsabfällen 65 Prozent, bei Verpackungsabfällen 75 Prozent und Deponierung maximal 10 Prozent. Lebensmittelabfälle sollen um 50 Prozent verringert werden. In Aussicht gestellt wurden Förderungen für Designmaßnahmen zur Wiedernutzung.[4]

Der Reparaturbonus ist ein öffentlich finanziertes Förderprogramm zur Vermeidung von Elektroschrott. Es soll finanzielle Anreize schaffen, damit Reparaturen von elektrischen Geräten für die Verbraucher*innen günstiger und erstrebenswerter werden. In Österreich gibt es bereits einen Reparaturbonus. Bis zu 200 Euro je Reparatur übernimmt das Klimaschutzministerium und die Kund*innen zahlen im Reparaturbetrieb nur noch die Differenz.[5] In Deutschland wird über die Einführung eines Reparaturbonus diskutiert – bislang haben Thüringen und Sachsen als erste deutsche Bundesländer eine Reparatur-Förderung für Elektrogeräte eingeführt.[6] Verbraucherschützer fordern den Zuschuss bundesweit, so der Fachhandelspartner bei Garantie-Dienstleistungen »Wertgarantie«.[7]

Repair Cafés sind ehrenamtliche Treffen, bei denen die Teilnehmer*innen allein oder gemeinsam mit anderen ihre kaputten Dinge reparieren. An den Orten, an denen das Repair Café stattfindet, ist Werkzeug und Material für alle möglichen Reparaturen vorhanden. Zum Beispiel für Kleidung, Möbel, elektrische Geräte, Fahrräder, Spielzeug und vieles mehr. Aus Versicherungsgründen müssen die Dinge von den Besuchenden selbst repariert werden, die ehrenamtlichen Betreuenden, meist pensionierte Elektrofachleute, geben aber Unterstützung.[8]

An Bedeutung gewinnen die Second-Hand-Märkte – ein gutes Beispiel dafür, wie Pionierprojekten die Ausweitung auf größere Kundenkreise folgen kann. Second-Hand-Märkte gibt es mittlerweile für Textilien, Computer, Möbel und anderes mehr. Häufig werden sie von sozial-ökonomischen Betrieben geführt wie die Carla-Läden der Caritas in Österreich[9], daneben gibt es auch rein kommerziell betriebene Läden. Die Wiederverwendung gebrauchter Dinge fördern auch die an Bedeutung gewinnenden Online-Märkte, in denen Güter unkompliziert zum Kauf angeboten und erstanden werden können. Zu den bekanntesten Plattformen zählen »ebay« und »willhaben«. Der Umsatz des weltweiten Second-Hand-Marktes wird auf 33 Milliarden Euro geschätzt. 52 Prozent der befragten Deutschen haben bereits Second-Hand-Textilien gekauft.[10]

Den radikalsten Weg gehen sogenannte Kost-Nix-Läden. »Im Prinzip ist der Kost-Nix-Laden ein Lagerraum für Dinge, die abgegeben und kostenlos weitervermittelt werden. Das Sortiment umfasst Gegenstände des täglichen Gebrauchs, unter anderem Bücher, Kleidung, Schuhe, Tonträger, Filme, kleine Elektrogeräte, Geschirr, sonstige Haushaltsartikel und vieles mehr«, erfährt man auf der Homepage der österreichischen Kost-Nix-Läden.[11] Spenden sind erwünscht, um die Fixkosten finanzieren zu können. In der Regel brauchen Kost-Nix-Läden jedoch öffentliche oder karitative Unterstützung, damit die Lokalmiete sowie das Personal bezahlt werden kann.

Einschätzung: Das Bewusstsein für langlebige Güter ist noch entwicklungsfähig. Häufig verführt der günstigere Preis zum qualitativ schlechteren Produkt – und manche können sich das teurere auch nicht leisten. Zudem ist darauf zu achten, dass teurer nicht immer besser bedeutet, etwa wenn man für die Marke bezahlt. Längere gesetzliche Garantiefristen und eine klare Kennzeichnung etwa hinsichtlich Reparierbarkeit würden Konsumentscheidungen erleichtern. Die Wiederentdeckung des Reparierens steht erst am Anfang – Probleme bereiten die mangelnde Reparierbarkeit vieler Produkte, fehlende Fachkräfte, teure Ersatzteile und hohe Arbeitskosten sowie vergleichsweise billige Neuprodukte. Nur politische Vorgaben können hier den Weg in die Kreislaufwirtschaft weisen – ehrenamtlich geführte Repair Cafés dienen der Bewusstseinsbildung, sie können ein professionelles Reparaturgewerbe aber nicht ersetzen.

Nutzen statt Besitzen

Ein Band über »Kreislaufwirtschaft in der EU«[12] schlägt als wesentlichen Schritt weg vom linearen Wirtschaften das neue Geschäftsmodell des Nutzens statt Besitzens – in der Fachsprache Leasing – vor. Anders als beim Kauf geht man nur eine Gebrauchsüberlassung ein. Man ist zwar Besitzer*in des Gutes, solange der Vertrag läuft, aber nicht Eigentümer*in.

Wichtiger als »Closing the Loop« (so die Diktion des EU-Aktionsplans für Kreislaufwirtschaft) sei »Slowing the Flow«, also die Verlängerung der Haltbarkeit von Produkten. Und da viele Produkte funktionstüchtig weggeworfen werden, müsse auch die Wiederverwendung gestärkt werden.[13] Es gehe um Geschäftsmodelle für »langsameren Konsum«, von Ecodesign über Reparierservices bis hin zum Nutzermodell sowie einer starken Kundenbindung. Nur mit einem besseren Leistungsversprechen als es das lineare Modell bietet, könnten Konsument*innen gewonnen werden: »attraktiver, bequemer, höherer Servicegrad«.[14]

Der Übergang vom Abfall- und Recyclingdenken hin zu »Modularität und Reparierfähigkeit« gelänge jedoch nur mit einem veränderten Eigentümer-Modell, denn die Produzierenden hätten eben nur dann daran Interesse, wenn sie selbst Eigentümer*innen der Produkte bleiben und nur deren Nutzen verkaufen.[15] Es gibt erste Beispiele des Leasings, etwa bei Autos, Fahrrädern oder E-Scootern. Kopiergeräte in Büros werden immer häufiger nur geleast. Im Vertrag enthalten ist ein regelmäßiger Service sowie die Rücknahmegarantie für das Gerät. Der Vorteil: Die Vermietenden des Geräts haben Interesse daran, dass dieses möglichst lange hält, weil so der Ertrag am größten ist, während dies bei verkauften Geräten genau umgekehrt ist: Je früher das Gerät kaputt ist, umso schneller kann ein neues verkauft werden (siehe Unterkapitel zu Obsoleszenz). Wenig verbreitet ist bislang das Leasing von Haushaltsgeräten. Bosch-Siemens hat in diesem Sinn ein entsprechendes Programm gestartet. Unter dem Label »Blue Movement« werden Waschmaschinen, Trockner, Geschirrspüler und Küchengeräte per Monatsmiete angeboten – Service und allfällige Reparaturen inklusive.[16] Waschmaschinen und Trockner kann man auch beim Reparatur- und Service-Zentrum R.U.S.Z. in Wien mieten.[17] Der Betrieb repariert nicht nur Waschmaschinen, sondern bietet auch Second-Hand-Geräte sowie einen Waschsalon an.

Leasing kann auch für Unternehmen interessant sein. »Statt Fahrzeuge, Geräte, Produktionsanlagen oder Immobilien zu kaufen, setzen immer mehr Unternehmen auf Leasingmodelle. Sie reagieren damit auf die zunehmend strengeren Eigenkapital- und Kreditvergaberichtlinien der Banken, nutzen steuerliche Vorteile und können mit einem vergleichsweise geringen finanziellen Aufwand starten, expandieren oder modernisieren«, so die Homepage »Kreditrechner.com«, auf der Finanzierungsmodelle durch Leasing, Ratenkauf und Sofortkauf verglichen werden. Als Vorteile werden der Erhalt der Liquidität, Planungssicherheit, weil die Raten monatlich fällig sind, sowie der Umstand, dass per Leasing die neuesten Maschinen oder Anlagen vorgehalten werden können, genannt. Doch Leasingmodelle haben auch Schattenseiten. Man sei in der Regel an den Vertrag und damit an das Leasinggut gebunden. Problematisch seien möglicherweise auch die Kosten, da die Raten oft höher ausfielen als bei anderen Finanzierungen. Gefahren, die auch beim Leasing durch Privatpersonen zutreffen.[18]

In der Landwirtschaft wird Leasing seit längerem in der Form praktiziert, dass Landwirt*innen Mitglied eines Maschinenrings werden können. Dies ermöglicht das Ausleihen von Geräten oder den Kauf von Dienstleistungen. Man kann das Ernten von Heu, Getreide und anderem, das Pflügen und Eggen der Felder oder Forstarbeiten Angestellten des Maschinenrings überlassen. Der wirtschaftliche Vorteil: Man erspart sich die Anschaffungskosten für teure Maschinen, nutzt diese besser und kann auch Arbeitskraft zukaufen. Allein in Österreich gibt es über 70 regionale Maschinenringe mit 70.000 Mitgliedern und 30.000 Dienstleistenden.[19]

Einschätzung: Das Geschäftsmodell des Leasings würde dazu führen, dass Geräte so gebaut und gewartet werden, dass sie möglichst lange halten. Doch noch ist das Besitzen-Wollen der Dinge mental stark verankert. Möglicherweise kommt der Kauf (derzeit noch) billiger, wenn man gut auf die Geräte schaut. Leasingmodelle können so wie Ratengeschäfte auch zur Überschuldung führen, weil – etwa beim Kauf eines Autos – kaum Ersparnisse nötig sind, aber dafür monatlich Zahlungen anfallen. Aus

Anbietersicht könnte das Nutzen statt Kaufen mit Unwägbarkeiten verbunden sein, etwa wenn mit den geleasten Geräten unachtsam umgegangen wird. Möglicherweise lässt sich mit dem Verkaufen auch mehr Gewinn machen. Da der Service bei allen produzierenden Unternehmen immer mehr Bedeutung gewinnt und die Vorschriften hinsichtlich Garantielänge sowie Reparierbarkeit strenger werden, könnte Leasing in Zukunft jedoch attraktiver werden.

Sharing Economy und Güter-Teilen

Güter gemeinsam zu nutzen ist nicht ganz neu. Wir kennen es von Bibliotheken, in denen Bücher ausgeliehen, aber nicht gekauft werden können. Die bereits genannten Maschinenringe in der Landwirtschaft arbeiten nach demselben Prinzip, ebenso Autovermietungen am Flughafen oder Skiverleihe in Wintersportgebieten. Moderne Formen des Güter-Teilens beziehen sich etwa auf frei verfügbares Wissen im Internet oder Auto-Teilen-Gemeinschaften. Möglich ist auch das Teilen von Werkzeugen, etwa von Bohrmaschinen. Es gibt erste Wohnanlagen, in denen nicht nur Gemeinschaftsräume und Gemeinschaftsgärten, sondern auch gemeinsame Werkzeugkisten eingerichtet werden. Auf »shareonimo.at« kann man beispielsweise Werkzeuge in seiner Nähe mieten, zugleich natürlich auch Werkzeug zum Vermieten anbieten.[20] »Während die klassischen Angebote entweder in öffentlicher Hand liegen oder von Unternehmen geführt werden, kommen bei der Sharing Economy auch Privatleute ins Spiel. Das Internet, soziale Medien und Smartphones erleichtern es ihnen, sich untereinander zu vernetzen und auszutauschen«, ist auf der Homepage der vom deutschen Ministerium für Wirtschaft und Klimaschutz geförderten Gründerplattform zu lesen. Längst würden nicht mehr nur Informationen und Bilder geteilt, sondern auch Kleidung, Werkzeug, Essen, Autos, Wohnungen und Schlafplätze. Was in vielen Fällen als private Nachbarschaftshilfe begann, werde inzwischen von Unternehmen aufgegriffen und kommerzialisiert.[21] Eines der bekanntesten und verbreitetsten Modelle ist Carsharing (mehr dazu im Kapitel »Mobilitätswende«).

Digitale Plattformen ermöglichen die Ausbreitung von Sharing-Modellen. Weltweit bekannt sind mittlerweile die Zimmer-Vermieter-Plattform

Airbnb oder die Privattaxivermittlung Uber. Weniger kommerziell, aber Vorläufer solcher Unternehmen, sind etwa Couchsurfing[22] oder die Vermittlung von landwirtschaftlichen Einsätzen gegen Kost und Logi durch WOOF (World Opportunities on Organic Farming).[23] Ein findiges Start-up in Österreich hat beispielsweise begonnen, die tageweise Vermietung von privaten Seegrundstücken zu vermitteln.[24]

Einschätzung: Das Prinzip, Güter zu teilen und damit effizienter zu nutzen, macht Sinn, wenn dadurch Ressourcen eingespart werden, etwa durch eine gemeinsame Waschmaschine in einer Wohnanlage. Was früher als gegenseitiges Leihen in der Nachbarschaft üblich war, hat sich aufgrund der digitalen Plattformmöglichkeiten mittlerweile ausgeweitet. Zu klären sind bei allen Sharing-Modellen Sicherheits- und Garantiefragen, die bei Vereinen oder kommerziellen Anbietern professionell geregelt werden. Güter-Teilen kann dazu führen, dass der Absatz von Konzernen sinkt – wenn sich mehr Menschen ein Auto teilen, dann werden weniger Autos verkauft. Das hat wirtschaftliche Auswirkungen auf die betroffenen Branchen. Eine mögliche Gefahr besteht jedoch darin, dass die Sharing-Angebote zu Mehrnutzung führen. Auto-Teilen macht dort Sinn, wo es keine Alternative gibt, etwa den öffentlichen Verkehr oder das Fahrrad (siehe auch das Kapitel »Mobilitätswende«).

Dies gilt etwa auch für die Überlassung günstigerer Übernachtungsmöglichkeiten, die zu mehr Reiseverkehr und damit auch zu mehr Emissionen führen können. Airbnb, eine moderne Form der früheren Privatzimmervermietung, führt auch dazu, dass Wohnraum der Dauernutzung entzogen wird, was die Leerstandsproblematik erhöht. Zudem treten diese Anbieter in Konkurrenz zum Hotelgewerbe, im Falle Ubers zum Taxigewerbe. Sharing würde mehr Sinn machen, wo dauerhaft Mehrnutzen geschaffen wird, etwa wenn Hausbesitzende andere Menschen in Miete nehmen, um aufgrund ausgezogener Kinder den Leerstand zu nutzen. Die multifunktionale Nutzung öffentlicher Gebäude, etwa Schulen für Abendveranstaltungen oder im Sommer, würde ebenfalls Sinn ergeben.

Suffizienz als Ansatz des Genug

Suffizienz stammt aus dem Lateinischen und bedeutet sinngemäß »genug«, »genügsam«. Das Konzept geht zurück auf die Philosophie vom »rechten Maß« bei Aristoteles und findet sich etwa wieder bei Henry David Thoreau, einem Denker des 19. Jahrhunderts, der meinte: »Reich sind wir in Proportion zu den Dingen, die sein zu lassen wir uns leisten können.«[25] Mahatma Gandhi formulierte es so: »Reich wird man erst durch Dinge, die man nicht begehrt.«[26] Die heutigen Vertreter*innen der Suffizienz gehen davon aus, dass die ökologische wie die ökonomische Krise mit Öko-Effizienz (Bestehendes mit weniger Ressourcenverbrauch herstellen) und Öko-Konsistenz (Übergang zu naturangepassten Produktionsweisen, zum Beispiel mit Solarenergie) allein nicht gelöst werden kann. Das Ziel müsse sein, uns weniger von der Natur zu nehmen, nicht nur diese besser zu nutzen, so etwa Wolfgang Sachs als früher Vertreter der Suffizienz-These, der von »vier E« gesprochen hat: Einfachheit, Entkommerzialisierung, Entflechtung und Entschleunigung.[27] Der Postwachstumsökonom Niko Paech argumentiert mit der begrenzt verfügbaren Zeit, Dinge zu nutzen. Er meint: »Souverän ist nicht, wer möglichst viel hat, sondern möglichst wenig braucht.«[28] Und eines der Bücher der Kulturwissenschaftlerin Marianne Gronemeyer heißt kurz und bündig: »Genug ist genug«.[29]

Lebensqualität wird also nicht nur an materiellen Dingen gemessen – was übrigens nie der Fall war. Immaterielle Güter gewinnen an Bedeutung. Suffizienz bedeutet nicht Verzicht und Selbstkasteiung, sondern Auskommen mit dem Ausreichenden. Bewegungen wie »Voluntary Simplicity«, »Downsizing«, »Décroissance«, »Friluftsliv«, »Einfach gut leben« oder »SOL – Menschen für einen solidarischen Lebensstil« zeugen davon, dass Suffizienz gegenwärtig wieder an Bedeutung gewinnt.[30] SOL führt beispielsweise eine »Ich habe genug«-Kampagne durch. In Fern- und Nahkursen werden Wege eines nachhaltigen Lebensstils reflektiert.[31] Die Minimalismus-Bewegung sieht in der Beschränkung eine Befreiung und bietet dafür Anregungen an.[32] Das Portal »utopia.de« informiert über einen nachhaltigen Lebensstil.[33] Als praktische Ansätze des Weniger-Konsumierens sowie des Brechens mit der Marktlogik gelten die bereits vorgestellten Kost-Nix-Läden sowie der jährlich ausgerufene Kauf-Nix-Tag. Die Ge-

genveranstaltung zum Black Friday, dem jährlichen Abverkaufstag mit seinen Rabattschlachten, ruft dazu auf, »draußen zu bleiben aus Shopping-Center, Supermärkten und Boutiquen«.[34]

Es wird auch Suffizienzpolitik gefordert, die Rahmenbedingungen so gestalten müsse, dass »das gute Leben einfacher« wird. Gemeint sind Anreizsysteme sowie Infrastrukturen, die einen nachhaltigen Lebensstil fördern und belohnen.[35] Michael Kopatz plädiert dafür, »Öko« zur Routine für alle zu machen, was auch Einschränkungen bedeute, da es kein »Menschenrecht auf Expansion« gebe. Notwendig seien »politische Werkzeuge, Gelegenheitsstrukturen, Standards und Fahrpläne, die dazu führen, dass wir tun, was wir für richtig halten«.[36] Und Harald Welzer spricht von einer »reduktiven Moderne«, die die expansive Moderne ersetzen wird, ohne deren Errungenschaften wie Demokratie oder zivilgesellschaftliches Engagement über Bord zu werfen.[37]

Einschätzung: Bewegungen für Suffizienz greifen frühe Traditionen vom rechten Maß auf und übersetzen diese in die heutige Zeit. Noch sind sie in einer Nische beheimatet, doch unter jungen Menschen könnte die Bewegung für eine neue Einfachheit an Bedeutung gewinnen. Noch dominiert der Konsumismus unserer Wohlstandsgesellschaften, doch ohne Suffizienz werden die Öko-Krisen nicht zu bewältigen sein. Das einfachere Leben darf dabei nicht romantisiert werden, vielmehr ist es mit einer Bewegung für Verteilungsgerechtigkeit zu verbinden. Der Lebensstil der Mehrheit der Menschen in den reichen Ländern ist aber noch immer zu ressourcenintensiv, dies ist in Verteilungsdebatten zu berücksichtigen.

In meinem Buch »Von nichts zu viel – für alle genug« habe ich ein plurales Wohlstandsverständnis in acht Dimensionen entworfen: Neben einem neu gedachten Güterwohlstand, in dem wir uns wieder mit den uns umgebenden Gegenständen befreunden, einem Ernährungswohlstand, der uns selbst und der Mitwelt guttut, schlug ich einen neuen Tätigkeits- und Zeitwohlstand vor, der alle Lebenssphären gut vereinen lässt. Ortswohlstand beschreibe ich als Aufwertung unserer Nahräume, die zugleich den Beziehungswohlstand fördert. Mit Bildungs- und Demokratiewohlstand sollen die Teilhabe am politischen und gesellschaftlichen Leben verbessert werden. Suffizienz spielt dabei ebenfalls eine entscheidende Rolle.[38]

Zusammenfassung

1. Die Konsumwende ist nötig, um den Energie- und Ressourcenverbrauch drastisch zu reduzieren.
2. Dabei gibt es Ansätze, die bei einem veränderten Lebensstil auf freiwilliger Basis ansetzen. Im Zentrum steht dabei Suffizienz, als die Sichtweise des Genug, das Auskommen mit dem Ausreichenden. Mit Kost-Nix-Läden, Flohmärkten und Online-Tauschbörsen wird die Lebenszeit von Dingen verlängert.
3. Ansätze wie Second-Hand-Läden, bewusstes Länger-Nutzen von Dingen, verstärktes Reparieren sowie das Teilen von Gütern in einer sogenannten Sharing Economy verbinden neue institutionelle Angebote mit neuen Verhaltensweisen.
4. Der in manchen EU-Ländern eingeführte Reparaturbonus soll dazu anregen, Geräte reparieren zu lassen, anstatt diese zu entsorgen. Ebenfalls empfohlen wird Leasing als Geschäftsmodell.
5. Um eine Kreislaufwirtschaft zu verwirklichen, reicht es nicht, Abfall zu vermeiden und Dinge zu recyceln. Güter müssen vom Produktdesign her Langlebig- und Reparierbarkeit gewährleisten. Daher fordert die EU in einem »Circular Economy«-Action-Plan ein ökologisches Design für Produkte sowie längere Garantiefristen.

Kapitel 19
Stadtwende

Von neuen Wohnformen bis Green Cities

Mehr als die Hälfte der Menschheit lebt mittlerweile in Städten. Städte sind Orte konzentrierter wirtschaftlicher Potenz, aber auch des pulsierenden Lebens. Sie sind Wohn- und Arbeitsort sowie Ort des kulturellen Austauschs. In Städten konzentriert sich aber auch der Verkehr und damit die Belastung der Umwelt. Der Lärm der Autos, Schadstoffe aus deren Auspuffen, Abfälle aus den Haushalten und Betrieben – all das macht Städte auch zu Orten der Umweltverschmutzung. Die Klimakrise führt zudem zur Erhitzung der Städte. Dabei ist Stadt nicht gleich Stadt – und auch die Stadtviertel unterscheiden sich oft stark. Hochglanz-Arealen des Big Business stehen in zahlreichen Metropolen des Südens noch immer Slums mit schlechter oder fehlender Infrastruktur gegenüber. Das Ziel müssen Städte sein, die hohe Lebens- und Wohnqualität für alle aufweisen, Natur in die Stadt holen, den Autoverkehr zurückdrängen, die Mobilität neu ordnen und den öffentlichen Raum den Menschen zurückgeben. Im Folgenden werden einzelne Pionierbeispiele sowie Städtenetzwerke vorgestellt.

Green Cities, NetZeroCities & Fearless Cities

»Urbanisierung und Klimawandel erfordern neue Lösungen, um die Lebensqualität in unseren Städten zu erhalten und zu verbessern. Öffentliche Grünflächen wirken sich positiv auf Artenvielfalt, Klima, Wohlbefinden und Luftqualität aus. Diese Auswirkungen sorgen dafür, dass Städte zu besseren Orten zum Leben und Arbeiten werden«, heißt es auf der Homepage von »Green Cities Europe«, einer Plattform, die die Begrünung öffentlicher Räume durch die Bereitstellung von Knowhow fördert.[1] Themen sind Gesundheit, Klima, Wirtschaft, Biodiversität und sozialer Zusammenhalt. Gegründet wurde das Netzwerk von der »European

Nurserystock Association« und ihren Mitgliedern, den nationalen Verbänden der Baumschulzüchter*innen und -händler*innen, die die Kampagne mit dem Slogan »Green Cities Europe« ins Leben gerufen haben. Dreizehn Länder nehmen am Programm teil, viele weitere werden davon profitieren. Städte der teilnehmenden Länder können sich für den »Green Cities Europe Award« bewerben. Zudem findet man auf der Homepage wertvolle Berichte, etwa zu Methoden der Stadtbegrünung.[2]

»Städte sind in der besten Position, neue Arbeits- und Lebensweisen auszuprobieren. Sie sind nicht nur für mehr als 70 Prozent der globalen CO_2-Emissionen verantwortlich und beherbergen 75 Prozent der Bürgerinnen und Bürger der EU, sie sind auch Zentren wirtschaftlicher Aktivität, Wissensgenerierung, Innovation und neuer Technologien.« Damit begründet das von der Europäischen Union geförderte Netzwerk der »Zero Cities« ihre Aufgabe, Städte in der Klimawende zu beraten.[3] NetZeroCities unterstützt die EU-Mission »100 klimaneutrale und intelligente Städte bis 2030«[4]. Auf der Homepage findet man Aktivitäten der Pilotstädte aus unterschiedlichen EU-Ländern, von denen gelernt werden kann. In der finnischen Stadt Lahti wird beispielsweise in Kooperation mit Unternehmen daran gearbeitet, den Pendlerverkehr ökologisch zu gestalten. Im portugiesischen Guimares sollen CO_2-Einsparungen unter Beteiligung der Bürger*innen erreicht werden. In Dijon, Frankreich, wird eine Stelle eingerichtet, die Klimaaktivitäten durch Gebietsplaner*innen, Finanzierungsanreize und gemeinsamen Einkauf begleitet.[5]

Das Netzwerk von »Fearless Cities« geht einen Schritt weiter. Das vorrangige Ziel von Fearless Cities ist es, Bereiche der Grundversorgung wie Wasser, Energie, Wohnen, Gesundheits- und Bildungsdienstleistungen in kommunaler Hand zu erhalten bzw. diese wieder zurückzugewinnen, so die Selbstbeschreibung dieser Initiative, die in Barcelona ihren Ausgang nahm. In Foren und Meetings werden Erfahrungen ausgetauscht.[6]

Einschätzung: Städten kommt eine zentrale Aufgabe im Bereich der Reduzierung der Treibhausgase zu. Klimaneutralität bzw. Null-Emissionen sind ein großes Ziel, welches nur in Etappen erreicht werden kann. Die Begrünung der Städte ist dabei eine zentrale Zukunftsaufgabe, um die Lebensqualität der Bewohner*innen zu erhöhen. Es geht um die Verbesserung des Mikroklimas aufgrund der Erhitzung, um das Auffangen von Regenwasser in sogenannten Schwammstädten und schlicht um die Erhöhung des psychischen Wohlbefindens. Die Bewegung der Green Cities sowie das NetZeroCities-Netzwerk leisten hier wichtige Arbeit. Die Bewegung von Fearless Cities setzt stark auf Kommunalismus unter Einbeziehung von Initiativen von unten, die die Versorgung mit den öffentlichen Gütern ins Zentrum stellen. Tendenziell wählen die Menschen in Städten eher fortschrittliche, an sozialen und ökologischen Themen orientierte Parteien. In den Mitgliederstädten von Fearless Cities ist es ebenso – viele habe linke oder grüne Stadtregierungen. Neu ist wohl, dass hier auch der Genderaspekt sowie neue Wohlstandsmodelle eine wichtige Rolle spielen.

Wirtschaftsförderung 4.0

Wirtschaftsförderung wird meist verstanden als Förderung von Unternehmensansiedlungen, Clustern, Forschungs- und Ausbildungsstätten. Wie eine »Wirtschaftsförderung 4.0« aussehen könnte, macht Michael Kopatz vom Wuppertal Institut für Klima, Umwelt und Energie deutlich. In einem Forschungsprojekt werden Ansätze von »Local Business« durch Regionalläden, Leerstandsmanagement, Upcycling- und Sharing-Initiativen, Urban Gardening und Ernährungsräte, regionale Energieerzeugung und Regionalwährungen beschrieben. Solche nachhaltigen Geschäftsmodelle zu fördern, biete ein erweitertes Verständnis von Regionalentwicklung, so der Nachhaltigkeitsexperte, der selbst in der Kommunalpolitik tätig ist.

Viele Menschen suchen nach Tätigkeiten, die vor Ort wirksam sind und einen unmittelbaren Bezug zur eigenen Lebenswelt haben. Regionalgeld, Tauschringe, Repair Cafés, Tauschläden, soziale Kaufhäuser, Leihsysteme, Stadtgärten, Solidarische Landwirtschaft – das alles habe Konjunktur und basiere zumeist auf ehrenamtlichem Engagement, so Kopatz. Moderne Ansätze der Gemeinwohlökonomie gebe es schon seit Jahren, gezielte kommunale Förderkonzepte, etwa im Rahmen der Wirtschaftsförderung, hingegen nicht. Auch politische Entscheidungsträger*innen nähmen die Entwicklung zwar mit Interesse und Wohlwollen wahr, würden aber noch nicht so recht ihre Rolle beim kooperativen Wirtschaften sehen. Dabei seien hier erhebliche gesellschaftliche Potenziale zu heben: »Es entwickeln sich neue, ökonomische Strukturen, die dem allseits geforderten lokalen Handlungsanspruch mit globalen Absichten, ganz im Sinne der Nachhaltigkeit, nachkommen.« Die Zeit sei reif, diese kooperativen Wirtschaftsformen zu fördern.[7]

Einschätzung: Wirtschaftsförderung wird in der Regel ausschließlich als Ansiedlung neuer Unternehmen und als Ausweitung von Gewerbegebieten verstanden. Der Ansatz von Wirtschaftsförderung 4.0 lenkt den Blick auf die Vielfalt an innovativen Kleinunternehmen im Sozial- und Ökologiebereich, die wertvolle Beiträge für resiliente Städte leisten.

Ausweitung des öffentlichen Raums

Lange Zeit galt das Auto in Privatbesitz als Symbol für Wohlstand. Dementsprechend wurden Städte über Jahrzehnte hin auch für Autofahrer*innen geplant und gebaut. Das Auto begann das Stadtbild zu prägen. Alleen und öffentlichen Plätzen folgten mehrspurige Straßen, Stadtautobahnen und Parkflächen. Der Preis war der Verlust an Lebensqualität für dort wohnende Menschen sowie das Verschwinden der öffentlichen Räume als Orte, an denen sich Leben abspielt. Dass dies aber nicht so bleiben muss, zeigen attraktive Beispiele eines »Handbuchs zur Transformation«. Es geht darin um das Verhältnis von Traffic Space zu Public Space. »Betrachtet man die öffentlichen Räume von Fassade zu Fassade als Räume, die von verschiedenen Nutzern geteilt werden, und steht dabei die Lebensqualität im Vordergrund, so hat aktive Mobilität (Radfahren und Zufußgehen) dort mindestens genauso ihren Platz wie passive Mobilität (Öffentlicher Personen-Nahverkehr und Auto-Mobilität)«, formulieren die Stadtentwickler Stefan Bendiks und Aglaée Degros.[8] In ihrem Handbuch unterbreiten die beiden Vorschläge für eine lebensfreundliche Gestaltung öffentlicher Räume und stellen realisierte Beispiele durch ihr Büro »Artgineering« vor, etwa die Begrünung eines ehemaligen Parkplatzes in Leuven (»Park Belle-Vue«), einen »Shared Space« in Brüssel (»Place Dumon«) oder die neue Fußgängerzone in der Wiener Mariahilfer Straße.

Mittlerweile gibt es zahlreiche Städte, die mit der Aufwertung des öffentlichen Raums die Lebensqualität der Menschen steigern. Anne Hildago, Bürgermeisterin von Paris, krempelt ihre Stadt um. Schnellstraßen entlang der Seine, die den Zugang zum Fluss versperrten, ließ sie zu einem langen Park umbauen, wo Spaziergänger*innen, Joggende und Radfahrende an neuen Cafés und Bars vorbeikommen. »Taxifahrer und Autolobby tobten«, so der Spiegel in einer Reportage.[9] Auf der Rue de Rivoli, die von der Bastille zum Louvre und dem Place de la Concorde führt, blockierten Autos zu viel öffentlichen Raum. Hildago ließ daraus eine Fahrradstraße machen. Interessant ist die Argumentationsweise der Bürgermeisterin: Neben dem Klimaschutz geht es ihr immer um die Verbesserung der Lebens- und Luftqualität, also um die Gesundheit der Menschen, die an den stark befahrenen Straßen leben. Barcelona ist ebenfalls dafür bekannt, dass es die Autos zurückdrängt und dafür mehr öffentliche Flächen für Fußgänger*innen und Radfahrende sowie Plätze zum Verweilen schafft.

Einschätzung: Neben mehr Grün zählen attraktive öffentliche Plätze sowie bedeutend mehr Raum für Radfahrende und Fußgänger*innen zum »Muss« jeder Stadt der Zukunft. Eine vorausschauende Stadtplanung sowie die Beteiligung der Bürger*innen können attraktive Lösungen finden. Autos werden dabei nicht zur Gänze ausgeschlossen, aber klug gelenkt, Parkflächen durch Parkhäuser ersetzt, wie etwa in Kopenhagen.

Neue Bodenpolitik

Steigende Immobilienpreise und Mietkosten machen Wohnen für immer mehr Menschen zum Problem. Verantwortlich dafür werden fehlende Sozialwohnungen, der spekulative Immobilienmarkt sowie steigende Bodenpreise gemacht. Wird Boden als knappes und nicht vermehrbares Gut zur Ware, so fällt auch dieser der Spekulation anheim – mit fatalen Folgen. Kommunen fehlen Flächen für leistbaren Wohnraum sowie für notwendige Infrastrukturen. Doch mit dem Boden sind auch wichtige ökologische Fragen verknüpft. Durch Versiegelung gehen landwirtschaftliche Flächen verloren, durch intensiven Kunstdüngereinsatz nimmt die Qualität der Böden immer mehr ab. Und die notwendige Energiewende heizt die Konkurrenz um Flächen weiter an. Stichworte sind Solarfelder oder Energiepflanzen.

Wie die »Bodenfrage« mit Klima, Ökonomie und Gemeinwohl zusammenhängt, macht ein gleichnamiger von der Universität Kassel in Kooperation mit der Deutschen Akademie für Städtebau und Landesplanung herausgegebener Band deutlich. Expert*innen unterschiedlicher

Disziplinen gehen der Frage nach, warum Boden nicht als Ware wie andere Güter gehandelt werden soll, wie dieser (wieder) zum Gemeineigentum werden könnte und dennoch marktwirtschaftliche Prinzipien eine Rolle spielen dürfen. Mehrfach genannt werden Modelle der Baulandsicherung durch Kommunen, etwa durch ein Vorkaufsrecht, die Vergabe von Bauflächen nur mehr nach dem Erbbaurecht sowie eine Bodenwertzuwachssteuer. Durch die Trennung von Grundeigentum und Nutzung soll Bodenspekulation verhindert, mit einer reformierten Bodensteuer der Wertzuwachs von Grundstücken aufgrund von Infrastrukturleistungen durch die öffentliche Hand für das Gemeinwohl abgeschöpft werden – um eben öffentliche Infrastrukturen weiterhin finanzieren zu können. Bezug genommen wird dabei auch auf historische Vordenker wie Henry George, der früh eine entsprechende Bodensteuer vorgeschlagen hat. Der Bogen zum Thema Klimawandel ist evident: Um vermehrten Hitzetagen in den Städten entgegenzuwirken, wird bedeutend mehr Grünraum notwendig sein; ein Stopp der Bodenversiegelung sei geboten, um fruchtbaren Boden für die Landwirtschaft und als CO_2-Speicher zu erhalten; ein sorgsamer Umgang mit dem Agrarraum, der ebenfalls zunehmend der Spekulation anheimfällt, sei Vorrausetzung dafür, dass sich naturnahe Landwirtschaft wieder durchsetzen kann.[10]

Einschätzung: Bodensicherungsmodelle sowie die Besteuerung des Bodenwertzuwachses von Flächen in Privatbesitz sind wichtige Elemente einer zukunftsweisenden Bodenpolitik. Auch hier gilt es, dass Kommunen von- und miteinander lernen.

Neue Wohnformen

Wohnen ist ein zentrales Thema für die Stadtwende. Denn wenn Menschen sich an ihrem Wohnort wohlfühlen, wenn dieser gut mit den zentralen Dienstleistungen versorgt ist und Menschen vor Ort miteinander in Kontakt kommen, entsteht Lebendigkeit und gemeinschaftliches Engagement. Neben den zahlreichen Projekten im Bereich von Stadtteilbüros spielen dabei neue Wohnformen eine wichtige Rolle. Diese werden teilweise von Bürger*innen selbst angestoßen, erfordern aber auch Unterstützung durch Kommunen und innovationsbereite Bauunternehmen. Die Ansätze reichen von Mehrgenerationen-Wohnen bis hin zu Senior*innen-Wohngemeinschaften. In immer mehr Städten werden Projekte verwirklicht. Die Homepage »NeueWohnformen.de« informiert über Wohnprojekte in ganz Deutschland, die über eine digitale Landkarte abgerufen werden können.[11] Auch in Österreich und der Schweiz gibt es erste Gemeinschaftswohnprojekte. Beispiele findet man auf »gemeinsamwohnen.at« bzw. beim Verband der Baugenossenschaften Schweiz oder der bei der Age-Stiftung.[12]

Neuen Wohnformen zuzurechnen sind auch Konzepte, die dem Leerstand entgegenwirken. Dabei geht es um Abwanderung aus ländlichen Regionen ebenso wie um überdimensionierten Wohnraum, wenn beispielsweise die Kinder das Elternhaus verlassen. Der Wohnwende-Experte Daniel Fuhrhop hinterfragt das ständige Neubauen und empfiehlt innovative Wege der Nutzung des bestehenden Wohnraums. Dazu zählen Wohnungstausch und »Wohnen für Hilfe« ebenso wie die multifunktionale bzw. Umnutzung von öffentlichen oder alten Industriegebäuden.[13] Der »unsichtbare Wohnraum« ungenutzter Zimmer oder Einliegerwohnungen, oft ehemalige Kinderzimmer, könne in Deutschland pro Jahr 100.000 Wohnungen liefern, wenn man die dafür nötige Unterstützung aufbaut, so Fuhrhop.[14]

Wohnen wird in Zukunft mehr sein, als in seinen vier Wänden zu hausen. Wir brauchen resiliente Gemeinschaften und eine Wiederbelebung von Nachbarschaften. Wie ökologisches Bauen mit einem neuen Miteinander zusammengehen können, zeigt beispielsweise das Projekt Vauban in Freiburg, in dem Baugruppen eingeladen waren, ihre Projekte zu realisieren. Auf einem ehemaligen Kasernengelände der französischen Streitkräfte entstand auf einer Fläche von insgesamt circa 41 Hektar das innenstadtnahe Quartier. Ein attraktiver, familienfreundlicher Stadtteil für circa 5.300 Einwohner*innen, in dem Bürgerengagement, Gemeinschaftsbildung und umweltbewusstes Leben großgeschrieben werden.[15]

Einschätzung: Nicht alle Menschen wollen in Gemeinschaft mit anderen wohnen, aber das Interesse nimmt zu. Und es gibt vielfältige Formen eines »dosierten Miteinanders«. Die Lebensqualität steigt und auch die Stadtverwaltungen profitieren, weil solche Wohnprojekte meist auch integrierend für den Stadtteil oder das ganze Wohnareal wirken. Zudem gilt es, neue Wege zu gehen, um Leerstand in bestehenden Gebäuden einer sinnvollen Nutzung zuzuführen.

Stadt für morgen & Reinventing Society

Das Umweltbundesamt Berlin beschreibt eine Vision der Stadt für morgen mit drei Merkmalen: Die kompakte Stadt zeichne sich aus durch Nutzung von Brachflächen und Baulücken sowie der Potenziale einer Nachverdichtung. Neue Mobilitätsmuster würden durch mehr Platz für den öffentlichen und Radverkehr sowie die sukzessive Reduzierung der Flächen für Pkw erreicht (Zielwert: maximal 1,5 Quadratmeter pro Einwohner*in) umgesetzt. Drittens gehe es um die Stadt der kurzen Wege sowie eine gute Anbindung an die Siedlungsschwerpunkte des Umlandes durch den öffentlichen Verkehr und Radschnellwege.[16]

»Was wir brauchen, ist Begeisterung und Tatkraft für das Neue. Wir müssen Lust bekommen auf die Zukunft, die wir mitgestalten wollen. Und dafür brauchen wir ein Bild dieser Zukunft« – damit beschreibt das Team von Reinventing Society das Ziel seiner Arbeit. Ein von diesem Thinktank herausgegebener Band enthält zahlreiche Geschichten einer anderen, ökologischen Wirtschaft, Gesellschaft und Stadt. Eine Journalistin macht fiktive Reisen in unterschiedliche deutsche, österreichische und Schweizer Städte des Jahres 2045. Sie trifft Menschen in Stadtverwaltungen, Bürgerinitiativen, Start-ups und Politik. Diese schildern ihr, wie sich ihre Stadt verändert hat und welche Ereignisse dazu geführt haben. Stadtaufnahmen aus der Jetzt-Zeit werden bunte Zukunftsbilder der Städte aus dem Jahr 2045 gegenübergestellt. Viele Gebäude sind begrünt, die Dächer mit Fotovoltaik-Paneelen ausgestattet. Autos sieht man wenige, dafür viele Radfahrende und Fußgänger*innen. Die Städte gehören wieder den Menschen, öffentliche Räume laden zum Verweilen und Flanieren ein. Breiten Raum nehmen Stadtgärten, Permakultur-Anlagen, Glashäuser und renaturierte Brachflächen ein. Auf moderne Technik wird nicht verzichtet – im Gegenteil. Auf Hochhäusern drehen sich Windräder, Hausdächer und Fassaden sind mit Solarpaneelen bestückt. Die Zukunft wird keineswegs idyllisiert, jede Stadt braucht auch in Zukunft Unternehmen und wirtschaftliche Potenz. Doch die alten Industrien sind passé. Ein Werftgelände in Bremerhaven wurde beispielsweise zu einem klimaneutralen Gewerbe- und Wohngebiet mit ergänzenden Freizeitanlagen umgebaut.[17]

Einschätzung: Der Vision einer Stadt der kurzen Wege mit gut ausgebautem öffentlichen Verkehr, attraktiven Radinfrastrukturen sowie einer guten Anbindung des Umlandes muss die Zukunft gehören. Die Abkehr von der autogerechten Stadt wird auf Widerstände stoßen, doch in den jungen urbanen Schichten spielt der Autobesitz immer weniger eine Rolle. Neue positive Bilder einer anderen Stadt können helfen, diese Widerstände zu überwinden. Dass eine fahrrad- und fußgängerfreundliche Stadt auch wirtschaftliche Vorteile bringen kann, sehen wir im Kapitel »Mobilitätswende«.

Ecopolis & Neustart Schweiz

Abschließend sollen hier zwei Konzepte für das Neudenken der Stadt aus der Schweiz vorgestellt werden. »Können moderne Städte Wege finden, ihren enormen Appetit auf Energie, Nahrungsmittel, Holz und Konsumgüter sowie ihren erstaunlichen Ausstoß gasförmiger, flüssiger und fester Abfälle einzudämmen?«, fragt Herbert Girardet, Erfinder des Konzepts der Ecopolis. Diese ist eine Weiterentwicklung der früheren Agropolis, die aus dem Umland mit allen lebensnotwendigen Ressourcen versorgt wurde: Lebensmitteln, Brennholz, Baumaterialien. Ecopolis umfasst einige Elemente von Agropolis, der traditionellen Stadt. Doch im Gegensatz zu seinem historischen Nachfolger Petropolis, die auf fossilen Energien basiert, wird Ecopolis hauptsächlich von modernen erneuerbaren Energiesystemen angetrieben.

Der Ansatz der Ecopolis erweitert das Konzept der Stadtökologie, so Girardet: »Erstens brauchen die Menschen grüne, angenehme Räume zum Leben, Arbeiten und Spielen, frei von Umweltverschmutzung und Abfallansammlungen. Sie benötigen Zugang zu städtischen und stadtnahen Wäldern und Bauernhöfen. Sie müssen eine Chance bekommen, ihren Teil in der neuen, grünen Wirtschaft beizutragen. Und sie müssen auch dazu beitragen, die kontinuierliche Regeneration von Ökosystemen außerhalb der Stadtgrenzen sicherzustellen, von deren Wohlergehen sie letztendlich abhängen.«[18]

Herzstück von »Neustart Schweiz« ist die Neuorganisation des Lebens vor Ort. Im Mittelpunkt stehen die Ernährungs- und Energiesouveränität, die durch hochwertige, regionale Lebensmittelversorgung, Lebensweisen in kooperativen Nachbarschaften und Aufwertung der Nahräume verwirklicht werden soll. Der Gründer des Konzeptes, P. M., erkennt in der Vereinzelung, die nichts mit wirklicher Individualität zu tun habe, sowie in der geografischen Zerstreuung bzw. Zersiedelung die Haupthindernisse einer nachhaltigen Lebensweise. Der räumlichen Neuordnung kommt daher in der Vision von P. M. eine wesentliche Bedeutung zu. Die kleinsten Einheiten, sogenannte Life Maintenance Organisations, umfassen Nachbarschaften von etwa 500 Personen, in denen das Wohnen organisiert wird. In Basisgemeinden von bis zu 20.000 Personen werden Schulen, Gesundheitsdienste sowie die lokale Energieversorgung realisiert. In den darüber liegenden agro-urbanen Regionen, den derzeitigen Stadt-Umland-Regionen vergleichbar, wird der Großteil der Lebensmittelversorgung sowie der Güter des alltäglichen Bedarfs organisiert. Industrieprodukte würden in den Großregionen produziert, Wissen, Kultur, Medikamente und so weiter global geteilt.[19]

Einschätzung: Von der Ecopolis sind wir noch weit entfernt. Eine Renaissance der lokalen Ökonomie, insbesondere die regionale Versorgung mit Lebensmitteln und nun auch mit selbst erzeugter erneuerbarer Energie gehören jedoch zu Zukunftstrends, die das Leben in der Stadt mit wieder mehr Bauernmärkten bereichern würden. Die Versorgung der Stadt ausschließlich mit Lebensmitteln aus dem Umland wird nicht umsetzbar sein, aber Regionalität muss angesichts des Ausstiegs aus den fossilen Energieträgern an Bedeutung gewinnen. Das Modell »Neustart Schweiz« mag auf den ersten Blick wie auf dem Reißbrett entworfen erscheinen, es erinnert aber daran, dass jegliches Leben und Wirtschaften sich in physischen Räumen vollzieht. Es zeigt, dass die gegenwärtige Form der Individualisierung durch Konsum nicht zufriedenstellend ist, die Potenziale von Gemeinschaften darin brachliegen und hohe Folgekosten verursachen. Das Modell macht schließlich ernst mit der Herausforderung der radikalen Reduzierung unseres Ressourcenverbrauchs und ist somit die seriöse Antwort auf die sich zuspitzende ökologische Krise.

Zusammenfassung

1. Mehr als die Hälfte der Menschheit lebt mittlerweile in Städten. Städte sind Orte konzentrierter wirtschaftlicher Potenz, aber auch des pulsierenden Lebens. Sie sind Wohn- und Arbeitsort sowie Ort des kulturellen Austauschs. In Städten konzentriert sich aber auch der Verkehr und damit auch die Belastung der Umwelt.
2. Netzwerke wie Green Cities, NetZeroCities oder Fearless Cities unterstützen Kommunen, eine ökologische Stadtwende zu schaffen.
3. Mit »Wirtschaftsförderung 4.0« bezeichnet Michael Kopatz die Unterstützung von Local Business wie Regionalläden, Leerstandsmanagement, regionale Energieerzeugung, Urban Gardening und anderes mehr.
4. Das Verhältnis von Traffic Space zu Public Space muss in der Stadtentwicklung neu justiert werden. Gute Beispiele gibt es bereits.
5. Wohnen ist ein zentrales Thema für die Stadtwende. Gegen steigende Immobilienpreise und Spekulation werden unter anderem Baulandsicherungsmodelle und neue Bodensteuern vorgeschlagen.
6. Wenn Menschen sich an ihrem Wohnort wohlfühlen, wenn dieser gut mit den zentralen Dienstleistungen versorgt ist und Menschen vor Ort miteinander in Kontakt kommen, entsteht Lebendigkeit und gemeinschaftliches Engagement. Neue Wohnformen tragen dazu bei.
7. Das Deutsche Umweltbundesamt beschreibt die Stadt für morgen als kompakte Stadt mit neuen Mobilitätsmustern und kurzen Wegen. Das Team von Reinvention Society schildert in Wort und Bild Städte der Zukunft mit viel Grün und pulsierendem Leben.
8. Die Konzepte »Ecopolis« und »Neustart Schweiz« stellen die Verortung, neue Nachbarschaften und die regionale Einbettung jeder Stadt ins Zentrum der Aufmerksamkeit.

Kapitel 20

Mobilitätswende

Von Fahrradstädten und Nulltarif bis E-Mobilität

Arbeitsteilige Ökonomien mit immer weiter aufgespreizten Produktions-, Liefer- und Konsumketten haben einen hohen Mobilitätsbedarf. Dazu kommt der stark ausgeweitete Freizeitverkehr. Neben dem Konsum an Gütern ist es daher die Mobilität der Menschen, die sich in den Wohlstandsländern vervielfacht hat. Weniger die Anzahl der täglichen Wege, sondern vor allem die Entfernungen, die wir zurücklegen, haben rapide zugenommen. Da der Großteil der Mobilität noch immer auf fossiler Energie basiert, ist der Verkehr ein Hauptverursacher der Klimakrise. Die Aufspreizung der Wege führt aber auch zu psychischen Belastungen – das tägliche Stehen im Stau stresst und raubt Lebenszeit. Zugenommen hat nicht nur der berufsbedingte Verkehr, sondern auch der Freizeitverkehr. Die aus ökologischen Gründen gebotene Mobilitätswende erfordert daher nicht nur neue Antriebe in Form von E-Autos, sondern auch ein grundsätzliches Überdenken des permanenten Unterwegs-Seins. Es geht um Vermeiden, Verlagern und Verbessern. Im Folgenden werden Ansätze vorgestellt, die sich den drei Aspekten der Mobilitätswende widmen.

Wirtschaftlicher Strukturwandel durch E-Mobilität

Wirtschaft erfordert Mobilität. Veränderte Mobilitätsweisen verändern aber auch die Wirtschaft. Dies gilt insbesondere für die Abkehr vom Verbrennungsmotor und den Übergang zu E-Autos. Die Automobilindustrie gehört in vielen Industrienationen zu den wichtigsten Wirtschaftszweigen. Seit Anfang des 20. Jahrhunderts werden Personenkraftwagen und Nutzfahrzeuge in immer größer Zahl hergestellt. Der bisherige Höhepunkt wurde im Jahr

2017 erreicht: Weltweit wurden etwa 97,3 Millionen Kraftfahrzeuge produziert. Danach gingen die Produktionszahlen jedoch erstmals zurück. Im Jahr 2022 fertigte die weltweite Automobilindustrie 85 Millionen Fahrzeuge. Das Marktvolumen in der weltweiten Automobilproduktion lag im Jahr 2022 bei rund 2,52 Billionen US-Dollar. China ist mittlerweile im globalen Vergleich sowohl beim Absatz von Personenkraftwagen wie auch bei der Anzahl der produzierten Kraftfahrzeuge mit Abstand führend.[1] Doch die Automobilbranche ist global aufgestellt. Der Konzern Volkswagen, der unter anderem in China produzieren lässt, ist der größte Automobilhersteller der Welt. Im Jahr 2022 erwirtschafteten die Wolfsburger mit rund 295,7 Milliarden US-Dollar knapp 14 Milliarden US-Dollar mehr als der Konkurrent Toyota aus Japan. Mit der Mercedes-Benz Group und BMW waren zwei weitere deutsche Hersteller unter den Top 10 vertreten. Der größte Hersteller aus den USA war Ford, während unter den chinesischen Herstellern SAIC den größten Umsatz erzielte.[2] Unter den Automobilzulieferern ist Bosch die weltweite Nummer eins. Mit einem Umsatz von rund 52,6 Milliarden Euro lag das Unternehmen aus Gerlingen in Baden-Württemberg vor den Zulieferern Denso und Continental. ZF Friedrichshafen folgt auf dem vierten Platz.[3]

Die Daten zeigen, das deutsche Unternehmen, weil sie weltweit aktiv sind, noch immer groß im Geschäft sind. Wie wird sich dies durch das E-Auto ändern? Führend hier sind Tesla sowie chinesische Unternehmen. Die Zahl der Neuzulassungen von Elektroautos nimmt seit 2012 kontinuierlich zu. Im Jahr 2022 wurden schätzungsweise etwa 10,79 Millionen Elektroautos weltweit verkauft. Insgesamt waren im Jahr 2022 etwa 27,7 Millionen Stromer weltweit zugelassen, mehr als doppelt so viele wie noch zwei Jahre zuvor.[4] Im Vergleich zu den insgesamt 80 Millionen jährlich neu produzierten Autos ist der Anteil dennoch bisher gering – aber das wird sich ändern. Seitens der EU soll 2035 das Aus für den Verbrennungsmotor kommen, andere Regionen werden wohl nachziehen. Digitale Services und Softwarelösungen sollen laut Prognose im Jahr 2030 rund ein Zehntel des Gesamtumsatzes der globalen Automobilindustrie ausmachen.[5]

In der Debatte über die Mobilitätswende wird das E-Auto kontrovers diskutiert. Studien zeigen, dass E-Fahrzeuge in der Ökobilanz gegenüber dem Verbrenner trotz des Ressourcenaufwands etwa für die Batterien besser abschneiden.[6] Gehofft wird auf immer bessere Technologien, das Recycling der Batterien sowie den Übergang zu Wägen mittlerer und kleiner Größe, die weniger Ressourcen verbrauchen und auch leistbar sind.[7]

Der Energieverbrauch ist gering: Würde man die gesamte österreichische PKW-Flotte elektrifizieren, so ergäbe dies einen Strommehrbedarf von circa 20 Prozent. Dies sei bewältigbar, so Holger Heinfellner vom österreichischen Umweltbundesamt. Man würde so nämlich zugleich 9,5 Milliarden Euro jährlich für den Import an fossilen Treibstoffen und etwa 15,6 Milliarden Euro an Krankheits- und Umweltkosten einsparen. Für Österreichs Wirtschaft könnten sich große Chancen ergeben, wenn in die E-Mobilität investiert wird.[8] Ein kniffliges Problem sind die Rohstoffe, bestätigt auch Heinfellner. Auch wenn E-Autos bedeutend weniger Material verbrauchen als herkömmliche Autos, seien vor allem für die Batterien hochwertige Rohstoffe nötig. Heinfellner setzt hier auf Recycling der Batterien. Die Kritik an der Ausbeutung der Arbeitenden in den Rohstofflieferländern sei legitim, das Problem müsse aber politisch gelöst werden. Dem Problem der möglichen Überlastung der Stromnetze, wenn alle am Abend ihre Autos an die Steckdose hängen, sei laut Heinfellner durch intelligente, digitale Lösungen zu entgegnen, etwa dass dann geladen wird, wenn genug Strom vorhanden ist oder die Batterien nicht immer voll, sondern nur für den nächsten Tagesbedarf aufgefüllt werden. Zukünftig würden E-Autos als Zwischenspeicher für Strom an Bedeutung gewinnen, wenn dieser dezentral erzeugt wird.

Nötig sei, betont Heinfellner, ein Gesamtmobilitätskonzept, in dem der Stellenwert des Individualverkehrs stark verringert wäre, die anderen Mobilitätsarten an Bedeutung gewinnen und durch eine neue Raumordnung Wege verkürzt würden. »Neue Mobilität ist mehr als der private Pkw, auch wenn er elektrisch ist«, so der Experte. Doch die Vollelektrisierung des motorisierten Individualverkehrs bis 2040 würde laut Mobilitätsmasterplan 2030 für Österreich immerhin 9 Millionen Tonnen von den knapp 25 Millionen einzusparenden Tonnen CO_2-Äquivalenten beisteuern, neben der Unterbindung des Tanktourismus, dessen Einsparpotenzial auf 6 Millionen Tonnen CO_2-Äquivalente geschätzt wird. Ein Problem gäbe es aber, so Heinfellner: Da Fahrzeuge eine Lebensdauer von 15 bis 20 Jahren haben, komme das von der EU vorgegebene Neuzulassungsverbot für Autos mit Verbrennungsmotor ab 2035 zu spät. Da Österreich 2040 klimaneutral sein möchte, werde überlegt, dieses Verbot hierzulande bereits früher einzuführen. Angedacht seien auch Umrüstprämien für bestehende Fahrzeuge, in die ein Elektromotor eingebaut wird.[9]

Es gibt aber auch Kritik an der E-Mobilitätswende. Winfried Wolf sieht eine dreifache Krise der Mobilität. Die Glaubwürdigkeitskrise der Automobilindustrie durch den »Dieselgate«-Skandal, die Krise der Städte durch die zunehmenden Staus und gesundheitlichen Gefährdungen insbesondere durch Feinstaubbelastung, schließlich die Klimakrise, an der die Automobilität einen wesentlichen Anteil habe. Die Propagierung des Elektroautos sei nun der Versuch, diesen Krisen zu entgegnen.[10] Dass der Automobilsektor aufgrund der vielen Arbeitsplätze erhalten bleiben müsse, lässt Wolf als Argument nicht gelten. Niemand hätte aufgeschrien, als bei der Deutschen Bahn aufgrund von Ausdünnungen und Rationalisierungen 280.000 Arbeitsplätze verloren gegangen sind. Die Schaffung eines attraktiven öffentlichen Verkehrsnetzes erfordere Investitionen, die sinnvolle Arbeitsplätze schaffen würden. Zudem gäbe es genug Arbeit etwa im Ausbau der öffentlichen Kinderbetreuung, den Schulen oder der Betreuung älterer Menschen. Der Mobilitätsexperte räumt ein, dass E-Autos ein kleiner Teil der Lösung sein können, aber nur dann, wenn der private Pkw-Verkehr drastisch reduziert wird, eben eine tatsächliche Mobilitätswende stattfinde.[11]

E-Mobilität kann nur nachhaltig sein, wenn der Strom aus erneuerbaren Energien kommt und wir die dafür benötigten Rohstoffe im Kreislauf behalten. Das bedeutet insbesondere hohe Anteile der kritischen Rohstoffe wiederzuverwenden und beispielsweise recyceltes Lithium in neuen Batterien wieder zu verbauen, so der Verkehrsclub Österreich. Wichtige Schritte dafür enthält die neue Batterie-Verordnung der EU, die im August 2023 in Kraft getreten ist. Ziel ist es, den gesamten Lebenszyklus der Batterien, also von der Herstellung bis zur Wiedernutzung und Recycling, nachhaltig zu gestalten. Das umfasst auch Fahrzeugbatterien, genauer gesagt Transaktionsakkumulatoren, und Altbatterien für leichte Verkehrsmittel wie E-Fahrräder, E-Mopeds und E-Scooter. Die zukünftigen Vorgaben sehen ein Sammelziel von Altbatterien für Hersteller von 63 Prozent bis Ende des Jahres 2027 und 73 Prozent bis Ende 2030 vor. Für Altbatterien in leichten Verkehrsmitteln sind es 58 Prozent bis Ende 2028 und 61 Prozent bis Ende 2031. Davon sollen zumindest 50 Prozent bis Ende 2027 und 80 Prozent bis 2031 des Lithiums aus Altbatterien verwertet werden, berichtet der Verkehrsclub.[12]

Einschätzung: Die technische Entwicklung geht sowohl im Bereich der Antriebe sowie der Batterien stetig voran. Das heißt, es sind neue Effizienzpotenziale zu erwarten. Eine wesentliche Rolle wird die Qualität des Recyclings der Batterien spielen. Zudem sieht man, dass eine vollständige Umstellung der gegenwärtigen Autoflotte der Verbrenner auf E-Antrieb aus Ressourcengründen nicht möglich sein wird. Es gibt zwei Transformationsweisen: Neue Antriebe, aber altes Mobilitätsverhalten. Oder: Bereits seit langem bekannte Technologien wie Züge, Straßen- und U-Bahnen, Busse und Fahrräder, die jedoch neue Routinen erfordern. Die Automobilindustrie propagiert Ersteres, weil sie so auf neue Wachstumsmärkte hofft. Viele Bürger*innen werden das E-Auto präferieren, sobald dieses leistbar sein wird. Für die Städte sowie den Rohstoffverbrauch ist das jedoch keine gute Lösung. In Städten gibt es die Konkurrenz um knappe Flächen. Soll hier wieder Lebensqualität zurückkehren, muss der Autoverkehr drastisch reduziert werden – unabhängig vom Antrieb, denn auch E-Autos sind Flächenräuber.

Kostenreduktion durch Fahrradstädte

Von der Stadt der kurzen Wege war im Kapitel zur Stadtwende bereits die Rede. Dabei geht es darum, die alltäglichen Wege wieder kürzer zu gestalten, die Erreichbarkeit der Grundversorgung im Nahraum zu gewährleisten und Wege wieder verstärkt mit dem Rad oder auch zu Fuß bewerkstelligen zu können. Das Fahrrad als alte Erfindung muss eine Renaissance erfahren – und es gibt mittlerweile zahlreiche Vorzeigestädte. Auf jedes Auto kommen in Kopenhagen 5,6 Räder – Tendenz weiter steigend. Die großzügigen Radwege in der Stadt sowie die mehrspurigen Radstraßen für Pendler*innen aus dem Umland machen Kopenhagen in der Tat zur Fahrradhauptstadt.[13] Seit vielen Jahren ein Mekka für Radfahrende ist auch Amsterdam. »Für ausländische Besucher ist es manchmal unverständlich, aber Radfahren ist für richtige Amsterdamer die praktischste und schnellste Art, von einem Ort an den anderen zu kommen«, heißt es auf der offiziellen Homepage der Stadt.[14] In Groningen, einer Stadt im Nordosten der Niederlande mit knapp unter 200.000 Einwohner*innen, ist das Fahrrad das schnellste, bequemste und günstigste Verkehrsmittel. Dies schlägt sich unter anderem in einem Radverkehrsanteil von 50 Prozent – im Innenstadtbereich sogar über 60 Prozent – nieder. Jede*r Einwohner*in Groningens legt im Schnitt zehn Wege in der Woche mit dem Fahrrad zurück. Mit Einbeziehung des Umlandes beträgt der Radverkehrsanteil immerhin noch 30 Prozent.[15] Der »Copenhagenize Index« ist ein Ranking für fahrradfreundliche Städte mit mehr als 600.000 Einwohner*innen. Bremen schnitt beim letzten Ranking von allen deutschen Städten am besten ab und befindet sich auf Platz 11. Die Homepage der Initiative zeigt, dass es mittlerweile auch vorbildhafte Lösungen in Städten des Südens wie Lago, Kuala Lumpur oder Tunis gibt.[16]

Radfahren ist die bei weitem kostengünstige Form der Fortbewegung, da Räder im Vergleich zu Autos bedeutend weniger kosten und auch keinen Sprit verbrauchen. Doch auch für die öffentliche Hand und die Kommunen kostet der Radverkehr deutlich am wenigsten. Eine Studie der Universität Kassel hat folgendes ergeben: Der Pkw-Verkehr in einer deutschen Großstadt kostet die öffentliche Hand und die Allgemeinheit etwa das Dreifache wie der öffentliche Personennahverkehr (ÖPNV). Denn der Pkw-Verkehr erfordert zwar durchaus auch – wie der ÖPNV – Investitionen in die Verkehrsinfrastruktur und deren Unterhalt, bringt aber den Kommunen keine unmittelbaren Einnahmen wie der ÖPNV. Noch besser schneidet der Rad- und Fußgängerverkehr ab. Er bringt in der Gegenüberstellung von Kosten und Nutzen sogar einen Gewinn, da er wenig Infrastrukturinvestitionen voraussetzt, keine Emissionen und Lärm verursacht, mit wenig Unfallrisiken einhergeht und erheblich zur Gesundheitsprävention und damit zur Vermeidung von Krankheitskosten beiträgt.[17]

Die Universität Lund in Schweden kommt in Berechnungen für Deutschland ebenfalls auf große Unterschiede in Bezug auf die sozialen Kosten von Auto und Fahrrad. Autofahrer*innen erzeugen demnach 20 Cent Kosten pro Kilometer, die derzeit nicht durch Steuern und Abgaben gedeckt sind. Das Fahrrad habe aber einen gesamtgesellschaftlichen Nutzen von 30 Cent pro Kilometer. Der Grund: positive Gesundheitseffekte. Die erhöhte Lebenserwartung von Radfahrenden koste zwar den Staat auch etwas, aber bedeutend weniger. Man kann hier von einem Plussummenspiel sprechen – bedeutend weniger öffentliche Kosten und längere Lebenszeit.[18]

Einschätzung: Das Fahrrad ist ein altes, aber bewährtes Fortbewegungsmittel. Viele Städte haben hier noch großes Ausbaupotenzial. Fahrradstädte machen vor, wie es geht. Angebot führt zu mehr Nachfrage – und dann auch zu mehr Nachahmung. Das Fahrrad – nun auch als E-Bike für längere Distanzen – gilt somit als Verkehrsmittel der Zukunft in allen Städten. Es ist kostengünstig für die Nutzer*innen, aber auch – wie die zitierten Studien zeigen – für die öffentliche Hand, weil Radinfrastrukturen wenig Aufwand erfordern, Radfahren der menschlichen Gesundheit zuträglich ist und zudem Klimakosten spart.

Moderner öffentlicher Verkehr

Der ÖV-Atlas 2023 des Thinktank Agora Verkehrswende zeigt, dass das Angebot des ÖV (öffentlichen Verkehrs) in Deutschland und Österreich im Vergleich mit mehreren Nachbarländern im Mittelfeld liegt. Besonders in der Schweiz und in Luxemburg seien die Menschen besser an Bus und Bahn angebunden. An der Spitze der untersuchten Städte liegen Genf, Basel, Brüssel sowie die Stadt Luxemburg.[19]

Die Verlagerung von Verkehr weg vom Auto muss neben der Fahrradförderung über einen modernen öffentlichen Verkehr erfolgen – und zwar innerstädtisch sowie zwischen den Städten. Der Verkehrsclub Österreich (VCÖ) gilt wie die Partnerorganisation in Deutschland (VCD) als Ort mit umfassender Expertise hinsichtlich Transformation des Verkehrs. Hier einige Zukunftsvorschläge: In Ballungsräumen sei vor allem das Umland stärker mitzudenken, damit der Umstieg der Pendelnden auf öffentliche und geteilte Mobilität gelingt. In den Regionen sollten vor allem nachfragebasierte Mobilitätsdienste des Mikro-ÖV die angestrebte Mobilitätsgarantie und damit die Unabhängigkeit vom Pkw-Besitz weiter voranbringen. Dafür sei Digitalisierung für die Weiterentwicklung des öffentlichen Verkehrs unumgänglich. Darüber hinaus wirft die VCÖ-Publikation »Öffentlicher Verkehr – Mobilität und Klimaschutz« auch einen Blick auf die Zukunft der Haltestellen. Multimodale Mobility Hubs, die Mikro-ÖV-Lösungen und bewegungsaktive Mobilität klug an das öffentliche Verkehrsnetz anbinden, seien in einer klimaneutralen Zukunft unumgänglich. In Neubaugebieten sollte öffentlicher Verkehr bereits beim Einziehen für die Neuzugezogenen verfügbar sein. Die Förderung des öffentlichen Verkehrs könne je nach Größe und individueller Situation einer Stadt über Straßenbahn-, U-Bahn- und S-Bahn-Netze laufen, so der VCÖ. Sinnvoll seien U-Bahnen insbesondere in großen Städten. In Deutschland haben laut Bericht nur vier Städte eine U-Bahn, in Nürnberg, der kleinsten davon, leben 520.000 Menschen. In kleineren Städten empfehlen die VCÖ-Expert*innen oberirdische Varianten wie Straßenbahnen und moderne Buslinien.[20]

Einfache Buchungssysteme sowie Online-Fahrpläne erhöhen die Attraktivität des ÖV ebenso wie Zeit- und Flächentickets. Digitale Technologien schaffen eine komfortable Kommunikation. Karten-Tools und -Apps auf Smartphones machen es einfacher, von A nach B zu kommen. Mit in Echtzeit vernetzten Daten bleiben Menschen immer auf dem aktuellen Stand über mögliche Verspätungen. Auch die Lokalisierung von Verkehrsmitteln via GPS ist problemlos möglich. Unter diesen technologischen Voraussetzungen wird sich in Zukunft das Mobilitätsverhalten verändern.

Einschätzung: Es gibt mittlerweile eine Vielzahl an Städten sowie Verkehrsbetrieben, die attraktive, neue Lösungen anbieten. Moderne Züge und Linienbusse im Nah- und Fernverkehr machen den öffentlichen Verkehr zu einem bequemen, angenehmen Unterwegs-Sein. Digitale Tools erleichtern Fahrplanauskünfte und werden das Mobilitätsverhalten verändern. Zugfahren wird hip und mit dem Auto unterwegs zu sein verliert an sozialem Image, wie dies beispielsweise in Schweizer Städten bereits der Fall ist. So wie die Eidgenossen es auch früh geschafft haben, den Güterverkehr auf die Schiene zu verlagern, gelten sie auch im innerstädtischen Verkehr als vorbildhaft. Mit dem Bau von neuen Verkehrsdrehscheiben außerhalb der Städte werden attraktive Umsteigepunkte für Pendler*innen geschaffen.[21] Der Umstieg passiert aber dann in größerem Ausmaß, wenn nicht nur das Angebot des öffentlichen Verkehrs besser wird, sondern jenes für das Auto an Attraktivität abnimmt – durch steigende Staus, hohe Parkgebühren oder weil man gar keinen Parkplatz mehr findet. Und – wie wir bereits gesehen haben – spart die öffentliche Hand auch Kosten, wenn der Verkehr weg von den Privat-Pkws gelenkt wird.

Autoreduzierte & autofreie Siedlungen

Neue Wege gehen autoreduzierte bzw. autofreie Siedlungen. Sie sind noch rar – in der Regel schreiben Bauordnungen einen sogenannten Stellplatzschlüssel vor. Es gibt aber bereits Ausnahmen. Hamburg hat 2013 für Wohnungen die Pflicht zur Errichtung von Kfz-Stellplätzen abgeschafft. Die Landesbauordnung Baden-Württembergs beispielsweise sieht seit 2015 die Möglichkeit vor, durch mehr Fahrradstellplätze auf ein Viertel der Kfz-Parkplätze zu verzichten – vier Radplätze ersetzen einen Autostellplatz.[22]

»Wohnen ohne eigenes Auto korreliert in der Regel mit einer innovativen Siedlungskonzeption. Zielgruppen sind primär autofreie Haushalte – wie in den Städten die große Gruppe der gut gebildeten und verdienenden jungen Urbanen«, heißt es auf der Homepage der Schweizer Plattform autofrei/autoarm Wohnen.[23] Die deutsche Webdatenbank nachhaltiger Siedlungen und Quartiere formuliert es so: »Autofreies Wohnen bezeichnet ein Wohnangebot, das sich an Haushalte richtet, die ihre Alltagsmobilität vor allem mit dem Fahrrad, mit dem ÖPNV, zu Fuß oder mit einem CarSharing-Auto organisieren und die Räume zwischen den Häusern für andere Aktivitäten nutzen wollen, als darauf zu 95 Prozent rumstehende Autos zu parken.« Als Vorteil wird genannt, dass die Baukosten für eine teure Tiefgarage in urbanen Quartieren entfallen. Die Frage, wie viel »Autofreiheit" im konkreten Fall sinnvoll und durchsetzbar ist, werde im Planungsprozess mit den Bewohner*innen geregelt, erfährt man auf der Homepage. Dort findet man auch zahlreiche Vorzeigebeispiele.[24]

Einschätzung: Da in Städten der Autobesitz zurückgeht, andererseits das Wohnen immer teurer wird, müssen die Stellplatzverordnungen adaptiert werden. Die mittlerweile in vielen Ländern bestehenden Projekte machen vor, dass autoarmes oder autofreies Wohnen möglich ist, vorausgesetzt die Rahmenbedingungen passen. Mittlerweile gibt es auch Beratung für die Umwandlung bestehender Bauten auf autofreie Anlagen. Die Befürchtung, dass die Bewohner*innen auf öffentliche Parklätze ausweichen könnten, ist wohl nur bei unklaren Vereinbarungen zu erwarten.

Auto-Teilen & Mitfahrbörsen

Wer zwar auf ein Auto nicht verzichten möchte, dieses aber nur wenig braucht, kann mittlerweile auf zahlreiche Auto-Teilen-Initiativen zurückgreifen. Carsharing – so der übliche Begriff – kann vor Ort für Mitglieder organisiert sein oder als Variante des Mietautos über professionelle Carsharing-Angebote in Städten, etwa an Bahnhöfen.[25] »Carsharing ist generell eine klimaschonende und platzsparende Mobilitätsdienstleistung als Teil eines möglichst umweltfreundlichen Mobilitätsmix im Verkehr. Durch den Einsatz eines E-Autos gelingt ein zusätzlicher Effizienzsprung mit einer Energieeinsparung von rund 70 Prozent«, so der Dachverband Carsharing Österreich, der mittlerweile über 30 Mitgliederorganisationen zählt.[26]

Neben professionellen Anbietern wie Share Now, eine Kooperation von Mercedes und BMW mit Standorten in zahlreichen Städten, gibt es regionale Anbieter. Diese sind in der Regel als Vereine organisiert, bei denen Menschen Mitglied werden, die nur ab und zu ein Auto brauchen oder sich das Zweitauto in der Familie ersparen. Zudem gibt es Plattform-Anbieter, wie beispielsweise »Getaround«, die es auch einer Privatperson ermöglichen, ihr Auto zur Vermietung bereitzustellen.[27]

Auch durch Fahrgemeinschaften können Energie und Emissionen gespart werden. Mitfahrbörsen sind in der Regel Plattformen, auf denen Privatpersonen ihre Fahrten, die sie ohnehin tätigen, einstellen und sich andere Nutzer*innen der Plattform melden können, wenn diese mitfahren möchten. Häufig wird für den Mitfahrenden dafür eine kleine Gebühr fällig. Auch dafür gibt es erste öffentlich geförderte Modelle. In Frankreich beispielsweise zahlt der Staat Personen, die andere im Auto mitnehmen, eine Prämie.[28]

Ein Umdenken in Sachen Mobilität müsse her, sind die Autor*innen eines Bandes »Mobilität für alle« überzeugt. Dafür solle Mobilität als Dienstleistung gedacht werden statt als Besitztum, denn Besitz ziehe soziale Kosten für Umwelt und Gesellschaft nach sich: Neben einer schlechteren Auslastung des motorisierten Individualverkehrs bei viel Flächennutzung im Vergleich zu öffentlichen Verkehrsmitteln würden Fahrzeuge »im Schnitt nur 55 Minuten innerhalb von 24 Stunden gefahren. Das ist nicht viel.«[29]

Einschätzung: Leben ohne eigenes Auto ist für viele wohl noch gewöhnungsbedürftig, hat aber Zukunft. Bisher wird Carsharing vor allem von

Berufsreisenden sowie als Ersatz für ein Zweit- oder Drittauto genutzt. Angebote wie Share Now verringern nicht unbedingt die Autodichte, können Reisende aber dazu bewegen, mit der Bahn zu fahren. Wenn sich Carsharing generell ausbreitet, wird das die Absatzzahlen für die Automobilindustrie verringern, die Umwelt aber entlasten.

Nulltarife & attraktive Zeit- und Flächenkarten

Um einen Quantensprung in der Qualitätssteigerung des ÖV zu erreichen, taucht immer wieder die Idee des Nulltarifs auf. Und einzelne Städte wie die lettische Hauptstadt Tallin oder Luxemburg haben den Nulltarif bereits eingeführt. In Hasselt wurde er aufgrund des Wegfalls von Förderungen der flämischen Region 2012 trotz großen Erfolgs wieder abgeschafft. Eine Analyse des Wegener Centers der Universität Graz zieht zu Hasselt positive Schlüsse. Erfolgreich sei die Neuausrichtung der Verkehrspolitik insgesamt gewesen, der Nulltarif dabei *ein* Element, das wahrscheinlich von der Wirkung her eine untergeordnete Rolle gespielt, die Akzeptanz für das gesamte Maßnahmenbündel jedoch erhöht habe. Wenn Züge und Busse gut genutzt werden, führt der Nulltarif zur Überlastung. Deshalb kann es vernünftig sein, zu Schwachlastzeiten einen Nulltarif anzubieten, generell und auf Dauer jedoch eher nicht, so die Empfehlung des Wegener Centers.[30]

In Frankreich gibt es mittlerweile über 20 Verkehrsverbünde mit Nulltarif, berichtet eine Studie von »Die Linke Deutschland«, die sich für einen Nulltarif auch in deutschen Städten ausspricht. Das ÖV-System in Frankreich wird als sehr fortschrittlich bezeichnet: »Während die Fahrgeldeinnahmen in Deutschland rund 35 Prozent der Kosten decken, sind dies in Frankreich lediglich 20 Prozent. Dennoch funktioniert der Öffentliche Verkehr, weil eine Nahverkehrsabgabe es den Kommunen nicht nur ermöglicht, in den ÖPNV zu investieren, sondern ihn auch sehr kostengünstig bis hin zum Nulltarif anzubieten.«[31] Die Nutzung des ÖPNV sei für die Fahrgäste dann tatsächlich kostenlos, denn die Nahverkehrsabgabe zahlen nur Unternehmen als Anteil an der Lohnsumme. Herangezogen werden alle Unternehmen mit mehr als neun Beschäftigten. Weltweit gibt es laut der Studie von »Die Linke« bereits in rund 75 Städten Erfahrungen mit unentgeltlichem ÖPNV (Stand 2015).[32]

Mittlerweile breit verankert sind Zeitkarten und Flächentarife, die den öffentlichen Verkehr günstiger machen und den Einzelticket-Kauf erübrigen. Neben Wochen-, Monats- und Jahreskarten für bestimmte Strecken gewinnen Flächentickets, die für eine ganze Region oder ein ganzes Land gelten, an Attraktivität. Beispiele sind das 2021 eingeführte Klimaticket in Österreich, das 365 Euro für ein ganzes Jahr kostet,[33] sowie das Deutschland-Ticket, das die Benutzung aller öffentlichen Verkehrsmittel des Nahverkehrs erlaubt und 49 Euro im Monat koste.[34]

Einschätzung: Über einen Nulltarif auf öffentlichen Verkehrsmittel wird wohl weiter diskutiert. Der Ansatz entspricht dem Prinzip, dass Grundgüter frei zur Verfügung gestellt werden sollen. Realistischer sind wohl die an Bedeutung gewinnenden Zeit- und Flächentickets, die aus öffentlichen Mitteln gefördert werden. In beiden Fällen ist jedoch der Ausbau des ÖV notwendig, weil Überlastungen der Züge und Busse potentielle Umsteiger*innen wieder abschrecken. Die überraschend positive Nachricht: Ein guter ÖV ist nicht nur nachhaltig, sondern kommt den Kommunen und Staaten in Summe auch billiger.

Zusammenfassung

1. Fahrradstädte wie Kopenhagen, Amsterdam oder Groningen zeigen, dass ein besseres Angebot an Radwegen, Radabstellplätzen sowie Serviceleistungen wie die Mitnahme des Rades im ÖV den Fahrradanteil an den gesamten Wegen drastisch steigern kann. Angebot führt zu mehr Nachfrage.
2. Der öffentliche Verkehr in Städten muss attraktiv sein und die Umlandgemeinden einbinden, damit die Pendlerströme und mit ihnen die Staus von den Straßen verschwinden. Zeit- und Flächenkarten gewinnen an Bedeutung, Apps erleichtern das Lesen der Fahrpläne. Nulltarif in öffentlichen Verkehrsmitteln wird kontrovers diskutiert.
3. Autofreie und autoreduzierte Siedlungen sind innovative Ansätze, die in die Zukunft weisen. Die Projekte werden immer mehr, die alten Stellplatzschlüssel überholt. Ebenso wachsen Initiativen für Carsharing, das mittlerweile auch von Autounternehmen angeboten wird.
4. Die EU plant für 2035 das Aus für Verbrennungsmotoren. E-Mobilität wird in der Verkehrswende eine wichtige Rolle spielen, löst aber nicht alle Probleme, etwa jenen des Platzbedarfs von Autos. E-Autos sind nachweislich ökologischer als benzin- und dieselgetriebene, auch wird am Recycling der Batterien gearbeitet. Sie dürfen aber nicht davon abhalten, unsere Mobilität grundsätzlich neu zu ordnen, etwa durch kürzere Wege.
5. Bemerkenswert sind Studien, die zeigen, dass der Autoverkehr der öffentlichen Hand trotz Pkw-Abgaben und Treibstoffsteuern in Summe teurer kommt als der öffentliche Verkehr. Unschlagbar günstig ist der Fahrradverkehr.

Kapitel 21
Energiewende

Von Solar- und Windkraftanlagen bis Negawatt

Die Abkehr von den fossilen Energieträgern gilt als größte Aufgabe und Herausforderung, um die Klimakrise abzuwenden bzw. abzuschwächen. Zwei Drittel der bekannten Reserven an Erdöl, Erdgas und Kohle müssen unter der Erde bleiben, um das 2-Grad-Ziel mit 60-prozentiger Wahrscheinlichkeit noch zu erreichen. Manche gehen davon aus, dass wir die Verbrennung fossiler Rohstoffe in den nächsten 20 Jahren auf null bringen müssen, um ein halbwegs stabiles Weltklima zu erreichen. Wie im Kapitel Energie ausgeführt, fallen derzeit noch 80 Prozent des Weltenergieverbrauchs auf die G20-Staaten; die fossilen Energieträger machen noch immer den Großteil des Gesamtverbrauchs aus. Eine Energiewende erfordert daher zweierlei: den raschen Umstieg auf erneuerbare Energien sowie die Reduzierung des Energieverbrauchs.

Erneuerbare Energie & Technikrevolution

Neben der Windkraft und geplanten grünen Energieimporten ist Solarstrom einer der Pfeiler einer sauberen Stromversorgung. Eine auf der Plattform »efahrer.com« zitierte Studie eines internationalen Forscherteams belegt, dass die konsequente Bestückung aller sonnenbeschienenen Dächer mit Fotovoltaik-Modulen reichen würde, um die Welt mit Strom zu versorgen. Dieser globale Ansatz gelte auch im Kleinen: Gewöhnliche Einfamilienhäuser haben meist genug Dachfläche, um übers Jahr den eigenen Strombedarf zu decken. Eine typische vierköpfige Familie verbrauche rund 3.500 Kilowattstunden Strom im Jahr. In Süddeutschland würden für die Erzeugung dieser Strommenge 17,5 Quadratmeter Fotovoltaik in günstiger

Ausrichtung nach Süden reichen. Auf Einfamilienhäusern, aber auch auf Doppelhaushälften und auf vielen Reihenhäusern stehe genug Platz zur Verfügung, um so viel Leistung zu installieren, so die Expert*innen. Der Mehrbedarf für ein Elektroauto lasse sich analog dazu schon auf der Fläche einer normalen Fertiggarage per Fotovoltaik ernten.[1]

Etwas weniger optimistisch, aber dennoch zuversichtlich ist der Verein Deutscher Ingenieure VDI: »Aus heutiger Sicht ist nicht davon auszugehen, dass die Energieversorgung Deutschlands oder Europas ausschließlich mithilfe der Fotovoltaik realisierbar ist oder sein könnte. Würde aber eine völlige oder weitgehende Defossilisierung unseres Energiesystems aus Umwelt- und Klimaschutzgründen angestrebt, könnte die photovoltaische Stromerzeugung eine der wesentlichen Schlüsseltechnologien darstellen, die eine derart weitgehende Reduzierung der Klimagasemissionen maßgeblich unterstützen würde – idealerweise im systemischen Zusammenspiel mit der Windenergie.«[2]

Der Anteil der Windenergie am gesamten Weltenergieverbrauch ist wie jener der Solarenergie noch immer gering. Er lag 2021 bei 1,1 Prozent, bei Fotovoltaik waren es 0,9 Prozent.[3] Aber auch die Windenergie boomt: China liegt 2022 mit 365.000 Gigawatt Leistung weit vor den USA mit 144.000 Gigawatt. Deutschland rangiert mit 67.000 Gigawatt an dritter und Indien mit knapp 42.400 Gigawatt an vierter Stelle.[4] Aus der Windkraftbranche werden immer neue Rekorde vermeldet: Mit 7.000 Windturbinen ist die Jiuquan Wind Power Base in China der größte Windpark der Welt. 20 Gigawatt Leistung sollen Chinas Haushalte mit Energie versorgen. Vor der Ostküste Großbritanniens liegt der weltweit größte Offshore-Windpark Hornsea One. Der Windpark in der Nordsee umfasst 174 Windräder auf 407 Quadratkilometern. Mit rund 1.218 Megawatt versorgt er knapp eine Million britische Haushalte mit Strom. Deutschlands größter Offshore-Windpark liegt ebenfalls in der Nordsee, nahe Helgoland. Mit 71 Turbinen erbringt er eine Leistung von rund 521 Megawatt.[5] Auch in Österreich steigt das Windkraftpotential: Die mit Ende 2022 installierten Windkraftanlagen können jährlich 8,2 Milliarden Kilowatt Strom erzeugen, was dem Stromverbrauch von rund 2,3 Millionen Haushalten entspricht, vermeldet die IG Windkraft Österreich. Damit würden 4,1 Millionen Tonnen CO_2 eingespart, was ungefähr dem CO_2-Ausstoß von 1,7 Millionen Autos gleichkomme.[6]

Beinahe wöchentlich kommen neue und verbesserte Technologien auf den Markt. Es würde hier den Platz sprengen, sie alle aufzuzählen. Verwiesen sei auf Homepages wie Futurezone, Eurosolar oder »Windbranche.de«.[7] Eurosolar vergibt jedes Jahr Solarpreise. Bewerben können sich Kommunen, Bauschaffende, kommunale und privatwirtschaftliche Unternehmen, Vereine, Organisationen und Genossenschaften, Aktive im Medienbereich und natürlich Bürger*innen, die die Energiewende aktiv durch ihr Engagement oder durch Projekte unterstützen.[8]

Einschätzung: Die Technologien zur Erzeugung und Speicherung von Energie aus Fotovoltaik- und Windkraftanlagen werden immer besser und kostengünstiger. Es macht Sinn, die Technologien weltweit zu nutzen. China gilt mittlerweile als ein Pionier, was die Größe von Anlagen anbelangt. Erneuerbaren Energien aus Sonne und Wind gehört die Zukunft, ergänzt um Wasserkraft. Ob sie den globalen Energiehunger zur Gänze stillen können, bleibt aber fraglich. Grüner Wasserstoff oder E-Fuels beispielsweise, die in der Industrie sowie in der Luftfahrt zur Anwendung kommen sollen, haben einen großen Energiebedarf. Es wird auch das drastische Einsparen von Energie brauchen.

Energiegenossenschaften & Energiegemeinschaften

Energiegenossenschaften betreiben Anlagen zur Strom- und Wärmeerzeugung. Das reicht von Solarstromanlagen und Blockheizkraftwerken bis hin zu Windkraftanlagen. Zudem sind sie auch als Energieversorgungsunternehmen tätig und beliefern ihre Kund*innen mit Strom und Gas oder betreiben sogar das lokale Stromnetz. Gemeinsam versorgen sie ihre Mitglieder mit lokal erzeugter und nachhaltiger Wärme durch kleine und mittlere Wärmenetze. Mit einem wachsenden Angebot an Ladeinfrastruktur und Fahrzeug-Sharing tragen sie die Energiewende auch in den Mobilitätssektor, erfährt man auf der Homepage der deutschen Bundesgeschäftsstelle Energiegenossenschaften, die über 870 Projekte mit 220.000 Mitgliedern vertritt. Mit Ende 2022 wurden 3,4 Milliarden Euro durch Genossenschaften in erneuerbare Energieanlagen investiert und damit drei Millionen Tonnen CO_2 eingespart. »Durch die direkte Beteiligung können die Menschen vor Ort passende Energieprojekte umsetzen. Jede Stimme wird gehört und ist wichtig. Darüber hinaus bleibt der Gewinn aus der Erzeugung vor Ort und wird in neue Projekte investiert. Energiegenossenschaften fördern damit die Akzeptanz der Energiewende und ihre nachhaltige Umsetzung.« Damit wird die Bedeutung von Energiegenossenschaften für eine bürgernahe Energiepolitik unterstrichen.[9]

Energiegemeinschaften können als Genossenschaften organisiert sein, aber auch als Vereine oder gemeinnützige Unternehmen. Anders als bei Energiegenossenschaften, in denen sich Mitglieder als Stromproduzent*innen bzw. Finanziers von Anlagen zusammenschließen, sind in Energiegemeinschaften Strom-Produzierende und -Konsumierende verbunden. Die Energie wird lokal erzeugt und verbraucht. Die Basis legte das »Clean Energy Package for all Europeans« der Europäischen Union aus dem Jahr 2019, das die Mitgliedsländer anhält, solche Energiegemeinschaften zu ermöglichen. Es wird damit mehr Bewusstsein für die Energieerzeugung geschaffen, aber auch einer Überlastung der Stromnetze vorgebeugt. Mittlerweile gibt es Erfahrungen in zahlreichen Ländern der EU.[10]

Einschätzung: Energiegenossenschaften und Energiegemeinschaften tragen dazu bei, dass die Energieerzeugung partizipativ erfolgt. Dezentrale Anlagen sowie Apps für die Verfolgung der Energieerzeugung und des Verbrauchs schaffen mehr Bewusstsein über die Rolle von Energie in unserem Leben – beginnend vom Strom, den man selbst im Haus oder der Wohnanlage erzeugt und verbraucht, bis hin zu größeren Energiegemeinschaften. Dadurch entsteht eine neue Beziehung zu Energie, die für die meisten Menschen nur aus der Steckdose kommt.

2000-Watt-Gesellschaft & Negawatt

Ohne Reduktion des Energieverbrauchs wird aber – wie wir bereits gesehen haben – die Nachhaltigkeitswende nicht gelingen. Daher seien hier noch zwei Ansätze zum Bereich Energiesparen vorgestellt. Die 2000-Watt-Gesellschaft ist ein energiepolitisches Modell, das an der Eidgenössischen Technischen Hochschule Zürich entwickelt wurde. Gemäß dieser Vision sollte der tägliche Energiebedarf pro Erdenbewohner*in einer durchschnittlichen Leistung von 2000 Watt entsprechen, um den Planeten nachhaltig zu bewirtschaften. Der Weltdurchschnittsenergieverbrauch liegt derzeit bei etwa

2.500 Watt, wir in den reichen Ländern verbrauchen aber das Dreifache. Gerechnet wird nicht nur der Verbrauch an Strom und Wärme in unseren Haushalten, sondern auch der gesamte Bedarf für Mobilität sowie jene Energie, die in den von uns konsumierten Gütern liegt. Da man sich unter 2000 Watt wenig vorstellen kann, bringt das Futurium in Berlin ein anschauliches Beispiel: »Ein Föhn braucht beim Haartrocknen etwa 2000 Watt. Die Energie, die wir nach der Weltformel im Jahr verbrauchen dürften, entspricht also einem Föhn, der rund um die Uhr 365 Tage lang läuft. Die Menge an Energie, die so verbraucht würde, summiert sich auf 17.520 Kilowattstunden. Unser tatsächlicher Verbrauch liegt derzeit im Durchschnitt bei 50.000 Kilowattstunden pro Jahr.«[11]

Mit dem 2000-Watt-Areal-Konzept werden Wohnanlagen auf Energieeffizienz getrimmt. Die größte Chance eines 2000-Watt-Areals liegt laut Initiator*innen darin, eine Siedlung als Ganzes zu verstehen und zu gestalten. Beratende unterstützen bei der Entwicklung und vergeben das 2000-Watt-Zertifikat.[12] In der Schweiz haben sich mittlerweile diverse Gemeinden und Kantone zur 2000-Watt-Gesellschaft bekannt und Maßnahmen zur Umsetzung eingeleitet. Die Vision soll bis im Jahr 2100 Realität werden, einige streben eine Umsetzung bis 2050 an. Als Vorreiter haben die Bürger*innen der Stadt Zürich in einer Volksabstimmung 2008 eine Änderung der Gemeindeordnung beschlossen, welche die Umsetzung der 2000-Watt-Gesellschaft zum Ziel hat. Mit Luzern, Zug, Aarau, Dietikon, Nidau und Winterthur haben sich weitere Städte und Gemeinden in einer Volksabstimmung zum Umsetzen der Ziele der 2000-Watt-Gesellschaft bekannt.[13]

Die Negawatt-Bewegung gibt es in zahlreichen Ländern weltweit. Eine Initiative ist ebenfalls in der Schweiz aktiv. Sie hat berechnet, wie durch Suffizienz und Effizienz der schweizerische Endenergieverbrauch bis 2050 halbiert und damit zu 93 Prozent aus erneuerbaren Energieträgern bereitgestellt werden könnte. Die Ziele des Szenarios für die Schweiz sind: CO_2-Neutralität bis spätestens 2050, Kernenergieausstieg bis 2035, sichere, nationale Energieversorgung mit erneuerbaren Energien.[14] Eine Negawatt-Initiative in Frankreich hat ein Energiewendeszenario für das Land entwickelt, das bis 2050 100 Prozent erneuerbare Energien erreicht und die Treibhausgasemissionen drastisch reduziert.[15]

Einschätzung: Es gibt zahlreiche Ratgeberbücher und Tipps auf Plattformen und Homepages, wie man Energie einsparen kann. Umweltministerien sind ebenso unterwegs mit Ratschlägen wie Öko-Portale.[16] Wichtig dabei ist, dass es nicht nur um Energiesparen im Haushalt geht, sondern auch im Bereich Konsum sowie bei Mobilität, wo die Abhängigkeit von fossilen Energieträgern am größten ist.

Zusammenfassung

1. Die Abkehr von den fossilen Energieträgern gilt als größte Aufgabe und Herausforderung, um die Klimakrise abzuwenden bzw. abzuschwächen. Zwei Drittel der bekannten Reserven an Erdöl, Erdgas und Kohle müssen unter der Erde bleiben, um das 2-Grad-Ziel mit 60-prozentiger Wahrscheinlichkeit noch zu erreichen.
2. Die konsequente Bestückung aller sonnenbeschienenen Dächer mit Fotovoltaik-Modulen würde reichen, um die Welt mit Strom zu versorgen. Die Technologien werden immer besser und preiswerter.
3. Der Anteil der Windenergie am gesamten Weltenergieverbrauch ist wie jener der Solarenergie aber noch immer gering. Er lag 2021 bei Wind bei 1,1 Prozent, bei Fotovoltaik waren es 0,9 Prozent.
4. Energiegenossenschaften betreiben Anlagen zur Strom- und Wärmeerzeugung. Die deutsche Bundesgeschäftsstelle Energiegenossenschaften zählt über 870 Projekte mit 220.000 Mitgliedern.
5. Mit dem Konzept der 2000-Watt-Gesellschaft wurde berechnet, wie viel Energie jeder Mensch pro Tag nachhaltig verbrauchen dürfte. Dies entspräche 17.520 Kilowattstunden im Jahr. Der tatsächliche Verbrauch liegt derzeit im deutschen Durchschnitt jedoch bei 50.000 Kilowattstunden.
6. Die Negawatt-Bewegung hat zum Ziel, den Energieverbrauch bedeutend mehr zu verringern. Notwendig wäre eine Reduktion um die Hälfte bis 2050.

Kapitel 22

Stoffwende

Von neuen Werkstoffen bis Wirtschaften im Kreislauf

Neben Klimaneutralität sowie einer Regeneration der Ökosysteme stellt sich das Wirtschaften in Kreisläufen als dritte große Herausforderung dar. Produkte brauchen ein ökologisches Design und müssen langlebig gestaltet, Rohstoffe wiederverwertet werden. Man spricht von Urban Mining. Nicht nur, weil wertvolle Ressourcen knapp werden, sondern weil der Abbau und die Veredelung aller Rohstoffe mit Umweltzerstörung sowie hohem Energieaufwand verbunden sind. Die extraktivistische Verschleißökonomie muss überwunden werden. Dazu gehört ein neuer Bezug zu den Dingen, den wir im Kapitel zur Konsumwende angesprochen haben, ebenso wie ein neues Produktdesign und neue Vorschriften für die Reparatur von Geräten.

Cradle to Cradle

Cradle to Cradle (C2C) wurde 2002 von Michael Braungart, einem deutschen Chemiker, und William McDonough entwickelt. Es bedeutet in Abhebung von Öko-Bilanzen, die Produkte oder Dienstleistungen »von der Wiege bis zur Bahre« erfassen, so viel wie »von der Wiege bis zur Wiege«. Vorbild ist der Kreislauf in der Natur, in der es keine Müllproduktion gibt. Bei C2C-Produkten werden Materialien so gewählt, dass sie biologisch oder technisch wiederverwendbar sind. Zweitens basiert C2C auf Sonnenenergie als zentraler Energiequelle. Drittens wird auf Diversität als Basis für erhöhte Resilienz geachtet. Gesprochen wird nicht von Recycling, sondern von Upcycling.[1]

Die von Braungart gegründete »Environmental Protection Encouragement Agency« zertifiziert Unternehmen, die Produkte nach dem C2C-

Prinzip produzieren. Auf der Homepage findet man erste C2C-zertifizierte Firmen. Aus Österreich etwa das Medienhaus Gugler sowie Erdal mit Sitz in Salzburg, das Reinigungsmittel erzeugt (»Grüner Frosch«). Das Ziel des deutschen Unternehmens Schneider Electric besteht beispielsweise darin, die optimale Nutzung von Energie und Ressourcen für alle zu ermöglichen und damit den Weg zu Fortschritt und Nachhaltigkeit zu ebnen. Der Spielzeughersteller Schleich will seine Spielzeuge in naher Zukunft nachhaltiger produzieren.[2]

Einschätzung: Die Idee ist bestechend, doch leider weit entfernt von der gegenwärtigen Realität des Produzierens. Neben den noch immer zu billigen Rohstoffen, die Wiederverwertung nur begrenzt ökonomisch als rentabel erscheinen lassen, liegt der Haken vor allem in der ungemeinen Vielzahl von Misch-Werkstoffen und Verbindungen, die eine erneute Wiederverwertung bei Erhalt der Qualität der Rohstoffe unmöglich machen. Die Autoren belegen dies selbst am Beispiel eines Kunststoffgriffs eines Möbelstücks, der an die 40 Substanzen enthält. Die Kritik an C2C richtet sich auch an dem propagierten Prinzip des »intelligenten Verschwendens«. C2C-Lösungen können in Nischen Alternativen anbieten. Wichtig wird aber auch sein, Produkte wieder reparierbar zu designen und bedeutend weniger zu produzieren und konsumieren. Konsequent zu Ende gedacht, müsste das C2C-Prinzip verpflichtend für alle Produktionsprozesse vorgeschrieben werden, was eine Zero Waste Economy bedeuten würde – ein Unterfangen, das freilich (noch) am Widerstand der Industrie scheitert, da ein großer Teil der heutigen Produkte vom Markt genommen werden müsste.

Blue Economy

Das Konzept der Blue Economy wurde unter anderem von dem Club-of-Rome-Mitglied und Unternehmer Gunter Pauli entwickelt.[3] Blau hat dabei symbolische Bedeutung und bezieht sich auf die Farbe des Ozeans, des Himmels und der Erde, wenn sie vom Weltall aus betrachtet werden. Gesucht und vorgestellt werden Lösungen für Produkte bzw. Dienstleistungen, die der Natur angepasst bzw. von dieser abgeschaut sind. Gesprochen wird von »systemisch kaskadierenden Geschäftsmodellen«. Die Überzeugung dahinter: »Die Natur bietet Raum für Unternehmen und Menschen, die mehr aus weniger herstellen.«[4] Auf der Homepage werden solche innovativen Lösungen gesammelt und verbreitet. So wird etwa die Rückgewinnung von Metallen aus Elektronikgeräten mittels Mikroben oder die Installation von Windrädern auf Häusern oder Strommasten vorgeschlagen, um Ressourcen zu sparen. Als weiteres Beispiel gilt der Vorschlag, Kaffeesud nicht wegzuwerfen, sondern als Nährstoff für die Züchtung von Pilzkulturen zu verwenden. Nach der Ernte der Pilze würde das an Aminosäuren reiche Restprodukt als Futterquelle für Hühner dienen – eine klassische Kaskadennutzung. Zudem sollen aus der Natur abgeschaute physikalische Prozesse genutzt werden. So haben sich beispielsweise Forschende von Zebras und der Bauweise von Termitenhügeln abgeschaut, wie Gebäude mit Hilfe von Druck- und Temperaturdifferenzen natürlich belüftet und dadurch Betriebskosten gesenkt werden können.[5] Die ursprüngliche Idee war, die 100 besten von der Natur inspirierten Technologien in den Bereichen Wasser, Energie, Bauwesen und Ernährung zu sammeln. Diese wurden in einem Buch veröffentlicht. Nun werden weitere Ideen aufbereitet. 112 Fallstudien waren 2023 publiziert. Die Blue Economy Alliance stellt das Wissen zu diesen Innovationen als Open Source auf einer elektronischen Plattform zur Verfügung und unterstützt deren Umsetzung in Geschäftsmodelle. Der jährliche Blue Economy Congress dient dem Informationsaustausch.[6]

Einschätzung: Der Ansatz ist spannend, da systemische Lösungen angestrebt und Erfinder*innen aus aller Welt eingeladen werden, ihre »Blue Ideas« zu übermitteln. Die Nagelprobe ist freilich immer die Marktfähigkeit der Ideen, denn nur so werden sich diese durchsetzen.

Circular Economy

Die Kreislaufwirtschaft (Englisch: Circular Economy) ist ein Modell der Produktion und des Verbrauchs, bei dem bestehende Materialien und Produkte so lange wie möglich genutzt, geteilt, geleast, wiederverwendet, repariert, aufgearbeitet und recycelt werden. Auf diese Weise wird der Lebenszyklus der Produkte verlängert. In der Praxis bedeutet dies, dass Abfälle auf ein Minimum reduziert werden. Nachdem ein Produkt das Ende seiner Lebensdauer erreicht hat, bleiben die Materialien so weit wie möglich der Wirtschaft erhalten. Sie können immer wieder produktiv genutzt werden, um weiterhin Wertschöpfung zu generieren. Eine Kreislaufwirtschaft ist somit ein regeneratives System, in dem Ressourceneinsatz und Abfallproduktion, Emissionen und Energieverschwendung durch das Verlangsamen, Verringern und Schließen von Energie- und Materialkreisläufen minimiert werden; dies kann durch langlebige Konstruktion, Instandhaltung, Reparatur, Wiederverwendung und Recycling erzielt werden.[7]

Der deutsche Begriff »Kreislaufwirtschaft« wird oft noch allein mit Abfallbewirtschaftung und Recycling in Verbindung gebracht. »Das Konzept der Circular Economy geht aber weit darüber hinaus: Ziel ist das gezielte Design ganzer Produktionssysteme und Volkswirtschaften in Form geschlossener Kreisläufe und die damit einhergehende Abschaffung von Müll, Emissionen bzw. Energie- und Materialverlusten jeglicher Art.«[8]

Durch den Miteinbezug des gesamten Lebenszyklus – inklusive der Lieferkette in die Produktentwicklung – wird dafür gesorgt, dass Abfälle gar nicht erst anfallen. Hinzu kommen Materialinnovationen unter ökologischen Gesichtspunkten, mit denen der Bedarf an nicht erneuerbaren Ressourcen reduziert wird. Beispiele sind erleichtertes Zerlegen (Modular Design) und eine vereinfachte Generalüberholung für die Wiederverwendung gebrauchter Bauteile (sogenanntes Remanufacturing). »Refurbishing« bezeichnet die qualitätsgesicherte Überholung und Instandsetzung von Produkten zum Zweck der Wiederverwendung und -vermarktung (»Remarketing«). Von erheblicher wirtschaftlicher Bedeutung ist das Refurbishing von Produkten bei EDV- und Bürogeräten (PC, Monitore, Software, Drucker, Kopiergeräte, auch Toner- und Tintenkartuschen), Komponenten aus Kraftfahrzeugen, Produktionsmaschinen und ganzen Produktionsstraßen.[9] Mit »Urban Mining« wird die Wiederverwertung von Rohstoffen bezeichnet. Rohstoffe werden nicht mehr aus den Minen abgebaut, sondern dort, wo sie bereits in großer Zahl vorhanden sind – in den Städten –, der erneuten Verwendung zugeführt (»Sekundärrohstoffe«).[10]

Neben der Dekarbonisierung des Wirtschaftens (»Zero Emission«) werden in die Kreislaufwirtschaft (»Zero Waste«) große Hoffnungen gesetzt. Dies zeigt etwa das 2015 gestartete EU-Programm zur Kreislaufwirtschaft. Im März 2020 legte die Europäische Kommission den Aktionsplan für die Kreislaufwirtschaft vor, denen weitere Vorgaben folgten. Zu den Vorschlägen gehören die Förderung nachhaltiger Produkte, die Unterstützung des grünen Wandels, die Überarbeitung der Bauproduktеverordnung und eine Strategie für nachhaltige Textilien. Zudem gibt es Anregungen zur Verbesserung des Verpackungsdesigns, wie zum Beispiel eine klare Kennzeichnung, um Wiederverwendung und Recycling zu fördern. Außerdem wird ein Übergang zu biobasierten, biologisch abbaubaren und kompostierbaren Kunststoffen gefordert.[11]

Die Allen McArthur Foundation protrãtiert beispielhafte Unternehmen, die sich der Kreislaufwirtschaft verschrieben haben. Vorgestellt werden Beispiele wie eine Second-Hand-Plattform für Textilien in New York, die Bekämpfung von Elektroschrott im brasilianischen Belo Horizonte, Ansätze des Edelmetallrecyclings oder die Produktion von alternativem Fleisch aus Nahrungsmittelnebenprodukten. Als vorbildhaft erscheint auch die »Refactory« des Autoherstellers Renault, in der etwa Fahrzeugkomponenten wiederaufgearbeitet und Batterien zur Wiederverwendung hergerichtet werden.[12]

Einschätzung: Im Kapitel zur Konsumwende wurden praktische Ansätze zur Verlängerung der Lebensdauer von Produkten wie Repair Cafés, Reparaturboni oder Second-Hand-Märkte vorgestellt. Es gibt mittlerweile auch zahlreiche Unternehmen, die daran arbeiten, Rohstoffe besser zu nutzen und Produkte langlebiger zu gestalten. Notwendig sind jedoch klare Vorgaben durch die Politik, die die Reparaturfähigkeit von Produkten sowie längere Garantiefristen zur Pflicht machen. Bereits im Kapitel zur Konsumwende vorgestellt wurde der Ansatz des Leasings, bei dem Produkte nicht mehr gekauft, sondern nur mehr geliehen werden, wodurch der Anbieter selbst Interesse daran hat, dass die Geräte lange halten.

Bioökonomie

Bioökonomie umfasst die Erzeugung, Erschließung und Nutzung biologischer Ressourcen, Prozesse und Systeme, um Produkte, Verfahren und Dienstleistungen in allen wirtschaftlichen Sektoren für ein zukunftsfähiges Wirtschaftssystem bereitzustellen. Zur Bioökonomie zählen alle Branchen, die biologische Ressourcen produzieren, bearbeiten und verarbeiten oder in irgendeiner Form nutzen, so das deutsche Bundesministerium für Forschung. Mit Forschungsprojekten und Förderprogrammen werden

Innovationen angestoßen.[13] Bereits existierende Beispiele werden aus unterschiedlichen Bereichen genannt. Sport und Freizeit: Fahrradrahmen aus Holz, Taschen aus Ananas, Fisch- oder Tabakleder, Spielzeug aus holzbasiertem Plastik; Wohnen und Haushalt: Lampenschirme aus Pilzgeflecht, Waschmittel mit Enzymen, Teppiche aus Maisstärke, Möbel aus Pappe, Leder gegerbt mit Olivenblättern; Ernährung und Gesundheit: Öl aus Algen, Plastiktüten aus Brotresten, Wurst aus Lupinensamen oder Algen, Reinigungsmittel mit Cellulose-Ethanol; Mode und Lifestyle: Kleidung aus Sojafasern, Kaffeesatz oder Milchresten, Lippenstift mit Wachs und Pollen, E-Roller aus Hanf und Flachs, Nagellack mit Maniok; Arbeit und Werkstatt: Farben aus Lebensmittelabfällen, Entrostungsmittel aus Bakterien, Dübel und Fahrzeugteile aus Bioplastik, Kaffeetassen aus Kaffeesatz. Zahlreiche bereits in Anwendung oder Erprobung befindliche Beispiele enthält der Band »Der Stoff, aus dem die Zukunft ist.«[14]

Das Forschungs- und Anwendungsfeld der Bioökonomie ist breit. Die Entwicklung biobasierter Roh- und Werkstoffe ist erforderlich, wenn wir uns von den fossilen Energieträgern verabschieden wollen. Zu bedenken sind jedoch Nutzungskonflikte hinsichtlich Verwendung fruchtbarer Böden. Das wirtschaftliches Potenzial wurde bereits 2015 allein in Europa auf 1,5 Billionen Euro pro Jahr geschätzt, so ist in einem Band »Irrweg Bioökonomie« zu lesen, in dem der Ansatz kritisch beleuchtet wird: Nicht die »Ökologisierung der Ökonomie«, sondern die »Ökonomisierung der Biologie« sei Ziel der Bioökonomie.[15]

Einschätzung: Weltweite Ernährungssicherheit, nachhaltige Agrarproduktion, gesunde und sichere Lebensmittel, die industrielle Nutzung nachwachsender Rohstoffe sowie die Entwicklung von Energieträgern auf der Basis von Biomasse gelten als Erwartungen an die Bioökonomie. Das mit dieser Disziplin verbundene Forschungsinteresse spannt sich von der Biotechnologie (Manipulation von Pflanzen, Tier, Mensch und Mikroorganismen) und der synthetischen Biologie (welches die Erschaffung künstlichen Erbguts zum Ziel hat) bis hin zum Precision Farming oder zur Produktion von Biokunststoffen. Ein wichtiger Schwerpunkt liegt auf Pflanzenforschung im Kontext von Ernährungssicherheit und resistenten Sorten (siehe auch das Kapitel »Ernährungswende«). Bioökonomie wird ein Zukunftsfeld, doch auch hier führt an einer Reduzierung des Rohstoffverbrauchs kein Weg vorbei. Eine echte Stoffwende achtet nicht nur darauf, besser, sondern auch weniger zu produzieren.

Zusammenfassung

1. Produkte brauchen ein ökologisches Design und müssen langlebig gestaltet, Rohstoffe wiederverwertet werden. Man spricht von Urban Mining. Nicht nur, weil wertvolle Ressourcen knapp werden, sondern weil der Abbau und die Veredelung aller Rohstoffe mit Umweltzerstörung und Energieaufwand verbunden sind.
2. Im Ansatz von Cradle to Cradle werden Materialien so gewählt, dass sie biologisch oder technisch wiederverwendbar sind. Das Problem besteht aber darin, dass der Großteil der in der Industrie verwendeten Materialien nur Downcycling ermöglicht.
3. Das Konzept der Blue Economy stellt Lösungen für Produkte bzw. Dienstleistungen vor, die der Natur angepasst bzw. von dieser abgeschaut sind, etwa Kaskadennutzungen.
4. Die Kreislaufwirtschaft ist ein Modell der Produktion und des Verbrauchs, bei dem bestehende Materialien und Produkte so lange wie möglich genutzt, geteilt, geleast, wiederverwendet, repariert, aufgearbeitet und recycelt werden. Unter Remanufacturing wird die Wiederverwendung gebrauchter Bauteile, mit Refurbishing die qualitätsgesicherte Überholung von Produkten verstanden.
5. Der Aktionsplan für die Kreislaufwirtschaft der EU zielt darauf ab, das Abfallaufkommen zu verringern, langlebige Produkte zu forcieren und ein Recht auf Reparatur umzusetzen.
6. Die Entwicklung biobasierter Roh- und Werkstoffe ist erforderlich, da erdölbasierte Produkte auslaufen müssen. Die Bioökonomie bietet hierfür mittlerweile viele Anwendungsbeispiele. Zu bedenken ist die Flächenkonkurrenz zu Agrarprodukten.

Teil IV

Makroökonomische Konzepte der Transformation

Kapitel 23
Green-Growth-Konzepte

Von Intelligent wachsen bis Green New Deal

Mehrere Ansätze aus der Wissenschaft setzen auf grünes Wachstum. Sie sind technikaffin und hoffen durch immer bessere technische Innovationen auf die Entkopplung des Wirtschaftswachstums vom Ressourcenverbrauch. Diese Ansätze stoßen in der Politik auf breites Interesse, weil auf diese Weise für niemanden Einschränkungen nötig würden, neue Arbeitsplätze und ein Fortbestand des gewohnten Konsumwohlstands versprochen werden können. Im Folgenden werden Ansätze stellvertretend für viele Entwürfe vorgestellt, die die Ökokrisen durch einen technologisch gestützten, mit staatlichen Förderungen angetriebenen Kapitalismus lösen möchten. Wachstum wird dabei als Notwendigkeit gesehen, um die Wenden zu schaffen. Man kann auch von grünem, technologieaffinen Keynesianismus sprechen. Wir starten mit ein paar Vorschlägen für einen gezähmten Kapitalismus, der auch der sozialen Spaltung entgegenwirken soll.

Sozialer Kapitalismus bei Paul Collier

Tiefe Risse, die den gesellschaftlichen Zusammenhalt bedrohen, ortet der ehemalige Weltbankmitarbeiter Paul Collier. Er widmet sich den Krisen in den Wohlstandsländern; die sich auftuenden Gräben sieht er insbesondere zwischen Gebildeten und Geringqualifizierten sowie zwischen dynamischen Metropolen und schrumpfenden Kleinstädten bzw. ländlichen Gebieten. Die neuen Ängste würden »mit den alten ideologischen Rezepten« beantwortet, die uns auf die »altbekannte, fruchtlose Auseinandersetzung zwischen Links und Rechts« zurückwerfen.[1] Seine Vorschläge seien dagegen pragmatisch und würden auf empirischer Analyse fußen, so Collier: »Es geht um nichts Geringeres als die Zukunft eines ethischen, sozialen Kapitalismus: willkommen in der mühsamen Mitte.«[2]

Der Niedergang der Sozialdemokratie als gesellschaftlich gestaltende Kraft hängt für Collier mit dem sich ausbreitenden »sozialen Paternalismus« zusammen, doch auch der Liberalismus werde mit seiner »Magie des Marktes« scheitern.[3] Die Erfolge von Trump oder Le Pen sowie der Brexit hängen für den Autor mit der zunehmenden Kluft zwischen einer kosmopolitisch ausgerichteten Oberschicht und den sozial Abgehängten zusammen, die sich an ihre Nation klammern. Das »Zusammengehörigkeitsgefühl« sei geschwunden.[4] Collier spricht von einem »Paradoxon moderner Wohlstandsgesellschaften«: Während Politik immer räumlich begrenzt und auf ein Gemeinwesen gerichtet sei, würden sich Menschen vereinzeln. Diese Divergenz mache unsere Gesellschaften »weniger großzügig, weniger vertrauensvoll und weniger kooperativ«.[5] Die »Narrative der Zugehörigkeit« würden den Nationalist*innen überlassen, der »ethische« Staat versage.

Was schlägt Collier nun vor? Aufgabe der Politik »in einer Gesellschaft mit vielfältigen Kulturen und Werten« sei es, ein »orts- und zweckbasiertes« Zusammengehörigkeitsgefühl zu schaffen.[6] Zudem brauche es (wieder) ethische Unternehmen, die ihren Zweck nicht allein darin sehen, noch mehr Gewinne zu machen. Eine stark zersplitterte Aktionärsstruktur und das System der Boni-Zahlungen würden zusehends verhindern, dass in Unternehmen Verantwortung wahrgenommen wird. Collier schlägt erweiterte Mitspracherechte der Belegschaften sowie der Kund*innen in Großkonzernen vor, sogenannte »Gegenseitigkeitsgesellschaften«.[7] Als Vorbild nennt er dabei die betriebliche Mitbestimmung in Deutschland. Verantwortung müsse aber auch wieder stärker in der Gesellschaft verankert werden – über die »ethische Familie« und »Selbstverwirklichung durch Dienst an anderen Menschen«.[8] Basierend auf dem Zwiebelmodell gäbe es auf allen Ebenen einer Gesellschaft Verpflichtungen. Schließlich wendet sich Collier einer »ethischen Welt« zu, die Verpflichtungen gegenüber anderen Gesellschaften ohne Reziprozitätserwartung, aber in aufgeklärtem Eigeninteresse erfordere.

Einschätzung: Paul Collier plädiert für einen sozialen Kapitalismus, er kritisiert die Auswüchse des Aktionärs- und Boni-Systems und fordert mehr Mitsprache der Belegschaften. Vor dem Hintergrund der sich immer mehr spaltenden US-Gesellschaft plädiert er für die Rückgewinnung von Zusammenhalt und das Engagement für das Gemeinwesen im Sinne des Kommunitarismus. Collier zielt auf die Überwindung sozialer Spaltungen, setzt aber auf die Stärken eines gezügelten Kapitalismus mit »ethischen Unternehmen«, ökologische Fragen thematisiert er – anders als die Green-New-Deal-Bewegung – nicht.

Gezähmter Kapitalismus bei Wolfgang Kessler

»Wer den Kapitalismus verändern will, operiert am offenen Herzen eines Systems, in das Millionen, ja sogar Milliarden Menschen als Unternehmer, Beschäftigte, Sparer, Eigentümer, Mieter, Erwerbslose oder Verbraucher eingebunden sind«, warnt Wolfang Kessler.[9] Wer an den falschen Stellschrauben dreht, könne eine tiefe Krise auslösen: »Mit Folgen, die eher den Faschismus fördern als Demokratie, Gerechtigkeit und Nachhaltigkeit«, so der Wirtschaftspublizist in seiner Begründung, warum er für eine Zähmung, nicht aber für die Abschaffung des Kapitalismus eintritt. Der Wandel zu einem fairen Wirtschaftssystem sei nicht einfach, da viele Bürger*innen Angst hätten, ihren Konsum einschränken zu müssen und das Neue wenig greifbar sei.

Doch ein Weitermachen wie bisher sei nicht möglich. Kessler skizziert fünf konkrete Reformmaßnahmen, die den Kapitalismus in andere Bahnen lenken sollen: eine Steuerreform gekoppelt mit einem »sozial gerechten Grundeinkommen«, das Menschen mit geringem Einkommen unterstützt; die Sicherstellung öffentlicher Güter wie Bildung, Gesundheit oder Betreuung im Alter (»Befreiung vom Diktat der Rendite«); eine Umweltdividende für alle; freien Welthandel nur für öko-faire Waren sowie schließlich die Überwindung von Hunger und Armut durch neue Wege in der Entwicklungszusammenarbeit.

Notwendig sei aber auch eine neue Ethik, die Wirtschaften dem Gemeinwohl verpflichtet. Ökonomische Anreize so zu setzen, dass erwünschtes Verhalten begünstigt und unerwünschtes bestraft wird, zieht sich als Ansatz durch das Reformprojekt von Kessler. Dies habe den Vorteil, dass wir nicht Menschen verändern müssen, sondern die Strukturen, in denen wir leben. Dazu macht der Autor sehr pragmatische Vorschläge: Sei es die aufkommensneutrale Ökosteuer, die diskutierte Transaktionsteuer, die Unterbindung von Bodenspekulation sowie die Regulierung der Finanzmärkte. Auch Ideen wie ein Deutschlandfonds, der eine breite Beteiligung von Bürger*innen an Unternehmen ermöglichen sollte, oder ein vereinfachtes Einkommenssteuermodell, das alle Arten von Einkommen gleichmäßig erfasst und mit einem Grundeinkommen für jene unter dem Einkommensminimum gekoppelt ist, wären durchaus umsetzbar.

Einschätzung: Kessler schlägt konkrete Alternativen vor, die politisch anschlussfähig sein könnten. Die größten Hürden liegen wohl in den internationalen Vorschlägen – einem fairen Welthandel und einer Entwicklungszusammenarbeit, die ein universelles Grundeinkommen vorsieht, das etwa auch der Club of Rome vorschlägt.

Intelligent wachsen & ökologische Modernisierung bei Ralf Fücks

»Die gegenwärtige Krise ist keine Endzeit der technisch-wissenschaftlichen Zivilisation, sondern eine Zeit des Übergangs vom fossilen Industriezeitalter zu einer ökologischen Produktionsweise, deren Konturen bereits am Horizont auftauchen«, so Ralf Fücks, ehemaliger Vorstandsvorsitzender der Heinrich-Böll-Stiftung in seinem Buch mit dem für Grüne vielleicht provokanten Titel »Intelligent wachsen«.[10] Fücks benennt die dramatischen Reduktionen des CO_2-Ausstoßes ebenso wie die Notwendigkeit deutlich höherer Investitionen in grüne Technologien, den Radikalumbau der Landwirtschaft wie der Industrie. Es geht ihm um die Energiewende ebenso wie um die Chemiewende – mit neuen Werkstoffen, der sogenannten Sanften Chemie und der Bionik. Für all das gäbe es bereits spannende Neuansätze, die jedoch bedeutend mehr Aufmerksamkeit und Kapitalzufuhr erforderten.

Fücks ist auf Seiten der Grünen ein Vordenker einer ökologischen Modernisierung, die auf Technik setzt und zurückgeht auf den Politikwissenschaftler Martin Jänicke, langjähriger Direktor des heutigen Forschungszentrums für Umweltpolitik an der Freien Universität Berlin und Mitbegründer des Instituts für ökologische Wirtschaftsforschung. Er knüpft auch an beim Vordenker des Wissenschaftszentrums Berlin,

Ernst Udo Simonis, der 2012 ein Jahrbuch Ökologie zu »Grüner Umbau« herausgegeben hat.[11]

Einschätzung: Früh forderte Fücks eine Industriewende, die nun allmählich in die Gänge kommt. Bei all den Modernisierungsansätzen ist jedoch genau hinzusehen, was sie tatsächlich leisten können, wo Greenwashing im Spiel ist und wo tatsächliche Verbesserungen stattfinden. Fücks setzt auf Technologie, also Effizienz und Konsistenz, Suffizienz ist ihm fremd. Seine langjährige Kollegin bei der Heinrich-Böll-Stiftung Barbara Unmüßig übrigens bezweifelt die Technikeuphorie der »Grünen Ökonomie« und plädiert für ein Postwachstumsszenario sowie eine Care-Ökonomie.[12]

Ökokeynesianismus bei Stephan Schulmeister

»Was ist los mit Europa? 20 Millionen Menschen sind arbeitslos, 100 Millionen müssen sich mit ‚atypischen' Jobs zufriedengeben, die Staatsverschuldung steigt seit vierzig Jahren, ‚wir' können uns den Sozialstaat nicht mehr leisten.« Damit beginnt Stephan Schulmeister sein Buch mit dem schlichten Titel »Der Weg zur Prosperität«.[13] Der Autor ist einer der renommiertesten Ökonomen Österreichs, war langjähriger Mitarbeiter des Österreichischen Wirtschaftsforschungsinstituts und hat sich mit seinen Untersuchungen zu den Finanzmärkten einen Namen gemacht. Schulmeister scheut auch nicht die Einmischung in politische und gesellschaftliche Debatten, etwa in der Abrechnung mit der neoliberalen Theorie freier Finanzmärkte, und er gibt Erklärungen für die Wirtschafts- und Politikkrise Europas, liefert aber auch Therapievorschläge. Der Ökonom sieht sich einer realistischen Schule der Ökonomie verpflichtet, die auf empirischen Befunden beruht, anders als die Denkschule des Neoliberalismus, die er als idealistisch, da allein von abstrakten Modellen ausgehend, bezeichnet.

Mit seiner Theorie der »Bull- und Bear-Märkte« macht Schulmeister deutlich, dass an den Börsen psychologische Faktoren, insbesondere Herdenverhalten sowie eine »manisch-depressive Grundstimmung«[14] eine viel größere Rolle spielen als neoliberale Ökonomen wahrhaben wollen – mit bedenklichen Folgen für die Realwirtschaft. Dies führt zu einer zweiten zentralen These von Schulmeister, nämlich der Abspaltung der Finanzmärkte von der Realwirtschaft. Der Ökonom kritisiert nicht den Kapitalismus an sich, sondern die Behinderung einer prosperierenden Marktwirtschaft durch instabile und Eigeninteressen verfolgende Finanzmärkte. Kapital sei vom »Mittel zum Zweck« zum »Mittel zum Selbstzweck« mutiert.[15]

Schulmeister plädiert für grünes Wachstum, nicht für noch mehr Konsumwachstum für alle, sondern für Investitionen in eine sozial-ökologische Wende – von einer thermischen Sanierungsoffensive über Investitionen in erneuerbare Energieträger bei gleichzeitiger höherer Besteuerung fossiler Energie bis hin zu Umverteilungsmaßnahmen, die den Basiskonsum aller Bürger*innen ermöglichen. Notwendig seien auch mehr öffentliche Investitionen in Forschung und Entwicklung, insbesondere im Bereich Digitalisierung, wo Europa gegenüber den USA und China weit im Hintertreffen sei. Europa brauche in den nächsten Jahrzehnten noch Wachstum, doch sei allein aus ökologischen Gründen auch über eine Zukunft nachzudenken, in der Produktivitätsfortschritte durch Reduzierungen der Arbeitszeit abgegolten werden und das Konsumwachstum in den reichen Volkswirtschaften zu einem Ende komme, so der Ausblick Schulmeisters: »Technische Innovationen erleichtern die Arbeit und steigern ihre Produktivität, deren Ertrag wird durch soziale Innovationen überwiegend in mehr Lebensfreizeit ‚ausbezahlt'.«[16]

Im Kontext der Coronakrise schlug Schulmeister einen europäischen Transformationsfonds vor, finanziert über Eurobonds, gesichert durch »Rückendeckung« der Europäischen Zentralbank. Umfangreiche Investitionen in die thermische Sanierung von Gebäuden oder den Ausbau des öffentlichen Verkehrs sollten daraus finanziert werden.[17]

In einem Beitrag für einen Blog spricht Schulmeister von einer »ökosozialen Bändigung des Kapitalismus«, »grünes Wachstum« sei für die nächste Zeit noch nötig, meint er auch hier. Schulmeister plädiert darin für eine Modernisierung des Sozialstaats. Das bedeute in der Bildung Gratiskindergärten und Förderung von Kindern aus bildungsfernen Schichten, in der Wohnungspolitik Vorrang für öffentliches Grundstückseigentum in Städten und sozialen Wohnbau, bei der Beschäftigung Reduktion atypischer, insbesondere prekärer Jobs und neue Formen von Arbeitszeitverkürzung, bei der Altersvorsorge Forcierung der sozialstaatlichen Renten, bei der Pflege müssen 24-Stunden-Pfleger*innen und pflegende Angehörige als normal sozialversicherte Angestellte beschäftigt werden, statt als – meist gesetzwidrige – Scheinselbstständige sowie der Ausbau psychosozialer Einrichtungen zur Eindämmung der in den letzten Jahrzehnten epidemisch gestiegenen seelischen Erkrankungen. Zudem macht er Vorschläge, wie das EU-Ziel von Klimaneutralität bis 2050 erreicht werden könnte: Verwandlung nahezu aller Gebäude in kleine – wärme- und stromerzeugende – Kraftwerke durch die Kombination besserer Wärmedämmung, Fotovoltaik, Wärmepumpen und Stromspeicher; Schaffung eines transeuropäischen Netzes für Hochgeschwindigkeitszüge als Alternative zum Fliegen; Umstellung auf Elektroautos im Individualverkehr. Zu diesem Zweck sollte geprüft werden, ob die Einführung von Standardbatterien in der EU und ihr Austausch durch Roboter auf den bisherigen Tankstellen nicht kostengünstiger, bequemer und umweltschonender sei als der derzeitige Wildwuchs, insbesondere im Hinblick auf ihr Recycling. Notwendig seien auch der Übergang zu Wasserstofftechnologien in den energieintensivsten Industrien, also Stahl, Papier, Grundstoffchemie und Baustoffe sowie im Lkw-Verkehr, und nicht zuletzt Investitionen in öffentliche Nahverkehrssysteme. Alle diese Projekte könnten nur umgesetzt werden, wenn die Stromerzeugung aus erneuerbaren Energien, insbesondere durch Fotovoltaik und Windkraftwerke, massiv ausgebaut wird.[18]

Die von Wachstumskritiker*innen befürchteten Rebound-Effekte – die zusätzlichen Einkommen würden weitere Umweltschäden nach sich ziehen, denn die beispielsweise beim Bau von Wind- oder Wasserkraftwerken neu Beschäftigten würden auch Auto fahren und in den Urlaub fliegen – würde Schulmeister durch einen konsequent steigenden Preis für fossile Energieträger neutralisieren. Ohne eine grundlegend neue Gestaltung des »Carbon Pricing« könne die Transformation nicht gelingen, CO_2-Steuern und der Emissionshandel würden nicht funktionieren: »Ein ‚grünes Wachstum' als Übergang zu einer Kreislaufwirtschaft kann nur gelingen, wenn alle Akteure erwarten, dass die Kosten für CO_2-Emissionen nie wieder sinken, sondern stetig steigen. Denn der Profit von Investitionen in die Reduktion der Emissionen besteht in den dadurch vermiedenen Kosten fossiler Energie.«[19] Da eine CO_2-Steuer die volatilen Preise auf den Energiemärkten nicht berücksichtige, müssten die Staaten jeweils die Differenz zum politisch festgelegten kontinuierlich steigenden Preispfad aufschlagen. Einen konkreten Vorschlag dazu macht Schulmeister für die EU, die für die nächsten 20 Jahre einen Zielpreis festlegen sollte. »Eine solche Energiesteuer könnte der EU langfristig, je nach Startpreis, mehr als 500 Milliarden Euro pro Jahr einbringen.«[20]

Einschätzung: Schulmeister dekonstruiert die Glaubenssätze des Neoliberalismus und macht sowie Joseph Stiglitz, der für einen »progressiven Kapitalismus« wirbt,[21] pragmatische Vorschläge für einen sozial-ökologischen Kurswechsel. Bemerkenswert ist sein Plädoyer für einen politisch festgelegten Energiepreispfad, der unabhängig von den volatilen Weltenergiemärkten kontinuierlich ansteigen soll. Insbesondere weist Schulmeister auf die Instabilität der Finanzmärkte hin. Seine Unterscheidung zwischen wohlstandförderndem Realkapital und krisenhervorrufendem Finanzkapital wird von manchen kritisch gesehen, da auch das Realkapital zerstörerisch wirken könne. Aber der Ökonom erkennt die ökologischen Herausforderungen, die großer Investitionen bedürfen, und er vertritt nur begrenzt weiteres Wirtschaftswachstum. Er gilt als Vertreter eines Green New Deal, dem wir uns nun zuwenden.

Green New Deal in den USA

Mit dem Green New Deal wird ein Konzept wiederbelebt, das aus der Ära Roosevelt der 1930er Jahre in den USA stammt. Im Gegensatz zur US-amerikanischen Tradition des ungezügelten Kapitalismus schlug der New Deal eine regulierte Wirtschaft vor, um widersprüchliche Interessen in Einklang zu bringen, so Nora Löhle von der Heinrich-Böll-Stiftung in ihrem historischen Abriss.[22] Franklin D. Roosevelt folgte dem Wirtschaftsmodell von Keynes: Staatsausgaben erhöhen, um Nachfrage zu steigern und die Wirtschaft anzukurbeln. Gleichzeitig spielte die Förderung von privaten Investitionen eine zentrale Rolle. In seinen ersten hundert Amtstagen erließ Roosevelt eine Vielzahl an Gesetzen und Programmen, um neue Jobs zu schaffen und in die Infrastruktur zu investieren. Straßen, Flughäfen, Brücken und Tunnel wurden gebaut, die Zugstrecke zwischen New York City und Washington D.C. wurde elektrifiziert. Eine öffentliche Behörde zur Kreditvergabe verhalf zahlreichen innovativen Technologien in dieser Zeit zum Marktdurchbruch. Roosevelt habe auch, so die Autorin, die Idee von Genossenschaften wiederbelebt: »Indem er günstige staatliche

Kredite vergab, konnte die Bevölkerung in ländlichen Regionen Genossenschaften gründen und als solche Stromleitungen bauen, die Netzbetreiber wegen mangelnden Profits nicht realisierten. Damit kam nicht nur Strom in ländliche Regionen, sondern es wurde auch eine lokale Wirtschaft generiert.« Löhle weiter: »Der New Deal schaffte nicht nur Jobs, er führte vor allem auch zahlreiche soziale Errungenschaften wie Gewerkschaften, den Mindestlohn und die 40-Stunden-Woche ein. Mit der Einführung der Renten-, Sozial- und Arbeitslosenversicherung legte der New Deal den Grundstein für einen Sozialstaat, der bis heute Wirkung hat.«[23]

Der politische Kommentator und Buchautor Thomas Friedman schuf 2008 den Begriff des »Green New Deal«, der Zukunftsforscher Jeremy Rifkin sowie die Publizistin und Ökoaktivistin Naomi Klein verfassten ebenfalls Bücher dazu.[24] An Kraft gewann die Idee eines Green New Deal durch die Klimabewegung Sunrise Movement, die ab 2018 über 300 Basisgruppen in ganz USA die Umsetzung eines staatlichen Investitionsprogramms für Klimaschutz und sozialen Ausgleich forderte. Löhle: »Dieses sieht einen umfangreichen Umbau des derzeitigen Wirtschafts- und Sozialsystems der USA vor: 100 Prozent erneuerbare Energien bis 2035, maximale Effizienzsteigerung im Gebäudesektor, ein Nullemissionstransportsystem inklusive Ausbau des Schienennetzes, Job- und Weiterbildungsprogramme sowie Zugang zu Bildung und Gesundheitsversorgung für alle Bürger*innen.«[25] Auf der politischen Bühne war die Idee endgültig, als sich die frisch gewählte Kongressabgeordnete Alexandria Ocasio-Cortez der Forderung des Sunrise Movement anschloss. Demokratische Abgeordnete trugen die Idee in die politische Arena. Der Green New Deal spielte auch im Wahlkampf der Demokraten 2020 eine wichtige Rolle.

Einschätzung: Bereits unter Barack Obama wurden erste Klimaprogramme in der Höhe von 50 Milliarden Dollar aufgelegt, unter Joe Biden wurden neue Milliardeninvestitionen in die Wege geleitet. Diese sollen den Klimaschutz vorantreiben und der wirtschaftlichen Rezession entgegenwirken. Jeremy Brecher von der US-Journalismus-Plattform Z berichtet in einer aktuellen Einschätzung, dass der Green New Deal seine zentrale Rolle in der politischen und medialen Aufmerksamkeit verloren habe. Die heftigen Angriffe der politischen Rechten, unterstützt von der Industrie für fossile Brennstoffe, hätten dazu beigetragen, den Green New Deal zu stigmatisieren, was zu einem Verlust der Unterstützung bei Republikanern und einigen Unabhängigen geführt habe. Programme gehen weiter, aber unter anderem Namen: »Joe Biden, der den ‚Green New Deal' durch ‚Build Back Better' ersetzte, übernahm sein Programm und entfernte gleichzeitig seinen Namen aus der Öffentlichkeit. Die gesetzgeberischen Auseinandersetzungen um Bidens ‚Build Back Better'-Programme haben die transformative Dimension des Green New Deal aus dem Mittelpunkt der öffentlichen Aufmerksamkeit gerückt.«[26] Die Bewegung für den Green New Deal zeigt aber, wie aus der Klimabewegung konkrete politische Programme werden können, wenn diese in Parteien Unterstützung finden. Entstanden sind offensichtlich ökologisch argumentierte Konjunkturprogramme zur Wachstumsförderung sowie der weiteren technologischen Führerschaft gegenüber China. Diese treiben den technologischen Wandel voran, ob sie reichen werden, den Treibhausgasausstoß sowie den Ressourcenverbrauch genügend zu drosseln, bleibt offen. Noch sind die USA einer der größten Treibhausgasemittenten.

Europäischer Green New Deal

Ökologische Konjunkturprogramme sollen zweierlei erreichen: die Wirtschaft im Gefolge der Corona-Krise wieder ankurbeln und zugleich den ökologischen Strukturwandel vorantreiben. Der von EU-Kommissionspräsidentin Ursula von der Leyen verkündete European Green Deal wurde bereits vor Ausbruch der Pandemie erstellt. Er zielt auf eine ökologische Umgestaltung der Europäischen Wirtschaft. In der Präambel heißt es demnach: »Klimawandel und Umweltzerstörung sind existenzielle Bedrohungen für Europa und die Welt. Deshalb braucht Europa eine neue Wachstumsstrategie, wenn der Übergang zu einer modernen, ressourceneffizienten und wettbewerbsfähigen Wirtschaft gelingen soll.«[27] Als Ziele werden Klimaneutralität bis 2050, Entkopplung des Wirtschaftswachstums von der Ressourcennutzung sowie der soziale Zusammenhalt formuliert: »Niemand, weder Mensch noch Region, [soll] im Stich gelassen werden.«[28] Erreicht werden soll dies durch Investitionen in neue, umweltfreundliche Technologien, die Unterstützung der Industrie bei Innovationen, die Einführung umweltfreundlicherer, kostengünstigerer und gesünderer Formen des privaten und öffentlichen Verkehrs, die Dekarbonisierung des Energiesektors, die Erhöhung der Energieeffizienz von Gebäuden sowie die Zusammenarbeit mit internationalen Partnern zur Verbesserung weltweiter Umweltnormen. Der EU-Plan »Fit for 55« beispielsweise sieht ein Auslaufen des konventionellen Verbrennungsmotors bis 2035 und den Aufbau von Ladeinfrastrukturen vor. Der Schiffsverkehr und Flugverkehr sollen in den Zertifikate-Handel einbezogen werden. Zudem wird ein CO_2-Preis für Einfuhren vorgeschlagen (Carbon Border Adjustment Mechanism).[29] Der Anteil der Energie aus erneuerbaren Quellen soll bis 2030 auf mindestens 40 Prozent (bisheriges Ziel: 32 Prozent), die Energieeinsparverpflichtung der Mitgliedstaaten von bisher 0,8 Prozent auf 1,5 Prozent jährlich steigen.[30]

Einschätzung: Die Europäische Union ist in vielen ökologischen Belangen Vorreiter. Nun soll dieses grüne Investitionsprogramm zugleich aus der Rezession helfen. Mit Konjunkturbelebungsmaßnahmen würden neue Arbeitsplätze geschaffen, so die Argumentation. Eine Studie des Deutschen Instituts für Wirtschaftsforschung zu den Förderprogrammen im Kontext der Finanzkrise 2008 zeigt, dass Klimaschutzmaßnahmen durchaus kompatibel sein können mit Wachstumsimpulsen.[31] Dennoch sind auch die Grenzen dieser Programme zu bedenken, wie etwa der Band der Politischen Ökologie »Green New Deal. Fassadenbegrünung oder neuer Gesellschaftsvertrag?«[32] aufzeigt. Der Nachhaltigkeitsforscher Hans Joachim Spangenberg verweist etwa darauf, dass der ökologische Strukturwandel kein Spaziergang sei und auch nicht konfliktfrei über die Bühne gehen werde.[33] »attac« kritisiert den European Green New Deal als »European Greenwashing New Deal«. Dies zeige etwa das Vertrauen in den Emissionshandel sowie das weitere Setzen auf unbegrenzten Welthandel.[34] Resümee: Entscheidend wird sein, ob die Vorschläge der EU-Kommission auch umgesetzt werden oder ob sich wieder alte Lobbyinteressen durchsetzen. Noch ist nicht ausgemacht, ob das gestiegene Klimabewusstsein zur Umsetzung zumindest mancher der genannten Ideen führen werden. Das Landwirtschaftspaket wurde bereits deutlich abgeschwächt.[35] Fest steht: Die Entkopplung von Wirtschaftswachstum und Ressourcenverbrauch ist bislang nicht gelungen, so Ergebnisse der Nachhaltigkeitsforschung.[36]

Industriewende bei Bill Gates

Die »Bill & Melinda Gates Foundation« ist bekannt für die Finanzierung von humanitären Projekten in den Ländern des Südens, vor allem im Gesundheitsbereich. Dass sich der Microsoft-Gründer auch im Klimaschutz engagiert, dürften wohl weniger Menschen wissen. In »Wie wir die Klimakatastrophe verhindern« beschreibt Gates, wie wir mit neuen Technologien den Ausstoß der Treibhausgase bis zur Mitte des Jahrhunderts auf null bringen könnten. Für Gates ist unumstritten, dass die reichen Länder die Hauptverursacher der Klimakrise sind. Anders als in den meisten Klimadebatten, die sich meist um Mobilität, Transport, Heizen und Stromversorgung drehen, lenkt Gates dabei den Blick auch auf den Bereich Industrieproduktion, den er für 31 Prozent der jährlichen 51 Milliarden Tonnen Treibhausgase verantwortlich macht, sowie auf Landwirtschaft und Ernährung mit einem 19-Prozent-Anteil an den globalen Klimaemissionen. Transport und Verkehr werden mit 16 Prozent, die Stromerzeugung mit 27 Prozent und Kühlen und Heizen mit 7 Prozent Anteil veranschlagt. 8 Prozent sollen allein auf die Zementproduktion fallen. Wichtig ist Gates vor allem, die Kosten für neue Technologien, den von ihm so benannten Ökozuschlag, zu senken, wie das bei der Fotovoltaik und der Windkraft bereits in Ansätzen gelungen sei. Noch sei Ökostrom jedoch teurer als Strom aus fossilen Brennstoffen. Den Preisunterschied rechnet Gates detailliert für sämtliche Bereiche der industriellen Produktion und des individuellen Konsums vor. Gelingt es, den Ökozuschlag drastisch zu reduzieren und erneuerbare Energien gleich teuer oder sogar billiger als fossile Energien zu machen, werden sie sich, so Gates, weltweit durchsetzen.

Der Microsoft-Gründer fordert breite öffentliche und private Investitionen nicht nur in erneuerbare Energieträger, sondern auch in Speicher- und Umwandlungstechnologien, in den Wasserstoffsektor sowie in die CO_2-Abscheidung. Verfahren, die in der Umgestaltung der Industrie auf Klimaneutralität unumgänglich seien. Entsprechend werden eigene Kapitel der Stahl-, Zement- und Kunststoffproduktion gewidmet, den größten Treibhausgas-Emittenten im Industriesektor. Der Schlüssel liegt für Gates in klimaneutraler Energiebereitstellung – ein Grund, warum er (wie andere mittlerweile auch) auf eine neue Generation von Mini-Atomkraftwerken mit angeblich bedeutend weniger Atommüll setzt. In einem neuartigen Laufwellen-Reaktor oder auch Flüssigsalz-Reaktor könne zugleich alter Atommüll mitverarbeitet werden. Dadurch – so die Hoffnung – solle langfristig nicht nur Energie nutzbar gemacht werden, sondern es könnte auch das ungelöste Problem der Lagerung und des Verbleibs von Atommüll aller Kernreaktoren herkömmlicher Bauart ein für alle Mal geklärt sein. Gates setzt auf das Zusammenwirken von Staat, Forschung und innovativen Unternehmen. Unter den politischen Vorgaben sieht der Unternehmer – wie die Klimaforschung – die Verteuerung des Ausstoßes an Treibhausgasen als zentral an. Es gehe darum, die »Regeln so zu verändern, dass neue Technologien wettbewerbsfähig werden«.[37]

Einschätzung: Gates' Vorschläge beziehen sich vor allem auf die USA und sind nicht immer neu. Aber sie klingen pragmatisch, zielstrebig und kostenorientiert. Dazu kann Gates gut verständlich und mit überzeugenden Bildern erklären, warum wir jetzt handeln müssen. Die Vorschläge sind immer mit Zahlen unterlegt und die weißen Flecken der genannten Zukunftstechnologien werden keineswegs geleugnet. Wie die Vertreter*innen einer ökologischen Modernisierung lenkt Gates den Blick auf die notwendige Infrastruktur- und Industriewende. Von Umweltgruppen kritisiert wird das Setzen auf Atomenergie, das bei der UN-Klimakonferenz Ende 2023 in Katar wieder prominentes Thema war. Den Kapitalismus stellt Gates nicht in Frage, vielmehr sieht er diesen als Verbündeten.

Begrenzter Kapitalismus bei Anders Levermann

Wir müssen die Klimakrise *im* Kapitalismus abwenden, weil es nicht genug Zeit gibt, ein anderes System aufzubauen und weil der Kapitalismus bei Lösungen durchaus helfen könne. So lässt sich eine Grundaussage des Physikers und Klimaforschers Anders Levermann vom Potsdam Institut für Klimafolgenforschung zusammenfassen.[38] Das Problem sieht der Forscher in den zerstörerischen Selbstverstärkungsprozessen, von denen der aktuelle Kapitalismus getrieben werde: Mehr Wirtschaftswachstum führe zu mehr Umweltzerstörung, aus großen Unternehmen würden immer größere, wer Vermögen hat, häufe immer mehr davon an. Das treibe die Klima- und Biodiversitätskrise voran, zerrütte aber auch die Gesellschaften und die Demokratie.

Die Grundüberzeugung von Levermann: Aufgabe des Staates sei es nicht, zahlreiche Einzelvorschriften zu erlassen, sondern den Rahmen vorzugeben. Und zwar in Form von absoluten Grenzen, die transparent und für alle gültig seien. Fünf solche zentralen Vorgaben beschreibt der Autor: 1) Das Ende der Verbrennung fossiler Energieträger: Innerhalb der nächsten 20 Jahre müsste der CO_2-Ausstoß auf null gesetzt werden. Levermann, selbst Co-Autor zahlreicher IPCC-Berichte, begründet dies ausführlich mit den noch immer unterschätzten Risiken durch die Erderwärmung. 2) Das Ende des Rohstoffabbaus durch eine sukzessive Ausweitung des Führens der Stoffe im Kreislauf – die Recyclingmaschinen sollen dabei mit den Überschusskapazitäten der Solarenergie betrieben werden. Die weiteren Vorgaben beziehen sich 3) auf die Begrenzung der Unternehmensgrößen, die im Verhältnis zur Wirtschaftskraft der Staaten festgelegt werden sollen, 4) die Begrenzung des Erbes, um eine Dekonzentration des Vermögens zu erreichen, sowie 5) die Begrenzung der Einkommensunterschiede.

Die Rahmensetzungen bei Letzteren sollen gesellschaftlich ausgehandelt und demokratisch festgelegt werden. Levermann schlägt zur Illustration maximal zwei Millionen Euro vor, die jemand einer anderen Person vererben können solle, der Betrag erhöhe sich entsprechend, wenn das Erbe auf mehr Personen aufgeteilt wird. Die Reichen könnten die darüberhinausgehenden Vermögen spenden oder der Staat würde diese mit 100 Prozent wegsteuern. Das maximale Jahresnettoeinkommen setzt Levermann mit ebenfalls zwei Millionen Euro bewusst hoch an, da es darum gehe, die Allerreichsten zu begrenzen. Die Einkommenszuwächse der oberen zehn Prozent würden aktuell 200 Millionen Euro und mehr betragen, also das 100-fache. Ebenfalls begrenzen würde der Autor das Finanztrading, das aus dem Nanosekundenbereich wieder in den Sekundenbereich geholt werden müsse. Zudem gebe es weitere Begrenzungen, etwa das Auslaufen des Verbrennungsmotors, das Verbot fossil getriebener Heizungen oder des Eintrags problematischer Stoffe in die Böden.

Levermann führt für diese Art von Begrenzungen den Begriff der Faltung aus der Physik ein (daher heißt sein Buch »Die Faltung der Erde«). Demnach sei in einem endlichen Raum weitgehend unendliche Bewegung möglich, wenn innerhalb dieses begrenzten Raumes immer wieder neue Wege eingeschlagen werden. Ebenso würden Gesellschaften, Organisationen sowie Subjekte ihre Bewegungsrichtung ändern, wenn ihnen Begrenzungen gesetzt werden. Als historisches Beispiel nennt Levermann die Abschaffung der Sklaverei, die Sklavenhalter zur Umstellung gezwungen habe. Die Hoffnung des Autors: Mit der Kreativität der Wissenschaften sowie der Unternehmen würden wir die passenden neuen Wege in vielfältigen Suchprozessen finden. »Wenn wir die Grenzen richtig setzen, könnten dadurch neue Impulse und kreative Lösungen entstehen.«[39] Es gehe dann nicht um Wachstum ins noch Mehr, sondern in die Vielfalt und ums »Andersmachen«.

Levermann ist bewusst, dass es wirksame Mechanismen braucht, um die Neuausrichtungen anzustoßen. Um die Treibhausgase auf null zu bringen, schlägt er einen Emissionshandel vor, der die handelbaren Zertifikate analog den Zielvorgaben permanent reduziert und damit verteuert. Bei den Rohstoffen könnten die natürlichen Verknappungen sowie der Wunsch nach Erhöhung der Resilienz die treibenden Kräfte sein. Maximaleinkommen und -vererbungssummen ließen sich durch progressive Steuern, die gegen 100 Prozent gehen, lösen, der Hochfrequenzhandel mit Finanzprodukten durch eine Transaktionssteuer bremsen. Bleibt noch das Problem der weltweiten Trittbrettfahrer. Levermann sieht dieses Dilemma, er plädiert daher für die bereits angedachten Lieferkettengesetze (siehe Kapitel »Unternehmenswende«). Gehandelt würde demnach nur mit jenen Wirtschaftsräumen, die sich an dieselben Begrenzungen halten.

Einschätzung: Dass sich ein Klimaforscher mit Wirtschaftsfragen befasst, ist löblich. Levermann argumentiert sehr plausibel, sodass er politisch durchaus Gehör finden könnte. Er lobt die freien Märkte, die er gegen den gegenwärtigen zunehmend monopolistischer agierenden Kapitalismus verteidigt, und er legt glaubwürdig dar, dass wir die Klimakrise ernster nehmen müssen, als wir es derzeit tun. Für die Begrenzung der Reichtumsexzesse könnte es wohl in Zukunft politische Mehrheiten geben, wenn die öffentlichen Schulden weiter steigen und die Sozialsysteme noch mehr ins Wanken geraten. Die Verbrennung fossiler Energie und den Rohstoffabbau auf null zu bringen, wird wohl auch neue Wohlstandsmodelle brauchen, die in Richtung Sicherung der Basisbedürfnisse gehen. Denn Billigprodukte aus aller Welt wird es dann nicht mehr geben. Levermann macht aber auch hier die Zusammenhänge deutlich, denn hohe Mieten seien eine unmittelbare Folge hoher Immobiliengewinne. Jedenfalls sind die Vorschläge dieses Buches deutlich realitätsnäher als das vage Hoffen auf einen Sturz des Kapitalismus. Der Staat würde wieder (oder: erstmals?) als Souverän agieren, nicht die Produktion, aber einen transparenten Rahmen für das Wirtschaften vorgeben. Positiv hervorzuheben ist, dass der Autor nicht nur Ziele formuliert, sondern auch Instrumente zu deren Erreichung beschreibt. Offen bleibt, ob die Staaten in der Lage bzw. ob sie gewillt sind, diese Grenzen zu setzen. Levermann setzt hier auf die Demokratie.

Kehrtwenden des Club of Rome für »Earth for All«

Der jüngste 2022 erschienene Bericht des Club of Rome geht von der zentralen These aus, dass ökologische und soziale Fragen gemeinsam angegangen werden müssen, andernfalls könnten chaotische, politisch instabile Zustände eintreten. Verdeutlicht wird dies mit den eingeführten Parametern »Index für soziale Spannungen« und »Wohlergehensindex«.[40] Die Vorschläge der Expert*innen beziehen sich auf einen gesteuerten Kapitalismus, bieten aber neben bekannten Transformationsansätzen auch einige neue Herangehensweisen. Alle Vorschläge werden in einer Pyramide dargestellt – mit dem jeweils innovativsten Vorschlag an der Spitze. Bei der Überwindung der Armut reicht die Skala beispielsweise von der Erweiterung der politischen Spielräume etwa durch Entschuldung der ärmsten Länder über eine Re-Regionalisierung des Handels mit Schutzzöllen bis hin zu neuen Wachstumsmodellen, für die neue Technologien kostenfrei zur Verfügung gestellt werden sollen (der neueste der Vorschläge).

Zur Überwindung der Ungleichheit werden progressive Steuern sowie eine Stärkung der Gewerkschaften und – an der Spitze der Maßnahmenpyramide – die Einführung einer allgemeinen Grunddividende vorgeschlagen. Diese soll allen Einwohner*innen zur Verfügung gestellt und aus der Besteuerung von Ressourcen, Vermögen und Daten gespeist werden.[41] Im Bereich der Ermächtigung von Frauen werden der Zugang zu Bildung für alle, die Neuausrichtung der Besetzung von Führungspositionen und als innovativster Weg eine »Grundrente für alle« bei gleichzeitiger Erhöhung des Pensionsantrittsalters in alternden Gesellschaften angeregt.

Ausführlich gehen die Expert*innen auf die Ernährungswende ein. Vorgeschlagen werden Ansätze der regenerativen Landwirtschaft, die den Humusaufbau der Böden fördern soll. Kunstdüngereinsatz wird nicht gänzlich abgelehnt, soll aber drastisch sinken, Monokulturen sollen zurückgedrängt, dafür Mischkulturen oder Agroforstsysteme gefördert werden. Gehofft wird auch auf neue Technologien der Präzisionslandwirtschaft (siehe Kapitel »Ernährungswende«). Nahrungsmittelverluste und -verschwendung müssten minimiert werden – sechs Prozent der Treibhausgase entfallen nämlich laut Club of Rome allein auf diese Form der Verschwendung. Schließlich gehe es um ein anderes Ernährungsverhalten – gesunde Lebensmittel müssten attraktiver und leichter erhältlich sein, industriell verarbeitete, aus denen Konzerne die meisten Gewinne lukrieren, seien zurückzudrängen.

Bleibt jene Wende, die in Klimadebatten meist am Anfang steht, nämlich jene der Umstellung unseres Energiesystems. Die Autor*innen sind auch hier zuversichtlich, dass der Abschied von den fossilen Energieträgern bis zur Mitte des Jahrhunderts gelingen wird. Gesetzt wird neben erneuerbaren Energiequellen auf mehr Effizienz, etwa durch andere Mobilitätsinfrastrukturen. 40 Prozent des gegenwärtigen Energieverbrauchs sollen so eingespart werden. Am weitesten geht wohl der am Ende des Buches skizzierte Wandel der Wirtschafts- und Finanzstrukturen. Während derzeit ein großer Teil der von der Allgemeinheit erwirtschafteten Erträge den Vermögenden zufließt (gesprochen wird von »Rentier-Kapitalismus«), soll das wirtschaftliche Spielbrett derart umgestaltet werden, dass die Finanzströme zu den für die Wenden notwendigen innovativen Unternehmen und über die einzurichtenden Fonds an die Bürger*innen gehen sollen – im Sinne der Teilnahme an einer modernen Allmende.

Einschätzung: Der Gestaltungsoptimismus dieses neuen Club-of-Rome-Berichts ist groß, wohltuend fällt die Abkehr vom Eurozentrismus und die Forderung nach neuen Wirtschaftsstrukturen auf. Die Umlenkung der Finanzströme auf die nachhaltigen Wirtschaftssektoren kann in nächster Zeit durchaus gelingen. Die Auflagen der EU-Taxonomie sind ein Beispiel, wie die Politik reagiert, um die Finanzmärkte neu zu ordnen (siehe Kapitel »Finanzwende«). Der Vorschlag der global umzusetzenden Bürgerfonds geht einen Schritt weiter. Er entspricht Konzepten eines globalen Grundeinkommens und hat wohl weniger Chancen auf Umsetzung. Insgesamt setzt der Club of Rome auf das Drehen an verschiedenen Schrauben. Die Vorschläge sind dem Ansatz einer Mehr-Ebenen-Strategie zuzuordnen, die auf das

Einbinden aller gesellschaftlichen Institutionen in die Transformation setzt. Ausgegangen wird von einem gesteuerten Kapitalismus, Wirtschaftswachstum wird nicht per se als Problem gesehen.

Dekarbonisierte Wirtschaften

»Die Global Climate Action Partnership ist ein globaler Beschleuniger von Wissen und Lösungen, die den Weg zu einer klimaresistenten und kohlenstoffarmen Entwicklung weisen. Es handelt sich um eine Plattform, die von Klimaführern in Afrika, Asien sowie Lateinamerika und der Karibik betrieben wird und gemeinsame und ehrgeizige Klimaschutzmaßnahmen, Peer-Learning und Innovation ermöglicht.« So die Selbstbeschreibung der »Global Climate Action Partnership«, die aus Umweltministerien unterschiedlicher Länder, UN-Organisationen sowie Forschungseinrichtungen mehrerer Kontinente besteht. Drei Ziele werden mit emissionsarmen Entwicklungsstrategien verbunden: Treibhausgasemissionen reduzieren; die Widerstandsfähigkeit gegenüber den Auswirkungen des Klimawandels erhöhen; soziale, wirtschaftliche und ökologische Entwicklungsziele erreichen.

Globale Arbeitsgruppen und angeschlossene Programme unterstützen die regionalen Plattformen. Ein Lenkungsausschuss gibt Orientierung und legt die strategische Ausrichtung fest. Ein globales Sekretariat sorgt für Koordination, Wissensmanagement und Öffentlichkeitsarbeit. Durchgeführt werden Workshops, Studien sowie Beratungsleistungen für Länder des globalen Südens. In einer »Good Practice Database« sind knapp 250 Fallstudien zu finden. Mit einer einheitlichen Taxonomie sei die Good-Practice-Datenbank ein leicht durchsuchbares und wertvolles Werkzeug für Praktiker*innen. Das Netzwerk verbinde mittlerweile mehr als 5.000 Praktiker*innen weltweit sowie Führungskräfte aus über 300 Institutionen in Regierungsbehörden, technischen Instituten, internationalen Agenturen und Nichtregierungsorganisationen, erfährt man auf der Homepage.

Einschätzung: Der Zusammenschluss von staatlichen und wissenschaftlichen Akteur*innen hat das Ziel, die eigenen Volkswirtschaften auf klimaneutral zu trimmen. Das Besondere dabei ist die Kooperation von Einrichtungen aus Nord und Süd. Zum Kapitalismus und zu Wachstum wird nicht explizit Stellung genommen, daher wurde diese Initiative in dieses Kapitel genommen.

Zusammenfassung

1. Paul Collier fordert vor dem Hintergrund der zunehmenden Spaltungen in den USA ein orts- und zweckbasiertes Zusammengehörigkeitsgefühl sowie ethische Unternehmen, die ihren Zweck nicht allein im Gewinnemachen sehen.
2. Der Wirtschaftspublizist Wolfgang Kessler plädiert für eine Zügelung des Kapitalismus. Zu seinen Vorschlägen zählen ein sozial gerechtes Grundeinkommen, die Sicherstellung öffentlicher Güter, eine Umweltdividende für alle sowie ein fairer Welthandel und eine geänderte Entwicklungszusammenarbeit.
3. Ralf Fücks setzt auf neue Technologien. Er beschreibt die notwendige Energie- und Industriewende. Sein Konzept basiert auf einer »Ökologischen Modernisierung«, Suffizienz ist ihm fremd.
4. Stephan Schulmeister unterscheidet wohlstandschaffendes Realkapital von krisenbeförderndem Finanzkapital. Ökologische und soziale Investitionen sollen zukunftsverträgliches Wachstum generieren. Dieses ist für ihn klimaneutral möglich durch einen politisch festgelegten stetig wachsenden Preis für fossile Energieträger unabhängig von den volatilen Weltenergiemärkten.
5. Das von einer Klimabewegung angestoßene und von linken Demokrat*innen forcierte Konzept des Green New Deal in den USA sieht unter anderem vor: 100 Prozent erneuerbare Energien bis 2035, Ausbau des Schienennetzes, Job- und Weiterbildungsprogramme sowie Zugang zu Bildung und Gesundheitsversorgung für alle. Umgesetzt wurden bisher nur Teile.
6. Der europäische Green New Deal setzt auf Investitionen in die Öko- und Klimawende. Als Ziele wurden Klimaneutralität bis 2050, Entkopplung des Wirtschaftswachstums von der Ressourcennutzung sowie der soziale Zusammenhalt formuliert. Doch die Umsetzung gelingt nur bedingt,

das Landwirtschaftspaket wurde bereits stark verwässert. Und es gibt auch Kritik an der Wachstumsfixierung des Programms.

7. Bill Gates setzt auf das Zusammenwirken von Staat, Forschung und innovativen Unternehmen für eine Industriewende. Es gehe darum, die Regeln so zu verändern, dass neue Technologien wettbewerbsfähig werden. Kritisiert wurde unter anderem das Plädoyer für Atomenergie in sogenannten »Mini Nukes«.
8. Der Klimaforscher Anders Levermann ist überzeugt, dass wir die Klimakrise im Kapitalismus abwenden müssen, weil es nicht genug Zeit gebe, ein anderes System aufzubauen. Er schlägt fünf zentrale politisch gesetzte Grenzen vor: Klimaneutralität, Kreislaufwirtschaft, Begrenzung der Unternehmensgrößen, der Vermögen und der Einkommen.
9. Die Vorschläge des Club of Rome in »Earth for All« reichen von einer Re-Regionalisierung des Handels über progressive Steuern bis hin zu einer Energie- und Ernährungswende. Die Profite und Finanzströme sollen zu den innovativen Unternehmen und in Fonds für eine Bürgerdividende umgeleitet werden.
10. Die »Global Action Partnership« hat das Ziel, Volkswirtschaften auf klimaneutral zu trimmen. Das Besondere dabei ist die Kooperation von Einrichtungen aus Nord und Süd. Zum Kapitalismus und zu Wachstum wird nicht explizit Stellung genommen.

Kapitel 24

Degrowth-Ansätze

Von Postwachstum bis Suffizienzökonomie

Degrowth-Ansätze gehen davon aus, dass Ökonomien mit einer hohen Wirtschaftsleistung aus ökologischen Gründen nicht länger wachsen dürfen, und auch nicht müssen, weil Wohlstand umfassender definiert wird. Die ausreichende Entkopplung von Wirtschaftswachstum und Ressourcenverbrauch wird als nicht erreichbar angesehen. Die Frage, ob eine Überwindung des Kapitalismus nötig ist oder nur seine Zähmung, bleibt teilweise offen. Mehrheitlich setzen diese Ansätze auf eine ökosoziale Marktwirtschaft.

Wachstumsgedämpfter Kapitalismus bei Hans Christoph Binswanger

Als größte Gefahr bei einer stagnierenden oder schrumpfenden Volkswirtschaft wird eine drohende Abwärtsspirale gesehen. Unternehmen investieren weniger, was die Kaufkraft der Menschen schmälert, was zu einem weiteren Investitionsrückgang, also Deflation, führen würde. Der Ökonom Hans Christoph Binswanger geht davon aus, dass die Deflationsgefahr durch ein Wachstum der Weltwirtschaft von ein bis zwei Prozent gebannt werden könnte. Das größte Wachstum würde dabei aber in den Ländern nachholender Entwicklung stattfinden, Volkswirtschaften mit bereits hoher Produktivität würden weniger bzw. nicht mehr wachsen. Binswanger sieht den Grund für die »Wachstumsspirale«[1] – er spricht bewusst nicht von Wachstumszwang – im kreditbasierten Wirtschaften. Er weist darauf hin, dass eine nachhaltige Wirtschaftsweise »institutioneller Reformen« bedürfe, die über die Erhöhung der Ressourceneffizienz und konventionellen Umweltschutz hinausgehen, und nennt vier solcher Reformen[2]: 1) Ersetzung des Gesellschaftsrechts der Aktiengesellschaft (in die ein besonderer »Wachstumsdrang« eingebaut sei) durch »eine Unternehmungsform, die auf dem Stiftungsrecht beruht, d. h. die auf das in der Stiftungsverfassung genannte Produktionsziel ausgerichtet ist«. 2) Reform des Geldsystems zur Minderung des Wachstumszwangs dergestalt, dass Geldschöpfung nur mehr der Zentralbank obliegt; Banken würden verpflichtet, das Buchgeld zu 100 Prozent durch Zentralbankguthaben bzw. Banknoten zu decken. Dies würde auch die Krisenanfälligkeit des Finanzsystems verringern und damit die ökonomische Nachhaltigkeit erhöhen: »Die Gewinne werden geringer, aber die Sicherheit wird größer.«[3] 3) Anpassung der Eigentumsformen an das Nachhaltigkeitsziel durch Wandel vom Eigentumsrecht des »Dominium« (Recht zum bedenkenlosen Gebrauch und Verbrauch der Natur) hin zum »Patrimonium« (Recht, sein Eigentum so zu nutzen, dass man es seinen Kindern weitervererben kann); gemeint sind der Einbau von Eigentumspflichten »für einen sorgsamen Umgang mit den Naturgütern«. 4) Integration der Eigenarbeit und »eines unter Umständen obligatorischen Sozialdienstes« in die Einkommenspolitik.

Einschätzung: Hans Christoph Binswanger will den Kapitalismus nicht abschaffen, aber zähmen. Seine These, dass ein geringes Wachstum der Weltwirtschaft ausreiche, um Deflation zu verhindern, nimmt den Warner*innen vor neuen Wirtschaftskrisen Wind aus den Segeln. Sie verweist zugleich darauf, dass sich entwickelnde Volkswirtschaften das Recht auf Wirtschaftswachstum haben. Als Mitbegründer der Ökologischen Ökonomie hat er als einer der ersten auf die Internalisierung der ökologischen Kosten durch Umweltsteuern hingewiesen. Die Vorschläge zum Übergang von Aktienunternehmen zu Unternehmen nach Stiftungsrecht sowie zum Vollgeld sind weiterreichend – jedoch würde das Überdenken des Eigentumsrechts das Wirtschaften grundlegender verändern (siehe dazu auch die Unterkapitel zu Stiftungsunternehmen und Vollgeld).

Plurale Ansätze der Postwachstumsökonomie

Hohe Wachstumsraten von fünf und mehr Prozent gelten als historische Ausnahme und sind nur in der Aufbauphase von Volkswirtschaften zu erzielen. Die Zeiten hoher Wachstumsraten sind also vorbei und dafür war die globale Finanzkrise 2007/2008 nur ein Grund unter vielen und wahrscheinlich nicht der gewichtigste. Zu diesem Schluss kommt die Enquete-Kommission »Wohlstand, Wachstum, Lebensqualität« des Deutschen Bundestags.[4] Das Nachdenken über ein anderes Wachstum oder auch über Postwachstum mache daher allein deswegen Sinn, weil uns neue Fakten dazu zwingen. Darüber hinaus gibt es gute weitere Gründe für die Postwachstums-Debatte – ökologische, soziale, kulturelle. Ein neuer, wenn auch noch kleiner Zweig der Wirtschaftswissenschaften beschäftigt sich mit Postwachstum bzw. mit nur mehr linearem Wachstum. In der mittlerweile an Breite gewinnenden Postwachstumsbewegung gibt es unterschiedliche Ansätze.[5] Ein institutionenorientierter Ansatz plädiert dafür, alle gesellschaftlichen Bereiche vom Arbeitsmarkt über das Gesundheits- und Rentensystem bis hin zum Steuer- und Finanzsystem auf Wachstumsneutralität zu trimmen. Die Wohlfahrtssysteme würden neu organisiert. Der suffizienzorientierte Zugang setzt auf Konsumreduktion und einen einfachen Lebensstil, mit der Konsumnachfrage würde auch das Wirtschaftswachstum zurückgehen. Eigenarbeit im nicht monetarisierten Sektor würde mehr an Bedeutung gewinnen. Die Ausbreitung neuer Wirtschaftsweisen wie Commons, Sharing, Coworking, Solidarische Landwirtschaft und Ähnliches kann man als alternativökonomischen Ansatz bezeichnen. Der feministische Ansatz betont die Care-Ökonomie: Sorgetätigkeiten sollen auf beide Geschlechter verteilt werden und würden damit eine Verringerung der Erwerbsarbeit (und Kaufkraft) erfordern. Ein postkapitalistischer Ansatz legt die Betonung schließlich auf Wirtschaftsdemokratie, Veränderung der Eigentumsstrukturen und Betriebe in Arbeiterhand.

Es lassen sich aber bei unterschiedlicher Akzentuierung einige Gemeinsamkeiten feststellen: etwa neue Arbeitszeitmodelle und Arbeitszeitverkürzung; eine progressive Besteuerung der Vermögen – diese wird gefordert, um die öffentlichen Haushalte zu stabilisieren, der Verschuldungsspirale entgegenzuwirken, aber auch, um neue Turbulenzen an den Finanzmärkten etwa aufgrund der Corona-Krise zu verhindern. Umweltsteuern werden mit dem Ziel einer ökologischen Lenkungswirkung und der steuerlichen Entlastung des Faktors Arbeit gefordert. Eine Begrenzung der Maximaleinkommen soll den Luxuskonsum dämpfen und zu einer tatsächlichen Leistungsgerechtigkeit führen. Die Wohlfahrtssysteme sollen durch Vermeidung von Negativkosten, die keinen Wohlfahrtsgewinn bringen, sichergestellt werden (siehe Ausführungen zum BIP). Die Schrumpfung der Finanzmärkte soll diese der Realwirtschaft unterordnen. Mit Geld soll nicht spekuliert und neues Geld verdient werden, was den Wachstumsdrang begrenze. Die Schritte reichen vom Verbot von Leerverkäufen über Finanztransaktionssteuern bis hin zu Vollgeldlösungen und der Abschaffung von Aktiengesellschaften; aber vielleicht reicht auch schon die Begrenzung der Dividenden. Vorgeschlagen werden auch Grundeinkommen, Werbeverbote und die Beschränkung des Luxuskonsums. Dazu zählen nicht nur Dinge wie Yachten, sondern auch Kreuzschifffahrten, Fernreisen, überdimensionierte Autos oder Residenzen. Von manchen werden Schuldenschnitte für ärmere Staaten und Haushalte vorgeschlagen, was einer teilweisen Vermögensvernichtung entspräche.

Die Postwachstumsbewegung ist international und breit angelegt. Für ein Projekt »Wachstum im Wandel« des österreichischen Umweltministeriums konnte ich einschlägige Publikationen vorstellen.[6] Nach Serge Latouche geht es um eine selektive Wachstumsrücknahme; um die Umverteilung von Ressourcen zwischen privatem und öffentlichem Konsum sowie innerhalb von und zwischen den Generationen. Der Analytiker der französischen »Décroissance«-Bewegung skizziert das Bild einer Gesellschaft, in der das soziale Miteinander und Tätigsein bei gleichzeitiger Reduzierung des Warenkonsums im Mittelpunkt steht. Notwendig sei ein kulturelles Umdenken sowie ein anderer Zugang zur Natur: »Nicht mehr wie Raubtiere leben, sondern wie Gärtner.« Die Strategien der Zurücknahme könnten nur in Form einer breiten politischen Debatte stattfinden und sollten auf keinen Fall den Kräften des Marktes überlassen werden. Latouche spricht von »Redistribution« (Neuverteilung von Arbeit und Einkommen), »Reduktion« (Abkehr von der Warenanhäufung), »Recycling« (langlebige und wiederverwertbare Güter) und »Relokalisierung« (Ernährungssouveränität und lokale Energieversorgung).[7]

Auch die US-Ökonomin Juliet Schor betont die Aufwertung der öffentlichen Leistungen bei gleichzeitiger Reduktion des privaten Konsums.[8]

Fritz Hinterberger und Christine Ax beschreiben in »Wachstumswahn« die kontraproduktiven Aspekte des gegenwärtigen, ungerichteten Wirtschaftswachstums.[9]

Im angloamerikanischen Raum von großer Bedeutung erreichte auch das Buch »How Much Is Enough? Money and the Good Life« von Robert und Edward Skidelsky. Die Autoren stellen sich der Frage, wie eine Wirtschaft organisiert sein müsse, die dem »guten Leben« zuträglich ist. Als Referenz dient ihnen dabei der Anfang der 1930 Jahre von John Maynard Keynes publizierte Aufsatz »Die wirtschaftlichen Möglichkeiten unserer Enkelkinder«. Keynes prognostiziert darin eine Zukunft, in der die Menschen aufgrund der Produktivitätsfortschritte im Kapitalismus mit einem Bruchteil des Arbeitsaufwandes (höchstens drei Stunden täglich) ihre materiellen Bedürfnisse befriedigen und sich in der übrigen Zeit der Muße, zweckfreien Bildung, musischen Betätigung sowie Hilfe für die Ärmeren hingeben würden.[10] Keynes' Prognose sei aber nicht eingetreten, weil zum einen die Dienstleistungen immer weiter ausgedehnt wurden, zum anderen statt der Befriedigung der Bedürfnisse immer mehr die Begierden der Menschen geweckt worden seien. Die Autoren unterscheiden universell gültige »Basisgüter« von den übrigen Gütern. Zu diesen zählen sie Gesundheit, Sicherheit, Respekt, Autonomie bzw. Persönlichkeitsentfaltung, Harmonie mit der Natur sowie Freundschaft und Muße. So sei es »die erste Pflicht des Staates, die materiellen Bedingungen eines guten Lebens für alle zu schaffen«.[11]

Ein praxisorientiertes »Handbuch für Degrowth« zeigt die Heterogenität der Ansätze. Konzepte wie Minimalismus, Alternativwährungen, Commons, Kooperativen, Ökogemeinschaften oder Urban Gardening kommen ebenso zur Sprache wie neue politische Vorschläge, etwa Grund- und Höchsteinkommen, Bürgergeld (meint ausschließlich vom Staat geschöpftes Geld) oder Beschäftigungsgarantie (Forderung nach einem vom Staat finanzierten öffentlichen Arbeitssektor, der ausschließlich Gemeinwohlaufgaben wahrnimmt; gedacht als Alternative zum bedingungslosen Grundeinkommen).[12]

Manche werfen der Postwachstumsökonomie vor, dass sie keine Angaben mache, wie der Wandel eingeleitet werden soll. Der Politikwissenschaftler Frank Adler benennt fünf notwendige Eigenschaften einer Postwachstumswende: 1: Reformen sollen »im Rahmen der gegebenen sozioökonomischen Ordnung durchsetzbar sein«, es gehe aber auch um die »Enttabuisierung der Eigentumsfrage« im Bereich der Grundgüter. 2: Veränderungen müssen strukturell *und* kulturell vorangebracht werden. 3: Der Wandel soll zu einer lebensweltlichen Verbesserung »großer, repräsentativer Gruppen und Milieus der Bevölkerung beitragen«.[13] 4: Die Anknüpfung an praktischen Neuansätzen, also gelebten »Realutopien«, könne den Wandel anschaulich machen. 5: Reformbündel müssten »unterschiedliche Geschwindigkeiten« der zu regulierenden Prozesse berücksichtigen.[14] Adler setzt an der geänderten Bewusstseinslage vieler Menschen an. Bei einer Umfrage »Umweltbewusstsein in Deutschland« hätten 55 Prozent voll und 91 Prozent überwiegend der Aussage »Wir müssen Wege finden, wie wir unabhängig von Wirtschaftswachstum gut leben können« zugestimmt. »Beträchtliche Minderheiten« von einem Fünftel bis einem Viertel der Bevölkerung, bei den 14- bis 22-Jährigen ein »reichliches Drittel«, seien aufgeschlossen für eine sozial-ökologische Transformation. Diese Gruppen sollen als Erstes angesprochen und gewonnen werden.[15] Auch Milieustudien des Umweltbundesamtes würden zeigen, dass es für Veränderung offene Gruppen gäbe. Durchschnittliche Lohnabhängige und Gewerkschaften sollen durch eine Debatte über »gute Arbeit« gewonnen werden.[16]

Einschätzung: Analogien zwischen sozialen und ökologischen Systemen sind nur bedingt hilfreich: Doch Bäume wachsen bekanntlich nicht in den Himmel. Bei »reifen« Volkswirtschaften ist dies ebenso, was Ökonomen wie Adam Smith, John Stuart Mill oder John Maynard Keynes früh erkannt haben. Das Ende des Wachstums wäre demnach kein Ausdruck wirtschaftlicher Schwäche, sondern – im Gegenteil – Zeichen wirtschaftlicher Stärke. Deflationsgefahren sind ernst zu nehmen, aber es wäre Aufgabe einer klugen Wirtschaftspolitik, geplantes Schrumpfen zu ermöglichen. Wohlstandspuffer gibt es in den reichen Gesellschaften allemal.

Der Großteil der Postwachstumsansätze setzt auf Reformen, die Wachstum durch eine andere Verteilung des Erwirtschafteten ersetzen. Die Wachstumseinbrüche durch die Finanzkrise 2008, die Pandemie sowie den Krieg gegen die Ukraine wurden durch gigantische öffentliche Finanzspritzen abgefangen. Dabei wurde aber versäumt, strukturelle Änderungen, etwa eine fairere Verteilung, umzusetzen. Geplantes

Schrumpfen steht noch aus – Erfahrungen damit werden aber wichtig sein. Ein erster Schritt dahin wäre der Übergang zu linearem Wachstum, denn Prozentwachstum verzerrt die Wahrnehmung. Volkswirtschaften mit hohem Output brauchen kein Prozentwachstum mehr, wie Autoren des Instituts für Wachstumsstudien in Gießen betonen: Es gehe uns besser, als wir glauben, wir befänden uns in einer »Scheinkrise«[17] (siehe auch das Kapitel »Wachstum« in Abschnitt II).

Ende der Wachstumsillusion bei Reinhard Loske

Reinhard Loske, ehemals Mitarbeiter des Wuppertal Instituts und Nachhaltigkeitsforscher an der Universität Witten/Herdecke, Abgeordneter zum Deutschen Bundestag und Umweltsenator von Bremen, kritisiert seit vielen Jahren die Wachstumsillusion. In Bezug auf den Kapitalismus ist Loske diplomatisch: Darüber zu streiten, ob eine Neuorientierung der Wirtschaft das »Ende des Kapitalismus« oder doch eher das »Ende des Kapitalismus wie wir ihn kennen« zur Folge hätte, und »wie sie sich auf das Mischungsverhältnis von kooperativen und kompetitiven Elementen, von gesellschaftlicher Selbstorganisation, staatlichem Handeln und Marktbeziehungen auswirkt«, sei in jedem Fall sinnvoll und lohnenswert.[18] Entscheidend sei, sich der Bedeutung der Wirtschaft im Transformationsprozess bewusst zu sein. »Der Veränderungsbedarf in der Wirtschaft sowie ihre Veränderungsbereitschaft, Veränderungsfähigkeit und Veränderungskraft« seien Herausforderungen, die im Angesicht der Großkrisen »ganz oben auf der gesellschaftlichen und politischen Tagesordnung stehen müssen«.[19]

Unser Wohlstand sei in großen Teilen trügerisch und die betriebswirtschaftliche Rechnungslegung der Unternehmen führe in die Irre: »Als wirtschaftlich erfolgreich gilt noch immer das Unternehmen, das Renditen maximiert und Kosten minimiert oder externalisiert, also auf die Gesellschaft abwälzt.«[20] Änderungen hält Loske auch in den öffentlichen Debatten für notwendig. Wer vor Freiheitseinschränkungen durch eine Politik für Nachhaltigkeit warne, übersehe, dass es die Krisen sein werden, die uns die Freiheiten nehmen werden: »Wo Politik nur noch im reaktiven Modus auf eskalierende menschengemachte Umweltprobleme reagieren kann, tendiert die Freiheit bei der Wahl der Mittel gegen null.« Begrenzung, Verzicht und

Umsteuern aus Einsicht und Verantwortung könnten also in Zukunft die wahren »Freiheits(verteidigungs)politiken sein«.[21]

Loskes Vorschläge sind durchwegs pragmatisch: Recht auf und Pflicht zur Nachhaltigkeit für alle durch Verankerung in der Verfassung (»Der Staat muss zum Nachhaltigkeitsstaat werden«[22]) sowie ein Klima- und Nachhaltigkeitscheck für alle Gesetze und Maßnahmen; Überwindung falscher Widerstände gegen Nachhaltigkeit in Unternehmen, stattdessen breite Verankerung in den Unternehmenskulturen; »selektive Strategien der Re-Regionalisierung« aus Gründen der Resilienzförderung, der Kreislaufführung von Stoffströmen und der Versorgungssicherheit;[23] mehr Ehrlichkeit und Transparenz in der Nachhaltigkeitsberichterstattung (»Wer nicht nachhaltig wirtschaftet, muss als Zerstörer und Verlierer erkennbar sein«[24]); ein kooperatives Verhältnis von Staat und Wirtschaft, das Konflikte nicht ausspart (Überwindung der Polarität); Förderung der Commons jenseits von Staat und Markt (»Pluralität und Diversität sind Treiberinnen nachhaltigen Wirtschaftens«[25]).

Loske fordert auch mehr Pluralität in der Ökonomik und an Wirtschaftsuniversitäten, außerdem mehr Realwirtschaft unter Zurückdrängung des Finanzmarktsektors (»Banken, Versicherungen und institutionelle Anleger sollten sich darüber im Klaren sein, dass ein Engagement in nichtnachhaltigen und vor allem fossilen Feldern ihre Glaubwürdigkeit schwer beeinträchtigt«[26]) sowie die Verringerung der Einkommens- und Vermögensunterschiede, da die Reduzierung von Überkonsum praktischer Klimaschutz sei und der Staat mehr Ressourcen brauche.

»Weil die Finanzierungsbedarfe für öffentliche Güter wie soziales Wohnen, gerechte Bildung, öffentliche Räume, Transportsysteme, öffentliche Gesundheitseinrichtungen und grüne Infrastrukturen erheblich sind, zugleich aber viele ‚leistungslose Einkommen' unproduktiv herumliegen oder anlagesuchend und finanzmarktdestabilisierend um den Globus vagabundieren«, stelle sich gerade aus Nachhaltigkeitsperspektive die Frage nach gerechten Steuern.[27] Die Alternative zu höheren Steuern für sehr Einkommensstarke, die permanente Erhöhung der Staatsverschuldung sogar für konsumtive Zwecke, sei alles andere als nachhaltig.

Einschätzung: Loske setzt stark auf die Veränderung von Normen im Sinne einer gesellschaftlichen Verantwortung von Unternehmen, denen die strukturellen Veränderungen folgen sollen. Wirtschaft und Staat werden nicht als Gegenpole, sondern als ineinandergreifende Systeme verstanden. Politik habe aber die Aufgabe, die Rahmenbedingungen vorzugeben.

Wohlstand ohne Wachstum bei Tim Jackson

Die Postwachstumsökonomie geht davon aus, dass ökonomische Schrumpfung möglich ist, wenn diese gesteuert wird. »Slower by design, not by desaster«, so der kanadische Ökonom Peter A. Victor. Sein britischer Kollege Tim Jackson hält eine Entkopplung von Wirtschaftswachstum und Ressourcenverbrauch nur für sehr begrenzt möglich. Im Klimawandel sieht er die größten Gefahren und Herausforderungen für die nächsten Jahrzehnte. Aber auch die Peaks verschiedener Rohstoffe würden zu starken Preissteigerungen diverser Waren (vor allem Land, Nahrungsmittel) führen und könnten durch Preisschocks zu wirtschaftlichen Abschwüngen führen. Jackson plädiert daher für eine ökonomische, soziale und kulturelle Stabilisierung der Gesellschaften ohne Wachstum. Der Ökonom setzt sehr wohl auf grüne Technologien, die im Zuge der Wirtschaftskrisen in den Folgejahren aufgelegten grünen Konjunkturprogramme hält er aber für viel zu schwach und nicht in der Lage, die ökologischen Herausforderungen zu meistern. Notwendig sei die generelle Umstellung auf ökologische Investitionen. Jackson hofft hier auf das Potenzial grüner Finanzprodukte und eine stärkere Besteuerung von Umweltverbrauch anstelle von Lohnarbeit. Die steuerliche Entlastung von Arbeit sei auch nötig, um eine Sektorenverschiebung der Wirtschaft hin zu arbeitsintensiven Branchen bzw. solchen mit geringen Rationalisierungspotenzialen vor allem im Dienstleistungsbereich zu ermöglichen. Finanziert werden soll diese Sektorenverschiebung durch einen weiterhin auf Produktivitätsfortschritte und Wettbewerbsfähigkeit zielenden Exportsektor. Viktor wie Jackson gehen davon aus, dass die »Produktivitätsfalle«, der bisher durch Wirtschaftswachstum zu entgehen versucht wurde, in Zukunft einen anderen Ausweg brauche. Bei konstant bleibendem Gesamteinkommen müssten Produktivitätssteigerungen eben durch eine Verringerung der Gesamtarbeitsmenge ausgeglichen werden. Um Arbeitszeitreduzierungen sozial verträglich gestalten zu können, sei eine relativ geringe Einkommensungleichheit nötig.[28]

Einschätzung: Die Vorschläge sind auch bei anderen Autor*innen zu finden. Als Berater britischer Regierungen hat(te) Jackson jedoch einen gewissen politischen Einfluss. Er zählt zu den prominentesten und anschlussfähigsten Vertreter*innen der Postwachstumsökonomie.

Reformorientierte Postwachstumsgesellschaft

Einen umfassenden, reformorientierten Entwurf einer Postwachstumsgesellschaft gibt ein gleichnamiger Band.[29] Irmi Seidl, Vertreterin einer Ökologischen Ökonomie, sowie Angelika Zahrnt, bekannt als langjährige Vorsitzende des BUND, haben Expert*innen aus unterschiedlichen Disziplinen gewonnen, das Thema Wirtschaftswachstum kritisch zu beleuchten. Im »hölzernen Zeitalter«, als das Holz der nahezu alleinige Brennstoff und der wichtigste Bau- und Werkstoff war, verstanden sich die Grenzen des Wachstums von selbst, so der Umwelthistoriker Joachim Radkau. Er erinnert daran, dass das Wirtschaftswachstum die Kluft zwischen Arm und Reich und auch »die Kluft zwischen den Gesetzen der Wirtschaft und denen der Lebensweisheit« vergrößert habe – so sei der Abstand zwischen den reichsten und den ärmsten Ländern seit Beginn der Industrialisierung von 5 zu 1 auf 400 zu 1 gestiegen! Skeptisch beurteilt der Historiker auch den Optimismus bezüglich einer zunehmenden Entmaterialisierung der Wirtschaft, da Effizienzgewinne bisher immer durch Mengeneffekte aufgesogen worden seien. Gefordert sei die Politik, die Weichen für Begrenzung zu setzen. Radkau hofft dabei nicht allein auf globale Umweltpolitik, sondern insbesondere auch auf lokale Initiativen, sogenannte Pionierregionen. Denn: »Nicht abstrakte Beschlüsse, sondern anschauliche Modellregionen machen Neues attraktiv und vertrauenerweckend.«[30]

Der Schweizer Soziologe François Höpfinger setzt in seiner Analyse über die Alterssicherungssysteme auf ein »produktives Alter«: eine reduzierte Arbeitszeit (»Halbtagsstelle als Norm für Mann und Frau«) würde ergänzt durch eine Verlängerung der Erwerbsdauer, aber auch durch Ausweitung von Eigenarbeit. Die Konzentration der Wirtschaft auf »hochproduktive Hochlohnarbeit« würde die Finanzierung der Rentensysteme auch bei abnehmender Erwerbsarbeit lösen, so der Experte. Voraussetzung seien entsprechende Qualifizierungen: »In einer gering oder nicht mehr wachsenden Gesellschaft basiert, vereinfacht formuliert, der sozialpolitische Generationen- und Rentenvertrag der Zukunft verstärkt auf lebenslanger Bildung.«[31]

Dass eine Postwachstumsgesellschaft auch einen »bewussten Umgang mit Gesundheit, Krankheit und Tod« erfordert, macht Hans-Peter Studer in seinem Beitrag über den »Wachstumsmotor Gesundheit« deutlich. Gesundheitsförderliche Arbeits- und Lebensbedingungen seien dabei ebenso nötig wie eine Neuordnung des Gesundheitswesens. Anreize zur »optimalen« statt der »maximalen« Medizin hätten in der Schweiz, so Studer, zu Kostensenkungen um 20 bis 30 Prozent bei gleichbleibender Zufriedenheit der Patient*innen geführt. Anders ausgedrückt: »Rund ein Viertel der im konventionellen Versicherungssystem erbrachten Leistungen erweist sich schlicht als überflüssig.«[32]

»Mehr Dienste statt mehr Waren«, »Wohlstands- statt Wirtschaftswachstum durch Arbeitszeitverkürzung« sowie »mehr öffentliche Leistungen durch eine neue Steuerbasis« benennt der Ökonom Norbert Reuter in Anlehnung an Keynes als drei »Megatrends für einen Weg in die Postwachstumsgesellschaft«. Der Aufstieg grüner Industrien könne das Schrumpfen des industriellen Sektors nicht verhindern, so der Experte, die Reduzierung von Arbeitszeiten sei daher auch aus sozialer Sicht geboten. Zu nutzen wären unterschiedliche Instrumentarien von der Arbeitszeitgesetzgebung über befristete Lohnzuschüsse und Sabbaticals bis zu Vorruhestandsregelungen und ausgeweiteten Elternzeiten.[33]

Die dänische Wirtschaftswissenschaftlerin Inge Röbke macht den Konsum als »Kern des Wachstumsmotors« aus. Sie beschreibt zehn einander verstärkende Antriebskräfte – von der »falschen Annahme« billiger fossiler Energieträger und den »schiefen« globalen Güterketten über den marktlichen Wettbewerb und Innovationsdruck bis hin zur Verkaufsförderung durch Reklame, Werbefernsehen oder Ratenzahlungen. All dies führe schließlich zur Gewöhnung an steigende Standards sowie zu Lock-in-Effekten, was bedeutet, dass einmal eingeführte Technologien bzw. Geräte nur schwer ein Zurück erlauben (Beispiele sind etwa das Auto oder Informationstechnologien). Die Schritte zum Stoppen des Wachstumsmotors müssten, so Röbke, ebenfalls vernetzt erfolgen: etwa durch Förderung von Binnenwirtschaften in Entwicklungsländern, durch Erhöhung der Ressourcenpreise (»Entkräftung falscher Annahmen«), die Etablierung von Gemeinschaftsnutzungskonzepten (wie Carsharing), die Einschränkung von Werbung oder die Förderung regionaler Wirtschaftsräume. Besonders betont die alternative Ökonomin die (erneute) Verlangsamung der Arbeits- und Lebensrhythmen, die sich bei mehr Gewicht auf Ressourcenproduktivität statt Arbeitsproduktivität ergeben würde, sowie – da schließt sich der Kreis zu anderen Beiträgen – die »Umgestaltung der Investitionen und die Verlagerung von privatem zu öffentlichem Konsum«. Früher oder später werde es notwendig sein, ohne Wachstum klarzukommen, da sei es »viel besser, dies durch Planung statt Katastrophen« zu erreichen.[34]

Der Steuerexperte Lorenz Jarrass sieht Unternehmen wie Staaten aufgrund von Zinsschulden unter Druck. Internationale Kapitalverwalter würden Unternehmen über Kredite aufkaufen, doch durch die resultierenden Schuldzinsen werde deren steuerlicher Gewinn »und somit auch die Steuerzahlung drastisch reduziert«, die Schuldzinsen würden an »Finanzinstitutionen in Niedrigsteuerländer transferiert«. Jarass fordert verbesserte Abschreibungsbedingungen, die langfristige Investitionen fördern – ein Effekt, den die Zunahme der Stimmrechte mit der Haltedauer von Aktien, eine Börsenumsatzsteuer sowie eine Steuer auf Veräußerungsgewinne begünstigen würde.[35]

Irmi Seidl und Angelika Zahrnt beleuchten schließlich den Konnex von Staatsfinanzen und Wirtschaftswachstum. Historische Studien zeigten, so die beiden, dass die Hoffnung von Staaten, durch neue Schulden irgendwann aus der Schuldenspirale »herauswachsen« zu können, trügt. Das Setzen auf Wirtschaftswachstum blende die Kosten dieser Strategie aus: »Kosten-Wirksamkeitsanalysen zur Wachstumsförderung fehlen.«[36] Neben der Erschließung von brachliegendem Einnahmenpotenzial (etwa gleichmäßiges Besteuern von in- und ausländischen Unternehmen) wird auch die Begrenzung der öffentlichen Verschuldung gefordert, da diese von Wachstum abhängig mache.

Einschätzung: Die Vorschläge zeigen, dass Wohlfahrtsstaaten auch ohne Wirtschaftswachstum gesichert werden können, wenn die entsprechenden Reformen umgesetzt werden. Negativkosten sollen reduziert, Güter der Grundversorgung ins Zentrum gerückt werden. Im Fokus steht das Brechen mit der Wachstumskonsumgesellschaft, aber auch eine präventive Gesundheitspolitik sowie eine neue Steuerpolitik, die die Staatseinnahmen erhöhen und Wirtschaften ohne Wachstum ermöglichen würde.

Wohlbefindensökonomie bei Jason Hickel

Der britische Wirtschaftsanthropologe Jason Hickel geht davon aus, dass der Kapitalismus durch Reformen schrittweise überwunden werden könne. Dies erfordere auch ein mentales Umdenken: »Sobald wir verstehen, dass wir auch ohne Wachstum ein gutes Leben haben können, öffnet sich unser Horizont plötzlich ganz weit. Auf einmal wird es möglich, sich eine andere Art von Wirtschaft vorzustellen, und wir haben den Kopf frei, um wirklich ganz rational zu überlegen, wie auf den Klimanotstand zu reagieren ist.« Auch Hickel hinterfragt die Auffassung, Wohlstand könne nur durch Wachstum gesichert werden, und argumentiert mit dem Gegenteil: Die gegenwärtige Form von Wachstum zerstöre den Wohlstand, weil sie unsere Lebensgrundlagen zerstört. Das Bruttoinlandsprodukt als Maßzahl für Wirtschaftswachstum sei ein »Indikator für das Wohlbefinden des Kapitalismus«[37]; »46 Prozent der neuen Einnahmen aus dem globalen Wirtschaftswachstum gingen zuletzt in die Taschen der reichsten 5 Prozent«[38]. Notwendig sei eine »Wohlbefindensökonomie« mit neuen Maßzahlen, die es zuhauf gebe, aber ignoriert würden. Diese andere Ökonomie stelle die Grund- und Gemeingüter, nicht das Anwachsen des Konsums allgemein, ins Zentrum der Bemühungen, so die Grundthese des Autors im Einklang mit der Degrowth-Bewegung. Die Schuld an der Klimamisere allein bei den Fossilkonzernen zu suchen, greife zu kurz: »Worum es eigentlich geht, das ist das Wirtschaftssystem, das im Laufe der letzten Jahrhunderte mehr oder weniger den gesamten Planeten unter seine Herrschaft gebracht hat: der Kapitalismus.« Dieser müsse überwunden werden; und mit ihm auch die »totalitäre Logik« des »Wachstums um des Wachstums willen«.[39]

Hickel spricht nicht von einer Revolution oder der Enteignung der Unternehmen, sondern plädiert für Reformen, die uns schrittweise in eine andere Wirtschaft führen würden: Die Langlebigkeit von Produkten gesetzlich vorschreiben und das gemeinsame Nutzen fördern; Lebensmittelvergeudung verbieten und Rindfleisch als ressourcenintensivstes Lebensmittel deutlich höher besteuern (»fast 60 Prozent der landwirtschaftlichen Flächen weltweit werden für die Erzeugung von Rindfleisch genutzt«[40]); Werbemöglichkeiten drastisch einschränken; Einkommen, Vermögen und Arbeit fair verteilen (globaler Mindestlohn und festgelegtes Maximaleinkommen, 20-Stunden-Woche, 100 Prozent Besteuerung ab einer gewissen Vermögensgrenze); den öffentlichen Sektor sowie die Grundgüterversorgung ausbauen und das Finanzsystem auf staatliches Geld umstellen – Mieten und Schuldendienst seien »die Leibeigenschaft der modernen Zeit«[41]; nicht zuletzt gehe es darum, unsere Bilder von Wohlstand zu verändern, was Ergebnisse der Zufriedenheitsforschung nahelegen würden. All das würde die Produktion und damit auch den Energie- und Ressourcenverbrauch drastisch senken, die Wirtschaft würde nicht weiterwachsen, die Menschen aber gut leben können in »radikaler Fülle«[42].

Hickel ist nicht gegen neue Technologien, geht aber davon aus, dass wir damit allein die Wende nicht erreichen werden. Grünes Wachstum sei daher nicht möglich, die Hoffnung auf CO_2-Abscheidung trügerisch. Allein das 1,5-Grad-Ziel erfordere den vollständigen Ausstieg aus den fossilen Energien bis 2050; dies bedeute eine »rasche und drastische Umkehrung unserer derzeitigen Zielrichtung als Zivilisation«[43]. An einer massiven Reduktion unseres Konsums führe kein Weg vorbei. Es läge aber nicht an den Konsument*innen, sondern an den Produkten, die zu verbessern seien. Ein Handy, das fünfmal so lange hält, ergäbe den gleichen Nutzen, es müsse aber am Markt vorhanden und vorgeschrieben sein.

Um all das zu erreichen, setzt Hickel auf eine tatsächlich funktionierende Demokratie sowie auf eine gemäß Studien gegebene Mehrheit der Vernünftigen, denen das Gemeinwohl wichtiger sei als der Egoismus. Hickel pointiert: »Der Kapitalismus hat eine antidemokratische Tendenz, und die Demokratie hat eine antikapitalistische Tendenz.«[44]

Einschätzung: Hickel teilt die Ansicht, dass grünes Wachstum nicht möglich sei und bessere Technologien allein nicht reichen. Seine Reformvorschläge zielen auf die Eindämmung des wachstumsgetriebenen Kapitalismus. Wie Mehrheiten für diese Schritte gefunden werden sollen und ob der Kapitalismus dann überwunden würde, bleibt etwas vage. Hickel hofft auf ein sich änderndes Bewusstsein der Menschen. Bedeutend ist der Hinweis, dass die Wachstumsgewinne derzeit vor allem die Reichen reicher machen.

Wohlstand innerhalb der planetaren Grenzen bei Kate Raworth

Die Donut-Ökonomie oder Doughnut Economics, der wir im Kapitel über eine planetare Buchhaltung bereits begegnet sind, ist ein von der britischen Wirtschaftswissenschaftlerin Kate Raworth entwickeltes Konzept, dass ein neues ökonomisches Denken jenseits des Bruttoinlandsprodukts fordert und anleitet. Ziel der Donut-Ökonomie ist es, vom Paradigma des Wirtschaftswachstums zu einem Wohlstand für alle innerhalb planetarer Grenzen zu gelangen. Erreicht wird das durch einen sicheren und gerechten Raum für die Menschheit, der sich visualisiert als Donut darstellen lässt – die planetaren Grenzen im Außenkreis, die Grundbedürfnisse gemäß Sustainable Development Goals im Innenkries. Der Fokus wird – wie bei Hickel – auf Wohlbefinden gerichtet. »Wir haben eine Wirtschaft, die wachsen muss, unabhängig davon, ob dies unser Wohlbefinden fördert oder nicht. Wir brauchen aber eine Wirtschaft, die unser Wohlbefinden fördert, unabhängig davon, ob sie wächst oder nicht«, so Raworth, die selbst eine »agnostische Haltung« zu Wachstum einnimmt.[45]

Länder mit niedrigem oder mittlerem Einkommen sollen wachsen dürfen. Mit ausreichender internationaler Unterstützung könnten diese Länder die Chance nutzen, »die verschwenderischen und umweltschädlichen Technologien der Vergangenheit zu überspringen«.[46] Doch man müsse berücksichtigen, dass das Wirtschaftswachstum der Wohlstandsländer nicht nur auf neuen Technologien basiere, sondern auch auf billiger Energie: »Die letzten zwei Jahrhunderte mit außergewöhnlich hohem Wirtschaftswachstum in den reichen Ländern sind zum großen Teil der Verfügbarkeit preiswerter fossiler Energien geschuldet.«[47]

Wie soll nun die Donut-Ökonomie umgesetzt werden? Raworth sieht im Durchbrechen des Akkumulationszwangs im Kapitalismus das Hauptproblem. Sie verweist auf das Konzept des »Evergreen Direct Investments«, »das akzeptable und stabile Erträge aus reifen Unternehmen liefert, die nur noch wenig oder nicht mehr wachsen«.[48] Das Prinzip dahinter: Anstatt an die Aktionär*innen auf der Gewinnentwicklung beruhende Dividenden auszuschütten, sollen Unternehmen den Investierenden auf Dauer einen Anteil an ihren Einnahmen überlassen. Zudem plädiert Raworth für eine Gebühr für das Halten von Geld – der Fachbegriff dafür lautet Demurrage –, so dass das Geld »an Wert verliert und nicht daran gewinnt, je länger es gehalten wird«.[49] Eine solche Liegegebühr für Geld könnte langfristige Investitionen in regenerative Energien oder Wiederaufforstungsprojekte fördern, da das Streben nach Gewinn durch das Bestreben nach Werterhaltung abgelöst würde. Wie andere auch fordert Raworth die Herstellung von Steuergerechtigkeit sowie mehr öffentliche Investitionen. Eine Umstellung von der Besteuerung des Einkommens von Privatpersonen und Unternehmen auf die Besteuerung ihres akkumulierten Vermögens – etwa Immobilien und Finanzanlagen – würde »die Bedeutung eines steigenden Bruttoinlandsprodukts für die Staatseinnahmen verringern«.[50]

Die Besteuerung von Ressourcenverbrauch statt von Arbeit soll Arbeit günstiger, Arbeitszeitverkürzungen leistbar und Reparieren finanzierbar machen. Die Übernahme kriselnder Betriebe durch die Belegschaften könnte dem Genossenschaftswesen neuen Auftrieb geben und kooperative Transformationen ermöglichen. Nicht zuletzt fordert Raworth neue Indikatoren für das Ranking in der Weltwirtschaft, die nicht am BIP, sondern am Wohlbefinden orientiert sind, sowie veränderte Wirtschaftswissenschaften, die neue Ansätze aufnehmen.

Interessant ist neben der ungemein großen Datenlage mit einzelnen Länderprofilen zum Stand der sozialen und ökologischen Lage die Verwendung des Modells der Donut-Ökonomie in der Praxis. Das Deutsche Institut für Urbanistik berichtet, dass der Anstoß für lokales Handeln nach der Donut-Ökonomie oftmals aus der engagierten Zivilgesellschaft komme, denn die Umsetzung auf kommunaler Ebene setze im Besonderen auf Kommunikation und Partizipation. In Deutschland würden einige Kommunen beginnen, das Konzept anzuwenden, indem sie Visionen und Strategien entlang der Donut-Dimensionen aufsetzen, Maßnahmen darauf ausrichten und eine entsprechende Indikatorik aufbauen. International sei die Umsetzung der Donut-Ökonomie in Städten wie Amsterdam, Brüssel oder Nanaimo bereits vorangeschritten und fester Bestandteil von Strategieprozessen der Verwaltung.[51] Raworth gründete die Plattform »Doughnut Economics Action Lab«, auf der möglichst viele Menschen dabei unterstützt werden sollen, ihre Ideen zu testen. In Kurztexten und Videos wird der Ansatz erklärt, in Workshops sollen Umsetzungsstrategien entwickelt werden.[52] In Amsterdam wurden Nachbarschaftsprojekte initiiert, in der »Donut Bakery« werden gemeinsame Projekte umgesetzt.[53]

Einschätzung: Ähnlich wie das Modell der Gemeinwohlökonomie mit seinen zwanzig Kriterien regt die Donut-Ökonomie dazu an, vom linearen Wachstumsdenken zu einem ganzheitlichen Wohlbefindensdenken überzugehen. Es gibt erste Kommunen, die ihre Entwicklung nach dem Modell ausrichten. Entscheidend wird sein, wie sich umfassendere Indikatorensysteme als Leitprinzip für die Wirtschaftspolitik insgesamt durchsetzen. Die weiter unten vorgestellte internationale Bewegung der Wellbeing Economy, der sich mittlerweile einige Staaten angeschlossen haben, beruft sich unter anderem auf die Donut-Ökonomie. Die Vorschläge von Raworth zur Überwindung der Wachstumsabhängigkeit ähneln jenen aus der Postwachstumsbewegung, jene zu einer neuen Finanzordnung den Zinskritiker*innen. Diese sowie die vorgestellten Ansätze einer Kreislaufwirtschaft zielen nicht explizit auf die Überwindung des Kapitalismus, sondern eher auf seine Zähmung.

Ansätze der Post-Corona-Ökonomie

Der Ausbruch der Pandemie und das Herunterfahren großer Teile der Wirtschaft und des öffentlichen Lebens beflügelte manche zu tollkühnen Aussichten auf eine bessere Welt und eine Post-Corona-Wirtschaft, die ich in meinem Buch »Post-Corona-Gesellschaft« ausführlich dargestellt habe.[54] Der Trendforscher Matthias Horx versprach ein neues Zusammengehörigkeitsgefühl unter den Menschen,[55] der US-Ökonom und Autor Jeremy Rifkin prognostizierte einen Umbruch der Finanzmärkte, die sich von fossilen Energien abwenden würden,[56] der Herausgeber des »Forum Nachhaltig Wirtschaften« Fritz Lietsch schlug gar ein Moratorium vor, in dem – statt alle Unternehmen über Wasser zu halten – ein für ein Jahr an alle ausbezahltes Grundeinkommen die nachhaltige Neuordnung der Wirtschaft ermöglichen sollte.[57] Auch der als realitätsnah bekannte österreichische Ökonom Stephan Schulmeister setzte Hoffnung in die Läuterung durch die Pandemie: Corona sei eine »Erlösung eines erschöpften Systems« [58].

»Corona« wurde auch Thema der Zukunftsforschung. In dem Projekt »D2030« entwarf das Team vom »foresightlab« um Klaus Burmeister

Szenarien für Deutschland im Jahr 2030. Fast drei Viertel der in dem »Corona-Stresstest« befragten Zukunftsexpert*innen äußerten darin die Überzeugung, dass nach der Pandemie ein Strukturwandel in Richtung Nachhaltigkeit und Gemeinwohlorientierung gelingen werde. Voraussetzung dafür seien allerdings richtungsweisende Steuerungsmaßnahmen in Politik, Wirtschaft und Gesellschaft.[59] Stephan Rammler, Leiter des IZT Berlin, setzte auf eine Aufwertung des Gesundheitssystems und eine gewisse Re-Regionalisierung des Wirtschaftens durch Verkürzung der Lieferketten.[60] Ein an die Europäische Kommission, den Rat und das Parlament sowie an nationale Führungskräfte gerichteter »Wiederaufbau-Plan für Mensch und Umwelt« forderte einen echten Green New Deal. Dieser müsse die Unterstützung von Unternehmen in CO_2-intensiven und anderen potenziell umweltverschmutzenden Sektoren wie der intensiven Landwirtschaft von ihrer Ausrichtung auf Umwelt- und Klimaziele abhängig machen.[61]

In den Niederlanden haben sich 174 Wissenschaftler*innen aus unterschiedlichen Disziplinen zusammengetan und ein »Post-Corona-Manifest für eine nachhaltigere Welt« verfasst, indem die Abkehr vom Wachstumszwang, die Umverteilung der Vermögen, eine nachhaltige Landwirtschaft und weniger Konsum und Mobilität gefordert werden. Ein Schuldenerlass für Arbeiter*innen und kleinere Unternehmen sollte diesen helfen, einen Weg aus der Wirtschaftskrise zu finden.[62] Anlässlich des Earth Day 2020 wurde ein von Vertreter*innen aus der Zivilgesellschaft, Wissenschaft und Wirtschaft verfasstes »Lebensmanifest« an die österreichische Politik gerichtet, um die Chancen wahrzunehmen, die sich aus dem »Neustart« nach der Corona-Krise ergeben.[63]

Ich gebe zu, dass auch ich mich anfangs der Euphorie eines großen Lernens aus der Krise hingegeben habe. In einem Interview zum Thema »Zukunftsvision: Salzburg nach Corona« meinte ich: »Fatal wäre, wenn die Krise nicht zu einem wirtschaftlichen Umdenken führen würde: Es müssen keine Millionen an Dividenden für Aktionäre ausgeschüttet werden. Es geht auch bescheidener. Ich hoffe, dass die sogenannten systemerhaltenden Tätigkeiten im Gesundheitsbereich, in der Lebensmittelversorgung, der Betreuung anderer Menschen, denen derzeit zu Recht applaudiert wird, auch nach Überwindung der Krise mehr Anerkennung erhalten

– auch bei Lohnverhandlungen.« Und weiter hoffte ich: Die Wiederaufwertung des Nahfelds, der Familie, der Nachbarschaften im Wohnbereich, im Stadtteil könnte auch eine bleibende Erfahrung sein. Schön sei die Solidarität mit dem lokalen Handel und die Kreativität, mit der viele auf Onlineversand umgestellt haben.[64] Früh gab es aber auch kritische Stimmen, die vor allem auf die sozialen Folgen der Pandemie für die Schwächsten in der Gesellschaft hinwiesen. Der Sozialwissenschaftler Klaus Dörre meinte: »Um es klar zu sagen: An der Pandemie und der von ihr verursachten globalen Gesellschaftskrise ist nichts gut. Statt die oft gehörte Phrase von der Krise als Chance einmal mehr zu variieren, macht es Sinn, nach der gesellschaftsverändernden Dynamik der Pandemie zu fragen.« [65]

Einschätzung: Die Hoffnungen auf ein Lernen aus der Corona-Pandemie waren groß, wohl aber beschränkt auf jene, die sich beruflich mit Themen der Nachhaltigkeit auseinandersetzen. Die Weichen wurden in eine andere Richtung gestellt. Es gab Finanzspritzen für alle Unternehmen, um möglichst bald zum Weiter-so-wie-davor zurückkehren zu können. Auch in den Gesellschaften kam es nicht zum Umdenken. Man war froh, alles überstanden zu haben und nun wieder zu den alten Konsum- und Mobilitätsgewohnheiten zurückkehren zu können.

Petition für Wachstumsunabhängigkeit der europäischen Wirtschaft

Eine bereits vor der Corona-Krise verfasste Petition des Europäischen Umweltbüros an die Institutionen der Europäischen Union forderte dazu auf, die europäische Wirtschaft unabhängig von Wachstum zu machen.[66]

Der Petitionstext umfasste folgende Forderungen:

- Einrichtung einer Sonderkommission im EU-Parlament, die sich mit den Zukunftsaussichten für eine Zeit nach dem Wachstum (Post-Growth-Futures) befasst: Diese Kommission sollte aktiv über die Zukunft des Wachstums diskutieren, politische Alternativen für Zukunftsaussichten nach dem Wachstum entwickeln und das Streben nach Wachstum als übergeordnetes politisches Ziel überdenken.

- Einbeziehung alternativer Indikatoren in den makroökonomischen Rahmen der EU und ihrer Mitgliedstaaten: Die Wirtschaftspolitik sollte hinsichtlich ihrer Auswirkungen auf das menschliche Wohlergehen, den Ressourcenverbrauch, gesellschaftliche Ungleichheit und die Bereitstellung menschenwürdiger Arbeit bewertet werden. Diese Indikatoren sollten bei Entscheidungsfindungen mehr Priorität als das BIP erhalten.
- Umwandlung des Stabilitäts- und Wachstumspaktes in einen Stabilitäts- und Wohlstandspakt: Dieser sei ein Regelwerk zur Begrenzung von Staatsdefiziten und Staatsschulden. Er sollte überarbeitet werden, um sicherzustellen, dass die Mitgliedstaaten die Grundbedürfnisse ihrer Bürger*innen erfüllen und gleichzeitig den Ressourcenverbrauch und die Emissionen auf ein nachhaltiges Niveau reduzieren.
- Schaffung eines Ministeriums für wirtschaftliche Transformation in jedem Mitgliedstaat: Eine neue Wirtschaft, die sich direkt auf das menschliche und ökologische Wohlergehen konzentriert, könnte eine viel bessere Zukunft bieten als eine, die strukturell vom Wirtschaftswachstum abhängt.

Einschätzung: Die Forderungen sind sinnvoll, leider bin ich weder auf der Homepage des Europäischen Umweltbüros[67] noch auf der Petitionsseite WeMove fündig geworden, wie das EU-Parlament auf die Petition reagiert hat. Der Vorschlag wartet aber mit konkreten institutionellen Änderungen im Bereich der EU auf.

Suffizienzökonomie bei Niko Paech

Mit seiner Streitschrift »Befreiung vom Überfluss« wollte Niko Paech den Abschied von einem Wohlstandsmodell erleichtern, »das aufgrund seiner chronischen Wachstumsabhängigkeit unrettbar geworden ist«.[68] Er geht von der These aus, dass Versuche, die vielen materiellen Errungenschaften einer »Abfolge von Effizienzfortschritten oder anderweitiger menschlicher Schaffenskraft zuzuschreiben«, eine Selbsttäuschung seien. Paech spricht von einer dreifachen Entgrenzung, auf der unser derzeitiger Wohlstand und Effizienzglaube basiere: der Entgrenzung von den eigenen körperlichen Fähigkeiten (»mit Hilfe ganzer Heerscharen von Energiesklaven«), der Entgrenzung von den in unmittelbarer Reichweite vorhandenen Ressourcen (»mittels globaler Wertschöpfungsketten«) und jener von den Möglichkeiten der Gegenwart (»mit Hilfe von Verschuldung«).[69]

Die vermeintliche Effizienz der industriellen Arbeitsteilung setze enorme physische Entgrenzungsvorgänge und eine Plünderung der Natur voraus: »Die Transaktionen zwischen den zerlegten Produktionsstufen dehnen sich in alle Himmelsrichtungen aus. Infrastrukturen und Transporte nehmen zu.«[70] Das Wesensprinzip des Konsumierens bestehe daher darin, »sich die von anderen Menschen an anderen Orten geleistete Arbeit und insbesondere den materiellen Ertrag andernorts verbrauchter Ressourcen und Flächen zunutze zu machen«.[71] Unser Wohlstand sei genau genommen weder »erarbeitet« noch »verdient«.[72] Die moderne Produktion ähnle vielmehr »einem Verstärker, der ein minimales menschliches Signal in eine donnernde Symphonie von Energie- und Materialumwandlung übersetzt«.[73]

Diese »monströse Delegationsmaschinerie« führe jedoch zu einem »Bequemlichkeitsfortschritt«, zu einer »Bequemokratie«, in der die »Drecksarbeit« auf andere abgewälzt wird. »Grünes Wachstum« habe Tücken, da auch »grüne Technologien« Ressourcen verbrauchen wie etwa Elektroautos, Fotovoltaikanlagen oder Wärmedämmungen, die irgendwann auch entsorgt werden müssen. Paech argumentiert die notwendige Reduktion des Konsums auch aus zeitökonomischen Gründen. Wir hätten gar nicht genügend Zeit, die vielen Konsumgüter und Freizeitangebote gebührend zu nutzen.

Wo sieht der Ökonom den Ausweg? Allgemein gesagt: In der »Rückkehr zur Sesshaftigkeit und zum menschlichen Maß«. Im Detail wäre dies eine Wirtschaft, die sich wieder auf die Region konzentriert, also eine »Ökonomie der Nähe«, die auf mehreren Prinzipien basiert: Transparenz (»Produktnachfrager« sind dabei zugleich die »Kapitalgeber« ihrer Produzenten), Empathie (durch »soziale Einbettung der Ökonomie«), Interessenskongruenz (hohe Zinsansprüche würden ja höhere Preise bedeuten) sowie Verwendungskontrolle (lokales Kapital als Förderer ihrer eigenen ethischen Orientierung).[74]

Der industrielle Komplex in einer de-globalisierten Ökonomie würde zurückgebaut, neue Unternehmensformen sowie regionale Währungen sollten sich ausbreiten, zudem würde der Bereich des Selbermachens, der Eigenarbeit und Selbstversorgung ausgebaut. Die Verlängerung der Nutzungsdauer von Produkten, Gemeinschaftsnutzung sowie Eigenproduktion würden eine radikale Verringerung der Ressourcenflüsse ermöglichen, Instandhalter*innen, Reparaturdienstleistende, Renovierende, Umgestaltende und Ökodesigner*innen als wichtige neue Unternehmen etabliert.

Paech plädiert in diesem Sinne für eine 20:20-Gesellschaft. 20 Stunden Erwerbsarbeit und 20 Stunden Eigenarbeit inklusive gegenseitiger Hilfe. Schließlich setzt Paech auf die Ausbreitung eines neuen Verständnisses von Wohlstand: »Wer sich elegant eines ausufernden Konsum- und Mobilitätsballastes entledigt, ist davor geschützt, im Hamsterrad der käuflichen Selbstverwirklichung orientierungslos zu werden.« Die »Kunst der Reduktion« bedeute somit auch Angstfreiheit, die auf Peak Oil und die nächsten Finanzkrisen gelassener zugehen lasse. Denn: »Souverän ist nicht, wer viel hat, sondern wer wenig braucht.«[75]

Einschätzung: Niko Paech plädiert für eine radikale Schrumpfung des global orientierten Wirtschaftens sowie der Abhängigkeit von internationalem Kapital. In diesem Sinne tritt er auch für Regionalwährungen sowie eine Geldschöpfung nur durch die Zentralbanken ein. Wie andere Vertreter*innen der Suffizienz sieht er in der Reduktion des Konsums und der Aufwertung der Eigenarbeit eine Bereicherung sowie einen Zugewinn an Lebensqualität. In der Transformation setzt er auf Menschen und Gruppen, die anders zu leben und wirtschaften beginnen. Denn die Veränderung der Politik erfordere vorab eine hinreichende »Selbsttransformation«[76] der Bürger*innen. Die Überwindung des Kapitalismus wird nicht explizit angesprochen, würde in einer Suffizienzökonomie jedoch voraussichtlich folgen. Paechs Ansatz bietet eine produktive Anregung, die Mehrheit der Menschen sowie der Unternehmen ist von dieser Art von Suffizienzökonomie aber bisher weit entfernt. Die Zeit wird wohl nicht reichen, auf die freiwillige Selbsttransformation zu vertrauen. Der Übergang zu resilienteren Wirtschaftsstrukturen mag im Zuge der Coronakrise und der unterbrochenen Lieferketten etwas an Bedeutung gewonnen haben, die globale Wirtschaftsverflechtung nimmt aber weiter zu. Die notwendige Transformation ist wohl nur aus einer Wechselwirkung veränderter Normen und Werte und neuer politischer Vorgaben zu erreichen.

Plurale Ökonomie & Regionalwirtschaft

Die Vertreter*innen eines offenen Freihandels setzen auf die Trickle-down-Theorie, der gemäß von einem generellen Wachstum der Weltwirtschaft und einer immer stärkeren Integration der Weltmärkte auch die Länder des Südens profitieren würden. Von entwicklungspolitischen Akteur*innen wird seit mehreren Jahrzehnten auf die Fragwürdigkeit solcher Befunde hingewiesen. Ungleiche Wettbewerbsbedingungen und Handelsregelungen würden die Wohlstandsländer gegenüber Entwicklungsländern bevorzugen.[77] In dem vom Wirtschaftswissenschafter Jerry Mander und dem Publizisten Edward Goldsmith von »The Ecologist« herausgegebenen »Schwarzbuch Globalisierung«[78] werden die Negativfolgen ungebremsten Freihandels diskutiert. Prognostiziert wird eine De-Globalisierung aufgrund ökologischer Verwerfungen sowie politischer Legitimationskrisen.

Kritisiert wird auch der westliche Entwicklungsbegriff als einzig gültiges Fortschrittsmodell sowie das duale Wirtschaftssystem mit ungleichen Handelspreisen: Entwicklungsländer liefern billige Rohstoffe, die Wohlstandsländer fertigen und exportieren die teuren Fertigprodukte. Zudem finde der Welthandel vornehmlich zwischen den reichen Volkswirtschaften statt, der mittlerweile auch Schwellenländer wie China umfasst. Der indische Ökonom Chandran Nair geht davon aus, dass der gegenwärtige Weg der Globalisierung vornehmlich westlichen Konzernen und einer kleinen Konsumentenschicht der Schwellenländer zugutekommt.[79]

Es mehren sich die Konzepte, die aus ökologischen Gründen eine De-Globalisierung bzw. eine Re-Regionalisierung des Wirtschaftens fordern, wie wir beispielsweise bei Loske bereits gesehen haben. Der Ansatz der pluralen Ökonomie wurde von dem Politikwissenschaftler Georg Vobruba geprägt. Er geht von einem starken Sektor regionaler Wirtschaft aus, ergänzt um einen kleinen Sektor der Integration in die globale Ökonomie sowie um den Sektor der Eigenwirtschaft. Korrespondierend wird von pluraler Arbeit gesprochen, die sich aus Erwerbsarbeit, Eigen-/Sorgearbeit und ehrenamtlichem Engagement zusammensetzt, ermöglicht durch plurale Einkommen, bestehend aus Erwerbseinkommen, staatlichen Transfereinkommen sowie breit gestreuten Kapitaleinkommen.[80]

Der Ansatz der Regionalwirtschaft plädiert für eine andere Logik des Wirtschaftens jenseits kurzfristiger Profitmaximierung nach dem Prinzip des billigsten Preises. Ausgehend von den ökologischen, sozialen und ökonomischen Krisen unserer »Zuvielisation«[81] wird ein normatives Konzept einer erneuten Regionalisierung des Wirtschaftens angedacht. Neben einem (kleinen) in den Weltmarkt integrierten High-Tech-Sektor sollten Regionen demnach trachten, wieder bedeutend mehr Wertschöpfung vor Ort zu generieren. Gesprochen wird von einer »Politik der Inwertsetzung«, die über die Steigerung des Bruttosozialprodukts als Wirtschaftsziel hinausweist. »Arbeit vor Ort, Einkommen und Wohlstand vor Ort, Beziehungen und Austausch, genutzte natürliche bzw. erneuerbare Ressourcen, kulturelle Lebendigkeit« gelten als Leitplanken.[82]

Einschätzung: Ansätze der Postwachstumsökonomie sowie der ökologischen Ökonomie plädieren für eine stärkere Regionalisierung des Wirtschaftens, weil die globalen Transportströme, die derzeit auf fossiler Basis bestehen, die Klimakrise befeuern. Vertreter*innen der Entwicklungskritik nach westlichem Vorbild lehnen Globalisierung ab, weil sie den Ländern des Südens wenig Vorteile brächte. Die Probleme mit den Lieferketten im Zuge der Pandemie sowie der geopolitischen Verwerfungen führen dazu, dass auch in den Zentren des Kapitalismus stärker auf Resilienz gesetzt wird – durch Industrie 4.0 soll die Produktion wieder stärker rückverlagert werden. Andere betonen die friedensstärkende Wirkung globaler ökonomischer Integration. Mit der Verteuerung der Transporte im Zuge der Dekarbonisierung sowie aufgrund des Wunsches nach Verringerung ökonomischer Abhängigkeiten wird eine gewisse Re-Regionalisierung des Wirtschaftens wahrscheinlicher. Ein steigendes Bewusstsein von Konsument*innen für ökologische und soziale Fragen im Kontext der Produktionsketten könnte diesen Trend verstärken.

Feministische Care-Ökonomie

Einen verwandten Ansatz zur Suffizienzökonomie bildet die Care-Ökonomie, die von feministischen Ökonom*innen argumentiert und gefordert wird. Im Fokus steht der unbezahlte Teil der Wirtschaft: die Haus- und Reproduktionsarbeit. Diese unbezahlte Arbeit sichtbar zu machen, sie aufzuwerten und den Androzentrismus (Sichtweise, die Männer als Zentrum, Maßstab und Norm versteht) in Wissenschaft und Wirtschaft aufzudecken, ist das Ziel dieses Zweigs der Ökonomie. Die Kritik setzt vor allem bei der Blindheit der Ökonomie für geschlechterspezifische Ungleichheiten an.

Argumentiert wird, dass die Auswahl der Fragestellungen, Themen oder auch Methoden in der Forschung traditionell sehr selektiv stattfinde und so Frauen institutionell ausschließe. So würden beispielsweise wirtschaftliche Kennzahlen als objektiv und geschlechtsneutral angesehen, obwohl ihre Berechnungsweise bestehende Ungleichheiten zwischen den Geschlechtern häufig verstecke. Als bemerkenswertes Beispiel wird das traditionelle Bruttoinlandsprodukt genannt, einer der am meisten verwendeten Indikatoren für Wirtschaftswachstum und Wohlstand. Dieses schließt unbezahlte Arbeit – die nach wie vor zum größten Teil von Frauen geleistet wird – vollkommen aus. Würde man unbezahlte Arbeit aber mit einem durchschnittlichen Frauenlohn belegen, würde dies für Österreich in etwa 37 Prozent des BIP ausmachen, so Bettina Haidinger und Käthe Knittler.[83] Mascha Madörin zeigt für die Schweiz, dass die Finanzierung des Care-Sektors in Zukunft weiter an Bedeutung gewinnen wird, insbesondere wenn davon auszugehen ist, dass unbezahlte Sorgearbeit immer weniger von berufstätigen Frauen wahrgenommen wird.[84]

Kritisiert wird die nach wie vor ungleiche Bezahlung von Männern und Frauen, die nicht nur mit der höheren Teilzeitbeschäftigung von Frauen zusammenhängt, sondern auch mit der ungleichen Bewertung von Tätigkeiten. So würden Arbeiten im männerdominierten, technikorientierten oder im Finanzmarktsektor bedeutend besser entlohnt als Tätigkeiten im Sozialbereich, der noch immer vornehmlich von Frauen dominiert wird.

Einige Vertreter*innen der feministischen Ökonomie wie Veronika Bennholdt-Thomsen[85] fordern eine Zurückdrängung der Marktbeziehungen sowie eine zumindest teilweise Entkommerzialisierung des Lebens etwa durch Eigenarbeit, Tauschbeziehungen oder Gemeinschaftsgärten. Die Subsistenzforscherin – in Bielefeld betreibt sie seit vielen Jahren ein eigenes Institut zum Thema »Subsistenzökonomie« – beschreibt die Herausbildung der Marktökonomie seit dem 18. Jahrhundert in fünf Merkmalen: Zunehmende Geringschätzung der Frauenarbeit innerhalb der modernen geschlechtlichen Arbeitsteilung (1), Geringschätzung des bäuerlichen

Wirtschaftens (2), Missachtung der Natur (3), kolonialistische Plünderung anderer Gesellschaften (4) und schließlich Verbreitung von Angst vor der Knappheit (5). Wirtschaften habe sich in diesem Sinne immer mehr vom Lebensdienlichen entfernt, abstrakte Ziele seien in den Vordergrund getreten: »Bei der Warenproduktion ist das Ziel Geld, das immer mehr Geld ‚produziert', oder die Akkumulation des Kapitals. Leben fällt gewissermaßen nur als Nebenprodukt an.«[86]

Bennholdt-Thomsen lädt dazu ein, uns von der »internationalen Supermarktökonomie« zu verabschieden und uns schrittweise (wieder) einer regionalen, an realen Gebrauchswerten orientierten Wirtschaftsweise zuzuwenden. Sie hinterfragt scheinbar unumstößliche Gewissheiten wie den gerechten Preis bzw. Lohn (»Ist es in Wirklichkeit nicht so, dass Brot für die Hungernden einen ganz anderen Wert hat als für die Satten? Dennoch kostet es für beide gleich viel.«[87]) oder das Menschenbild des »Homo oeconomicus«, dem sie jenes des »Homo donans« – ausgehend vom matriarchalen Prinzip einer Care Economy – entgegensetzt. Wirtschaften sei im Sinne der Sorge füreinander vor allem Verbundensein und Gemeinschaft, was jedoch durch die Konkurrenzwirtschaft total verschüttet worden sei, so die Kritik der Sozialwissenschaftlerin. In der erneuten Entkommerzialisierung sieht Bennholdt-Thomsen daher »eine Maßnahme der Selbstverteidigung gegenüber den totalitaristischen Mechanismus des Warensystems« und einen »Akt der Selbstermächtigung«. Diese Entkommerzialisierung werde »nicht von heute auf morgen erreicht werden, sondern im Laufe eines Prozesses kollektiven Lernens«, doch dieser habe längst begonnen.[88]

Einschätzung: Die feministische Ökonomie gibt wichtige Impulse, um die verdeckte Sorgearbeit sichtbar zu machen. Diese in Geldwerte umzurechnen und in die volkswirtschaftliche Gesamtrechnung einzubeziehen, veranschaulicht die Bedeutung dieses Bereiches, ohne den die monetäre Wirtschaft nicht funktionsfähig wäre. Unterschiedlich sind die Ansätze, mehr Gleichberechtigung zwischen den Geschlechtern herzustellen. Zum einen werden mehr und bessere Kinderbetreuungseinrichtungen gefordert, um Frauen den frühen (Wieder-)Eintritt ins Erwerbsleben zu ermöglichen – diese Forderung deckt sich mit jener der Wirtschaftsverbände, die zusätzliche Arbeitskräfte einfordern. Ein zweiter Ansatz plädiert für eine Aufwertung der Eltern- und Familienzeit für beide Geschlechter durch flexible Arbeits- und Karenzmodelle, höhere Familienleistungen durch den Staat sowie die Erhöhung der Eigenwirtschaft. Dieser Ansatz trifft sich stärker mit jenem der Suffizienzökonomie, die Eigenarbeit und Subsistenzwirtschaft generell aufgewertet sehen möchte.

Bruttonationalglück in Bhutan

In den 1970er Jahren wurde in Bhutan ein Konzept entwickelt, das nicht das Wirtschaftswachstum, sondern das Wachstum des Wohlbefindens ins Zentrum rückt: das Bruttosozialglück. Dieses wurde im Jahr 2008 sogar in der Verfassung Bhutans verankert. Definiert wird es wie folgt: »Das Bruttosozialglück steht im Gegensatz zum Bruttonationalprodukt für die Idee, dass das Weiterkommen einer nachhaltig zusammenwachsenden Gesellschaft davon abhängt, dass eine Balance zwischen materiellem und emotionalem Wohlbefinden besteht. Ein ganzheitliches Zusammenspiel von spirituellen und kulturellen ebenso wie materiellen Inspirationsquellen fördert die positive Entwicklung der Menschen, die sich als Teil der Gesellschaft geschätzt und wahrgenommen fühlen. Dies macht die Qualität einer geistig gesunden Gesellschaft und dadurch auch starken Nation aus.«[89]

Das Konzept basiert auf vier Säulen: erstens auf einer guten Regierungsführung, zweitens auf einer nachhaltigen Entwicklung der Gesellschaft und Wirtschaft, drittens auf der Bewahrung kultureller Werte und viertens auf dem Schutz der Umwelt. Weil sich die Säulen des Konzeptes der »Gross National Happiness Commission« aber nur schwer messen lassen, werden alle zwei bis drei Jahre vom Zentrum für bhutanische Studien landesweite Umfragen durchgeführt. Diese sollen feststellen, ob die Bewohner*innen von Bhutan Glück in ihrem Leben als wachsend oder sinkend empfinden. Umfassende Fragebögen beschäftigen sich dabei unter anderem mit den Bereichen Bildungschancen, Politik und Wirtschaft. Maßeinheiten sind sowohl individuelles seelisches Wohlbefinden und selbst empfundene eigene Gesundheit als auch messbarer Gesundheitszustand, persönliche sowie familiäre Bildung und auch der eigene Lebensstandard sowie die Regierungsweise der Oberen.

Einschätzung: Bhutan ist ein kleines Land, das zwar Tourismus hat, aber ansonsten (noch) nicht Teil des kapitalistischen Weltsystems ist. So wie der Ansatz des »Buen Vivir« in Lateinamerika, der sich der Ausbeutung der Natur entgegenstellt,[90] zeigt auch das Bruttosozialglück in Bhutan einen Zukunftsweg jenseits des materiellen Wachstumsdenkens vor. Die Bewährungsprobe wird darin liegen, ob der Einfluss des kapitalistischen Konsumversprechens begrenzt werden kann.

Wellbeing Economy

Die internationale »Wellbeing Economy Alliance«[91] definiert eine »Wellbeing Economy« (zu Deutsch etwa: »Wohlfahrtsökonomie«) als Wirtschaft, »die sich auf die Befriedigung grundlegender Bedürfnisse konzentriert und indem sie die Dinge gleich beim ersten Mal richtig macht, die enormen Ausgaben vermeidet, die wir derzeit aufbringen und dabei scheitern, um zu versuchen, die massiven ökologischen und sozialen Schäden, die unser derzeitiges System verursacht, zu beheben«[92].

Die »Wellbeing Economy Governments«[93], zu denen Neuseeland, Schottland, Island, Finnland und Wales gehören, arbeiten daran, sich von der Abhängigkeit vom Wirtschaftswachstum zu lösen und zu einer Postwachstums-Perspektive überzugehen, wobei sie die UN-Ziele für nachhaltige Entwicklung (SDGs) als Leitlinie für die Definition und Messung von Wohlstand verwenden. Nach den Befürworter*innen einer Wellbeing Economy kann Nachhaltigkeit als »genug konsumieren, um ein gutes Leben zu führen, aber nicht auf Kosten der Zukunft der Umwelt, anderer Individuen oder nachfolgender Generationen" verstanden werden. Die humanitären Ziele der Wohlfahrtsökonomie bestehen laut Homepage darin, ein Wirtschaftssystem zu schaffen, das Würde, Verbundenheit, Natur, Fairness und Teilhabe begünstigt. Diese fünf Grundbedürfnisse des menschlichen und ökologischen Wohlbefindens sollen durch politische Veränderungen wie die Bekämpfung struktureller Diskriminierung und die Verteilung wirtschaftlicher Macht erreicht werden. Mit Unterstützung der Organisation für wirtschaftliche Zusammenarbeit und Entwicklung und der Europäischen Union hielt die Wohlfahrtsökonomie Einzug in die Politik. Dana Villasenor beschreibt für den Club of Rome unter Bezugnahme auf einen Forschungsbericht der Dalhousie University und der University of Waterloo in Kanada den aktuellen Stand der Aktivitäten in den Ländern Neuseeland, Schottland und Island.[94]

Neuseelands Strategie zur Messung des Wohlstands jenseits des BIP begann mit der Entwicklung des »Living Standard's Framework« (LSF), welches das »intergenerationelle Wohlbefinden" misst. Das Framework wurde 2011 vom neuseeländischen Finanzministerium entwickelt. 2018 wurde mit einem Dashboard ein Tool zur Messung und Verfolgung von Veränderungen bei den Ergebnissen des Wohlbefindens veröffentlicht, das auf drei Abschnitten basiert: »unser Volk«, »unser Land« und »unsere Zukunft«.[95] Das gruppenübergreifende Wohlergehen wird unter Berücksichtigung von bürgerschaftlichem Engagement und Regierungsführung, kultureller Identität, Umwelt, Gesundheit, Wohnen, Einkommen und Konsum, Arbeitsplätzen und Einkommen, Wissen und Fähigkeiten, Sicherheit, sozialen Verbindungen, subjektivem Wohlbefinden und Zeitnutzung gemessen, während das zukünftige Wohlergehen anhand von fünf Formen von Kapital erfasst wird: natürliches, menschliches, soziales, finanzielles und physisches Kapital. Neuseeland nutzt, so Villasenor, diese progressiven Maßnahmen bei der politischen Entscheidungsfindung, indem es die fünf Prioritäten der jährlichen »Wohlfahrtsbudgets" auf der Grundlage von LSF und anderen Expert*innen-Beiträgen festlegt. Auf diese Weise müssen die öffentlichen Stellen nachweisen, dass ihre Ausgaben zu einem generationenübergreifenden Wohlbefinden führen. Das erste Wohlfahrtsbudget für 2019 legte den Schwerpunkt auf psychische Gesundheit, das Wohlergehen von Kindern, die Unterstützung indigener Völker (Maori und Pasifika) sowie die Förderung einer florierenden Nation im digitalen Zeitalter durch Innovation und den Übergang zu einer nachhaltigen, emissionsarmen Wirtschaft.

Schottlands Ansatz für eine Wellbeing Economy wurde durch die Konzentration von schlechten Gesundheitsergebnissen sowie von Armut und Benachteiligung ausgelöst. Im Jahr 2018 wurde der Nationale Leistungsrahmen (National Performance Framework) reformiert, um »mehr Wohlbefinden und nachhaltiges Wirtschaftswachstum" zu einem nationalen Schwerpunkt zu machen, berichtet Villasenor. Der Rahmen legt elf vorrangige nationale Ergebnisse fest – in Bezug auf Kinder und junge Menschen, Gemeinschaften, Kultur, Wirtschaft, Bildung, Umwelt, faire

Arbeit und Unternehmen, Gesundheit, Menschenrechte, internationale Beiträge und Armut. Dahinter stehen 81 Indikatoren, von denen viele mit den UN-Zielen für nachhaltige Entwicklung verknüpft sind. Die Ziele Schottlands können in »Scotland's National Strategy for Economic Transformation«[96] nachgelesen werden. Hier heißt es, dass das Ziel einer Wellbeing Economy »eine Gesellschaft ist, die in allen wirtschaftlichen, sozialen und ökologischen Dimensionen floriert und die Wohlstand für alle Menschen und Orte in Schottland schafft [...] und dabei die ökologischen Grenzen achtet, die durch unsere Klima- und Naturziele verkörpert werden". Die Regierung stützt ihre Wellbeing Economy auf die Prinzipien Wohlstand, Gleichheit, Nachhaltigkeit und Widerstandsfähigkeit.

Auch Island hat eine Geschichte progressiver Politik. In der Finanzkrise von 2008 war Island das einzige Land, das Banker für ihre Rolle in der Krise strafrechtlich verfolgte, und obwohl es Ausgabenkürzungen gab, die sich negativ auf die Großbanken auswirkten, wurden Sozialleistungen geschützt. Laut dem »Global Gender Gap Report« des Weltwirtschaftsforums steht das Land bei der Gleichstellung der Geschlechter weltweit an erster Stelle, und die von 2017 bis 2024 regierende Premierministerin Katrin Jakobsdóttir ist Vorsitzende der links-grünen Bewegung. Darüber hinaus experimentiert Island zusammen mit anderen Staaten der Allianz mit Arbeitszeitverkürzung durch eine Vier-Tage-Woche. 86 Prozent der Isländer*innen hatten 2021 bereits einen Rechtsanspruch auf die verminderte Arbeitszeit von 35 bis 36 Stunden – im Pflege-Schichtdienst sind es sogar nur 32.[97]

Zurück zum Bericht von Villasenor: Im Jahr 2018 führte der Ausschuss der Premierministerin für Indikatoren des Wohlbefindens eine Umfrage durch, die ergab, dass die vier wichtigsten Indikatoren für die Lebensqualität der Isländer*innen Gesundheit, Beziehungen, Wohnen und Lebensunterhalt sind. Im Jahr 2019 wurde auf der Grundlage der Umfrage ein Rahmen von 39 Indikatoren erstellt. Diese messen soziale, wirtschaftliche und ökologische Faktoren, darunter auch das BIP und das Wirtschaftswachstum. Im selben Jahr legte die isländische Regierung sechs Prioritäten für das Wohlbefinden (psychische Gesundheit, sicheres Wohnen, bessere Vereinbarkeit von Beruf und Privatleben, keine Kohlenstoffemissionen, Innovationswachstum und bessere Kommunikation mit der Öffentlichkeit) fest, um den Jahreshaushalt und die fünfjährige Finanzstrategie des Landes zu erstellen. Island hat auch ehrgeizige Umweltziele, wie die Reduzierung der Treibhausgase um 55 Prozent unter das Niveau von 2005 bis 2030 und die Erreichung der Kohlenstoffneutralität und der vollständigen Energieumwandlung, um Island bis 2040 zum ersten Staat zu machen, der nicht von fossilen Brennstoffen abhängig ist.

Die Beispiele zeigen, dass neue Wohlstandsziele bereits in einigen Ländern zum Regierungsprogramm geworden sind, auch wenn weiterhin Defizite bestehen. Das Resümee von Villasenor: »Diese drei Länder haben sich zwar zur Suffizienz verpflichtet, aber es bleibt noch einiges zu tun, um vom BIP-Wachstum als vorrangigem Ziel der Wirtschaft wegzukommen. Die Geldzuweisungen für die psychische Gesundheit haben zugenommen, um die Lebensqualität zu erhöhen, und die Länder, die Wohlfahrtsökonomien einführen, haben weitere positive Auswirkungen.«[98] Es müsse jedoch eine Abkehr von der Abhängigkeit vom BIP-Wachstum erfolgen, um die gläserne Decke der nachhaltigen Entwicklung zu durchbrechen.

Einschätzung: Seit der Verabschiedung der Sustainable Development Goals der Vereinten Nationen sind alle Mitgliedsländer angehalten, über den Stand hinsichtlich Erreichung der Ziele Buch zu führen (siehe Kapitel »Eine neue planetare Buchhaltung«). Dass sich nach Bhutan auch Staaten mit hohem materiellen Wohlstand vom Bruttoinlandsprodukt als Wohlstandsindikator verabschiedet haben, ist ein wichtiger Schritt, um von der akademischen Debatte in die praktische Umsetzung neuer Wohlstandsziele zu kommen. Man wird beobachten müssen, ob und wie die Länder den neuen Weg weiterhin verfolgen, neben Schottland insbesondere in Neuseeland, dass seit Ende 2023 eine konservative Regierung hat. Diese hat angekündigt, die öffentlichen Leistungen zu kürzen und Steuern zu senken, um die Wirtschaft voranzubringen. Zudem soll das generelle Tabakverbot fallen.[99]

Zusammenfassung

1. Hans Christoph Binswanger plädiert für einen wachstumsgedämpften Kapitalismus. Er schlägt Unternehmen nach Stiftungsrecht statt Aktiengesellschaften, eine Vollgeldreform, stärkere Eigentumspflichten sowie die Integration der Eigenarbeit in die Einkommenspolitik vor.
2. Die Ansätze der Postwachstumsökonomie betonen, dass reiche Volkswirtschaften nicht mehr wachsen müssen, um Wohlstand zu sichern. Als Maßnahmen gelten unter anderem die Neuverteilung der Erwerbsarbeit, progressive Besteuerung von Vermögen zur Sicherung öffentlicher Aufgaben, Umweltsteuern sowie die Begrenzung der Einkommensunterschiede und der Negativkosten.
3. Autor*innen eines Bandes zur Postwachstumsgesellschaft machen Vorschläge für unterschiedliche Bereiche, etwa zur Sicherung der Pensionen durch Qualitätsjobs und des Gesundheitswesens durch mehr Prävention, durch die Förderung öffentlicher statt privater Güter, neue Arbeitsmärkte sowie Maßnahmen gegen Steuerflucht und öffentliche Überschuldung.
4. Jason Hickel plädiert für Reformen, die uns schrittweise in eine andere Wirtschaft führen würden: Steuern auf ökologisch schädliche Güter, Begrenzung der Vermögen und Einkommen, Vorschriften für langlebige Güter, um den Konsum zu reduzieren und anderes mehr.
5. Auch Reinhard Loske plädiert für Reformschritte wie die Verankerung von Nachhaltigkeit in der Verfassung, transparente Unternehmensbilanzen sowie neue gesellschaftliche Normen.
6. Zahlreiche Vorschläge wurden im Kontext der Pandemie, die zum Herunterfahren großer Teile der Wirtschaft zwang, gemacht. Gehofft wurde auf einen Neuanfang durch die Förderung nachhaltiger Branchen anstatt alle Unternehmen über Wasser zu halten. Umgesetzt davon wurde nur wenig.
7. Die Begründerin der Donut-Ökonomie Kate Raworth plädiert für Evergreen Direct Investments. Anstatt an Aktionär*innen kurzfristige, auf der Gewinnentwicklung beruhende Dividenden auszuschütten, sollen Unternehmen den Investierenden auf Dauer einen Anteil an den Einnah-

men überlassen. Zudem plädiert Raworth für die Besteuerung des akkumulierten Vermögens und des Ressourcenverbrauchs statt von Arbeit und Einkommen. Wirtschaftlicher Erfolg soll an den planetaren Grenzen sowie an Indikatoren für Wohlbefinden festgemacht werden.

8. Eine Petition für Wachstumsunabhängigkeit der Europäischen Wirtschaft forderte unter anderem eine Sonderkommission im EU-Parlament, die sich mit den Zukunftsaussichten für eine Zeit nach dem Wachstum befasst, sowie die Schaffung eines Ministeriums für wirtschaftliche Transformation in jedem Mitgliedstaat.
9. Niko Paech fordert eine Ökonomie der Suffizienz und Nähe, die auf lokalem Kapital basiert. Zudem schlägt er eine 20:20-Gesellschaft, das heißt 20 Stunden Erwerbsarbeit und 20 Stunden Eigenarbeit für alle, Regionalwährungen und ein Vollgeldsystem vor. Konsumballast abzuwerfen, schaffe Zeit für mehr Muße.
10. Ein Schwarzbuch Globalisierung prognostizierte eine De-Globalisierung aufgrund politischer Legitimationskrisen. Georg Vobruba plädiert für eine plurale Ökonomie, bestehend aus einem starken Sektor regionaler Wirtschaft, ergänzt um einen kleinen Sektor der Integration in die globale Ökonomie. Der Ansatz der Regionalwirtschaft plädiert für eine andere Logik des Wirtschaftens jenseits kurzfristiger Profitmaximierung nach dem Prinzip des billigsten Preises. Es gehe um eine »Politik der Inwertsetzung«.
11. Die Finanzierung des Care-Sektors wird in Zukunft weiter an Bedeutung gewinnen, insbesondere wenn davon auszugehen ist, dass Sorgearbeit immer weniger von berufstätigen Frauen wahrgenommen wird. Diese müsse zukünftig bezahlt werden. Einige Vertreter*innen der feministischen Ökonomie, wie Veronika Bennholdt-Thomsen, fordern eine Zurückdrängung der Marktbeziehungen sowie eine Entkommerzialisierung des Lebens durch Eigenarbeit, Tauschbeziehungen, Gemeinschaftsgärten und Ähnliches mehr.
12. Das Konzept der Wellbeing Economy sieht wie das Bruttosozialglück in Bhutan nicht mehr im BIP den wichtigsten Indikator, sondern in den Sustainable Development Goals. Ziel ist ein Wirtschaftssystem, das Würde,

Verbundenheit, Natur, Fairness und Teilhabe begünstigt. Bisher haben sich Neuseeland, Schottland, Wales, Irland und Island der Initiative angeschlossen.

Kapitel 25
Postkapitalistische Ansätze

Von Ökosozialismus bis zu modernen Rationierungswirtschaften

Während Degrowth-Ansätze den Kapitalismus zwar kritisieren, nicht aber zu seiner Abschaffung aufrufen, gibt es auch Ansätze, die für einen neuen Sozialismus eintreten, weil im Kapitalismus die ökologischen und sozialen Krisen nicht bewältigbar seien. Einige Konzepte plädieren für die Vergesellschaftung der Betriebe, andere für die Beschränkung auf regionale Klein- und Mittelbetriebe sowie Ökonomien der Grundbedürfnisse. Ein weiterer Ansatz plädiert für eine staatliche Planung in einer Krisenökonomie bei Beibehaltung privatwirtschaftlich geführter Unternehmen.

Ökosozialismus bei Christian Zeller

Der Wirtschaftsgeograf und Experte für Global Studies Christian Zeller der Universität Salzburg argumentiert schlüssig, dass viele in der Klimabewegung aktive Menschen unterschätzen, »wie umfassend die wirtschaftlichen und gesellschaftlichen Umwälzungen sein müssen, um die Klimaerwärmung wirklich zu begrenzen«.[1] Ausgehend von den Szenarien des IPCC zum 1,5-Grad-Ziel hält Zeller eine globale Reduktion der Treibhausgase bis 2030 um 60 Prozent für nötig. Spätestens 2050 müssten wir bei null Emissionen sein, um Kippeffekte zu vermeiden. Seine zentrale These: Die ökologische Krise sei Ausdruck des Spannungsverhältnisses zwischen den planetaren Grenzen des Wachstums und der endlosen Akkumulationsdynamik des Kapitals: »Ein grüner Kapitalismus ist ein Widerspruch in sich.«[2] Notwendig seien ein Um- und Rückbau der Produktion, die Orientierung an der Grundversorgung und den öffentlichen Infrastrukturen sowie geänderte Eigentumsverhältnisse. Es gehe darum, Gebrauchswerte zu schaffen, ökologische Grenzen zu beachten und die Selbstermächtigung der Produzierenden voranzubringen: »Wir brauchen eine Gesellschaft, die weniger und anders produziert, weniger transportiert, mehr Sorge für die Menschen und die Natur trägt, den gesamten Reichtum teilt und gemeinsam entscheidet.«[3] Die Gütererzeugung, die Landwirtschaft, der Verkehr und das Finanzsystem seien grundlegend umzubauen und die gesellschaftlichen Infrastrukturen – Gesundheit, Pflege, Sorge und Bildung – auszuweiten. Die Rüstungsausgaben sollen gestoppt, Rüstungsunternehmen auf zivile Produktion umgestellt werden. Dafür würden in der Landwirtschaft und im Bereich sozialer Dienstleistungen mehr Menschen beschäftigt.

Zeller setzt auf die Kooperation der Klimabewegung mit sich neu erfindenden Gewerkschaften und politisierten Belegschaften; letztlich hofft er auf einen »Ökosozialismus«, in dem gemeinschaftlich über die Produktion bestimmt wird: »In einer ökosozialistischen Gesellschaft entscheiden die frei assoziierten Arbeitenden, Konsumierenden und Bürger*innen, welche Sektoren der Wirtschaft sie ausweiten wollen und welche Produktionsbereiche zu reduzieren oder zu ersetzen sind.«[4] Da die Besitzer*innen von Unternehmen zwar Zugeständnisse machen und begrenzt Auflagen erfüllen würden, einer konsequenten ökologischen Normierung der Produktion jedoch aufgrund des Akkumulationszwangs nie zustimmen würden, müsse letztlich »auch die Eigentumsfrage in Hinblick auf die Produktionsmittel« gestellt werden.[5]

Auch das »Netzwerk Ökosozialismus« will durch gemeinsame Diskussion und konkrete Initiativen ökosozialistische Perspektiven gesellschaftlich verankern und zur Formierung einer ökosozialistischen Strömung beitragen. Wichtigster gemeinsamer Nenner sei die Erkenntnis, dass die ökologische Krise und die soziale Krise zusammengehören. Verwiesen wird auch auf die tiefen strukturellen Ungerechtigkeiten zwischen den dominanten kapitalistischen Industriestaaten des Nordens und vielen Ländern des Südens. Die Länder des globalen Nordens seien für den größten Teil des Treibhausgasausstoßes verantwortlich und damit Hauptverursacher sowie historisch Profiteur der Klimakrise. Der Wachstumszwang des Kapitalismus wird als unvereinbar mit den ökologischen Grenzen angesehen. Gesetzt wird auf eine Änderung der Eigentumsverhältnisse. »Wir streben eine Gesellschaft an, in der die Produktionsmittel vergesellschaftet sind. Was, wie und wie viel produziert wird, sollte nicht mehr privaten Profitinteressen überlassen, sondern politisch ausgehandelt und gestaltet werden. Kapitalistische Einzelinteressen werden in bewusste, gesamtgesellschaftliche Planung überführt.« In einem ersten Schritt sollen die Bereiche mit den katastrophalsten Umweltbilanzen sowie die Daseinsvorsorge der kapitalistischen Profitlogik entzogen und bewusst gesellschaftlich gestaltet werden. Gesetzt wird auf eine partizipative Strategie: »Wir haben aus der Geschichte gelernt, dass echte, partizipatorische Demokratie auf dem Boden der kapitalistischen Ökonomie nicht gedeihen kann, dass aber umgekehrt eine sozialistische Ökonomie politischen Pluralismus, freie Diskussion und ein Höchstmaß an politischer Teilhabe zur Voraussetzung hat und echte Nachhaltigkeit verwirklichen muss.« Die bloß technischen Lösungen eines »grünen Kapitalismus« (zum Beispiel »Green New Deal«) werden als Illusion bezeichnet: »Wir legen den Akzent auf Suffizienz, das heißt darauf, welche Verbräuche an Energie und Rohstoffen absolut reduziert werden können und müssen, welche Güter völlig oder zu einem großen Teil verzichtbar sind, welche Großinfrastrukturprojekte nicht mit Nachhaltigkeit vereinbar und welche Produktionszweige destruktiv sind.« Ein Rückbau überflüssiger Strukturen und Produkte werde im Vordergrund des gemeinsamen Agierens stehen. Dazu gehöre die Autoindustrie, die auf Fahrzeuge des öffentlichen Verkehrs umgestellt werden sollte. Auch die Chemieindustrie müsse deutlich schrumpfen, es gehe um eine Reduktion der Kunststoff-, Düngemittel- und Pflanzengiftproduktion. Die Konsumgüterindustrie sollte auf langlebige, recyclingfähige und reparaturfähige Produkte umgestellt werden. Andere Sektoren wie das Militär, die Banken, die Werbeindustrie oder auch die Luftfahrtindustrie seien radikal zurückzubauen oder ganz zu streichen: »Letztlich steht nicht nur der Kapitalismus, sondern auch die Industriegesellschaft in der heutigen Form zur Disposition.«[6]

Einschätzung: Zeller sowie das Netzwerk Ökosozialismus machen deutlich, dass die Klimakrise nur noch mit einer grundlegenden Umsteuerung des Wirtschaftens eingebremst werden kann. Doch ist es realistisch und auch sinnvoll, dafür die Eigentumsverhältnisse derart radikal umzustellen? Sollen wir nicht besser die Stärken einer Marktwirtschaft und eines freien Unternehmertums für die Transformation nutzen? Der Weg wäre dann evolutionär statt revolutionär. Zeller glaubt wohl selbst nicht zur Gänze an die Revolution, weil er zahlreiche Detailvorschläge unterbreitet, wie das System schrittweise verändert werden müsste: von einer allgemeinen Arbeitszeitverkürzung, einem ausgeweiteten Mutter- und Vaterschaftsurlaub sowie einer Senkung des Rentenalters über die Einführung von Maximalgehältern und die Abschaffung von Vergütungen durch Aktien bis hin zu einem Umbau der Städte mit leistbaren Wohnungen und einer attraktiven Infrastruktur für alle. Das Netzwerk Ökosozialismus setzt wie Zeller auf eine schrittweise Umgestaltung beginnend bei den schädlichsten Industrien sowie der Befriedigung der Daseinsfürsorge. Strategisch wird auf eine plurale Diskussion unter Beteiligung aller Bürger*innen gesetzt, unklar bleibt aber, wer letztlich wie über die Produktion entscheiden würde. Gewerkschaften müssten als Partner der Klimawende gewonnen werden, auch wenn diese heterogen sind (siehe Unterkapitel »Gewerkschaften für Klimaschutz«). Wie eine vollständige Vergesellschaftung der Betriebe, wenn sie denn überhaupt sinnvoll wäre, demokratisch umgesetzt werden soll, bleibt offen.

Postkapitalismus bei Paul Mason und Yanis Varoufakis

In der Bewegung der Linken gab es lange Zeit zwei Strömungen. Die einen setzten auf den sozialdemokratischen Weg der Zähmung des Kapitalismus. Die anderen hofften auf seinen Zusammenbruch, aus dem ein neues Wirtschaftssystem möglich würde. Der britische Journalist und Vordenker Paul Mason weist darauf hin, dass genau Letzteres nicht passiert sei. Die Marktwirtschaft setzte sich in den vergangenen 150 Jahren gegen konkurrierende Systeme durch. Die Planwirtschaft verschwand weitgehend, auch der Individualismus habe einen Siegeszug angetreten, und eine Arbeiterklasse, die sich als solche versteht, sei nur mehr an wenigen Orten anzutreffen.[7]

Und dennoch habe, so Mason, der Kapitalismus ein ernstes Problem. Denn drei Entwicklungen würden zu einer Herausforderung kulminieren, denen diese Form des Wirtschaftens vielleicht nicht mehr gewachsen sein werde: »Erstens hat die Informationstechnologie den erforderlichen Arbeitsaufwand verringert, die Grenzen zwischen Arbeit und Freizeit verwischt und die Beziehung zwischen Arbeit und Einkommen gelockert. Zweitens berauben die Informationsgüter den Markt seiner Fähigkeit, die Preise richtig festzusetzen. Der Grund dafür ist, dass die Märkte auf Knappheit beruhen – aber Information ist im Überfluss vorhanden. Das System versucht sich zu verteidigen, indem es in einem seit 200 Jahren nicht mehr gekannten Maß Monopole errichtet, die jedoch nicht überleben werden. Drittens entwickelt sich spontan eine kollaborative Allmende-Produktion (Peer-Produktion). Es tauchen immer mehr Güter, Dienstleistungen und Organisationen auf, die dem Diktat des Markts und der Managementhierarchie nicht mehr gehorchen.«[8]

Bis zum Auftauchen der gemeinsam nutzbaren Güter, wie vor allem Informationen, habe das grundlegende Gesetz gelautet, dass alles knapp ist, so Mason weiter. Angebot und Nachfrage setzten Knappheit voraus, die bei den Informationsgütern immer weniger zu treffe. Darüber hinaus zeichne sich ein weiteres Problem ab: das Gespenst der Unterkonsumtion sowie das fortschreitende Ersetzen von menschlicher Arbeit durch neue Technologien, Roboter, Algorithmen und zentrale Steuerungen. Mit weniger Beschäftigten würden auch die Konsument*innen ausfallen. Es sei denn, neue Lebensbereiche würden kommerzialisiert. Die größte Gefahr, die von der Roboterisierung ausgeht, sei also »nicht die Massenarbeitslosigkeit, sondern die Erschöpfung des Kapitalismus, neue Märkte zu schaffen, wenn die alten absterben«.[9] Der Kapitalismus müsse den Zugang zur Nutzung frei verfügbarer Güter für die Weltbevölkerung einschränken, weil Innovation für ihn sich aus Marktpreisen speist, so Mason. Er stellt nun die These auf, dass die Digitalisierung aber immer mehr Güter zu Commons mache und letztlich auch die Produktionsmittel dezentralisieren könnte – etwa durch Baupläne für Alltagsprodukte oder ganze Häuser und 3D-Drucker, die ermöglichen, Güter und deren Ersatzteile dezentral herzustellen.

Das Konzept eines »digitalen Sozialismus« setzt ebenfalls auf die Nutzung der digitalen Möglichkeiten für eine »private Planwirtschaft«. Yanis Varoufakis hat auf dieser Basis neue selbstverwaltete Betriebe vorgeschlagen. Der Ökonom beschreibt in einem fiktiven Szenario, wie sich die Wirtschaft nach der Finanzkrise 2008 auch entwickeln hätte können. Wir erfahren von einer Welt, die einen entschieden anderen Weg gegangen ist:

Koordiniert vorgehende Aktivist*innen, eine »Ossify-Wallstreet-Bewegung«, brachten durch Boykotte und geschickte Manöver die Aktienmärkte, das Bankenwesen, das gesamte kapitalistische Finanzsystem zu Fall und bauten eine Gesellschaft auf, die zwar nicht perfekt ist – das Patriarchat zum Beispiel behauptet seine Macht –, deren faire Balance zwischen Leistungsprinzip und Umverteilung aber letztlich sogar Anhänger*innen der Märkte überzeugt. Betriebe werden von den Belegschaften demokratisch geführt, Finanzmärkte dienen sinnvollen Investments, das Wirtschaftsprodukt wird verteilt, etwa durch einen Treuhandfonds für jedes Baby. »Korposyndikalismus« nennt Varoufakis dieses neue Wirtschaftssystem.[10]

Einschätzung: Ein anderer Utopist, Jeremy Rifkin, dachte früh in eine ähnliche Richtung wie Mason. Materielles Eigentum verliere an Bedeutung, die Zukunft gehöre virtuellen Gütern – und dem Zugriff auf sie. Es gehe also um Zugang oder Zugriff – »Access«, wie Rifkins Buchtitel anzeigte.[11] Die Realität sieht aber anders aus. Multinationalen Konzernen gelingt es noch immer, den Zugang zu virtuellen Gütern für sich zu schützen – Stichworte sind Patente und Schutz geistigen Eigentums. Nicht einmal in der Pandemie war es gelungen, Patente für Impfstoffe frei verfügbar zu machen, obwohl deren Entwicklung mit immensen staatlichen Mitteln gefördert wurde, wie etwa die NGO »attac« aufzeigt.[12] Andererseits eignen sich Digitalkonzerne private Nutzerdaten an, etwa über unser Konsumverhalten oder unsere Konsumabsichten. Wir geben diese Daten, die für großes Geld weiterverkauft werden, freiwillig her, weil wir die Annehmlichkeiten der Netzdienste gerne in Anspruch nehmen. Es gibt zwar Alternativen, etwa gemeinwohlorientierte Software wie Linux oder grüne Suchmaschinen wie Ecosia,[13] aber den Markt bestimmen die Datengiganten.

Auch die Hoffnung auf dezentrale Produktion mittels 3D-Drucker ist nicht neu. Der Begründer der Bewegung für »Neue Arbeit«, Frithjof Bergmann[14], plädierte früh für sogenannte »Fabricator«, also Produktionsmaschinen, die Kommunen und Gemeinschaften zur Verfügung gestellt werden sollten, um sich autonom Güter zu produzieren. Bergmann hoffte unter andrem auf den Einsatz in den Ländern des Südens, sodass sich etwa Landwirtschaftsgenossenschaften selbst Traktoren und andere Geräte herstellen könnten. »Das Rückgrat dieser neuen Ökonomie besteht darin, dass wir unablässig und Schritt für Schritt zu einer Wirtschaftsform fortschreiten, in der wir unsere eigenen Produkte herstellen«, so Frithjof Bergmann in »Neue Arbeit, neue Kultur«.[15] Doch es erscheint unrealistisch, dass sich die Produktion derart dezentralisieren wird – von einzelnen Nischen abgesehen. Die ungeheure Menge an Produkten wird wohl weiterhin am Weltmarkt produziert werden. Yanis Varoufakis unternimmt zumindest einen Versuch, einen Weg in einen Postkapitalismus zu skizzieren, wenn auch in einem fiktiven Roman. An einem selbstverwalteten Unternehmen zeigt er, wie Betriebe unter Zuhilfenahme moderner Kommunikationstechnologien auch anders geführt werden können.

Degrowth-Kommunismus bei Kohei Saito

Kohei Saito ist Associate Professor für Philosophie an der Universität von Tokio und Mitherausgeber einer umfangreichen Marx-Engels-Gesamtausgabe. In »Systemsturz. Der Sieg der Natur über den Kapitalismus« bezieht er sich auf Texte und Notizen des späten Marx, in denen sich dieser mit dem »Stoffwechsel zwischen Mensch und Natur« beschäftigt.[16] Marx habe sich vom Produktivismus der Industriegesellschaft abgewandt und nach Ansätzen eines Wirtschaftens gesucht, das die Commons ins Zentrum rückt. Anregungen habe er dabei von kommunal organisierten Gemeinschaften der Germanen sowie den russischen und indischen Dorfgemeinschaften entnommen.

Saito betont unsere Abhängigkeit vom Kapitalismus, wir seien hilflos, weil wir glaubten, ohne ihn nicht überleben zu können: »Ohne die Macht der Ware als Bindeglied sind wir nicht lebensfähig. Wir haben verlernt, im Einklang mit der Natur zu leben. Deshalb sind wir für unser Leben in den Städten auch darauf angewiesen, die Peripherien auszuplündern.«[17] Der Sozialstaat des 20. Jahrhunderts habe den Fokus auf die Vermögensumverteilung gerichtet, ohne jedoch die Frage der Produktionsverhältnisse anzusprechen. Die Gewerkschaften hätten dadurch »zum Zwecke der Steigerung der Produktivkräfte die Subsumation unter das Kapital als gegeben akzeptiert«.[18] Kommunismus bedeute heute aber, sich die Commons zurückzuholen: »Der Weg zur Wiederherstellung des Überflusses führt über die Commons. Sie sind das Instrument, das den Kapitalismus überwinden und den radikalen Überfluss im 21. Jahrhundert verwirklichen wird.«[19] Saito setzt auf Energie- und Nahrungsgenossenschaften, die selbst Elektrizität erzeugen und die Lebensmittelproduktion wieder in die Hand nehmen. Er spricht von einer »Bullshit-Ökonomie«, unter die er etwa die

Werbeindustrie subsumiert, und plädiert für die Wiederaneignung der Produktionsmittel für unsere Grundbedürfnisse. Würde das Problem der Ungleichheit behoben und die künstliche Verknappung beseitigt, könne die Gesellschaft auch mit weitaus weniger Arbeitszeit funktionieren: »Die Lebensqualität einer riesigen Anzahl von Menschen würde somit steigen. Und würde man sinnlose und unnötige Arbeit zurückschrauben, würde das letztlich auch die Rettung der globalen Umwelt bedeuten.«[20]

Einschätzung: Saito spricht die Abhängigkeit vom Kapitalismus und seine Verquickung mit dem Sozialstaat an. Und er hofft auf die Selbstermächtigung durch zahlreiche Initiativen von unten, die sich die Produktionsmittel selbst aneignen. Seine Beispiele wie funktionierende Genossenschaften, Erzeuger-Verbraucher-Kooperativen oder Bürgerkraftwerke reichen jedoch nicht aus, um den Systemwechsel herbeizuführen. Die Skizzierung dieses Weges bleibt Saito uns schuldig.

Marktwirtschaft ohne Kapitalismus bei Werner Onken

Werner Onken ist Vertreter der Geldreformlehre. In seinem dreibändigen Werk »Marktwirtschaft ohne Kapitalismus« beschreibt er alle ökonomischen Theorien seit Adam Smith und Karl Marx. Anknüpfend an frühe Anhänger dezentraler und stationärer Wirtschaften wie Stuart Mill, den Konzepten der frühen Ordoliberalen einer sozialen Marktwirtschaft sowie den Vordenkern des »Small is beautiful« wie Leopold Kohr und Ernst Friedrich Schumacher, entwirft er das das Bild einer »egalitären nachkapitalistisch-bürgerlichen Marktgesellschaft«[21]. Onken erinnert an frühe Bodenrechts- und Geldreformer*innen, er plädiert für strengere Anti-Monopol-Gesetze und eine Dezentralisierung der Unternehmen und Investitionen sowie für Schwundgeld. Das bürgerliche Privateigentum sei nicht das Problem, sondern die Konzentration des Kapitals in den Händen weniger. Im Falle einer Dezentralisierung könne das Privateigentum zu einem Mittel werden, »gleichermaßen freien Bürgern und Bürgerinnen zu einer wirtschaftlich unabhängigen und selbstständigen Existenz zu verhelfen«.[22] Ein breit gestreutes Eigentum würde die politische Zivilgesellschaft stärken, Rechtsstaatlichkeit und Demokratie schützen. Onken spricht von einer »Zweiten Moderne«, die an die früheren Aufklärer anknüpft. Eine fiskalische Umverteilung, die Autoren wie Thomas Piketty und Joseph Stiglitz fordern, sei ein erster, aber nicht hinreichender Schritt; Kapital und Unternehmen seien breiter zu streuen.

Im Zuge der Coronakrise und der damit einhergehenden weiteren Verschuldung der öffentlichen Haushalte erinnert Onken an das Konzept eines Schwundgeldes. Der US-Ökonom Kenneth Rogoff habe noch tiefere Negativzinsen gefordert, um das vorhandene Kapital dem Markt zuzuführen. Die angedachten Digitalwährungen würden es erleichtern, Negativzinsen umzusetzen. Nachdem die Geld- und Bodenreformgedanken Jahrzehnte lang von der Ökonomie vernachlässigt wurden, wäre es unrealistisch zu erwarten, dass sofort ausgereifte Konzepte verfügbar wären, so Onken. Entscheidend sei, »dass im Bewusstsein der großen Verantwortung für die Lösung der multiplen ökonomisch-ökologisch-medizinischen Gesamtkrise überhaupt eine intensive wissenschaftliche Diskussion über die Theorie und Praxis der Geld- und Bodenreform und ihre Übersetzung in eine allgemeinverständliche ökonomische Bildung in Gang kommt«.[23]

Einschätzung: Die Vorschläge zur Dekonzentration von Unternehmen und Vermögen finden sich bei mehreren Autor*innen. Über Schwundgeld wird ähnlich wie über die Vollgeldreform kontrovers diskutiert. Geld würde durch Schwundgeld seine Funktion als Wertspeicher verlieren, Banken nur mehr eine Verwaltungsgebühr einheben, so der Gedanke. Das Ziel sei, dass Vermögende ihr Geld nicht horten, sondern investieren. Die Freigeldlehre wurde auch von antisemitischen Kreisen missbraucht, was ihr geschadet hat, auch wenn einer der Begründer der Geld- und Bodenreform, Silvio Gesell, damit nichts zu tun hatte. Kritisiert wird aber auch, dass die Reduzierung auf den Zins und Zinseszins zu kurz greife, Ausbeutung im Kapitalismus eine viel stärkerer Rolle spiele und Schwundgeld nicht alle Probleme löse.[24] Zudem hat die Zinspolitik, wie aktuell zu sehen ist, eine inflationshemmende Wirkung. Deflation kann durch öffentliche Investitionen entgegengewirkt werden, wie John Maynard Keynes herausgearbeitet hat. Bodenreformen könnten aufgrund der steigenden Wohnkosten an Bedeutung gewinnen. Erste Kommunen gehen dazu über, Grundstücke aufzukaufen und nur mehr zu verpachten.

Kosmopolitischer Lokalismus bei Ute Scheub und Christian Kütttner

»Alle Großstrukturen erweisen sich als zerstörerisch, sie sind nicht krisenfest und werden zusammenbrechen. Wir sind überzeugt davon, dass die Menschheit eine Wirtschaft und Landwirtschaft ohne Abfall und Ausbeutung entwickeln kann«, schreiben Ute Scheub und Christian Küttner in »Abschied vom Größenwahn«. Diese neue Ökonomie werde »zusammen mit neuen regionalen Demokratien dafür sorgen, dass es ökosozial und gerecht für alle zugeht«. Mensch und Natur seien durch jahrhundertelange Ausbeutung inzwischen so schwer beschädigt, dass es nicht mehr reiche, »nachhaltig« weitere Schäden zu verhindern. Vielmehr gehe es um das »Heilen von Wunden«, um Regeneration statt Degeneration.[25] Der Begriff der Umwelt müsse durch jenen der Mitwelt ersetzt werden, weil diese aus Lebewesen mit eigenen Rechten und eigener Würde bestehe. Statt Globalisierung gehe es um Planetarisierung bzw. planetenfreundliche Wirtschafts- und Lebensweisen.

Das Zeitalter des Zentralismus, der Großindustrie und Großorganisationen gehe zu Ende, argumentieren Scheub und Küttner. Nicht nur, weil es uns höchst krisenanfällig mache, die Klimakatastrophe einen ökosozialen Totalumbau erfordere und unendliches Wachstum auf einem endlichen Planeten unmöglich sei. Sondern weil uns mit Bionik, dezentralen Internetanwendungen und erneuerbaren Energien Techniken zur Verfügung stehen, die eine Ausrichtung unseres Wirtschaftens nach den Selbstorganisationsprinzipien der Ökosysteme umsetzbar machen. Dieser »kosmopolitische Lokalismus«[26] werde zu Widerstandsfähigkeit und Resilienz führen, was angesichts der sich verschärfenden Krisen notwendig sei. Ein artenreiches resilientes wirtschaftliches Ökosystem bestünde vor allem aus kleinen und mittleren Unternehmen, Genossenschaften sowie öffentlichen und kommunalen Betrieben der Daseinsvorsorge. Kleinere Länder, die Alltagsgüter wie Essen, Kleidung, Energie und Gebrauchsgegenstände selbst erzeugen, seien eben krisenfester.

Woraus schöpfen die beiden nun ihre Hoffnung auf diesen Paradigmenwechsel? Zum einen würden die Folgekosten der Umweltzerstörung immer offensichtlicher. Zum anderen würden menschengemachte Organisationen ab einer bestimmten Größe zu komplex und damit ineffizient; die Kreativität und die Fähigkeiten der Belegschaften lägen brach. »Selbstgeführte Betriebe« würden in Zukunft erfolgreicher sein. Neben den an vielen Orten entstehenden Neuansätzen hoffen Scheub und Küttner auch auf eine partizipative Demokratie. Dabei sollen insbesondere die lokale Ebene und das Prinzip der Subsidiarität gestärkt werden. Ein im Buch zitierter Index »Lokale Autonomie«[27] zeige, dass föderale Strukturen effektiver seien und die Lebensqualität steigern. Dies bestätige auf Länderebene auch der »Weltglücksreport der UNO«, der jährlich ein Ranking der Gesellschaften mit der höchsten Lebenszufriedenheit veröffentlicht.[28] Menschen würden sich viel stärker mit ihrem Stadtteil identifizieren als etwa mit der Nation, die lokale Ebene sei für Politik, Verwaltung und vor Ort verankerte Betriebe zentral, funktionierende Nachbarschaften würden sogar lebensverlängernd wirken, so ein Befund.

Mehr Finanzhoheit für die Kommunen würde die Selbstbestimmung stärken – laut einer von Scheub und Küttner zitierten Erhebung verfügen in Dänemark die Kommunen über 64 Prozent der Staatsausgaben, in der Schweiz über 56 Prozent, in Schweden über 48 Prozent; in Deutschland seien es aber nur 16 Prozent. Insgesamt sprechen Scheub und Küttner von verschiedenen »Gemeinschaftshüllen« im Sinne konzentrischer Kreise, von der Familie und den persönlichen sozialen Beziehungen über Stadtteile und Kommunen bis hin zu Regionen, Staaten, Staatenbünden, »ethischen Wirtschaftszonen« und reformierten und demokratisierten Vereinten Nationen.

Einschätzung: Der Ansatz eines kosmopolitischen Lokalismus bezieht sich auf Leopold Kohrs Plädoyer für kleine Einheiten. Die Hoffnung wird in viele Klein- und Mittelbetriebe, einen gestärkten öffentlichen Sektor durch Kommunen mit mehr Finanzhoheit und eine aktive Zivilgesellschaft gesetzt. Ein Konzept, das utopisch wirkt, aber an Attraktivität gewinnen könnte, wenn die Krisen sich verstärken. Noch sind wir freilich weit davon entfernt – Scheub und Küttner setzen aber auf die utopische Kraft neuer Entwürfe.

Ökologische Bedarfswirtschaft bei Wigbert Tocha

»Der Energiebedarf einer auf Wachstum gepolten Industriegesellschaft kann nicht mit angeblich unendlich zur Verfügung stehenden erneuerbaren Energien gedeckt werden«, so die Grundaussage des Sozialphilosophen Wigbert Tocha in seinem Buch »Grüne Gier«.[29] Der Titel mag etwas irritieren, denn wenn es eine Bewegung gibt, die auf die Grenzen des Wachstums verweist, dann ist es die Umweltbewegung. Die Wachstumsgläubigen sind in anderen Gruppierungen zu verorten. Der Autor verweist aber – und das ist verdienstvoll – auf die Fallen eines technizistischen Energiewendediskurses. Alles weiter wie bisher, nur eben mit erneuerbaren Energien, wird nicht möglich sein. Tocha bringt dazu anschauliche Beispiele. Die strombasierte Herstellung von synthetischem Kerosin für den deutschen Flugverkehr würde mehr elektrische Energie benötigen, als alle Ökostromanlagen heute zusammengenommen produzieren, rechnet er mit dem Bundesumweltministerium vor. »Grüner Stahl« und »grüne Chemie« würden mehr elektrische Energie erfordern als ganz Deutschland derzeit Strom verbraucht. Allein das größte Stahlwerk der Bundesrepublik, die Hütte Schwelgern bei Duisburg, hätte einen Wasserstoffbedarf, der 3.800 Windräder heutigen Standards bräuchte, um den dafür nötigen »grünen« Strom zu erzeugen.

Tocha verweist auf die Konflikte der »technizistischen grünen Wende« mit dem Naturschutz – er spricht von einem »Biodiversitätsdesaster« und warnt vor einer »industriellen Besitznahme von Naturräumen« durch die sogenannte Energiewende. Erneuerbare Energien mit »Nullemissionen« gleichzusetzen, sei irreführend. Schon ein 3,5-Megawatt-Windrad brauche 150 Tonnen Stahl und einen Stahlbetonsockel von 2.000 Tonnen sowie Seltene Erden für den Generator. Die Anlagen kämen an »physikalische und meteorologische Grenzen«[30]– Stichwort Ökorucksack und Windverfügbarkeit. Eine Studie des Bundesamts für Naturschutz zeige, dass »Flächen mit geringem Konfliktpotenzial mit dem Naturschutz praktisch nicht vorhanden« seien.[31] Kritik übt der Autor auch am E-Auto-Boom. Bei der Herstellung der geplanten 15 Millionen E-Autos für Deutschland bis 2030 fielen 300 Millionen Tonnen CO_2 an, das passe nicht zusammen mit dem laut Klimaschutzgesetz angepeilten 438 Millionen Tonnen CO_2 Jahresemissionen im Jahr 2030. Erneuerbare Energie ideologisch zu »Freiheitsenergie«

zu stilisieren, entspräche einem »Tunnelblick« und »monolinearem Denken«, so Tocha, der den Glauben an grünes Wachstum, etwa des deutschen Wirtschaftsministers Robert Habeck, kritisiert.

Tocha ist überzeugt, dass der Kapitalismus überwunden werden müsse. Alternativökonomieansätze in Nischen wären aber zu wenig. Der Autor skizziert vier Zukunftswege: 1) eine ökologische Bedarfswirtschaft, die sich auf die Befriedigung der Grundbedürfnisse beschränkt, mit Schwerpunkten auf ökologischer Landwirtschaft, öffentlichen Gütern wie Gesundheitsversorgung sowie einem Grundbedarf an Energie; 2) Aufbau kleiner, demokratischer Staaten mit partizipativen, staatlich abgesicherten Regionalökonomien – hier bezieht sich der Autor unter anderem auf Leopold Kohr; 3) industrielle Abrüstung einschließlich der militärischen und Einübung einer »Kunst der Reduktion«[32] sowie einer naturbasierten Klimapolitik; 4) schließlich Durchsetzung eines neuen Fortschrittsbegriffs, der nicht technizistisch, sondern sozial und gesellschaftlich »buchstabiert« werde.[33]

Einschätzung: Die Argumentation ergibt Sinn. Der Autor ist nicht gegen erneuerbare Energie, argumentiert jedoch mit deren begrenztem Potential. Es bleibt aber die Frage nach der Umsetzung. Tocha ist Sozialphilosoph, nicht Ökonom. Wie die Transformation praktisch anzugehen sei, müsse im Detail ausgearbeitet werden, meint er. Die Überwindung des Kapitalismus wird implizit angenommen, wie bei anderen Konzepten der Regionalisierung des Wirtschaftens auf Bewegungen von unten gesetzt.

Gemeinwohlökonomie mit begrenztem Eigentum bei Christian Felber

Im Kapitel über Neuansätze im Bereich Unternehmen wurde die Bewegung der Gemeinwohlunternehmen sowie deren Gemeinwohlbilanz vorgestellt. Der Begründer des Konzepts, Christian Felber, macht aber weiterführende Vorschläge zur Reform des Wirtschaftssystems. Damit sich gemeinwohlorientiertes Wirtschaften lohnt, müsse eine gute Gemeinwohlbilanz auch finanzielle Vorteile bringen. Gedacht wird an einen niedrigeren Steuersatz und Zolltarif, an günstigeren Kredit bei der »Demokratischen Bank« sowie an den Vorrang bei öffentlichem Einkauf und öffentlicher Auftragsvergabe, welche immerhin ein Fünftel der gesamten Wirtschaftsleistung ausmachen würden. Diese Belohnungen würden den Gemeinwohlorientierten helfen, ihre (höheren) Kosten zu decken. Zusätzlich schlägt Felber vor, auf allen Produkten die »Gemeinwohlstufe« des Unternehmens, von dem diese stammen – sozusagen als Entscheidungshilfe für die Konsument*innen –, mittels einer Farbskala anzugeben. Das Ziel dabei: »Durch das Zusammenwirken von rechtlichen Vorteilen, Konsumentscheidungen und der Präferenz ‚erfolgreicher' Zulieferbetriebe entsteht eine mächtige Spirale in Richtung Gemeinwohl.« Die politischen Rahmenbedingungen werden sozusagen von individuellem Gewinnstreben auf das Gemeinwohl »umgepolt«.[34]

Über diese neue Unternehmensbilanz hinaus schlägt Felber weitere Änderungen vor, die das Wirtschaften grundlegend umgestalten würden: Gewinn soll nur mehr im Betrieb investiert und an im Betrieb Beschäftigte ausgeschüttet werden, was de facto das Ende von Aktiengesellschaften bedeuten würde. Nicht erlaubt wären überdies Firmenaufkäufe, Finanzspekulationen sowie Parteispenden. Neu wäre auch die »kooperative Marktplanung«[35], die branchenbezogen gemeinsam die Produktion an den Bedarf von Gütern festlegen würde (anstatt sich gegenseitig zu zerstören), sowie eine originelle Verkürzung der Arbeitszeit durch Freijahre: »Alle Menschen [dürfen] sich pro Dekade ihres Berufslebens ein Jahr Auszeit nehmen und sich anderwärtig verwirklichen.«[36] Schließlich verlangt Felber auch Veränderungen in der Eigentumsordnung. »Die Absolutstellung des Eigentumsrechts« sei heute »zur größten Gefahr für die Demokratie geworden«, warnt der Autor und beschreibt den Kapitalismus als »positiv rückgekoppeltes System, weil es mit fortschreitendem Reicherwerden und Größerwerden für Individuen und Unternehmen immer leichter wird, noch reicher und größer zu werden«.[37] Auf den Punkt gebracht: Die erste Million sei die schwierigste! Dieser systemischen Fehlentwicklung entgegnet Felber mit vier Begrenzungen: der Begrenzung der Einkommensungleichheit (auf das Verhältnis von maximal 1 zu 20), der Begrenzung des Rechts auf Aneignung von Privatvermögen (erlaubt sind maximal 10 Millionen Euro), der Begrenzung der Größe von Unternehmen in Privatbesitz (gestaffelt nach Betriebsgröße sollen die Belegschaften Stimmrechte erhalten) und schließlich der Begrenzung des Erbrechts. 500.000 Euro bei Privatvermögen bzw. 10 Millionen Euro bei Firmenvermögen wären die Obergrenzen, was darüber hinausgeht, werde »dekonzentriert«, sprich umverteilt.[38]

Insbesondere plädiert Felber für genossenschaftlich geführte Betriebe bzw. solche mit hohen Mitarbeiter*innen-Beteiligungen. Dass aus dem Erbrecht nicht ein »automatischer Besitz- und Führungsanspruch« abgeleitet werden dürfe, begründet er insbesondere mit dem Leistungsprinzip. Unternehmen sollten von den Besten geführt werden, von jenen, die Verantwortung übernehmen wollen und diese von den Belegschaften übertragen bekommen; das müssten nicht immer die Nachfahren der Voreigner sein. Diese wohl radikal anmutenden Maßnahmen würden jedoch, so Felber, eine tatsächliche Demokratisierung der Wirtschaft einleiten: »Mehr Menschen könnten mitbestimmen und mitgestalten, die Meinung und Kompetenz von mehr Menschen wäre gefragt, der Wert von mehr Menschen als bisher würde geschätzt – nicht nur durch anerkennendes Schulterklopfen, sondern durch materielle Eigentums- und Mitbestimmungsrechte.«[39]

Einschätzung: Christian Felber unterbreitet konkrete Vorschläge zur Umgestaltung der Wirtschaft, die über Corporate Social Responsibility und Gemeinwohlbilanzen hinausgehen und stattdessen strukturelle Eingriffe vorsehen. Am weitesten gehen die Abschaffung von börsennotierten Unternehmen, die Begrenzung des Eigentums durch eine mit der Größe des Unternehmens wachsende Mitsprache der Belegschaften sowie die Relativierung des Erbrechts – die Führung von Unternehmen soll von Belegschaften gewählt werden, was einen großen Sprung in der Wirtschaftsdemokratie bedeuten würde. Zu fragen ist, ob die strikte Ablehnung von Konkurrenz Sinn ergibt, da Wettbewerb den Markt beleben kann, wenn für alle die gleichen Regeln gelten. Die Frage, wer über die Gemeinwohlbewertung der Unternehmen entscheidet, ist ebenfalls zu diskutieren. Ich habe Felbers Vorschläge den postkapitalistischen Ansätzen zugeordnet, da sie das Kapital stark beschränken würden, auch wenn die Beschränkung der Unternehmen keine Enteignung, die kooperative Planung keine Planwirtschaft im herkömmlichen Sinn darstellt.

Demokratische Planwirtschaft bei Cédric Durand

»In Notsituationen kann die Wirtschaftstätigkeit nicht durch die Preisgestaltung angemessen koordiniert werden. Durch das Chaos der Märkte können eigentlich überschaubare, aber zwingend gebotene Ziele nicht erreicht werden: die Herstellung von Masken, Desinfektionsmitteln, Screening-Tests und Atemschutzgeräten oder die Verteilung von Medikamentenvorräten«, so der Wirtschaftswissenschaftler Cédric Durand, Vertreter einer Demokratischen Planwirtschaft, im Kontext der Coronakrise.[40] In einer solchen Situation bestehe ein klarer Bedarf an Zentralisierung. Der allgemeine Ruf nach Hilfe ergehe an die öffentliche Hand: eine Forderung nach einem kollektiven Vorgehen, das über die privaten Akteure hinausgehe. Dieser relativ anomische Charakter des Marktes werde durch dessen kurzfristige Orientierung noch verschärft, die es ihm unmöglich macht, langfristig zu planen, so Cédric.

Sofortige Einsparungen seien erforderlich, um dem Wettbewerbsdruck und den Rentabilitätsvorgaben der Finanzmärkte gerecht zu werden. Ein solches Verhalten sei aus statischer Sicht effektiv, die Kehrseite bestehe aber in einer »dynamischen Ineffizienz«. »Punktgenaue Vorgaben an die Lieferketten, breit verstreute Produktionsprozesse und geringe strategische Reserven machen das soziale und produktive Gefüge verwundbar und hindern es daran, sich an plötzliche Veränderungen der Umstände anpassen zu können.« Es sei inzwischen anerkannt, dass Belastbarkeit auch Redundanz erfordert, dass kurzfristige Effizienz eine fehlende Belastbarkeit zur Folge habe. Unabhängig davon, ob es um Dringlichkeit oder Belastbarkeit geht, stelle sich letztlich das Problem der Zentralisierung der wirtschaftlichen Koordination. Außer dass die Corona-Krise die Grenzen der Märkte aufgezeigt habe, mache sie zugleich deutlich, dass die öffentlichen Dienste dringend benötigt werden, so Cédric weiter. Die Pandemie habe allen gezeigt, »dass der öffentliche Dienst ein Gemeingut ist, auf das jede und jeder unter allen Umständen zählen und zurückgreifen kann, weil es allen gehört.«

Das Argument von der Ineffizienz der Planwirtschaft lässt Cédric nicht gelten: »Gegen diese neoliberale Ansicht sprechen sowohl praktische als auch theoretische Gründe.« Auch wenn es ein wenig trivial erscheine, müssten wir uns daran erinnern, dass die Planwirtschaft sehr wohl funktioniert: »Nicht der Markt organisierte die Kriegsanstrengungen der USA gegen die Nazis, sondern eine geplante Kriegswirtschaft. In Frankreich beruhten der Wiederaufbau und der Aufholprozess nach der Befreiung auf einer Planung, die zwar eher Richtlinien vorgab, die aber sehr verbindlich waren, insbesondere durch Kreditvergaben.« Cédric setzt auf die digitalen Möglichkeiten der Planung. Heute würden die meisten wirtschaftlichen Informationsprozesse automatisch auch digital erfasst. Damit entfalle das Argument hinsichtlich der Informationsverarbeitung weitgehend. »Faktisch greift auch der private Sektor massiv auf eine Art Planwirtschaft zurück. Amazon oder Walmart verarbeiten heute unendlich mehr Daten als der sowjetische Gosplan. Diese multinationalen Unternehmen verfügen über die Mittel, ihre Geschäftsprozesse in Echtzeit an die Wandlungen der Marktbedingungen anzupassen.«[41] Das Problem, vor dem eine Planwirtschaft heute stehe, sei nicht mehr die eingeschränkte Informationstechnologie, sondern die demokratische Verarbeitung dieser Algorithmen, die immer mehr in der Hand einiger weniger Monopolunternehmen lägen. Auch die großen Automobil-, Einzelhandels- und Elektronikkonzerne würden Informationssysteme kontrollieren, die ihnen einen Überblick über die Aktivitäten und Bestände auf den verschiedenen Stufen der Wertschöpfungsketten geben: »Mit anderen Worten: Wenn der politische Wille dazu vorhanden ist, können die staatlichen Behörden diese Fähigkeiten entlang zentral vereinbarter Prioritäten nutzen.«

Wie soll die Planung praktisch umgesetzt werden? Die französische Planung in der Nachkriegszeit ist für Cédric ein mögliches Übergangsmodell. Sie sei insofern interessant, weil dort darüber beraten wurde, wie die Marktwirtschaft besser koordiniert werden könnte. Aber unerlässlich sei, dass die Planwirtschaft der Zukunft unbedingt demokratisch sein müsse. Planung für ein Land oder für ein Gebiet bedeute, sich für eine gemeinsame Zukunft zu entscheiden. Dies erfordere ein Höchstmaß an Demokratie. Die politische Dringlichkeit bestehe darin, dafür zu sorgen, die Wirtschaftsentwicklung in neue Bahnen zu lenken, »nämlich in einen wieder gestärkten öffentlichen Dienst, in nützliche und hochwertige Arbeitsplätze, in regionale statt globalisierte Produktion und in die Erhaltung der Biosphäre.«[42] Kurzum: Es gehe bei dieser Krise nicht darum, die Wirtschaft zu retten, sondern ihre Transformation zu planen.

Einschätzung: Eine Planwirtschaft ist aktuell schwer vorstellbar. Mehr staatliche Planung kann jedoch in Krisen rasch an Bedeutung gewinnen, wie in der Pandemie zu sehen war. Dies könnte im Gefolge von Umweltkrisen erneut relevant werden. Unklar im Konzept der demokratischen Planwirtschaft bleibt, wer für die Planung verantwortlich sein soll, da der Anspruch, diese demokratisch zu organisieren, nicht ausreicht. Soll diese Bürger*innen-Räten, Expert*innen-Gremien oder politischen Gremien überantwortet werden? Realistischer erscheint, dass Grundbedürfnisse wieder stärker dem Marktgeschehen sowie den Kapitalinteressen entzogen werden. Auch das letzte vorgestellte Modell plädiert für zentrale Planung.

Moderne Rationierungswirtschaft bei Ulrike Herrmann

»Der Sieg des Kapitals« und »Kein Kapitalismus ist auch keine Lösung« – so die Titel zweier Bücher der taz-Wirtschaftsredakteurin Ulrike Herrmann, in denen sie den Aufstieg und die Produktivkraft des kapitalistischen Wirtschaftssystems beschreibt. Ihr jüngstes Buch heißt nun »Das Ende des Kapitalismus«. Man könnte meinen, die Autorin macht eine Kehrtwende, doch sie denkt die Ausführungen ihrer letzten Bücher konsequent weiter. Wir können uns den Kapitalismus mit seiner gigantischen Produktivität nicht mehr leisten, weil wir damit an dem Ast sägen, auf dem wir sitzen, so die Grundthese. Wenn wir unsere ökologischen Lebensgrundlagen retten wollen, führe kein Weg an Schrumpfung vorbei. Grüne Technologien würden zwar immer besser, aber nie reichen, um den Klimawandel auf ein verträgliches Maß einzugrenzen und zugleich den Wohlstand der Hochkonsumländer aufrechtzuerhalten, geschweige denn auf andere Länder auszuweiten.

Es müsse daher ein Wirtschaftssystem gefunden werden, das die Grundbedürfnisse aller Menschen befriedigt, die verfügbaren erneuerbaren Energieträger nutzt, die verbleibenden Angebotslücken aber mit Schrumpfung ausgleicht. Herrmann beschreibt, was die notwendigen Klimawenden für Branchen wie den Automobilsektor, die Flugzeugindustrie oder die Bauwirtschaft in Deutschland bedeuten und zu welchen Friktionen diese führen würden. Sie lehnt neue Technologien keineswegs ab, zeigt aber wie Tocha deren Grenzen auf – von der Materialintensität der Solarenergie über die viel zu teuren und zu spät kommenden CO_2-Abscheidungspläne bis hin zu den bekannten Rebound-Effekten. »Qualitatives Wachstum« in einer Dienstleistungsgesellschaft sei nicht machbar, weil »auch Krankenpfleger Häuser bauen oder Autos kaufen wollen«.[43]

Herrmanns zentraler Gedanke: Der Kapitalismus ist keine Torte, die sich beliebig zerstückeln lässt. Selbst geringe Einkommensverluste seien nicht zu verkraften, wenn sie sich Jahr um Jahr wiederholen sollen: »Der Kapitalismus ist auf Wachstum angewiesen. Fehlt es dauerhaft, kommt es zum chaotischen Zusammenbruch.«[44] Doch: »Künftig bestimmt die Natur, wie viel Wachstum möglich ist – und nicht das Wachstum, was von der Natur übrigbleibt.«[45] Mit dem Ökonomen Mathias Binswanger warnt Herrmann vor einer Deflationsspirale bei ausbleibendem Wachstum. Sie plädiert daher für eine »Überlebenswirtschaft«, in der der Staat vorgibt, was produziert wird und wie groß die Rationen sind, die Bürger*innen jeweils zustehen.[46] Die Produktion erfolge aber weiterhin von privatwirtschaftlich geführten Unternehmen. Als Vorbild sieht die Autorin daher nicht die verschiedenen Modelle eines Ökosozialismus, sondern die britische Kriegswirtschaft der 1940er Jahre, in der in kurzer Zeit auf ein Wirtschaften nach Bedarfsplänen umgestellt worden sei.

Nun gehe es um die Abwendung der Klimakrise: »Wenn sich grünes Wachstum als Illusion erweist, bleibt nur die Rationierung.«[47] Diese entspreche dem Prinzip des allen zustehenden CO_2-Budgets und würde die Reichen genauso treffen wie die Normalverdienenden. Denn dies sei gerechter und auch für die Mehrheit akzeptabler: »In Großbritannien wurde die Rationierung im Krieg nur deswegen so willig hingenommen, weil sie für alle galt.«[48] Hermann ist sich bewusst, dass Rationierung in unseren Konsumgesellschaften schwer vermittelbar ist. Es gäbe jedoch erste Beispiele wie den deutschen Wassernotversorgungsplan, der bei großen Dürreperioden zum Tragen kommt. Und: Das Leben wäre auch ohne Kapitalismus lebenswert: »Die Deutschen könnten weiterhin in Urlaub fahren, ihr Smartphone nutzen, Bücher lesen und in Restaurants gehen. Flüge allerdings würde es nicht mehr geben, Autos wären kaum mehr unterwegs, und Immobilien müssten rationiert werden.«[49] Eine ökologische Kreislaufwirtschaft würde aber alles bieten, was ein gelungenes Leben ausmacht: »Anregung, Abwechslung, Erkenntnis, Austausch, Freundschaft, Liebe und vieles mehr.«[50]

Einschätzung: Ulrike Herrmann denkt in der Tat konsequent zu Ende, was es bedeuten würde, eine klimaneutrale Weltwirtschaft innerhalb der nächsten Jahrzehnte umzusetzen. Dass dies mit dem gegenwärtigen Kapitalismus nicht machbar ist, leuchtet ein. Die Tücken liegen bekanntlich im

Detail, also der Frage, wie wir dort hinkämen. Machbarer erscheint eine ökosoziale Marktwirtschaft mit begrenzten CO_2-Budgets und weitgehend egalitären Einkommensverhältnissen, die das Füllen des Konsumkorbs aber den Menschen überlässt, wie etwa Anders Levermann argumentiert (siehe oben). Möglich ist aber, dass die Öko-Wende nicht kommt und wir weiter ins Klimachaos stürzen. Hermann könnte sich dann zumindest zugutehalten, einen Alternativweg aufgezeigt zu haben.

Zusammenfassung

1. Christian Zeller fordert einen Um- und Rückbau der Produktion, die Orientierung an der Grundversorgung sowie geänderte Eigentumsverhältnisse. Er setzt auf die Kooperation der Klimabewegung mit kritischen Gewerkschaften und politisierten Belegschaften, letztlich auf einen »Ökosozialismus«, in dem gemeinschaftlich über die Produktion bestimmt wird. Ein Netzwerk »Ökosozialismus« regt Debatten über diese radikale Transformation an.
2. Paul Mason geht davon aus, dass der Kapitalismus durch drohende Unterkonsumtion sowie die Freisetzung von Arbeitskräften aufgrund der Digitalisierung in die Krise kommen wird. Die Digitalisierung mache aber immer mehr Güter zu Commons und könnte letztlich auch die Produktionsmittel dezentralisieren: etwa durch Baupläne für Alltagsprodukte oder 3D-Drucker. Yanis Varoufakis beschreibt in Form eines Romans, wie selbstverwaltete Betriebe aussehen könnten. Er nennt seinen Ansatz »Korposyndikalismus«.
3. Werner Onken skizziert eine Marktwirtschaft, die den Kapitalismus durch die Dezentralisierung des Kapitals und der Unternehmensstrukturen überwindet. Breit gestreutes Privateigentum sowie die Einführung von Boden- und Geldreformen sollen dazu führen.
4. Kohei Saito aus Japan plädiert unter Bezugnahme auf Spätschriften von Karl Marx für die Überwindung des Produktivismus, dem auch große Teile der Linken anhängen würden. Die Abhängigkeit vom Kapitalismus würden wir nur verringern, wenn wir die Produktion der Grundgüter wie

Energie und Lebensmittel stärker selbst in Hand nehmen. Sein Ziel ist ein Degrowth-Kommunismus.

5. Ute Scheub und Christian Küttner plädieren für eine Dezentralisierung des Wirtschaftens unter Konzentration auf die Grundbedürfnisse. Ein resilientes wirtschaftliches Ökosystem bestünde vor allem aus kleinen und mittleren Unternehmen, Genossenschaften sowie kommunalen Betrieben der Daseinsvorsorge. Das Ziel ist ein kosmopolitischer Lokalismus.
6. Wigbert Tocha geht davon aus, dass die erneuerbaren Energieträger nicht ausreichen werden, um unseren aktuellen Konsum- und Mobilitätsstil aufrechterhalten zu können. Er schlägt daher ebenfalls eine Fokussierung auf die Grundbedürfnisse vor und plädiert für eine ökologische Bedarfswirtschaft mit Regionalökonomien.
7. Christian Felber, Gründer der Gemeinwohlökonomie-Bewegung, schlägt neben Gemeinwohlbilanzen weitere Maßnahmen vor. Gewinn soll nur mehr im Betrieb investiert und an im Betrieb Beschäftigte ausgeschüttet werden, was de facto das Ende von Aktiengesellschaften bedeuten würde. Nicht erlaubt wären überdies Firmenaufkäufe, Finanzspekulationen sowie Parteispenden. Neu wäre auch die kooperative Marktplanung, die branchenbezogen gemeinsam die Produktion an den Bedarf von Gütern festlegen würde. Zudem sollen die Eigentumsrechte beschränkt, die Belegschaften mehr Mitsprache in Unternehmen bekommen.
8. Die Verknappung lebenswichtiger Güter in der Coronakrise nimmt das aus Frankreich stammende Konzept einer demokratischen Planwirtschaft zum Ausgangspunkt, um zu einer regionalen Planung der Produktion überzugehen. Datengestützte Planung gebe es auch heute, jedoch nur in der Kontrolle der Konzerne, so Cèdric Durand. Diese müsse aber Aufgabe der öffentlichen Hand sein.
9. Ulrike Herrmann plädiert für die Überwindung des Kapitalismus, weil mit diesem die Klimakrise nicht begrenzt werden könne und die erneuerbaren Energien nicht reichen würden, um weiter wie bisher zu leben. Sie geht davon aus, dass sich Krisen zuspitzen und neue Knappheiten ent-

stehen werden. Daher schlägt sie eine vom Staat gelenkte moderne Rationierungswirtschaft nach dem Vorbild der britischen Kriegswirtschaft ab 1938 vor. Die Unternehmen produzieren das, was für eine Überlebenswirtschaft nötig ist. Der Staat legt fest, was jedem*r Bürger*in innerhalb der ökologischen Grenzen zusteht.

Kapitel 26

Ausblick und Synthese

Wir haben in Abschnitt I »Befunde« argumentiert, dass zukünftige Wirtschafts- und Lebensmodelle sich in den noch alten Strukturen ausbreiten und damit anwachsende Attraktivität gewinnen können (»Das Neue bricht sich Bahn«). Es wurde mit dem Blick von Außerirdischen gezeigt, wie stark wir derzeit in nicht nachhaltigen und ungerechten Strukturen verhaftet sind (»Die Welt ist aus den Fugen«) und dass es eine Vielzahl an Ansätzen gibt, diesen Zustand auch empirisch zu fassen (»Eine planetare Buchhaltung«).

In Abschnitt II »Grundlagen des Wirtschaftens« wurden die zentralen Aspekte und Treiber des Wirtschaftens dargestellt: die Rolle von Produktionsweisen und Technik, die Rolle und der Wandel von Arbeit, die Bedeutung von Geld als Wertzumesser und Ermöglicher, die Rolle von Energie und Stoffen, schließlich die Treiber Wachstum und Konsum.

In Abschnitt III »Transformationsansätze« wurden institutionelle Reformvorschläge sowie praktische Neuansätze für die Energie-, Stoff-, Mobilitäts-, Stadt-, Arbeits-, Sozial- und Ernährungswende ebenso skizziert wie Vorschläge für die Finanz- und Steuerwende.

In Abschnitt IV »Makroökonomische Wirtschaftskonzepte« wurden drei Stränge von Neuansätzen vorgestellt: Green-Growth-, Degrowth- sowie Postkapitalistische Ansätze. Im letzten Kapitel werden nun Schlussfolgerungen aus den skizzierten Neuansätzen versucht, wobei wir auf Erkenntnisse der Transformationsforschung zurückgreifen.

Erkenntnisse der Transformationsforschung

Transformationsforschung kommt ursprünglich aus der Politikwissenschaft; untersucht wird der Übergang von Diktaturen zu Demokratien. Im Nachhaltigkeitskontext wird der Übergang von nicht nachhaltigen Verschwendungsgesellschaften zu nachhaltigen Verantwortungsgesellschaften analysiert. Transformationsforschung widmet sich den Barrieren und

Gelingensfaktoren des erwünschten Wandels. Transformative Forschung wiederum unterstützt den Wandel in allen Wissenschaftsdisziplinen.

Analog sprechen wir von Transformationsbildung, die sich den Bedingungen des Wandels widmet, und transformativer Bildung, die den Wandel in allen Gesellschaftsbereichen unterstützt.[1] Es geht also nicht nur darum, die Pfade des notwendigen Wandels zu beschreiben, sondern auch die Bedingungen zu seiner Umsetzung zu reflektieren. Dies ist wichtig, denn wir wissen genug darüber, was schiefläuft und auch darüber, wie es anders gehen könnte. Doch es hapert an der Umsetzung.

Es gibt unterschiedliche Erklärungsansätze. Der *Ansatz der Pionier*innen des Wandels* wird vom Wissenschaftlichen Beirat für Globale Umweltveränderungen der Deutschen Bundesregierung vertreten.[2] Nischenakteur*innen experimentieren mit alternativem Verhalten im Kleinen und entwickeln neue Projekte, etwa im Biolandbau, durch Erzeuger-Verbraucher-Initiativen, Auto-Teilen, Autofreies Wohnen, Second-Hand- und Kost-Nix-Läden oder Energiegenossenschaften. Der Staat soll diese Nischenakteure durch Anreize, Förderungen und öffentliche Anerkennung unterstützen mit dem Ziel, dass diese das Nischendasein verlassen.

Damit verwandt ist der *Ansatz der sozialen Diffusion.* Der Postwachstumsforscher Niko Paech geht davon aus, dass die Politik Veränderungen nur umsetzt, wenn dafür die Basis und Bereitschaft in der Bevölkerung gegeben sind. Dafür bedürfe es eines »hinreichenden Grades an vorheriger Selbsttransformation«. Pionier*innen ebnen den Weg für die Kohorte mit der nächsthöheren Übernahmeschwelle, den »Early Adopters«. Erst danach könne diese soziale Dynamik im besten Fall zur »kritischen Masse« und zum Selbstläufer (»Take-off«) werden. Eine besondere Rolle spielen dabei »Opinion Leaders«.[3]

Der *Ansatz der sozialen Kipppunkte* geht davon aus, dass analog zu physikalischen Kipppunkten, die wir aus der Klimaforschung kennen, auch in Gesellschaften abrupte Umbrüche möglich sind, angestoßen von bestimmten Ereignissen. Bewusstseinsveränderungen gehen langsam vor sich – wie das Füllen einer Badewanne. Doch aktuelle Ereignisse könnten diese rasch beschleunigen. Damit dies geschieht, brauche es aber die Informationsarbeit und Bewusstseinsbildung davor, so etwa die Vertreter*innen von Psychologists for Future Lea Dohm und Mareike Schulze.[4] Als Beispiele gelten im Bereich der Grundrechte die »Me too«- und »Black Lives Matter«-Bewegung, die jeweils durch ein aktuelles Ereignis – Übergriffe prominenter Schauspieler auf Kolleginnen bzw. der weitere Tod eines Schwarzen durch die Polizei in den USA – plötzlich stark wurden. Im Bereich des Klimaschutzes führten das charismatische Auftreten von Greta Thunberg sowie die Entstehung von Fridays for Future zu einer stärkeren politischen Beachtung der Klimakrise – neben den sich häufenden Katastrophen. Ältere Beispiele wären BSE, das das Ernährungsbewusstsein verändert hat, sowie die Atomkatastrophen von Tschernobyl und Fukushima, die in mehreren Ländern zu Ausstiegsbeschlüssen aus der Atomenergie geführt haben.

Der *Ansatz neuer Narrative* geht davon aus, dass wir attraktive alternative Zukunftsbilder brauchen. Der Soziologe Harald Welzer plädiert für »Geschichten des Gelingens«, für »Realutopien« bzw. »Heterotopien«, die zur Nachahmung anregen.[5] Christopher Schrader von »Klimafakten.de« betont in seinem Handbuch »Über Klima reden«, dass Faktenwissen wichtig sei. Er kritisiert aber die Katastrophen-Kommunikation. Es sei ein Aberglaube, dass wir mit immer noch mehr Informationen die Menschen zum Umsteuern anregen würden. Vielmehr bräuchten wir auch positive Geschichten.[6]

Der *Ansatz des Multisolving* schließt hier an: Systemisch gedacht erzeugen Maßnahmen für den Klimaschutz Co-Benefits wie gesunde Luft, lärmfreie und begrünte Städte, Platz für Fußgänger*innen und Radfahrende. Aktive Mobilität, das heißt Radfahren und Zufußgehen, tut nicht nur dem Klima gut, sondern auch unserem Körper, worauf die Klimajournalistin Sara Schurmann verweist.[7] Als Beispiel für Multisolving gilt Paris: Bürgermeisterin Anne Hildago argumentierte die massiven Verkehrsbeschränkungen für Autos mit der Gesundheit der Menschen, die an den Durchzugsstraßen leben, weniger mit Klimaschutz.[8] Der Zugewinn an Lebensqualität durch weniger Konsum, mehr Freizeit und sinnvolles gemeinsames Engagement kann ebenfalls als Benefit gewertet werden. Stichwort: neue Bilder von Wohlstand entwickeln.[9]

Der *Akteursansatz* ist ein Analyseinstrument aus den Politikwissenschaften. Beschrieben wird das Agieren der unterschiedlichen Akteur*innen in Politik, Wirtschaft, Zivilgesellschaft und deren Wechselwirkungen. Lobbying als Einflussnahme auf Entscheidungsträger*innen und Agenda-Setting als Einflussnahme auf die öffentliche Meinung spielen dabei eine wichtige Rolle. Die Umweltwissenschaftlerin Cora Kristof hat daraus ein Transformationsmodell für die Nachhaltigkeitsforschung entwickelt. Beschrieben wird das Zusammenwirken der unterschiedlichen Akteur*innen aus Politik, Wirtschaft und Zivilgesellschaft sowie die Rolle von Treiber*innen und Bremser*innen in diesem Akteursfeld im Kontext von Umwelt- und Klimathemen. Kristof plädiert dafür, seine Energien nicht mit den starken Bremser*innen zu vergeuden, sondern sich auf die potenziell Aufgeschlossenen zu konzentrieren.[10]

Dazu passt der *Ansatz des Agenda Setting & Lobbying* durch soziale Bewegungen: Diese schaffen durch Aktionen im öffentlichen Raum, durch Demonstrationen, Petitionen und einschlägige Pressearbeit Öffentlichkeit für Umwelt- und Klimaanliegen. Die Klimabewegung Fridays for Future richtet ihre Forderungen bewusst an die Politik und lässt sich nicht mit Aufforderungen zur Änderung des persönlichen Lebensstils abspeisen.[11] NGOs betreiben anwaltschaftliches Engagement für den Schutz der Natur und anderer Lebewesen. Umweltverbände nehmen mit ihren zahlreichen Mitgliedern Einfluss auf die Umwelt- und Klimapolitik. Wichtig ist auch Lobbying als Teil von Demokratie. Thinktanks und Ökoinstitute liefern Expertisen und Studien.

Der *Mehr-Ebenen-Ansatz* des »Sowohl-als-auch« geht schließlich davon aus, dass Veränderung Menschen in allen Gesellschaftsbereichen sowie in allen Institutionen braucht, die das Neue ein- und voranbringen.[12] Nötig sind Aktive in der Wirtschafts- und Arbeitswelt, der Bildung und Forschung, in den Verbänden, in den Medien und in der Zivilgesellschaft. Gesprochen wird von kollektiver Selbstwirksamkeit sowie strukturellen Hebeln.[13] Neben der Veränderung des persönlichen Lebensstils sei es nötig, dass in allen Bereichen strukturelle Veränderungen vorangetrieben werden. Mit dem Konzept des »Handabdrucks« wird deutlich gemacht, dass ein geringer ökologischer Fußabdruck nicht reicht, sondern dass wir uns strukturell einmischen müssen.[14]

Zur Bedeutung von Reformansätzen

Die in Abschnitt III geschilderten Reformansätze in Einzelbereichen lassen sich im Mehr-Ebenen-Ansatz gut einordnen. Sowohl institutionelle Reformen als auch vorgelebte alternative Praxen in kollektiven Projekten können den Wandel vorantreiben. Der Vorteil dieser Ansätze liegt in ihrer Überschaubarkeit, in der Reduktion von Komplexität, in der Konzentration auf ein Anliegen (»One issue«-Strategie). Für Einzelanliegen der unterschiedlichen Wenden lassen sich leichter Mitstreiter*innen und öffentliches Gehör finden als für Gesamtkonzepte oder umfassende Utopien. Gehofft wird, dass durch die Vielfalt der Initiativen eine Potenzialität entsteht, die mehr ist als die Summe der Einzelteile. Wichtig sind Vorschläge, die auf politische Veränderungen zielen wie etwa höhere Vermögenssteuern oder ein Erbe für alle, da sie strukturelle Eingriffe im Blick haben. Praxisprojekte sollen aber deswegen in ihrer Bedeutung nicht geschmälert werden, denn in ihnen werden Alternativen erprobt und vorgelebt, etwa in Unternehmen, die neue Arbeitszeitmodelle umsetzen oder eine Gemeinwohlbilanz erstellen. Zudem gibt es Vorschläge, die auf beides zielen. Biologische Landwirtschaft wurde beispielsweise von Pionier*innen begonnen, nachträglich wurde diese auch institutionell etwa durch höhere Förderungen oder gesetzliche Bio-Siegel verankert. Und es gibt Maßnahmen, die auf Druck der Zivilgesellschaft Eingang in die Politik finden.

Von NGOs werden seit vielen Jahren Menschenrechtsverletzungen entlang der global aufgespreizten Produktionsketten angeprangert; mit den Lieferkettengesetzen gibt es nun eine politische Reaktion. Seit langem gibt es Kritik an unserer Verschleißwirtschaft. Die EU verlangt nun längere Garantiefristen sowie die Reparierbarkeit von Produkten; die Vernichtung von nicht verkaufter Ware etwa im Bereich Textilien wurde Ende 2023 verboten.[15] Im Bereich globaler Mindeststeuern gibt es erste erfolgreiche Ansätze, vorangetrieben von diversen NGOs. Nahezu unbemerkt von der medialen Öffentlichkeit hat die UN-Generalversammlung in New York im November 2023 eine historische Resolution über die zukünftige internationale Steuerpolitik verabschiedet. Der Beschluss sieht vor, Verhandlungen über ein UN-Rahmenübereinkommen im Steuerbereich aufzunehmen. Damit können erstmals alle Staaten gleichberechtigt über die künftige internationale Steuerpolitik und ein faires, globales Steuerabkommen verhandeln.[16] Die internationale Divestment-Bewegung könnte bewirken, dass immer mehr Investor*innen den Bereich fossiler Energien verlassen. Mit der seit Anfang 2022 gültigen EU-Taxonomie müssen größere Unternehmen für Investor*innen transparent machen, ob ihre Produkte und Dienstleistungen nachhaltig sind. Auch dies ist ein erster Schritt in Richtung nachhaltiger Investments, der auf Druck von NGOs entstanden ist.

Zudem gibt es Ansätze, die mit dem Anspruch angetreten sind, die bessere Alternative zu sein, die jedoch ihr Nischendasein zumindest bisher nicht verlassen konnten. Produkte aus biologischer Landwirtschaft wie aus Fairem Handel werden von einer bewussten Konsument*innen-Schicht gekauft. Ihre Standards müssten jedoch zur Norm für alle Anbieter werden. Dies führt zum nächsten Abschnitt.

Zur Bedeutung von Makromodellen

Der Ansatz neuer Theoriemodelle geht davon aus, dass Wissenschaft die Aufgabe hat, auf Basis neuer Erkenntnisse neue Konzepte und Theorien zu entwickeln. Bestehende Theorien halten sich in den Wissenschaften nur so lange, als sie von keinen besseren abgelöst werden, so die These des Ansatzes wissenschaftlicher Paradigmenwechsel.[17] Aus den Naturwissenschaften gibt es dazu zahlreiche Beispiele – ein aktuelles sind die neuen Erkenntnisse der Klimaforschung, die mit Prognosen alternative Handlungs- und Entscheidungsoptionen nahelegen. In der Praxis setzen sich neue Denkansätze jedoch nicht von selbst durch. Es gibt keinen Automatismus. Alte Denkansätze und Modelle können sich auch behaupten, weil sie über mächtige Befürworter*innen verfügen oder weil besondere Interessen dahinterstehen. Dies gilt insbesondere für die Wirtschaftswissenschaften. Daher wird von jungen Studierenden an mehreren Universitäten eine Pluralisierung der gelehrten Ansätze im Sinne heterodoxer Wirtschaftswissenschaften gefordert. Denn es gibt nicht nur den neoliberalen und den keynesianischen Ansatz, die beide auf Wirtschaftswachstum setzen, sondern viele andere.

Helge Peukert, Leiter des Masterstudiengangs »Plurale Ökonomik« an der Universität Siegen, benennt in seiner Studie über mikroökonomische Lehrbücher nicht weniger als 23 unterschiedliche Schulen. Die Ansätze reichen von der Neoklassik sowie dem Monetarismus über den Neukeynesianismus und den Postkeynesianismus bis hin zur Regulationstheorie, vom Ordoliberalismus über den Marxismus bis hin zur Ökologischen und Feministischen Ökonomie. Peukert ordnet diese Ansätze zwei Strängen zu:

dem »Mainstream« und der »Heterodoxie«. Demnach unterscheiden sich beide Stränge hinsichtlich der Beschreibung von Märkten (etwa Gleichgewichtstheorie versus Regulationstheorie), hinsichtlich Menschenbild (etwa rational berechnender »Homo oeconomicus« versus »Homo duplex«, der utilitaristische und altruistische Seiten hat), hinsichtlich der Rolle des Staates (möglichst wenig Eingriffe versus wirtschaftspolitische Steuerung) sowie der Funktion des Geld- und Finanzsystems (neutrales Medium versus Machtinstrument) und der Bedeutung nicht am Markt erbrachter wirtschaftlicher Aktivitäten wie Care-Arbeit (Negation versus Berücksichtigung). Peukert analysiert die aktuellen Lehrbücher, die durchwegs einseitig ausgerichtet seien: nämlich strikt dem neoliberalen, mathematisch ausgerichteten Denkgebäude verhaftet; pluralistische Ansätze würden kaum bis gar nicht zur Diskussion gestellt. Aus diesem Grund wird »Mulitperspektivität« gefordert, etwa in einem neuen Wirtschaftslehrbuch von Andreas Novy und Kolleg*innen.[18]

In meiner Analyse gehe ich nicht auf die einzelnen ökonomischen Theorien ein – das wäre für einen Wirtschaftspublizisten wahrscheinlich vermessen, sondern vergleiche Konzepte, die über den innerwissenschaftlichen Diskurs hinausweisen und bewusst die breite Öffentlichkeit ansprechen wollen – im Sinne neuer ökonomischer Erzählungen. Es geht, wenn man so will, um populärwissenschaftliche Konzepte, die zum Nachdenken anregen. Die Unterteilung in die drei Stränge »Green-Growth-Ansätze«, »Degrowth-Ansätze« sowie »Postkapitalistische Ansätze« bezieht sich auf deren Grundausrichtung.

Im Folgenden wird eine abschließende Gesamtbewertung versucht. Ich gehe dabei von den drei Kriterien *Wünschbarkeit*, *Plausibilität* und *Umsetzbarkeit* aus.

Chancen und Grenzen der Green-Growth-Ansätze

Green-Growth-Ansätze sind am ehesten für den aktuellen Mainstream anschlussfähig. Sie setzen auf technologische Innovation sowie weiteres Wirtschaftswachstum, das jedoch auf grüne Unternehmen und Jobs umgelagert wird. Die Stärken dieses Ansatzes liegen darin, dass die Notwendigkeit sowie die Potenziale technologischer Transformationen, etwa im Industriesektor, aber auch in der 100-prozentigen Umstellung der Energiebasis auf erneuerbare Energie, herausgestellt werden. Gehofft wird auf die Umlenkung der Kapitalströme auf grüne Investments, angestoßen durch staatliche Anschubfinanzierungen. Fossile Investments könnten zu »Stranded Assets« werden, warnt etwa Jeremy Rifkin. Die Transformationsforscherin Ilona Otte setzt auch hier auf soziale Kipppunkte. Immer mehr Analyst*innen würden davon ausgehen, dass eine Finanzblase entsteht, die platzen könnte, wenn der Glaube der Anleger*innen an das CO_2-Risiko eine bestimmte Schwelle erreicht. Simulationen würden zeigen, dass nur neun Prozent der Anleger*innen das System kippen könnten, weil dies andere Anleger*innen dazu veranlassen könnte, zu folgen.[19]

Noch sind wir nicht so weit. Laut Internationaler Energieagentur stehen zwar mittlerweile einem US-Dollar in fossile Investments 1,8 US-Dollar in erneuerbare Energien gegenüber.[20] Im »Energy Outlook 2022« heißt es aber, dass die Krise zwar Inflationsdruck erzeugt und das Rezessionsrisiko erhöht habe, die Produzenten fossiler Brennstoffe gegenüber dem Vorjahresergebnis jedoch Sondergewinne in Höhe von zwei Billionen US-Dollar erzielt hätten. Der Bericht konstatiert zwar, dass dank konsequenterer politischer Weichenstellungen der Scheitelpunkt der fossilen Energieerzeugung nahe, aber der Trend der Umstellung zu langsam sei, um die Pariser Klimaziele zu erreichen.[21]

Umstritten ist auch die Entkopplungsthese, also dass sich der Ressourcenverbrauch vom Wirtschaftswachstum entkoppelt. Ein Beispiel: Die durchschnittliche jährliche Wachstumsrate des realen BIP lag in Deutschland zwischen 1990 und 2022 bei 1,25 Prozent. Das Emissionsvolumen nahm im Durchschnitt dieses Zeitraums um 1,58 Prozent pro Jahr ab. Die Bertelsmann-Stiftung folgert daraus: »Grünes Wachstum war also in den vergangenen drei Jahrzehnten für die deutsche Volkswirtschaft bereits Realität.« Allerdings, so wird ergänzt, »reicht das bisherige Tempo der Entkopplung keinesfalls aus, um bis 2045 das Ziel der Klimaneutralität zu erreichen.«[22] In der Nachhaltigkeitsforschung wird davon ausgegangen, dass eine relative Entkopplung, also dass die Wirtschaft stärker wächst als der Emissionsausstoß, bei weitem nicht reicht. Nötig sei eine absolute und starke Entkopplung. Tilman Santarius, Professor an der TU Berlin, verweist auf Rebound-Effekte und den Trend zur Tertiarisierung unserer

Ökonomien, im Zuge derer dreckige Industrien in die Länder des Südens ausgelagert wurden. Dies führe dazu, dass die Ressourcenintensität und Treibhausgas-Emissionen der Importe in den Ländern des Nordens seit Jahren ansteigen, was die Ökobilanzen verfälsche, da die Umweltzerstörung nur verlagert wird.[23]

Anders etwa als das Wuppertal Institut, das mit »Zukunftsfähiges Deutschland«[24] bereits 1996 von Umweltwenden gesprochen hat, setzen die Anhänger von Green Growth nicht auf Konsumschrumpfung, sondern auf »Intelligent wachsen«, wie es Ralf Fücks ausdrückt. Der Aspekt der Suffizienz wird außer Acht gelassen – anders als dies der Wissenschaftliche Beirat für Globale Umweltveränderungen in seinem Gutachten 2011 »Welt im Wandel. Gesellschaftsvertrag für eine Große Transformation« tut, der neben Effizienz auch Suffizienz betont. Wir seien im Übergang von einer Wirtschaftsperiode in eine andere, heißt es darin. Dieser werde nur erfolgreich möglich sein, »wenn die wichtigen Ideen der europäischen Moderne, also das Projekt der sozialen Emanzipation, mit den neuen, vor allem den ökologischen Herausforderungen verbunden wird, zumal der Umbau auch die Gerechtigkeits- und Verteilungsfragen wieder in aller Schärfe stellt. Deshalb darf die Green Economy keine Ergänzung der bisherigen Wirtschaftsform sein, sondern muss alle Bereiche der Nachhaltigkeit und ihrer Prinzipien Effizienz, Suffizienz und Konsistenz erfassen.«[25]

Zusammengefasst lässt sich sagen, dass die Green-Growth-Ansätze politisch zwar sehr anschlussfähig sind und daher große Umsetzungswahrscheinlichkeit aufweisen, dass ihre Plausibilität und damit auch Wünschbarkeit aber fraglich bleiben. Der Mainstream der Politik setzt aber derzeit auf grünes Wachstum, befeuert auch durch die Coronakrise sowie den Krieg gegen die Ukraine. Grünes Wachstum findet dabei auch Zustimmung bei Wirtschafts- und Industrieverbänden, die Wirtschaftswachstum als Voraussetzung für die Sicherung von Wohlstand und Innovation sehen.

Einige der Green-Growth-Ansätze, so Stephan Schulmeisters Ökokeynesianismus, das Green-New-Deal-Konzept aus den USA, abgeschwächt auch der Green New Deal der EU sowie der Club-of-Rome-Bericht »Earth for All«, verbinden die ökologische Transformation mit sozialen Anliegen, insbesondere der Schaffung grüner Jobs und der Hintanhaltung höherer Arbeitslosigkeit aufgrund sich häufender Krisen sowie durch weitere Automatisierungen. Der Staat spielt dabei eine entscheidende Rolle nicht nur als Stimulator, sondern auch als Regelsetzer und Begrenzer – konsequent durchgedacht im Konzept der transparenten Grenzziehungen bei Anders Levermann, der den Treibhausgasausstoß, den Rohstoffabbau, die Unternehmensgrößen sowie die Vermögen und Einkommen staatlich begrenzen würde. Innerhalb dieser Grenzen solle sich der kreative Kapitalismus entfalten können. Hier entstehen Verbindungen zu Degrowth-Ansätzen, die den Kapitalismus in der Regel nicht per se ablehnen, aber ebenfalls stark begrenzen möchten.

Chancen und Grenzen der Degrowth-Ansätze

Kritiker*innen der Degrowth-Ansätze gehen davon aus, dass Schrumpfen bzw. Nicht-Mehr-Wachsen der Wirtschaft entweder nicht nötig sei, weil es eben grünes Wachstum gäbe, oder nicht möglich, weil sonst der Kapitalismus und mit ihm die Wohlfahrtsstaaten kollabieren würden. Ulrike Hermann beispielsweise sieht dies so mit Bezug auf Mathias Binswanger, der vor Deflation und einer Abwärtsspirale der Wirtschaft warnt, wenn weniger konsumiert wird.[26]

Die Postwachstumsansätze wiederum gehen davon aus, dass Schrumpfung aus ökologischen Gründen nötig und aus ökonomischer Sicht auch möglich ist, wenn die Rahmenbedingungen dafür geschaffen werden. Betont wird, dass Degrowth sich ausschließlich auf materiell reiche Gesellschaften mit Wirtschaften, die über ein bereits sehr hohes BIP verfügen, bezieht. Betont wird außerdem, dass es in einer nicht mehr wachsenden Wirtschaft Bereiche geben wird, die durchaus wachsen, weil sie ökologisch und sozial sinnvoll sind, dass aber andere Bereiche wie der alte Automobilsektor sowie der Luxuskonsumsektor geschrumpft bzw. abgebaut würden. Eine zentrale Rolle spielt die Konzentration auf die Sicherung der Grundbedürfnisse, auch als öffentliche Güter bezeichnet, wie leistbares Wohnen, Lebensmittel guter Qualität, öffentlicher Verkehr, Bildung, Gesundheit und Kultur. Zur Finanzierung sollen höhere Vermögens- und Umweltsteuern beitragen. Arbeitslosigkeit sollte durch Arbeitszeitverkürzungen hintangehalten werden, was auch eine Aufwertung der Sorgetätigkeiten und Eigenarbeit ermögliche.

Alle Postwachstumsansätze unterscheiden zwischen Lebensstandard und Lebensqualität. Der Lebensstandard der Besserverdienenden würde sinken, was ökologisch geboten sei, damit würde aber nicht die Lebensqualität leiden, weil auch Arbeits- und Konsumstress wegfallen würden. Niko Peach etwa argumentiert zeitökonomisch: Wir hätten gar nicht die Zeit, alle Konsumofferte genügend wahrzunehmen.

Zusammenfassend lässt sich sagen, dass Postwachstumsansätze von geänderten Wohlstandsbildern ausgehen, dass eine faire Verteilung des Erwirtschafteten sowie die Sicherung der öffentlichen Leistungen durch den Staat gewährleistet werden müssen und dass wir aufgrund von Überproduktion bei nicht mehr steigerbarer Nachfrage ohnedies in stationäre Wirtschaften, in einem ersten Schritt wohl in Form von nur mehr linearem Wachstum, übergehen werden. Eher indifferent bleiben die Postwachstumsansätze in der Frage, ob der Kapitalismus überwunden oder nur gezähmt werden soll. Man findet bei den Ansätzen zahlreiche Reformvorschläge – von der Neujustierung der Steuersysteme über die Schaffung neuer Indikatoren für Wohlstand bis hin zu neuen Arbeitszeitmodellen, die auf eine Zähmung schließen lassen.

Hans Christoph Binswanger sowie Kate Raworth schlagen etwa die Abkehr von der gegenwärtigen Renditefixierung des Kapitalismus vor – in einem Fall durch Unternehmen nach Stiftungsrecht, im anderen Fall durch langfristige Bindung von Investierenden an reife, aber nicht mehr wachsende Unternehmen mit fixer Beteiligung. Jason Hickel gibt sich zwar antikapitalistisch, fordert aber keine Vergesellschaftung der Unternehmen. Es bedarf wohl weiterer Präzisierungen, wie und ob Postwachstumsunternehmen im Kapitalismus gut gedeihen können. Erste Studien wurden in diesem Buch vorgestellt.

In der feministischen Care-Ökonomie gibt es zwei Stoßrichtungen. Die Schweizer Ökonomin Mascha Madörin sowie Bettina Haidinger und Käthe Knittler aus Österreich gehen davon aus, dass berufstätige Frauen in Zukunft nicht mehr in dem Maße wie bisher Sorgearbeit übernehmen werden, der Staat daher dafür zu sorgen habe, bezahlte Care-Arbeit auszuweiten, was das kapitalistische Wirtschaften insgesamt verändern werde. Vertreterinnen der Suffizienzperspektive wie Veronika Bennholdt-Thomsen oder Maria Mies[27] setzen auf eine Zurückdrängung des Erwerbsarbeitssektors auch für Männer, damit Sorgearbeit von beiden Geschlechtern in Eigentätigkeit verrichtet werden kann. Die Vertreter*innen dieses Ansatzes sehen darin eine Bereicherung des Lebens. Das führt zum nächsten Gedanken.

Eine zentrale Frage wird nämlich sein, ob und wie mit schrumpfenden Wirtschaften die sozialen Sicherungssysteme finanziert werden und wie umfangreich diese ausfallen können. Der Sozialstaat ist wohl ein Korrektiv zur typisch kapitalistischen Wirtschaftsstruktur, gleichzeitig aber auch von dessen Funktionieren abhängig, darauf weisen die Sozialwissenschaftler*innen Gisela Gilke-Kubon und Remi Meier-Rigaud hin: »Sozialstaat und Kapitalismus gingen sozusagen ein symbiotisches Verhältnis ein.«[28] Praktische Erfahrungen mit niedrigen Wachstumsraten bzw. mit Nullwachstum werden zeigen, wie Demokratie und soziale Grundsicherungen dennoch geschützt werden können. Erste Versuche unternehmen die Mitgliedsstaaten der Wellbeing Economy, die sich vom BIP als zentralem Wohlstandsindikator verabschiedet haben. Dass durch Regierungswechsel wie in Neuseeland auch Wirtschaftspolitiken wieder verändert werden können – der neue Premier Neuseelands setzt wieder auf Wachstum –, ist eben Teil demokratischer Systeme.

In Summe würde ich den Postwachstumsansätzen Wünschbarkeit attestieren, weil anders die Klimakrise nicht begrenzbar scheint. Postwachstumsökonomie hat in der Vielfalt an Reformmaßnahmen auch Plausibilität; die Umsetzbarkeit könnte in Zukunft realistischer werden, weil aufgrund postmaterieller Lebensstile in Verbindung mit dem steigenden Bewusstsein für die Ökokrisen politische Mehrheiten dafür gefunden werden könnten, vorausgesetzt, die aktuellen rechtpopulistischen Bewegung lassen sich mit attraktiven, emanzipatorischen Wohlstandsversprechen eingrenzen.

Chancen und Grenzen der postkapitalistischen Ansätze

Während Degrowth-Ansätze und zum Teil auch Green-Growth-Ansätze auf eine andere Verteilung des Erwirtschafteten pochen, greifen postkapitalistische Ansätze in die Produktionsverhältnisse selbst ein. Dabei gibt es zwei Stoßrichtungen. Jene, die für einen Ökosozialismus, einen Degrowth-Kommunismus oder einen digital getriebenen Postkapitalismus setzen, plädieren für eine Aneignung der Produktionsmittel durch die Belegschaften bzw. durch dezentrale Produktionsgruppen. Der Ökosozialismus nach

Christian Zeller fordert eine Konversion der treibhausgasintensiven Sektoren wie der Automobil- oder Flugzeugindustrie. Belegschaften würden analog den Rüstungskonversionsprojekten der 1980er Jahre die Betriebe übernehmen und auf neue Produktionszweige umrüsten. Paul Mason geht davon aus, dass durch die digitalen Technologien Besitz relativiert wird – wichtiger als Besitz werde Zugang, wie auch Jeremy Rifkin argumentiert. Mit Bauanleitungen und FabLabs würden sich Menschen und Gemeinschaften vermehrt das, was sie zum Leben brauchen, selbst produzieren.

Ähnlich gelagert ist der Ansatz des Degrowth-Kommunismus von Kohei Saito, in dem die Betriebe ebenfalls vergesellschaftet würden – mit starker Konzentration jedoch auf die Basisbedürfnisse wie Produktion von Nahrung, Energie oder Wohnraum. Moderne Technik spielt bei Saito eine Rolle, aber nicht die entscheidende. Die zentrale Zielsetzung heißt bei ihm Selbstermächtigung, damit auch Emanzipation vom in seinen Augen »paternalistischen« Wohlfahrtsstaat.

Einig sind sich die Vertreter*innen sozialistischer Ansätze darin, dass die Frage, was produziert wird, nicht mehr den Unternehmenseigentümer*innen sowie deren Gewinninteressen überantwortet werden dürfe. In der Konzentration auf das Brauchbare würden Exzesse der Werbewirtschaft ebenso wegfallen wie der ruinöse Wettbewerb unter den Unternehmen. Saito etwa spricht von einer Bullshit-Ökonomie in Anlehnung an die Bullshit-Jobs, die David Graeber beschrieben hat.[29]

Resümee: Es bleibt das Verdienst der Vertreter*innen des Ökosozialismus, dass sie auf die Notwendigkeit grundlegender Umsteuerungen verweisen. Fraglich erscheint jedoch, ob Betriebe in Arbeiterhand ökologischer produzieren würden. Bei Paul Mason stellt sich die Frage, wie viele der Produktionsbereiche durch dezentrale digitale Produktionswerkzeuge abgedeckt werden können und dass wohl viele Sektoren in nicht selbstverwalteter Produktion verbleiben würden. Realistischer als die Vergesellschaftung der Betriebe erscheint die Ausweitung der Mitsprache der Belegschaften, die Begrenzung der Unternehmensgrößen sowie strengere Auflagen hinsichtlich sozialer und ökologischer Standards. Die Begrenzung von Boni und Renditen durch entsprechende Besteuerung hoher Einkommen, die gegen 100 Prozent ab einer gewissen Höhe gehen könnte, würde wohl wirksam die Produktionsverhältnisse verändern, ohne auf die Innovationskraft und Verantwortung von Unternehmensführungen zu verzichten. Sowohl die Plausibilität als auch die Wünschbarkeit und Umsetzbarkeit dieser Ansätze würde ich daher eher mit gering bewerten.

Die zweite Stoßrichtung von Ansätzen zur Überwindung des Kapitalismus setzt nicht bei der Vergesellschaftung der Unternehmen an, sondern bei der Steuerung der Nachfrage. Tocha plädiert für eine Bedarfsökonomie vieler kleiner und mittlerer Unternehmen. Auch der Ansatz der pluralen Ökonomie bei Vobruba sowie jener der Regionalwirtschaft plädiert für eine stärkere Verlagerung der Wirtschaft auf die regionale und lokale Ebene. Ähnlich skizzieren Scheub und Kittner ihr Konzept eines kosmopolitischen Lokalismus. Werner Onkens ökosoziale Marktwirtschaft fordert eine Dekonzentration der Unternehmenslandschaft, ergänzt um eine Geld- und Bodenreform – sprich die Einführung von Bodensteuern und Schwundgeld. Christian Felber möchte die Unternehmensgrößen ebenfalls begrenzen bzw. sollte die Mitsprache der Belegschaften analog zur Unternehmensgröße ausgeweitet werden. Am weitestgehenden sind seine Vorschläge zur Begrenzung des Unternehmenseigentums im Falle einer Vererbung sowie die Auflage, Unternehmensgewinne nur mehr im Unternehmen investieren zu dürfen, was de facto ein Aus für börsennotierte Unternehmen bedeuten würde. Damit würde zwar nicht die Marktwirtschaft, aber in der Tat der Kapitalismus abgeschafft werden. Auch Felber plädiert für eine kooperative Planung der Produktion in gemeinsamer Absprache der gemeinwohlorientiert geführten Unternehmen. Wie die Wirtschaftsverfassung im Detail aussehen soll, etwa in Bezug auf Minimal- und Maximaleinkommen, möchte Felber demokratisch in sogenannten Wirtschaftskonventen festgelegt wissen.

Die demokratische Planwirtschaft nach Cédric Durand geht von den Lieferengpässen mit lebensnotwendigen Gütern während der Corona-Krise aus. Durand argumentiert, dass die Produktionsziele von Gütern in Zukunft in demokratischer Abstimmung auf örtlicher und regionaler Ebene festgelegt werden sollten, um Versorgungssicherheit zu gewährleisten. Helfen würden dabei digitale Technologien und mit diesen generierte Datenbestände. Bei der demokratischen Planwirtschaft bleibt offen, wie letztlich die Entscheidungen über das zu Produzierende zustande kommen – etwa über regionale oder lokale Wirtschaftsräte?

Am konsequentesten zu Ende gedacht ist die Rationierungswirtschaft von Ulrike Herrmann. Sie weiß um die Produktivität des Kapitalismus, die ihrer – und nicht nur ihrer – Meinung nach nicht mit einer nachhaltigen Entwicklung vereinbar ist. Sie fürchtet aber wie Wolfgang Kessler beim Zusammenbrechen des Kapitalismus große politische Verwerfungen, die die Demokratie nicht durchhalten würde. Aus diesem Grund plädiert sie dafür, die Kraft und Stärke freier Märkte zu nutzen, aber das, was produziert wird, unter demokratische Kontrolle der gewählten Regierungen zu stellen – nach dem Vorbild der britischen Kriegswirtschaft während des Zweiten Weltkriegs.

Zusammenfassend zum zweiten Strang der postkapitalistischen Ansätze lässt sich sagen, dass alle von einer Begrenzung und Re-Regionalisierung der Produktion sowie des Konsums mit Fokus auf die Grundbedürfnisse ausgehen. Während die Mehrzahl der Ansätze dabei auf eine mehr oder weniger sich durch ein veränderndes Bewusstsein ergebende Transformation setzen – die Ansätze sind voluntaristisch –, greift Felber stärker mittels einer neuen Wirtschaftsverfassung und Herrmann sehr stark durch einen die Produktionspläne bestimmenden Staat ein. Bei Durand und Felber wird die Planung kooperativ gedacht. Wie das konkret gehen soll, bleibt jedoch unklar.

Meine abschließende Einschätzung: Bis auf Felber und Herrmann bleiben die Autor*innen zur Frage, wie die Umsteuerung praktisch vonstattengehen soll, eher vage. Gehofft wird auf ein neues Bewusstsein, das eine Orientierung an den Grundbedürfnissen bei gleichzeitiger Dezentralisierung des Wirtschaftens einleiten würde – im Sinne neuer ökonomischer Erzählungen. Das Gemeinsame der Ansätze des zweiten Strangs postkapitalistischer Wege liegt in der Überzeugung, dass Unternehmen nicht vergesellschaftet, aber mit Auflagen versehen werden sollen. Die Ansätze erscheinen wünschbar und plausibel, die Umsetzung ist wohl nur bedingt realistisch. Am konsequentesten denkt Ulrike Herrmann zu Ende, was es bedeuten würde, eine klimaneutrale Weltwirtschaft innerhalb der nächsten Jahrzehnte umzusetzen. Dass dies mit dem gegenwärtigen Kapitalismus nicht machbar ist, leuchtet ein.

Die Vorschläge zu modernen Rationierungswirtschaften brechen radikal mit unseren gängigen Vorstellungen von Wirtschaft. Der gegenwärtige

Konsumwohlstand wird als unhinterfragbar, der Markt als beste Lösung angesehen. Die immer höher werdenden volkswirtschaftlichen Kosten der Folgen der Erderhitzung sowie neue Verknappungstendenzen könnten jedoch zur erzwungenen Rationierung, beginnend mit einer Einschränkung des Luxuskonsums, führen. Am Beispiel der Rationierung von Wasser dekliniert Herrmann ihren Ansatz durch. Ihr Modell ist wohl seiner Zeit etwas voraus, denn die Krisen sind noch zu wenig spürbar. Wie alle Konsumbereiche auch jenseits einer nicht allzu fernen Wasserknappheit reguliert und dafür politische Mehrheiten gefunden werden sollen, ist aktuell fraglich. Machbarer erscheint wohl eine steuernde ökosoziale Marktwirtschaft mit begrenzten CO_2-Budgets, stark verteuerter Energie und weitgehend egalitären Einkommensverhältnissen, die das Füllen des Konsumkorbs aber den Menschen überlässt.

Veränderungen im Kapitalismus als Perspektive

Krisen gehören zum Kapitalismus. Die Suche nach einer Alternative *zum* Kapitalismus sei »in einer Welt, in der der Kapitalismus vollkommen dominant geworden und keine endgültige Krise in Sicht oder, abgesehen von irgendeiner Umweltkatastrophe, auch nur wirklich vorstellbar ist, verlorene Mühe«, so der Kapitalismusforscher James Fulcher.[30] Ähnlich argumentiert – wie wir gesehen haben – Anders Levermann, der meint, dass wir angesichts der Dringlichkeit der Klimakrise gar nicht genügend Zeit hätten, ein neues System zu finden, wir also *im* Kapitalismus Lösungen suchen müssten. Wolfgang Kessler hält die Abschaffung des Kapitalismus sogar für gefährlich, weil er dadurch große politische Instabilitäten befürchtet. Es genüge bereits die Aufgabe, uns auf das »Ende des billigen Wohlstands« einzustellen.[31]

Die Hoffnungen, die mit dem Kapitalismus verbunden wurden, schwinden jedoch, das kapitalistische Wachstumsversprechen steht in der Kritik. In weltweiten Umfragen des Edelman Trust Barometers stimmten 2020 52 Prozent der Menschen der Aussage zu, dass »der Kapitalismus mehr schadet als er nützt«, unter anderem, weil er als Hauptverursacher des Klimawandels angesehen wird und das Wohlstandsversprechen nicht für alle eingelöst hat. Florence Gaub meint, diese Unzufriedenheit sei ungerecht, denn der Kapitalismus sowie die Demokratie hätten vieles erreicht und das Leben »unendlich viel besser« gemacht als das unserer Vorfahren: »Aber nicht die Vergangenheit ist das Problem, sondern die Zukunft«, so die Zukunftsforscherin. Es gehe also darum, ob dem Kapitalismus zugetraut wird, die Probleme der Zukunft zu lösen.[32]

Thomas Piketty zeigt in seiner »kurzen Geschichte der Gleichheit« auf, dass die Lebensbedingungen der Mehrzahl der Menschen in den letzten dreihundert Jahren in der Tat bedeutend besser geworden sind, auch wenn die Ungleichheit nach wie vor zu groß sei. Er erinnert auch daran, dass diese Verbesserungen politisch erkämpft wurden – durch Gewerkschaften, Arbeiterbewegungen und -parteien. Und er mahnt mit Blick auf die gescheiterten Versuche im Realsozialismus, dass Änderungen wohl nur in Etappen sinnvoll seien, nicht als Umstürze. Wir bräuchten vielfältige institutionelle Veränderungen und diese seien komplex, da zur Verteilungsfrage auch die ökologische Frage komme. »Die Kräfteverhältnisse dürfen weder vernachlässigt noch überbewertet werden«, so Piketty: Soziale Kämpfe würden eine Schlüsselrolle in der Geschichte der Gleichheit spielen, »aber die Frage der gerechten Institutionen und der egalitären Debatten, in denen sie nur geklärt werden kann, muss ebenso ernst genommen werden«.[33] Piketty kritisiert die unter den Bolschewiki herrschende Gewissheit, »im Besitz der einen und einzigen Wahrheit über die gerechten Institutionen zu sein, die zu dem allseits bekannten totalitären Desaster geführt haben«.[34] Er plädiert für neue sozioökonomische und ökologische Messgrößen als Grundlage für Debatten über Wege zu einer zukünftigen, fairen und nachhaltigen Transformation. Dazu zählt er neben weiteren Umverteilungsschritten auch einen gleichen Zugang für alle zu Bildung sowie die Überwindung des Patriarchats durch eine allgemeine Transformation des Verhältnisses von Produktion und Reproduktion, Berufs- und Familien- oder Privatleben: »Das Problem der Geschlechterungleichheit dadurch zu bewältigen, dass Frauen ermuntert werden, es den Männern gleichzutun, kann nicht die Lösung sein.«[35]

Piketty ist Realist und sein Ziel bleibt, dem Kapitalismus auf demokratischem Weg weiterhin Paroli zu bieten. »Der Kampf um mehr Gleichheit ist nicht abgeschlossen«, schreibt er. »Um ihn fortzusetzen, muss der Weg zum Sozialstaat, zur progressiven Steuer und zur realen Gleichheit in aller Konsequenz weiterverfolgt und müssen Diskriminierungen aller Art bekämpft werden.«[36] Dazu gehört für den Ökonomen auch ein föderaler, gegenüber dem Süden offener Sozialstaat und eine »grundlegende Überarbeitung der Regeln und Verträge, die derzeit die Globalisierung steuern.«[37] Mit Piketty ist zu argumentieren, dass dem Kapitalismus Zügel angelegt werden müssen und dass dies – so mühsam es erscheinen mag – den Kampf um jede Reform braucht. So kann beispielsweise der Deregulierung der Arbeitsverhältnisse nur mit arbeitsrechtlichen Vorgaben entgegengewirkt werden. Ähnlich sieht das der österreichische Ökonom Stephan Schulmeister: »Vielleicht sollten wir die Widersprüche zwischen Kapitalismus, sozialem Zusammenhalt, Wirtschaftswachstum und Umwelt nicht theoretisch zu lösen versuchen, sondern praktisch durch Konzipierung und Umsetzung konkreter Schritte in Richtung auf neue große Ziele: eine öko-soziale Kreislaufwirtschaft, die auf demokratischer Basis ein gutes Leben der Vielen ermöglicht.«[38] Der Weg zu einer solchen realen Utopie bestehe in einer ökologischen, ökonomischen und sozialen Bändigung des Kapitalismus, zähmen lasse er sich nämlich nicht. Welche Form dann ein gebändigter Kapitalismus bei keinem oder nur minimalem Wachstum annimmt oder ob er in einer Kreislaufwirtschaft langsam abstirbt, könnten wir künftigen Generationen überlassen.[39]

Weltwirtschaft und Geopolitik

Die in diesem Buch vorgestellten Neuansätze adressieren vor allem die kapitalistischen Volkswirtschaften der westlichen Demokratien; viele beziehen sich auf die Europäische Union. Dass hier auch ökosozialistische Konzepte Platz finden können, zeichnet offene Gesellschaften aus. Die besten Zukunftswege finden wir in der konstruktiven Debatte über plurale Ansätze. Eine wichtige Rolle hinsichtlich der Zukunft des Wirtschaftens wird wohl die Geopolitik in diesem Jahrhundert spielen – das macht einzelne Reformvorschläge nicht obsolet; es soll aber hier abschließend nochmals auf die Weltwirtschaft rekurriert werden. Die USA wollen das Land mit der wettbewerbsfähigsten Volkswirtschaft der Welt bleiben – und auch der Hegemon. Die USA haben auch nach wie vor das größte Militärbudget. Die Europäische Union möchte laut Green New Deal zur wettbewerbsfähigsten Region der Welt werden – militärisch aufgerüstet wird seit dem Krieg von Putins Russland gegen die Ukraine auch hier, wenn auch von einem bedeutend geringeren Niveau aus. Und China könnte zur größten Wirtschaftsmacht der Welt werden – militärische Aufrüstung findet auch dort statt.[40]

Der Krieg gegen die Ukraine hat Europa die fossile Abhängigkeit von Russland vor Augen geführt, insbesondere bei Gas mit 40 Prozent Anteil an allen Importen. Wir finanzieren auf diesem Weg Putins Krieg sozusagen mit. Der betriebene Umstieg auf Flüssiggas aus den USA und Katar mag die Abhängigkeit von Russland verringern, ökologisch ist Flüssiggas aber bedeutend schädlicher. Notwendig wäre ein schrittweiser Ausstieg nicht nur von Öl, sondern auch von Gas.[41] Sollte der Ausstieg aus den fossilen Energieträgern bis 2050 tatsächlich gelingen, würde das geopolitisch insbesondere Russland wirtschaftlich weiter schwächen, da fossile Energie über 40 Prozent der russischen Exporte ausmacht – mehr als die Hälfte der Exporte Russlands fallen auf Rohstoffe.[42] Die Sanktionen des Westens haben dazu geführt, dass Russland fossile Energieträger nun zu günstigen Konditionen an Indien und China verkauft.

Manche sehen eine neue Zweiteilung der Welt in Ost und West. Matthias Naß, langjähriger Chinakorrespondent der Wochenzeitung »Die Zeit«, warnt vor einer Konfrontation Chinas mit den USA im pazifischen Raum. China sei weltmarktorientiert und wolle sich die Wirtschaftsbeziehungen mit dem Westen nicht vertun, was mäßigend auf beide Seiten wirken könnte. 2021 betrug Chinas Handel mit Russland nur 147 Milliarden Dollar, mit den Vereinigten Staaten waren es 657 Milliarden Dollar, mit der Europäischen Union sogar 828 Milliarden Dollar.[43]

Schon heute sei China die größte Handelsnation der Welt. Zwei Drittel aller Länder betrieben mehr Handel mit der Volksrepublik als mit den Vereinigten Staaten, zitiert Naß den ehemaligen US-Finanzminister Henry M. Paulson, der vor einer Entkopplung der USA von der Weltwirtschaft warnt.[44] Dennoch nähme die Rivalität um Einfluss insbesondere in Ostasien zu – zugespitzt auf die Taiwanfrage sowie die ungeklärten Besitzverhältnisse um die Inseln im südchinesischen Meer, unter denen große Rohstoffvorkommen lagern. Und Taiwan ist mit Südkorea führend in der Halbleiter-Produktion. Man sagt, dass Halbleiter für die Weltwirtschaft in den nächsten fünf Jahrzehnten jene Bedeutung haben werden, die Erdöl in den letzten Jahrzehnten gehabt hatte. Ein einziges taiwanesisches Unternehmen, TSMC, produziert rund 60 Prozent der modernsten, kleinsten Chips auf dem Weltmarkt.

Eine Eskalation in der Straße von Taiwan könnte, so wird befürchtet, die Versorgung mit Chips unterbrechen. Die USA haben den taiwanesischen Konzern daher bereits ins Land geholt – zwei Produktionsstätten entstehen gerade im US-Bundesstaat Arizona, eine weitere in Japan, auch in Deutschland ist eine Fabrik geplant, in Dresden sollen ab 2027 Halbleiter produziert werden.

Die Warnung des China-Experten: China und der Westen seien wirtschaftlich und finanziell auf das Engste miteinander verflochten, doch der nationalistische Furor sei manchmal stärker als der Wunsch nach Frieden und nach Wahrung des Wohlstands, wie Putins Krieg gegen die Ukraine gezeigt habe. Der chinesische Führer Xi Jinping sei besonnener und pragmatischer, aber »auch für ihn ist die Wiedervereinigung Taiwans mit dem Festland eine heilige patriotische Pflicht«.[45]

Die Ausführungen zeigen, wie eng Wirtschaften mit Geopolitik verflochten ist. Ein gemeinsames, staatenübergreifendes Ziel bleibt die Entschärfung der Klimakrise. Bei der Klimakonferenz Ende 2023 in Katar wurde zwar eine »Abkehr von den fossilen Energieträgern« vereinbart, ein Ausstieg aber nicht – dieser scheint noch immer in weiter Ferne. Wirtschaftliche Verflechtungen können durchaus friedensstiftend wirken – der Übergang in postfossile Ökonomien muss gemeinsam zügig und geplant vorangetrieben werden. Denn das Nicht-Handeln wird volkswirtschaftlich um vieles teurer werden. Daher ergibt es Sinn, ja, ist es unabdingbar, über Wege nachzudenken, die Wirtschaften ohne Wachstumszwang bei einer Fokussierung auf die Grundbedürfnisse ermöglichen. Man kann Wettbewerbsfähigkeit auch so sehen – im Sinne von Zukunftsfähigkeit.

Moderne Bedarfsökonomie in einer offenen Gesellschaft

Die Vorzüge des Wohlstandsversprechens, das nach 1945 für viele Menschen in den westlichen Ländern auch eingelöst wurde, sind evident. Die Attraktivität des Modells ist zugleich sein Problem geworden. Denn mittlerweile sind auch die Schattenseiten des dominierenden kapitalistischen Wirtschaftssystems offensichtlich. Es handelt sich dabei um ein Wohlstandsparadox: Wir sägen an dem Ast, auf dem wir sitzen. Und wir beuten andere mit unserer »imperialen Lebensweise«[46] weiter aus. Neben dem Abschied von den fossilen Energieträgern muss der Materialverbrauch drastisch reduziert werden – wie ausgeführt wurde. Die Materialwissenschaftler Markus Petruch und Dominik Walcher zitieren eine Studie, der gemäß die Masse von allem Menschengemachten ebenso groß wie die Masse aller Lebewesen sei. Während die Biomasse, also das Gewicht aller Pflanzen, Tiere und Mikroorganismen, über die letzten Jahrtausende nahezu konstant geblieben sei, habe sich die Masse des künstlich von Menschen geschaffenen Materials im vergangenen Jahrhundert alle 20 Jahre verdoppelt – ein exponentielles Wachstum.[47]

Eigentum per se muss nicht zerstörerisch sein – das gilt für den Besitz von Gütern ebenso wie für jenen von Unternehmen. Es darf aber nicht mit dem Recht verknüpft sein, anderen zu schaden, wie etwa David Graeber und David Wengrow in ihrer anthropologischen Studie »Anfänge« argumentieren.[48] Es ist Aufgabe jeder Gesellschaft, dort Grenzen zu setzen, wo Eigentum zerstörerisch wirkt. Der Tatbestand des Ökozids gilt als Paradebeispiel dafür.

Bewusstsein schaffen, Widerstand leisten, sich empören und Druck von unten erzeugen seien zu wenig, so der Arbeits- und Sozialrechtler Klaus Firlei. Vielmehr gehe es darum, Antworten darauf zu finden, »wie Macht generiert werden kann, wie eine Verfassung aussehen muss, die die tödliche Systemdynamik des heutigen Kapitalismus außer Kraft setzt«.[49] Der Staat sei nicht nur in der Geiselhaft des Kapitals, sondern auch in der Hand von Wähler*innen, »die mehrheitlich kein qualitatives Wachstum, kein Verbot von liebgewonnenen Konsumgewohnheiten, keine Einschränkungen ihrer Mobilität« wollen. Die systemerhaltende Macht sei nicht mehr repressiv, sondern seduktiv, »das heißt, verführend«, das Programm des Kapitalismus die »Zertrümmerung einer strukturierten Gesellschaft zugunsten einer amorphen Menge entbetteter Individuen«.[50]

Thomas Piketty erinnert daran, dass gesellschaftlicher Fortschritt immer politisch erkämpft wurde und dass dies in Zukunft nicht anders sein werde. Die Wege der Transformation sind vielfältig. Die Umsteuerungen müssen daher nach dem Mehr-Ebenen-Prinzip auf allen Ebenen und in allen Sektoren erfolgen. Die Politik hat die Rahmenbedingungen zu setzen. Diese tut und kann dies jedoch nur, wenn sie genügend zivilgesellschaftlichen Druck verspürt. Dafür wären Allianzen aus Nichtregierungsorganisationen, innovativen, nachhaltigen Unternehmen, erneuerten Gewerkschaften und für den Wandel offenen Vertreter*innen aus der Politik zu schmieden. Auch Vermögende können für die Transformation gewonnen werden, wie die Initiative »Tax me now« oder aufgeschlossene, emanzipatorische Stiftungen zeigen – Alexander Behr zählt einige davon in seinem Buch »Globale Solidarität« auf.[51]

Realistisch erscheint, den Kapitalismus durch Reformen zu zügeln. Dazu zählen Auflagen für Unternehmen etwa durch strenge Lieferkettengesetze, globale Mindeststeuern, die Internalisierung ökologischer Kosten in die Produktion durch CO_2-Steuern und wirksame Emissionszertifikate sowie ökologische Richtlinien für das Produktdesign. Die sich verschärfende Vermögens- und Einkommensschere kann durch ein wirksames Steuersystem, aber auch durch soziale Innovationen wie ein Erbe für alle, das etwa Thomas Piketty vorschlägt, überwunden werden.

Ob die Abkehr vom Überkonsum allein durch die Ausbreitung postmaterieller Lebensstile erreicht werden kann, wie etwa Niko Paech hofft, ist fraglich. Denkbar wären auch gestaffelte Konsumsteuern, Werbeverbote sowie höhere Werbeabgaben. Vorgaben für die Tabakindustrie könnten durchaus auch auf klimaschädliche Produkte ausgeweitet werden.

In der Energiewende können wir auf immer bessere Technologien sowie deren Wettbewerbsfähigkeit hoffen. Zugleich müssten jedoch alle Subventionen in fossile Energien umgehend abgestellt werden. Zudem muss der Reduktion des Energieverbrauchs mehr Augenmerk geschenkt werden, was insbesondere eine andere und verringerte Mobilität sowie ein Zurückfahren des Güterkonsums zugunsten langlebiger Produkte erfordert. Die Pandemie hat sowie davor die Finanzkrise zu einer starken Ausweitung der Staatstätigkeit geführt – unterstützt wurden nicht nur die Bürger*innen, sondern in großem Ausmaß auch Unternehmen. Die Chance, den Staatsinterventionismus für eine sozial-ökologische Wende zu nutzen, wurde nur bedingt genutzt. Die Hoffnungen auf Post-Corona-Perspektiven wurden enttäuscht, der Wunsch nach Rückkehr zur alten Normalität war zu groß. Die lockere Geldpolitik führte letztlich gemeinsam mit dem Ansteigen der Energiepreise im Zuge des Kriegs gegen die Ukraine doch in die Inflation, die nun mit einem Anziehen der Zinsen gedämpft werden soll. Arbeitszeitverkürzungen stehen in der öffentlichen Debatte angesichts der Verknappung von Arbeitskräften in vielen Branchen derzeit nicht an oberster Stelle, vielmehr geht es darum, die Arbeitsbedingungen attraktiver zu machen, um dem Arbeitskräftemangel zu entgegnen – neben entsprechenden Qualifizierungsangeboten. Der Wunsch nach neuen Arbeitszeitmodellen mit der freiwilligen Reduktion von Arbeitszeiten wird jedoch bei jenen in der jungen Generation, die sich das leisten können, ein Thema bleiben, auf das sich die Unternehmen einstellen müssen. Die Mindestlöhne sind jedenfalls anzuheben; neue Arbeitszeitmodelle bleiben wichtig.

Eine wichtige, noch nicht angesprochene Rolle in der Transformation kommt offenen und kritischen Medien zu. Dies gilt für die klassischen ebenso wie für die neuen Medien. Wem die Medien gehören und wer die Redaktionslinie bestimmt, was Medien vermitteln und was sie verschweigen, hat großen Einfluss darauf, wie Menschen denken und worüber sie miteinander sprechen. Wir leiden nicht an zu wenig Information, eher an der Fähigkeit, aus der Fülle auszuwählen und dem Infotainment zu entgehen. Unabhängige, ausschließlich aus Steuermitteln finanzierte Medien wären dem derzeitigen Wildwuchs auf dem immer bunter und schriller werdenden Infotainment-Markt vorzuziehen. Eine transparente Medienpolitik wird daher zukünftig nicht weniger wichtig sein als eine emanzipatorische Bildungspolitik. Wir brauchen kritische Rechercheplattformen, um Machtverflechtungen, Steuerhinterziehungen oder Greenwashing aufzuzeigen – ein von mir geschätztes Projekt zu Letzterem ist »flip.de«.[52] Wir brauchen kritischen Umweltjournalismus wie etwa das Netzwerk Klimajournalismus[53] und wir brauchen Medien, die gelingende Projekte und Ansätze vorstellen – im Sinne von »Good News«. Nicht zuletzt brauchen wir neue Beteiligungsformate wie Bürger*innen-Räte und Zukunftswerkstätten sowie Bürgerentscheide, die zur Qualität der öffentlichen Diskurse beitragen.[54]

Kraft läge auch in einem anderen Wertebewusstsein, das Wirtschaften als sozialen Prozess begreift – in der Herstellung von Gütern und Dienstleistungen ebenso wie in unseren Konsumhandlungen. Wenn nicht mehr allein der Preis eines Gutes den Kaufakt bestimmt, sondern das Wissen, wer das Gut unter welchen Bedingungen hergestellt hat, entsteht eine neue Qualität von Beziehung. Dies ist in einer hochgradig arbeitsteiligen Ökonomie mit den globalisierten, anonymen Produktionsketten nicht einfach. Wirtschaften müsste daher wieder stärker in den Nahraum der Menschen verlagert werden – eine Re-Regionalisierung würde nicht nur die Resilienz erhöhen, sondern auch die Beziehung zwischen den Wirtschaftsakteur*innen.

Eine moderne Bedarfsökonomie, die (wieder) den Gebrauchswert der Güter in den Mittelpunkt stellt, würde uns nicht schlechter leben lassen, aber zukunftstauglich. Vielleicht erhält das bereits in den 1970er Jahren diskutierte System einer »dualen Wirtschaft« mit einem stark ausgeweiteten öffentlichen bzw. gemeinwohlorientierten Sektor bei gleichzeitiger Schrumpfung der ökologisch destruktiven Sektoren angesichts der aktuellen Krisen, die den Staat rehabilitieren, neue Umsetzungschancen? Der Shareholder-Value-Kapitalismus würde zurückgedrängt, die Marktwirtschaft (wieder) Fuß fassen. Ein Selbstläufer ist auch das freilich nicht. Notwendig sind zivilgesellschaftlicher Druck, die Dekonstruktion von Mythen, etwa in Bezug auf die scheinbare Alternativlosigkeit des gegenwärtigen Systems, und damit auch mehr öffentliche Diskurse über Neuansätze.

Dieses Buch möchte ein wenig dazu beitragen. Mittlerweile gibt es zahlreiche Studien, die für Wachstumsunabhängigkeit plädieren. Die Klimajournalistin Katharina Mau stellt solche in ihrem Buch »Das Ende der Erschöpfung« vor (Anm. 55). Der deutsche Ökonom Rudi Kurz geht davon aus, dass die öffentlichen Aufgaben in Zukunft weiter steigen werden, was automatisch zu einer Schrumpfung des privaten Konsums führen werde. Die Regierungen wären daher gut beraten, mit Erwartungsmanagement die Bevölkerung auf Schrumpfung einzustellen (Anm. 56). Umsteuerung passiert nicht auf Knopfdruck, angestoßen von einer Kommandozentrale, sondern braucht das Drehen an vielen Schrauben – größeren und kleineren. Umsteuerung braucht daher auch viele Menschen, die in vielen Bereichen Neues wagen und Politik und Wirtschaft ermuntern, dies ebenfalls zu tun. In diesem Sinne trägt das Buch hoffentlich auch dazu ein wenig bei.

Mein Dank gilt allen Kolleg*innen, auf die ich mich beziehe, sowie dem oekom verlag, namentlich Katharina van Streeck für das gewissenhafte Lektorat sowie Clemens Herrmann für die gute Betreuung.

Hans Holzinger, im Februar 2024

Anhang

Vorschläge zur Ernährungswende	
Ziel: Institutionelle Verankerung	*Ziel: Best Practice*
Förderung von regenerativer und biologischer Landwirtschaft	Umstieg auf regenerative und biologische Landwirtschaft
Lebensmittelkennzeichnungen & Tierwohlskala	Umsetzung von Permakultur- und Urban-Gardening-Projekten
Reduzierung des Kunstdünger- und Pestizideinsatzes	Mitwirkung bei Solidarischer Landwirtschaft & Food Coops
Verbot von Massentierhaltung	Vegetarische & vegane Ernährung
Verbot von Lebensmittelverschwendung, Auflagen für Supermärkte	Unterstützung von Tafeln & Apps gegen Lebensmittelverschwendung
Zulassung grüner Gentechnik, Förderung von Landwirtschaft 2.0	Nutzung neuer Nahrungsquellen, z.B. Algen
Förderung von Bauen mit Holz	Wiederbegrünungsmaßnahmen
Niedrigere Mehrwertsteuern für gesunde Lebensmittel	Umsetzung der Planetary Health Diet im eigenen Leben

Vorschläge zur Unternehmenswende	
Ziel: Institutionelle Verankerung	*Ziel: Best Practice*
Bevorzugung von Gemeinwohlunternehmen bei öffentlichen Aufträgen	Erstellen von Gemeinwohlbilanzen durch Unternehmen
Förderung von Genossenschaften & Unternehmen nach Stiftungsrecht	Gründung von Genossenschaften & Unternehmen nach Stiftungsrecht

Vorschläge zur Unternehmenswende	
Lieferkettengesetze für Unternehmen & Verbot von Kinderarbeit	Einfluss auf Unternehmen durch kritische Aktionär*innen
Einführung eines globalen Mindestlohns	Angebot fair gehandelter Produkte & Weltläden
Höhere Besteuerung von Renditen und Managergehältern/Boni	Neue Unternehmenskulturen in Postwachstumsunternehmen

Vorschläge zur Arbeitswende	
Ziel: Institutionelle Verankerung	*Ziel: Best Practice*
Förderungs- und Qualifizierungsoffensiven für Green Jobs	Gründung von Unternehmen mit Green Jobs
Index »Gute Arbeit« und Arbeitsklima-Index als staatliche Kriterien	Verbesserte Arbeitsbedingungen durch New Work
Gesetzliche Verankerung der Vier-Tage-Woche	Freiwillige Umsetzung der Vier-Tage-Woche in Unternehmen
Gesetzliche Maßnahmen zu gleicher Bezahlung der Geschlechter	Bewusstseinsbildung für gleiche Bezahlung durch den Equal Pay Day
Ausweitung von Elternzeit, Elterngeld und Elternkarenz	Neue Arbeitszeitmodelle in der Praxis
Umsetzung einer universellen Arbeitsplatzgarantie	Pilotprojekte für eine Arbeitsplatzgarantie

Vorschläge zur Finanzwende	
Ziel: Institutionelle Verankerung	*Ziel: Best Practice*
Umsetzung strengerer Vorschriften für Banken & Finanzmarktakteure	Forschung und Lobbying durch NGOs wie »Finanzwende.de«
EU-Taxonomie für nachhaltige Investments	Unterstützung grüner und ethischer Banken sowie von Crowdinvesting
Umsetzung von Vollgeld durch eine Monetative	Ausstieg aus Fossilgeschäften im Sinne der Divestment-Bewegung
Förderung von Regionalwährungen & Tauschkreisen	Bewusster Bezug regionaler Produkte

Vorschläge zur Steuerwende	
Ziel: Institutionelle Verankerung	*Ziel: Best Practice*
Globale Mindestbesteuerung, Unterbindung von Steuerflucht	Lobbying des internationalen Tax Justice Network
Umsetzung von Vermögens- und Erbschaftssteuern	Bewegungen von Millionär*innen für höhere Besteuerung
Gesetzliche Obergrenzen für das Lebenseinkommen	Bewusstseinsbildung für eine faire Verteilung von Einkommen
Umsetzung wirksamer CO_2-Steuern und verbesserter Emissionshandel	Bewusstseinsbildung für klimabewusstes Verhalten
Gestaffelte Mehrwertsteuern nach Sozial- & Öko-Standards	Bewusstseinsbildung für die Internalisierung externer Kosten

Vorschläge zur Sozialwende	
Ziel: Institutionelle Verankerung	*Ziel: Best Practice*
Schaffung von Freiwilligenzentren und Freiwilligenbörsen	Zivilgesellschaftliches Engagement und ehrenamtliche Tätigkeit
Umsetzung von sozialen/ökologischen Freiwilligen- und Pflichtjahren	Aufbau von Zeitbanksystemen und Mitwirkung in diesen
Umsetzung eines Erbe für alle zur Erhöhung gleicher Startchancen	Bewusstseinsbildung für finanzielle Maßnahmen besserer Startchancen
Umsetzung eines Grundeinkommens oder Grundauskommens	Offene Debatte über ein bedingungsloses Grundeinkommen

Vorschläge zur Konsumwende	
Ziel: Institutionelle Verankerung	*Ziel: Best Practice*
Vorschriften für längere Garantiefristen & Verbot von Obsoleszenz	Kauf langlebiger Produkte und Kauf in Second-Hand-Märkten
Vorschriften für reparierfähige Produkte und einen Reparaturbonus	Reparatur von Produkten, Mitarbeit in Repair Cafés
Förderung von Geschäftsmodellen des Nutzens statt Besitzens	Sharing-Modelle z. B. in Wohnanlagen anregen und umsetzen
Verbot von klima- und umweltschädlicher Werbung, hohe Werbeabgaben	Bewusstes Einüben von Suffizienz als Ansatz des Genug

Vorschläge zur Stadtwende	
Ziel: Institutionelle Verankerung	*Ziel: Best Practice*
Mitwirkung bei Initiativen wie Green Cities, Zero Cities oder Fearless Cities	Verbreitung von Ansätzen vorbildhafter Kommunen
Förderung neuer Wohnformen	Gründung neuer Wohnformen

Vorschläge zur Stadtwende	
Stadtverdichtung und Leerstandsnutzung, multifunktionale Gebäude	Verringerung des eigenen Wohnraumbedarfs, Downsizing
Förderung ökologischer & sozialer Innovationen/Wirtschaftsförderung 4.0	Initiierung sozialer & ökologischer Initiativen & Start-ups
Ausweitung und Attraktivierung des Öffentlichen Raumes	Mitwirkung an Initiativen zur Ausweitung des öffentlichen Raums
Umsetzung von Bodensicherungsmodellen & Bodenwertzuwachsabgaben	Engagement für Ansätze leistbaren Wohnens für alle
Umsetzung der Stadt für morgen & Förderung kurzer Wege	Werbung für attraktive Zukunftsbilder einer Stadt von morgen
Förderung von Stadtteilkultur und Nachbarschaftsinitiativen	Mitwirkung in Stadtteil- und Nachbarschaftsinitiativen

Vorschläge zur Mobilitätswende	
Ziel: Institutionelle Verankerung	*Ziel: Best Practice*
Umsetzung attraktiver Zeit- & Flächenkarten, Prüfung von Nulltarif	Bewusste Nutzung öffentlicher Verkehrsmittel & Werbung dafür
Förderung attraktiver Radinfrastrukturen	Nutzen des Rades als Alltagsfahrzeug, Engagement in Radinitiativen
Förderung autoreduzierter und autofreier Siedlungen	Umzug in autoreduzierte oder autofreie Siedlungen
Förderung von Auto-Teilen und Mitfahrbörsen	Mitwirkung an Auto-Teilen-Initiativen und Mitfahrbörsen
Förderung von E-Mobilität und entsprechenden Ladeinfrastrukturen	Bei Notwendigkeit eines eigenen Autos Umstieg auf E-Fahrzeuge

Vorschläge zur Energiewende	
Ziel: Institutionelle Verankerung	*Ziel: Best Practice*
Förderung von erneuerbaren Energieanlagen	Umstieg auf erneuerbare Energie, Installierung von Fotovoltaikanlagen
Förderung von Energiegenossenschaften & Energiegemeinschaften	Mitwirkung an Energiegenossenschaften & Energiegemeinschaften
Förderung von Energiesparen analog der 2000-Watt-Gesellschaft & Negawatt-Bewegung	Umsetzung von Energiesparen analog der 2000-Watt-Gesellschaft & Negawatt-Bewegung

Vorschläge zur Stoffwende	
Ziel: Institutionelle Verankerung	*Ziel: Best Practice*
Gesetzliche Verankerung der Kreislaufwirtschaft mit konkreten Zielen	Umsetzung von Kreislaufwirtschaft im eigenen Alltag
Förderung von Produkten mit Ökodesign im Sinne von Circular Economy & Cradle to Cradle	Bewusster Kauf langlebiger und reparierfähiger Produkte; Minimierung des Abfalls & Umsetzung von Recycling
Förderung von Leasingmodellen, Refurbishing & Remanufacturing	Prüfung von Leasing statt Besitzen, Überführung von Dingen & Stoffen zu neuen Verwendungen

Übersicht über makroökonomische Ansätze		
Green Growth	Degrowth	Postkapitalistisch
Sozialer Kapitalismus nach Paul Collier	Wachstumsgedämpfter Kapitalismus bei Hans Christoph Binswanger	Ökosozialismus bei Christian Zeller
Intelligent wachsen bei Ralf Fücks	Plurale Ansätze der Postwachstumsökonomie	Postkapitalismus bei Paul Mason

Übersicht über makroökonomische Ansätze		
Öko-Keynesianismus bei Stephan Schulmeister	Reformorientierte Postwachstumsgesellschaft	Degrowth-Kommunismus bei Kohei Saito
Green New Deal in den USA	Wohlbefindensökonomie bei Jason Hickel	Kosmopolitischer Lokalismus bei Ute Scheub
Europäischer Green New Deal	Wirtschaften innerhalb planetarer Grenzen bei Kate Raworth	Marktwirtschaft ohne Kapitalismus bei Werner Onken
Industriewende bei Bill Gates	Petition für Wachstumsunabhängigkeit der europäischen Wirtschaft	Grundbedürfnisökonomie bei Wigbert Tocha
Kapitalismus mit Begrenzungen bei Anders Levermann	Ende der Wachstumsillusion bei Reinhard Loske	Gemeinwohlökonomie mit begrenztem Eigentum bei Christian Felber
Kehrtwenden für »Earth for All« des Club of Rome	Ansätze einer Post-Corona-Ökonomie	Demokratische Planwirtschaft bei Cédric Durand
Ansätze für dekarbonisierte Wirtschaften	Suffizienzökonomie nach Niko Paech	Moderne Rationierungswirtschaft bei Ulrike Herrmann
	Feministische Care-Ökonomie mit geteilter Sorgearbeit	
	Bruttonationalglück in Bhutan	
	Wellbeing Economy in ersten Ländern	

Anmerkungen

Kapitel 1

1 Welzer 2019

2 Weizsäcker 1997

3 Mazzucato 2015

4 Göpel 2020

5 Tomorrow – Die Welt ist voller Lösungen. Ein Film von Cyril Dion und Mélanie Laurant. https://www.tomorrow-derfilm.de/. Abgerufen am 2.1.2022.

6 Karte von morgen, https://www.kartevonmorgen.org/. Abgerufen am 2.1.2023

7 Right Livelihood Award, https://rightlivelihood.org/ Abgerufen am 2.1.2023.

8 Environmental Justice Atlas, https://ejatlas.org/. Abgerufen am 2.1.2023.

9 Wright 2012, S. 15.

Kapitel 2

1 Oxfam. https://www.oxfam.de/ueber-uns/aktuelles/soziale-ungleichheit-krisen-profite-reichstes-prozent-kassiert, www.oxfam.de/ueber-uns/aktuelles/2017-01-16-8-maenner-besitzen-so-viel-aermere-haelfte-weltbevoelkerung. Abgerufen am 26.1.2023.

2 SIPRI, https://www.sipri.org/media/press-release/2021/world-military-spending-rises-almost-2-trillion-2020. Abgerufen am 5.1.2023.

3 Statista.de, https://de.statista.com/statistik/daten/studie/74622/umfrage/prognose-der-werbeausgaben-weltweit/. Abgerufen am 5.1.2023.

4 WFP, https://www.wfp.org/stories/child-malnutrition-mounts-un-agencies-issue-call-action. Abgerufen am 28.1.2023.

5 Quelle IPCC, nach www.spiegel.de/wissenschaft/mensch/geleakter-teil-des-ipcc-berichts-die-reichsten-zehn-prozent-verursachen-mehr-als-ein-drittel-der-treibhausgase-a-6d2e8438-7f3e-49bc-8967-4e3aeb6be585. Abgerufen am 28.1.2023.

6 Zit. n. Schilling 2022, S. 18 f.

7 Latour/Schultz 2022.

8 Bude 2019.

9 Andreß 2023, S. 43.

10 Worldometer, https://www.worldometers.info/ Abgerufen am 18.12.2022.

11 Our World in Data, https://ourworldindata.org/meat-production. Abgerufen am 18.12.2022.

12 Ebd.

13 Verbraucherzentrale Nordrhein-Westfalen (2020): Der ökologische Rucksack. https://www.verbraucherzentrale.nrw/wissen/digitale-welt/mobilfunk-und-festnetz/oekologischer-rucksack-11539. Abgerufen am 2.1.2023.

14 Circular Gap Report 2022

15 Europäisches Parlament (2022): Abfallwirtschaft in der EU: Zahlen und Fakten. https://www.europarl.europa.eu/news/de/headlines/society/20180328STO00751/abfallwirtschaft-in-der-eu-zahlen-und-fakten. Abgerufen am 2.1.2013.

16 Europäisches Parlament (2020): Elektro- und Elektronikschrott in der EU: Zahlen und Fakten. https://www.europarl.europ

a.eu/news/de/headlines/society/20201208STO93325/elektroschrott-in-der-eu-zahlen-und-fakten-infografik Abgerufen am 2.1.2023.

17 Südwind: Verboten! Wen kümmert's? Europas ferne Elektroschutthalden. https://www.suedwind.at/handeln/aktionsteam/europas-ferne-elektroschrotthalden/ Abgerufen am 2.1.2023.

18 https://www.flightradar24.com/

19 https://www.nzz.ch/mobilitaet/maritimer-wahnsinn-aus-den-usa-zehn-absurde-fakten-zu-dem-groessten-kreuzfahrtschiff-der-welt-ld.1748051?kid=nl162_2023-7-21&ga=1&mktcid=nled&mktcval=162&reduced=true. Abgerufen am 21.7.2023.

20 https://letsflip.de/die-jeans-retter?utm_source=brevo&utm_campaign=Jeans_Aufschlag_Normalos&utm_medium=email# Abgerufen am 21.7.2023.

21 Umweltbundesamt (2015): Weltweit gehen jährlich 10 Millionen Hektar Ackerfläche verloren. https://www.umweltbundesamt.de/presse/pressemitteilungen/weltweit-gehen-jaehrlich-10-millionen-hektar. Abgerufen am 23.12.2022.

22 Worldometer, https://www.worldometers.info/ Abgerufen am 18.12.2022.

23 Ebd.

24 Umweltbundesamt: Chemikalien in der Umwelt. https://www.umweltbundesamt.de/daten/chemikalien/chemikalien-in-der-umwelt#undefined. Abgerufen am 2.1.2023.

25 Statista: Produktion von Zement nach den wichtigsten Ländern weltweit im Jahr 2021. https://de.statista.com/statistik/daten/studie/153695/umfrage/produktion-von-zement-nach-laendern/ Abgerufen am 22.12.2022.

26 Gates 2021.

27 Chemnitz, Christine: An den Grenzen von Grüner Revolution und Bioökonomie. https://www.boell.de/de/2015/01/08/nutzung-den-grenzen-von-gruener-revolution-und-biooekonomie. Abgerufen am 23.12.2022.

28 Fuhrhop2015.

29 Plöger 2020.

30 https://energiestatistik.enerdata.net/gesamtenergie/welt-verbrauch-statistik.html. Abgerufen am 18.12.2023.

31 Ritchie, Hannah u. a. (2021): Global comparison: how much energy do people consume? https://ourworldindata.org/per-capita-energy. Abgerufen am 2.1.2023.

32 Worldometer, www.worldometers.info/; Fleischatlas, https://www.boell.de/de/fleischatlas, Abgerufen am 18.12.2022.

33 Raworth 2018.

34 Ziegler 2005.

35 Atlas der Globalisierung 2022.

36 Hickel 2022, S. 219.

37 Statista: Prognose der Werbeausgaben weltweit bis 2024. https://de.statista.com/statistik/daten/studie/74622/umfrage/prognose-der-werbeausgaben-weltweit/#:~:text=Wachsender%20weltweiter%20Werbemarkt%20%2D%20trotz%20Corona,als%20761%2C5%20Milliarden%20Euro. Abgerufen am 21.12.2022.

38 Sedlacek/Tanzer 2015.

39 Girkinger 2023.

40 Binswanger 2019.

41 Statista: Depressionen und Burn-out – Zahlen und Statistiken, https://de.statista.com/themen/161/burnout-syndrom/#topicOverview. Abgerufen am 21.12.2022.

Kapitel 3

1 www.sueddeutsche.de/wirtschaft/entwicklung-bip-deutschland-geschichte-1.5257100?reduced=true. Abgerufen am 21.12.2022.

2 Hickel 2022.

3 Hartmann 2018.

4 Ziegler 2018.

5 Haidinger/Knittler 2014.

6 Stern-Report (2006): Stern Review on the economics of climate change. Zit. n. https://wirtschaftslexikon.gabler.de/definition/stern-report-52396/wikipedia. Abgerufen am 6.1.2023.

7 Piketty 2023.

8 Göpel 2020, S. 127 sowie S. 129

9 Meadows u. a. 1972; Club of Rome, http://www.clubofrome.org/ Abgerufen am 19.12.2022.

10 Zit. n. Westhoff 2022.

11 Maxton 2020.

12 Dixson-Declève u. a. 2022, S. 13

13 Zur Genese der Nachhaltigkeit s. Grober 2010.

14 BMU 1992, S. 20

15 https://www.bundesregierung.de/breg-de/themen/nachhaltigkeitspolitik/nachhaltigkeitsziele-erklaert-232174. Abgerufen am 19.12.2022.

16 Mehr s. Holzinger 2018, 2019.

17 Steffen u. a. 2015; Anthropocene: Great Acceleration. https://www.anthropocene.info/great-acceleration.php; Bundeszentrale für politische Bildung: Texte und Grafiken zur Großen Beschleunigung – ‚The Great Acceleration'. https://www.bpb.de/themen/umwelt/anthropozaen/216918/texte-und-grafiken-zur-grossen-beschleunigung-the-great-acceleration/. Abgerufen am 19.12.2022.

18 Hagedorn, Gregor u. a.: Wachstum. Die große Beschleunigung. Einführungsvortrag von Scientists for Future. Download: https://schoolsforfuture.net/m/ext/s4f/S4F-Wachstum_Die_grosse_Beschleunigung%20-%20Einsteiger_--_32_Folien_--_2020-08-19.pdf. Abgerufen am 19.12.2022.

19 Grafik aus: The trajectory of the Anthropocene: The Great Acceleration, 16 January 2015, Anthropocene Review, Will Steffen, Wendy Broadgate, Lisa Deutsch, Owen Gaffney, Cornelia Ludwig. Nach: https://futureearth.org/2015/01/16/the-great-acceleration. Abgerufen am 19.12.2022.

20 Stockholm Resilience Center: Planetary Boundaries. https://www.stockholmresilience.org/research/planetary-boundaries.html. Abgerufen am 19.12.2022; Bundesministerium für Umwelt, Naturschutz, nukleare Sicherheit und Verbraucherschutz/BMUV: Planetare Belastungsgrenzen. https://www.bmuv.de/themen/nachhaltigkeit-digitalisierung/nachhaltigkeit/integriertes-umweltprogramm-2030/planetare-belastbarkeitsgrenzen. Abgerufen am 19.12.2022; Gendere 2022

21 Steffen u. a. 2015

22 Krautwig u. a. 2022

23 Azote, Stockholm Resilience Center auf Basis von Wang-Erlandsson u. a. 2022, Person u. a. 2022 und Steffen u. a. 2016.

24 Raworth 2018; https://www.kateraworth.com/doughnut/ Abgerufen am 6.1.2023.

25 The Doughnut of social and planetary boundaries , www.doughnuteconomics.org/tools/65. Credit: Kate Raworth and Christian Guthier. CC-BY-SA 4.0 Nach: Raworth, K. (2017), Doughnut Economics: seven ways to think like a 21st century economist. London. Abgerufen am 6.1.2023.

26 Naumann 2021.

27 Donut Ökonomie Germany – Haiti, https://goodlife.leeds.ac.uk/national-trends/country-trends/#HT. Abgerufen am 7.1.2023.

28 Donut Ökonomie Germany – Haiti, https://goodlife.leeds.ac.uk/national-trends/country-trends/#HT. Abgerufen am 7.1.2023.

29 Global Footprint Network, https://www.footprintnetwork.org/ Abgerufen am 7.1.2023.

30 Wagner 2021, S. 144; Heitfeld 2022.

31 Wuppertal Institut: Ressourcen berechnen. https://wupperinst.org/themen/ressourcen/ressourcen-berechnen. Abgerufen am 2.1.2023.

32 https://www.nachhaltigkeit.info/artikel/schmidt_bleek_mips_konzept_971.htm. Abgerufen am 2.1.2023.

33 Wuppertal Institut (o. J. b): Mein ökologischer Rucksack. https://ressourcen-rechner.de/ Abgerufen am 2.1.2023.

34 https://ressourcen-rechner.de, Abgerufen am 2.1.2023.

35 Ein guter Tag hat 100 Punkte (o. J.), www.eingutertag.org/de. Abgerufen am 9.1.2023.

36 IPCC 2022.

37 IPPC 2023.

38 UNEP: Emissions Gap Report 2022. https://www.unep.org/resources/emissions-gap-report-2022. Abgerufen am 9.1.2023.

39 Happy Planet Index: https://happyplanetindex.org/happy-planet-index-2021-launch-event-recap/. Abgerufen am 30.1.2023.

40 www.sustainabledevelopmentindex.org. Abgerufen am 30.1.2023.

41 https://happyplanetindex.org/happy-planet-index-2021-launch-event-recap/. Abgerufen am 30.1.2023.

42 https://live-counter.com/autos/. Abgerufen am 30.1.2023.

43 https://ourworldindata.org/per-capita-energy; https://ourworldindata.org/food-supply. Abgerufen am 30.1.2023.

44 https://earthobservatory.nasa.gov/images/150828/2022-tied-for-fifth-warmest-year-on-record. Abgerufen am 22.1.2024.

45 www.carbonvisuals.com. Abgerufen am 30.1.2023.

46 https://worldmapper.org/maps/. Abgerufen am 30.1.2023.

Kapitel 4

1 Eine neue Studie zeigt, dass sich Steinzeit-Menschen vor allem pflanzlich ernährten. https://www.geo.de/wissen/studie--steinzeit-menschen-ernaehrten-sich-vor-allem-pflanzlich--34409388.html. Abgerufen am 29.2.2024.

2 Varoufakis 2015, S. 16 ff., 26 ff.

3 Frankopan 2023, S. 133.

4 Graeber/Wengrow 2022, S. 16.

5 Holzinger 2018a, S. 5 f., 26 f.

6 Precht 2021, S. 42.

7 n. Holzinger 2018a, S. 9.

8 Popp u. a. 2010, S. 79

9 www.bpb.de/shop/zeitschriften/apuz/269298/das-anthropozaen-erzaehlen-fuenf-narrative/. Abgerufen am 8.2.2023.

10 Brand/Wissen 2016.

11 Lessenich 2019.

12 Altvater 2015.

13 Flecker u. a. 2016.

14 The Medical Network, https://themedicalnetwork.de/faktencheck-ki-robotik-im-gesundheitswes. Abgerufen am 29.2.2024.

15 IT-ZOOM, https://www.it-zoom.de/mobile-business/e/wie-hilfreich-sind-datenbrillen-in-der-lagerlogistik-15488/ Abgerufen am 20.12.2018.

16 Kurz/Rieger 2013.

17 Roboter. Die Evolution der Maschinenwesen. Spektrum kompakt. 2015.

18 Tegmark 2017, Zitate S. 163 und S. 169.

19 Business Insider, 8.2.2023, https://www.businessinsider.de/tech/chat-gpt-diese-zehn-berufe-koennten-in-zukunft-von-der-kuenstlichen-intelligenz-uebernommen-werden-c/ Abgerufen am 8.2.2023.

20 https://www.linkedin.com/pulse/newsletter-32023-dr-holger-schmidt/?originalSubdomain=de, Abgerufen am 8.2.2023.

Kapitel 5

1 Brainsack 2023, S. 38.

2 Holzinger 2024.

3 Mehr vgl. Holzinger 2010.

4 Vgl. dazu Graeber 2018.

5 Vgl. Gute Arbeit, https://index-gute-arbeit.dgb.de/. Abgerufen am 31.1.2023.

6 Shalin 1974, Luks 2010.

7 Harari 2013, S. 69.

8 Kocka 2022, o. S.

9 Füllsack 2009, Schmidt/Kocka 2010, Komlosy 2014.

10 Zeuske 2018.

11 Scheidler 2015, Wikipedia: Sklaverei. www.wikipedia.org/sklaverei. Abgerufen am 30.1.2023.

12 www.destatis.de/DE/Themen/Laender-Regionen/Internationales/Thema/bevoelkerung-arbeit-soziales/arbeitsmarkt/Zwangsarbeit.html. Abgerufen am 30.1.2023.

13 Kehnel 2021.

14 AMS Berufslexikon. www.berufslexikon.at. Abgerufen am 31.1.2023.

15 Arbeitsagentur, https://statistik.arbeitsagentur.de/DE/Navigation/Grundlagen/Klassifikationen/Klassifikation-der-Berufe/Klassifikation-der-Berufe-Nav.html Abgerufen am 31.1.2023.

16 Human Rights, https://www.humanrights.ch/de/internationale-menschenrechte/aemr/text/artikel-23-aemr-recht-arbeit-gleichen-lohn. Abgerufen am 31.1.2023.

17 Südwind, https://www.suedwind.at/; Weltumspannend arbeiten, https://www.weltumspannend-arbeiten.at/ Abgerufen am 31.1.2023.

18 ILO, https://www.dw.com/de/ilo-weltweit-h%C3%B6here-arbeitslosigkeit/a-60449699. Abgerufen am 31.1.2023.

19 Spektrum der Wissenschaft, https://www.spektrum.de/lexikon/geographie/informeller-sektor/3758. Abgerufen am 20.12.2018.

20 https://unstats.un.org/sdgs/files/report/2018/secretary-general-sdg-report-2018--Statistical-Annex.pdf. Abgerufen am 20.12.2018.

21 Fischer Weltalmanach 2019, S. 10.

22 Gijum 2018, https://ccca.ac.at/fileadmin/00_DokumenteHauptmenue/02_Klimawissen/FactSheets/21_konsumbasierte_Treibhausgasemissionen.pdf. Abgerufen am 8.2.2023.

23 Bauer 2013.

24 Prainsack 2023, S. 23.

25 Pizek, Schratzenstaller 2008.

26 Momentum-Newsletter, 7.1.2023; vgl. auch https://www.arbeiterkammer.at/fatcatday. Abgerufen am 31.1.2023.

27 https://www.arbeiterkammer.at/fatcatday. Abgerufen am 22.1.2024.

28 https://de.statista.com/themen/7337/gehaelter-in-vorstaenden-und-geschaeftsfuehrungen/#topicOverview. Abgerufen am 22.1.2024.

29 Sennet 2008; Ax 2009.

30 Staab 2016.

31 Schumacher u. a. 2019.

32 Blog Arbeit & Wirtschaft, https://awblog.at/7-ansaetze-fuer-eine-sozial-oekologische-transformation. Abgerufen am 31.1.2023.

33 Bennholdt-Thomsen 2010; Rogall 2009.

34 Gubitzer 2011.

35 https://orf.at/stories/3343256. Abgerufen am 18.1.2023.

36 Brynjolfsson; McAfee 2014.

37 Osborne/Frey 2013.

38 Bonin u. a. 2015.

39 https://www.br.de/nachrichten/netzwelt/goldman-sachs-ki-koennte-300-millionen-jobs-veraendern,TZt2S3N. Abgerufen am 9.10.2023.

40 https://www.heise.de/news/ILO-Studie-KI-wird-Jobs-eher-ergaenzen-als-vernichten-9277018.html. Abgerufen am 23.8.2023.

41 Precht 2022.

42 Kurier, 28.1.2013, https://kurier.at/wirtschaft/teilzeit-trend-der-ausstieg-aus-dem-hamsterrad/402307628. Abgerufen am 8.2.2023.

43 Die Zukunft bringt weniger Arbeit und mehr Wohlbefinden. Der Standard. https://www.derstandard.at/story/2000140086443/die-zukunft-bringt-weniger-arbeit-und-mehr-wohlbefinden. Abgerufen am 31.1.2023.

Kapitel 6

1 Varoufakis 2015.

2 Herrmann 2013.

3 Bundeszentrale für politische Bildung, https://www.bpb.de/kurz-knapp/zahlen-und-fakten/soziale-situation-in-deutschland/61781/vermoegensverteilung/; Hans-Böckler-Stiftung, https://www.boeckler.de/de/boeckler-impuls-wie-sind-die-vermoegen-in-deutschland-verteilt-3579.htm. Abgerufen am 31.1.2023.

4 Fakten zur Vermögensverteilung in Österreich, www.hfcs.at › dam › jcr:84f24bb6-7e57-4af7-bd28-2fabf3f35955. Abgerufen am 31.1.2023.

5 www.binichreich.at. Abgerufen am 31.1.2023.

6 Scheidler 2015.

7 Ungericht 2021.

8 Holzinger 2018, S. 64.

9 Piketty 2014.

10 Gabler Wirtschaftslexikon, https://www.gabler-banklexikon.de/definition/finanzialisierung-70738. Abgerufen am 8.2.2023.

11 Dahrendorf (2009): Die verlorene Ehre des Kaufmanns. Hier zit. n. https://www.tagesspiegel.de/wirtschaft/die-verlorene-ehre-des-kaufmanns-4767508.html. Abgerufen am 8.2.2023.

12 Graeber 2012.

13 Radermacher 2007.

14 Dietz 2013.

15 Kitzmüller 2012.

16 Göpel 2022, S. 105 ff.

17 Jakobs 2016.

18 Scheidler 2015.

19 Maeder u. a. 2010.

20 Schürz 2019.

21 Crouch 2021.

22 Reich 2010.

23 Saez/Zucman 2020, www.oekobuero.at/de/news/2024/04/klimaklagen-vor-dem-emgr-was-der-sieg-der-klimaseniorinnen-f%C3%BCr-umweltorganisationen-bedeutet/ Abgerufen am 30.10.2024.

24 Streeck 2013.

25 Beck 2009.

26 Holzinger 2016.

27 Pistor 2020, Zitate S. 18, S. 19 und S. 25.

28 Ebd. S. 355.

29 Oekonomia, https://www.3sat.de/film/dokumentarfilm/oeconomia-100.html. Abgerufen am 31.1.2023.

30 »Wirtschaftsweise« kritisieren EZB. Deutschlandfunk 2.11.2016, https://www.deutschlandfunk.de/sachverstaendigenrat-wirtschaftsweise-kritisieren-ezb-102.html. Abgerufen am 31.1.2023.

31 Piketty 2021, S. 207.

32 Ex-Wirtschaftsweiser Bofinger: »EZB ist nicht schuld an der Inflation« 24.6.2022, https://www.fondsprofessionell.at/news/maerkte/headline/ex-wirtschaftsweiser-bofinger-ezb-ist-nicht-schuld-an-der-inflation-216690/ Abgerufen am 31.1.2023.

33 https://www.momentum-institut.at/news/profitinflation-profite-treiben-teuerung Abgerufen am 31.1.2023, https://www.netzwerk-steuergerechtigkeit.de/gerechtigkeitscheck-november-global-tax-evasion-report-2024. Abgerufen am 30.10.2024.

34 Podcast »Wohlstand für alle«, https://wohlstandfueralle.podigee.io/154-neue-eurokrise. Abgerufen am 31.1.2023.

35 Wullweber 2021, 2022 (Zitate aus 2022).

36 https://eur-lex.europa.eu/resource.html?uri=cellar:bc4dcea4-9584-11ec-b4e4-01aa75ed71a1.0007.02/DOC_1&format=PDF. Abgerufen am 2.2.2023.

37 https://www.dbresearch.de/PROD/RPS_DE-PROD/PROD0000000000506914/Sind_wir_auf_dem_Weg_in_den_Staatskapitalismus%3F.xhtml. Abgerufen am 2.2.2023.

Kapitel 7

1 Binswanger 2019a.

2 Vgl. Klein 2018; Raworth 2018, S. 301 ff.

3 Raworth 2018, S. 298.

4 Fischer/Grander 2022, S. 22.

5 Anlauf/Schmalz 2022, S. 194.

6 Ebd.

7 Fischer, 2022, S. 229, S. 214.

8 Zit. n. https://www.endlich-wachstum.de/wp-content/uploads/2015/09/Kapitel-1_Zeitstrahl-Wachstum_Ereignisse-und-Zitate.pdf.

9 Vgl. Exenberger 2012.

10 Zit. n. https://wachstumimwandel.at/ist-wirtschaftswachstum-wirklich-das-allheilmittel-gegen-globale-probleme. Abgerufen 31.1.2023.

11 Daly 1999.

12 Exemplarisch siehe den Blog »Postwachstum« (www.postwachstum.de) sowie das frühere Programm »Wachstum im Wandel« (www.wachstumimwandel.at), für welches der Autor mehrere Studien verfassen durfte. Das Programm wurde mittlerweile von »Just Transition« (https://www.oegb.at/themen/klimapolitik/klima-und-arbeitsmarkt/just-transition-das-konzept-des-gerechten-wandels) abgelöst. Aus der Literatur seien exemplarisch erwähnt »Wohlstand ohne Wachstum« von Tim Jackson, »Wachstumswahn« von Christine Ax und Fritz Hinterberger sowie »Wachstumskritik, Postwachstum, Degrowth« von Frank Adler. Für eine Übersicht siehe auch meine Literaturstudie »Wachstumsgrenzen. Die Postwachstumsdebatte in der aktuellen Fachliteratur« (https://wachstumimwandel.at/wachstumsgrenzen-die-post-wachstumsdebatte-in-der-aktuellen-fachliteratur/).

13 Raworth 2018, S. 295.

14 Binswanger 2008.

15 Hickel 2018, S. 365.

16 Liegt das Wachstum über (unter) dem Produktivitätsfortschritt, steigt (sinkt) die Arbeitsnachfrage (Beschäftigung) und es sinkt (steigt) auch die Arbeitslosigkeit. https://wirtschaftslexikon.gabler.de/definition/arbeitslosigkeitsschwelle-53496. Abgerufen am 23.7.2023; Marterbauer 2011.

17 https://wirtschaftslexikon.gabler.de/definition/kuznets-kurve-39886. Abgerufen am 23.7.2023.

18 https://de.statista.com/statistik/daten/studie/197039/umfrage/veraenderung-des-weltweiten-bruttoinlandsprodukts/#professional.

19 Binswanger 2009a.

20 Onken 2022.

Kapitel 8

1 Sloterdijk 2023, S. 10.

2 Sloterdijk 2023, S. 14.

3 Smil 2023, S. 33.

4 Schmidl 2022, S. 215.

5 Schmidl 2022, S. 99 und 102.

6 https://unric.org/de/17ziele/sdg-7. Abgerufen am 23.7.2023.

7 Schmidl 2022, S. 219.

8 Sloterdijk 2023, S. 23.

9 Altvater 2015.

10 https://de.statista.com/statistik/daten/studie/42226/umfrage/welt-insgesamt-verbrauch-an-primaerenergie-in-millionen-tonnen-oelaequivalent. Abgerufen am 23.7.2023.

11 www.bpb.de/kurz-knapp/zahlen-und-fakten/globalisierung/52741/primaerenergie-versorgung. Abgerufen am 23.7.2023.

12 https://energiestatistik.enerdata.net/gesamtenergie/welt-verbrauch-statistik.html. Abgerufen am 23.7.2023.

13 Ebd.

14 https://ourworldindata.org/per-capita-energy. Abgerufen am 23.7.2023.

15 https://www.quarks.de/technik/energie/so-viel-energie-verbraucht-das-internet. Abgerufen am 4.12.2023.

16 https://science.orf.at/stories/3215308/. Abgerufen am 4.12.2023.

17 IEA 2017.

18 www.iea.org/reports/world-energy-outlook-2023/executive-summary?language=de. Abgerufen am 23.7.2023.

19 Frankopan 2023, S. 35.

20 Vgl. Statista, Die zehn größten CO_2-emittierenden Länder. https://de.statista.com/statistik/daten/studie/179260/umfrage/die-zehn-groessten-c02-emittenten-weltweit/ Abgerufen am 23.7.2023.

21 Vgl. BOKU, Jahresbudget an Emissionen. https://boku.ac.at/nachhaltigkeit/boku-co2-kompensationssystem/faqs/jahresbudget-an-emissionen Abgerufen am 23.7.2023.

22 Vgl. IEA, World Energy Outlook 2019. https://www.iea.org/reports/world-energy-outlook-2019. Abgerufen am 23.7.2023.

23 Vgl. Radermacher/Beyers 2011, S. 219.

24 https://ourworldindata.org/renewable-energy#breakdown-of-renewables-in-the-energy-mix. Abgerufen am 23.7.2023.

25 https://www.derstandard.at/story/3000000198928/abbau-von-pendlerpauschale-und-dieselprivileg-oesterreich-schliesst-sich-initiative-an-die-fossile-subventionen-stoppen-will. Abgerufen am 11.12.2023.

26 www.gtai.de/de/trade/china/specials/energie-china-zaehlt-bei-erneuerba

ren-energien-zur-weltspitze-829268. Abgerufen am 23.7.2023.

27 https://www.moment.at/story/klimaschutz-china?utm_source=morgen.moment.at&utm_medium=newsletter&utm_campaign=morgenmoment. Abgerufen am 23.7.2023.

28 Kemfert 2023, S. 48.

29 Ebd., S. 49.

30 Ebd., S. 279 ff.

31 Ebd., S. 262.

32 Ebd., S. 297.

33 Osterhammel 2007, S. 102.

Kapitel 9

1 Fischer-Kowalski 1997.

2 Latour/Schultz 2022.

3 www.circularity-gap.world/2023. Abgerufen am 23.7.2023.

4 Kessler 2023, S. 76.

5 https://circularity-gap.world/2022?fbclid=IwAR3eekNXiK9TbsGxGSkmRKTBPlERZy8TGZYtGJm3EDKsWqtkC9riMonf7nw#Download-the-report Abgerufen am 27.7.2023.

6 Umweltbundesamt 2017, S. 69; http://www.umweltbundesamt.at/fileadmin/site/publikationen/REP0614.pdf. Abgerufen am 23.7.2023.

7 www.suedwind.at/themen/elektronik/. Abgerufen am 23.7.2023.

8 Umweltbundesamt 2017, S. 70.

9 Santarius 2012.

10 Handbuch Nachhaltigkeit, o. J.

11 Eisenriegler 2016; Kreiß, 2014; Schridde 2014; www.murks-nein-danke.de/murksmelden.

12 Ziegler 2016.

Kapitel 10

1 Jischa 2009.

2 https://upload.wikimedia.org/wikipedia/commons/c/c4/Kondratieff_Wave.svg. Abgerufen am 29.2.2024.

3 www.ingenieur.de/technik/fachbereiche/kuenstliche-intelligenz/kuenstliche-intelligenz-diese-15-ki-tools-sollten-sie-kennen/ Abgerufen am 21.7.2023.

4 Shirvani 2023; Petruch/Walcher 2022, www.ingenieur.de/technik/fachbereiche/biotechnik/wie-sich-co2-mit-ameisensaeure-nachhaltig-nutzen-laesst/ Abgerufen am 21.7.2023.

5 Jungk, Robert (1952/1990): Die Zukunft hat schon begonnen. Amerikas Allmacht und Ohnmacht. Hier zit. n. Heyne-Neuausgabe, München 1990, Zitat S. 24.

6 Mumford 1977, S. 13.

7 www.endlich-wachstum.de/wp-content/uploads/2016/02/151201_Arbeitsmaterial-1_Welche-Technik-wollen-wir_Pr%C3%A4sentation_ps.pdf. Abgerufen am 21.7.2023.

8 Gronemeyer 2008, Illich-Zitat S. 156.

9 www.giga.de/ratgeber/specials/mooresches-gesetz-defintion-und-ende-von-moore-s-law-einfach-erklaert/ Abgerufen am 21.7.2023.

Kapitel 11

1 www.statistik.at/statistiken/bevoelkerung-und-soziales/ausgaben-und-ausstattung-privater-haushalte/ausgaben. Abgerufen am 28.12.2023.

2 www.destatis.de/DE/Themen/Gesellschaft-Umwelt/Einkommen-Konsum-Lebensbedingungen/Konsumausgaben-Lebenshaltungskosten/_inhalt.html. Abgerufen am 28.12.2023.

3 van Treeck 2016.

4 Veblen 1985.

5 Galbraith 1958 (Neuausgabe 1998).

6 Fromm 1993.

7 Sorgo 2011, S. 116.

8 Firlei 2013.

9 Gronemeyer 2014.

10 Anders 1981, S. 18 f.

11 Aigner 2023, beide Zitate S. 4.

12 Precht 2023, S. 122.

13 Ebd., S. 141, S. 170 f.

14 Welzer/Sommer 2014.

15 https://konsument.at/auto-transport/autokosten. Abgerufen am 21.7.2023.

16 Staab 2022; Rosa 2018, Reheis 2019, Paech 2012.

Kapitel 12

1 Smil 2023, S. 65 ff.

2 https://www.yara.de/siteassets/crop-nutrition/media/produktbroschuren-de/pure-nutrient-infos/pure-nutrient-nr.-11.pdf/; https://utopia.de/ratgeber/kunstduenger-darum-sind-sie-problematisch_298022. Abgerufen am 27.7.2023.

3 www.umweltbundesamt.de/daten/land-forstwirtschaft/beitrag-der-landwirtschaft-zu-den-treibhausgas#treibhausgas-emissionen-aus-der-landwirtschaft. Abgerufen am 27.7.2023.

4 https://commission.europa.eu/strategy-and-policy/priorities-2019-2024/european-green-deal/sustainable-use-key-natural-resources_de. Abgerufen am 13.12.2023.

5 www.spektrum.de/news/landwirtschaft-das-duengerdilemma-das-keines-ist/1987294. Abgerufen am 27.7.2023.

6 www.nabu.de/natur-und-landschaft/landnutzung/landwirtschaft/umweltschutz/32775.html. Abgerufen am 27.7.2023.

7 https://humus-klima-netz.de. Abgerufen am 4.12.2023.

8 www.humusplus.at. Abgerufen am 4.12.2023.

9 https://topos.orf.at/regenerative-landwirtschaft100. Abgerufen am 4.12.2023.

10 https://www.organic-world.net/yearbook/yearbook-2023.html. Abgerufen am 27.7.2023.

11 www.consilium.europa.eu/de/policies/from-farm-to-fork. Abgerufen am 27.7.2023.

12 https://ourworldindata.org/grapher/value-of-agricultural-production. Abgerufen am 27.7.2023.

13 https://www.europarl.europa.eu/factsheets/de/sheet/110/die-zweite-saule-der-gap-politik-zur-entwicklung-des-landlichen-raums. Abgerufen am 27.7.2023.

14 https://www.europarl.europa.eu/factsheets/de/sheet/106/die-finanzierung-der-gemeinsamen-agrarpolitik. Abgerufen am 27.7.2023.

15 https://ec.europa.eu/commission/presscorner/detail/en/IP_22_3746. Abgerufen am 27.7.2023.

16 https://environment.ec.europa.eu/strategy/biodiversity-strategy-2030_en. Abgerufen am 28.12.2023.

17 www.umweltbundesamt.de/sites/default/files/medien/2875/dokumente/decken_kbu_bodentagung_fin.pdf. Abgerufen am 28.12.2023.

18 https://agroforst-info.de/agroforstwirtschaft/ Abgerufen am 27.7.2023.

19 https://www.spektrum.de/magazin/agroforstwirtschaft-bedarfsgerechte-anbaumethoden-fuer-die-laender-der-dritten-welt/820675. Abgerufen am 27.7.2023.

20 https://krameterhof.at/permakultur/ Abgerufen am 27.7.2023.

21 https://gartenpolylog.org/index.php/gemeinschaftsgaerten. Abgerufen am 27.7.2023.

22 https://urbane-gaerten.de/urbane-gaerten/gaerten-im-ueberblick. Abgerufen am 27.7.2023.

23 Müller 2011.

24 https://utopia.de/ratgeber/essbare-staedte-so-funktioniert-das-konzept/. Abgerufen am 27.7.2023.

25 https://www.solidarische-landwirtschaft.org. Abgerufen am 27.7.2023.

26 https://foodcoops.at/2011/12/21/ernahrungssouveranitat. Abgerufen am 27.7.2023.

27 https://foodcoops.de. Abgerufen am 27.7.2023.

28 https://ernaehrungsraete.org. Abgerufen am 27.7.2023.

29 Momentum-Institut-Newsletter 5.1.2023

30 Der Pragmaticus, Februar 2023 sowie www.derpragmaticus.com. Abgerufen am 10.2.2023.

31 Etwa www.peta.de/veganleben/fleisch-alternativen/. Abgerufen am 10.2.2023.

32 Moser 2023, S. 15.

33 Hoffmann 2020.

34 www.boell.de/de/fleischatlas. Abgerufen am 28.7.2023.

35 https://science.apa.at/power-search/18166524119958158225. Abgerufen am 27.7.2023.

36 https://vgt.at. Abgerufen am 27.7.2023

37 Macho 2022.

38 Brammer, www.oekoreich.com/medium/tierwohlskala-so-koennte-man-tierwohl-auf-eine.-blick-erkennen?mc_cid=2c34f244e2&mc_eid=ef8c21b3db. Abgerufen am 5.1.2023.

39 www.verbraucherzentrale.de/wissen/lebensmittel/lebensmittelproduktion/haltungsformkennzeichnung-im-handel-die-auswahl-bleibt-mangelhaft-25484. Abgerufen am 5.2.2023.

40 https://de.wikipedia.org/wiki/Nutri-Score. Abgerufen am 28.7.2023.

41 www.lebensmittelverband.de/de/aktuell/20220824-nutri-score-anpassung-der-berechnung. Abgerufen am 28.7.2023.

42 www.foodwatch.org/at/informieren/lebensmittelampel-nutri-score?cookieLevel=not-set&cHash=ea742dedd0e41387b69a1e41bc8209d3. Abgerufen am 28.7.2023.

43 www.fr.de/verbraucher/nutri-score-essen-ernaehrung-gesund-lebensmittel-bewertungen-cdu-verbraucherschutz-warentest-ltt-zr-90497491.html. Abgerufen am 28.7.2023.

44 Arte-Doku, www.youtube.com/watch?v=PhrPEcDPcVI. Abgerufen am 28.7.2023.

45 https://www.tagesschau.de/wissen/klima/studie-pflanzliche-alternativen-100.html. Abgerufen 20.1.2024.

46 www.foodwatch.org/de/europaeische-buergerinitiative-gegen-kaefighaltung-hat-erfolg. Abgerufen am 28.7.2023.

47 https://www.daserste.de/information/politik-weltgeschehen/morgenmagazin/politik/Tierwohl-Cent-Abgabe-Agaradiesel-Suvention-100.html. Abgerufen am 18.1.2024.

48 https://www.ndr.de/ratgeber/verbraucher/Tierhaltungskennzeichnung-Was-genau-bedeutet-das-Siegel,tierwohllabels100.html. Abgerufen am 18.1.204.

49 Moser 2023, S. 15.

50 www.derstandard.at/consent/tcf/story/2000142286077/essen-aus-dem-muell-ist-containern-in-oesterreich-verboten. Abgerufen am 31.7.2023.

51 www.muttererde.at/fakten. Abgerufen am 31.7.2023.

52 www.wwf.de/fileadmin/fm-wwf/Publikationen-PDF/WWF-Bericht-Lebensmittelverschwendung-Halbierung-bis-2030.pdf. Abgerufen am 31.7.2023.

53 www.bmel.de/DE/themen/ernaehrung/lebensmittelverschwendung/strategie-lebensmittelverschwendung.html. Abgerufen am 31.7.2023.

54 www.derstandard.at/story/3000000087020/supermaerkte-muessen-kuenftig-melden-wie-viele-lebensmittel-sie-wegwerfen-und-spenden. Abgerufen am 31.7.2023.

55 https://www.tafel.de/Abgerufen am 31.7.2023.

56 www.toogoodtogo.com/de-at. Abgerufen am 31.7.2023.

57 https://foodsharing.de. Abgerufen am 31.7.2023.

58 https://de.asc-aqua.org/aquakultur-erklaert/wie-der-asc-dabei-hilft-fisch-verantwortungsvoll-zu-geniessen/verantwortungsvolle-algenzucht. Abgerufen am 27.7.2023.

59 Petruch/Walcher 2022, S. 55.

60 www.bundesregierung.de/breg-de/themen/nachhaltigkeitspolitik/insekten-in-nahrungsmitteln-2162992. Abgerufen am 27.7.2023.

61 https://utopia.de/ratgeber/indoor-farming-das-brauchst-du-dafuer. Abgerufen am 27.7.2023.

62 https://at.galileo.tv/life/landwirtschaft-2-0-so-digital-ackern-bald-die-bauern. Abgerufen am 27.7.2023.

63 Dixson-Declève u. a. 2022.

64 https://at.galileo.tv/life/landwirtschaft-2-0-so-digital-ackern-bald-die-bauern. Abgerufen am 27.7.2023.

65 Shirvani 2023.

66 Stengel 2021.

67 https://taz.de/Richard-David-Precht-ueber-Fleisch/!5361916. Abgerufen am 7.8.2023.

68 www.moment.at/story/ist-laborfleisch-die-zukunft?utm_source=morgen.moment.at&utm_medium=newsletter&utm_campaign=morgenmoment. Abgerufen am 7.8.2023.

69 www.landschafftleben.at/hintergruende/genschere. Abgerufen am 27.7.2023.

70 https://food.ec.europa.eu/system/files/2023-07/gmo_biotech_ngt_ia_report.pdf. Abgerufen am 27.7.2023.

71 https://www.europarl.europa.eu/news/de/press-room/20240202IPR17320/neue-genomische-techniken-parlament-befurwortet-regeln-fur-mehr-nachhaltigkeit. Abgerufen am 9.2.2024.

72 https://ethz.ch/de/news-und-veranstaltungen/eth-news/news/2019/07/wie-baeume-das-klima-retten-koennten.html. Abgerufen am 2.8.2023.

73 www.heise.de/hintergrund/Forscher-bezweifeln-Studie-zu-Aufforstung-gegen-Klimawandel-4563597.html. Abgerufen am 2.8.2023.

74 Schilk 2019.

75 https://justdiggit.org/de. Abgerufen am 2.8.2023.

76 www.europarl.europa.eu/news/de/press-room/20230707IPR02433/renaturierung-abgeordnete-legen-position-fur-verhandlungen-mit-rat-fest. Abgerufen am 2.8.2023.

77 www.geb-info.de/gebaeudekonzepte/schellnhuber-mit-holz-bauen-statt-es-zu-verbrennen. Abgerufen am 9.10.2023.

78 www.verbraucherzentrale-bayern.de/wissen/lebensmittel/die-planetary-health-diet-speiseplan-der-zukunft-76609. Abgerufen am 27.7.2023.

79 www.pressreader.com/austria/salzburger-nachrichten/20230726/281908777637996. Abgerufen am 27.7.2023.

Kapitel 13

1 www.ecogood.org. Abgerufen am 28.7.2023.

2 Felber 2012.

3 Hoffmann u. a. 2021.

4 https://wirtschaftslexikon.gabler.de/definition/genossenschaft-35232. Abgerufen am 28.7.2023.

5 www.deutschland.de/de/topic/wirtschaft/genossenschaften-beispiele-aus-deutschland-und-weltweit. Abgerufen am 28.7.2023.

6 https://genossenschaften.de/de/was-ist-eine-genossenschaft. Abgerufen am 28.7.2023.

7 www.ews-schoenau.de. Abgerufen am 28.7.2023.

8 www.familienunternehmen.de/de/pressebereich/meldungen/2021/2021-05-04/stiftungsunternehmen. Abgerufen am 28.7.2023.

9 Block; Hosseini 2016, S. 14.

10 https://verlag.koenigshausen-neumann.de/product/9783826054839-das-soziale-stiftungsunternehmen. Einführung zu: Frühbrodt 2014, Abgerufen am 12.12.2023.

11 www.wiwo.de/unternehmen/industrie/stiftungsunternehmen-stiftungsunternehmen-eigennuetzig-und-wohltaetig-zugleich/6062028-2.html. Abgerufen am 28.7.2023.

12 Binswanger 2009.

13 Fathollahi 2023.

14 Felber 2012.

15 www.kritischeaktionaere.de. Abgerufen am 28.7.2023.

16 Gebauer/Sagebiel 2013.

17 Liesen u. a. 2013.

18 Leonhardt u. a. 2017.

19 Reichel 2016.

20 www.fairtrade.net/about/what-is-fairtrade. Abgerufen am 2.8.2023.

21 www.fairtrade.net/impact/top-7-products-dashboard. Abgerufen am 2.8.2023.

22 www.fairtrade.net/impact/fairtrade-premium-overview. Abgerufen am 2.8.2023.

23 www.fairtrade.net/about/projects/unlocking-the-power-of-producers. Abgerufen am 2.8.2023.

24 https://ourworl.indata.org/grapher/banana-production?tab=table. Abgerufen am 2.8.2023.

25 https://de.statista.com/statistik/daten/studie/383296/umfrage/gesetzliche-mindestloehne-in-ausgewaehlten-laendern. Abgerufen am 2.8.2023.

26 https://justice-business.org/take-action/#petition. Abgerufen am 2.8.2023.

27 www.bmas.de/DE/Service/Gesetze-und-Gesetzesvorhaben/Gesetz-Unternehmerische-Sorgfaltspflichten-Lieferketten/gesetz-unternehmerische-sorgfaltspflichten-lieferketten.html. Abgerufen am 2.8.2023.

28 www.parlament.gv.at/aktuelles/pk/jahr_2022/pk0162. Abgerufen am 2.8.2023.

29 www.derstandard.at/story/3000000199677/gespaltene-reaktionen-auf-das-eu-lieferkettengesetz. Abgerufen am 14.12.2023.

30 www.europarl.europa.eu/news/de/press-room/20240419IPR20585/sorgfaltspflicht-parlament-verabschiedet-regeln-zu-menschenrechten-und-umwelt. Abgerufen am 30.10.2024

31 https://awblog.at/eu-verbot-von-produkten-aus-zwangsarbeit. Abgerufen am 14.11.2023.

32 https://wien.arbeiterkammer.at/service/presse/EU-Lieferkettengesetz.html. Abgerufen am 2.8.2023.

33 https://jungk-bibliothek.org/2023/12/04/gerhard-schnedl-mit-den-gerichten-gegen-die-klimakrise-jbz-tv. Abgerufen am 12.12.2023.

34 www.boell.de/de/2022/08/26/aktuelle-entwicklungen-im-bereich-der-umwelt-und-klimaklagen; Abgerufen am 12.12.2023.

35 Vincent 2023, S. 53.

36 Ebd., S. 57.

37 Knapp 2023.

38 OEGB_Programm_2023_2028_beschlossen_am_20_Bundeskongress_22062023%20(2).pdf. Abgerufen am 30.8.2023.

39 https://www.oegb.at/themen/klimapolitik/klima-und-arbeitsmarkt/klimakrise-und-arbeitswelt-gemeinsam-handeln-Abgerufen am 30.8.2023.

40 https://taz.de/Verdi-und-Fridays-for-Future/!5917285/. Abgerufen am 30.8.2023.

41 www.verdi.de/presse/pressemitteilungen/++co++4875d410-b108-11ed-9075-001a4a160129. Abgerufen am 30.8.2023.

Kapitel 14

1 www.greens-efa.eu/legacy/fileadmin/dam/Documents/Publications/GND/Green_jobs_EN_01.pdf. Abgerufen am 20.12.2023.

2 www.ilo.org/global/topics/green-jobs/lang--en/index.htm. Abgerufen am 20.12.2023.

3 www.destatis.de/DE/Presse/Pressemitteilungen/2022/09/PD22_409_325.html. Abgerufen am 20.12.2023.

4 www.bmk.gv.at/themen/klima_umwelt/nachhaltigkeit/green_jobs/oe_green_jobs.html. Abgerufen am 20.12.2023.

5 www.haufe.de/sustainability/soziales/global-green-skills-report-2023_575770_598422.html. Abgerufen am 20.12.2023.

6 www.greenjobs.de/angebote/index.html. Abgerufen am 20.12.2023.

7 www.euroclimatejobs.com. Abgerufen am 20.12.2023.

8 https://cdn.ceps.eu/wp-content/uploads/2023/09/CEPS-In-depth-analysis-2023-12_Jobs-for-the-green-transition-1.pdf. Abgerufen am 20.12.2023.

9 https://kontrast.at/4-tage-woche-unternehmen-oesterreich. Abgerufen am 2.8.2023.

10 www.awin.com/de/news-und-events/awin-news/ankuendigung-4-tage-woche. Abgerufen am 2.8.2023.

11 www.welt.de/wirtschaft/article236946813/Vier-Tage-Woche-Auch-Deutschland-wird-sich-dem-Druck-bald-beugen-muessen.html. Abgerufen am 2.8.2023.

12 https://asana.com/de/resources/4-day-work-week. Abgerufen am 2.8.2023.

13 www.haufe.de/personal/arbeitsrecht/flexible-arbeitszeit-tarifabschluesse-eroeffnen-neue-wege_76_450312.html. Abgerufen am 3.8.2023.

14 www.umweltbundesamt.de/publikationen/arbeitszeitverkuerzung-gut-fuers-klima. Abgerufen am 3.8.2023.

15 www.bmfsfj.de/bmfsfj/themen/familie/familienleistungen/elternzeit. Abgerufen am 3.8.2023.

16 www.oesterreich.gv.at/themen/arbeit_und_pension/elternkarenz_und_elternteilzeit/papamonat_%E2%80%93_freistellung_f%C3%BCr_vaeter_aus_anlass_der_geburt_ihres_kindes.html. Abgerufen am 3.8.2023.

17 www.personio.de/hr-lexikon/sabbatical/#neun-von-zehn-deutsche-wollen-ein-sabbatjahr. Abgerufen am 7.8.2023.

18 www.equalpayday.de. Abgerufen am 3.8.2023.

19 www.bundeskanzleramt.gv.at/agenda/frauen-und-gleichstellung/gleichstellung-am-arbeitsmarkt/einkommen-und-der-gender-pay-gap.html. Abgerufen am 3.8.2023.

20 www.equalpayday.de/informieren/ursachen. Abgerufen am 3.8.2023.

21 Ebd.

22 www.fes.de/equalpayequalcare. Abgerufen am 3.8.2023.

23 www.gehaltsrechner.gv.at. Abgerufen am 3.8.2023.

24 https://de.statista.com/statistik/daten/studie/780131/umfrage/gender-pay-gap-in-schweden. Abgerufen am 3.8.2023.

25 www.nd-aktuell.de/artikel/1166761.gender-pay-gap-skandinavien-als-vorbild.html. Abgerufen am 3.8.2023.

26 www.bmfsfj.de/bmfsfj/aktuelles/alle-meldungen/die-familienarbeitszeit--106806. Abgerufen am 3.8.2023.

27 Rinderspacher 2017, Holzinger 2016.

28 https://index-gute-arbeit.dgb.de/dgb-index-gute-arbeit/was-ist-der-index. Abgerufen am 2.8.2023.

29 https://index-gute-arbeit.dgb.de/mein-index. Abgerufen am 2.8.2023.

30 https://ooe.arbeiterkammer.at/beratung/arbeitundgesundheit/arbeitsklima/Warum_Arbeitsklima_Index_.html. Abgerufen am 2.8.2023.

31 https://ooe.arbeiterkammer.at/beratung/arbeitundgesundheit/arbeitsklima/arbeitsklima_index/Arbeitsklima_Index-_Immer_mehr_wollen_Job_wechseln.html. Abgerufen am 2.8.2023.

32 www.kaboe.at/site/oesterreich/aktivitaeten/gutearbeit. Abgerufen am 14.2.2023.

33 Frank Rechsteiner, www.xing.com/news/insiders/articles/warum-halbherziges-new-work-vollig-kontraproduktiv-wirkt-5496404. Abgerufen am 14.2.2023.

34 Holzinger 2020, S. 63.

35 Exemplarisch https://sbg.arbeiterkammer.at/service/broschueren/arbeitundrecht/Homeoffice_2021.pdf; www.bmaw.gv.at/Themen/Arbeitsrecht/FAQ-Homeoffice.html; www.arbeitsrechte.de/home-office. Abgerufen am 2.8.2023.

36 www.mopo.de/hamburg/homeoffice-trend-koennte-20-000-guenstige-neue-wohnungen-schaffen. Abgerufen am 2.8.2023.

37 www.telepolis.de/features/Homeoffice-am-Ende-CEOs-grosser-Firmen-fordern-Rueckkehr-ins-Buero-9330597.html. Abgerufen am 12.12.2023.

38 Stopp 2004.

39 Stahmer/Schaffer 2005.

40 Haug 2011.

41 www.haufe.de/personal/arbeitsrecht/arbeitszeitkonto-rechtliche-vorgaben-fuer-arbeitgeber_76_445170.html. Abgerufen am 7.8.2023.

42 www.ams.at/regionen/niederoesterreich/news/2020/10/ams-noe-startet-weltweit-erstes-modellprojekt-einer-arbeitsplatz. Abgerufen am 7.8.2023.

43 www.levyinstitute.org/pubs/wp_902.pdf. Abgerufen am 7.8.2023.

44 Prainsack 2023, S. 127.

45 Ebd., S. 128.

46 https://awblog.at/arbeitsplatzgarantie-das-recht-auf-arbeit-fuer-alle. Abgerufen am 7.8.2023.

Kapitel 15

1 www.awblog.at/Wirtschaft/Globale-Mindeststeuer-Revolution-oder-Mogelpackung. Abgerufen am 22.12.2023.

2 www.awblog.at/was-bringt-die-globale-mindeststeuer. Abgerufen am 28.7.2023.

3 www.bundesfinanzministerium.de/Content/DE/FAQ/faq-globale-mindestbesteuerung.html. Abgerufen am 28.7.2023.

4 www.awblog.at/Wirtschaft/Globale-Mindeststeuer-Revolution-oder-Mogelpackung. Abgerufen am 22.12.2023.

5 www.attac.at/ziele/steuergerechtigkeit/gesamtkonzernsteuer-die-loesung-gegen-steuertricks. Abgerufen am 22.12.2023.

6 www.awblog.at/was-bringt-die-globale-mindeststeuer. Abgerufen am 28.7.2023.

7 www.bundesfinanzministerium.de/Content/DE/Standardartikel/Themen/Schlaglichter/Corona/steueroasen-bedingungen-coronahilfen.html. Abgerufen am 7.8.2023.

8 https://fsi.taxjustice.net. Abgerufen am 7.8.2023.

9 https://fsi.taxjustice.net/how-we-fix-it. Abgerufen am 7.8.2023.

10 Saez/Zucmann 2020, S. 152.

11 www.taxobservatory.eu. Abgerufen am 7.8.2023.

12 Zucman 2014.

13 https://taz.de/Staroekonom-tritt-in-EU-Dienst/!5728735. Abgerufen am 7.8.2023.

14 Pistor 2020.

15 www.bundestag.de/resource/blob/692216/040336c319946ab4b7fcd97c84c06f37/WD-4-019-20-pdf-data.pdf. Abgerufen am 7.8.2023.

16 www.derstandard.at/story/3000000202595/ferdinand-lacina-ein-modernes-steuersystem-besteuert-auch-reiche. Abgerufen am 20.1.2024

17 https://diesubstanz.at/budget-steuern/oecd-fuer-erbschaftssteuer. Abgerufen am 7.8.2023.

18 https://awblog.at/vermoegenssteuer-als-antwort-auf-extreme-ungleichheit. Abgerufen am 7.8.2023.

19 www.moment.at/story/neue-studie-zeigt-arm-und-reich-wollen-die-vermoegenssteuer. Abgerufen am 7.8.2023.

20 www.taxmenow.eu. Abgerufen am 7.8.2023.

21 Engelhorn 2020.

22 https://guterrat.info. Abgerufen am 30.10.2024.

23 https://millionairesforhumanity.org/the-millionaires. Abgerufen am 7.8.2023.

24 www.bundesfinanzministerium.de/Content/DE/Standardartikel/Presse/Namensartikel/2022/2022-11-11-lindner-zur-vermoegensteuer.html. Abgerufen am 7.8.2023.

25 www.deutschlandfunkkultur.de/diw-praesident-zu-thomas-piketty-etwas-zu-erben-gibt-100.html. Abgerufen am 7.8.2023.

26 www.helmholtz.de/newsroom/artikel/wie-viel-co2-steckt-in-einem-liter-benzin. Abgerufen am 7.8.2023.

27 www1.wdr.de/nachrichten/eu-emissionshandel-zertifikat-erklaert-100.html. Abgerufen am 7.10.2023.

28 Europäischer Rechnungshof 2022, S. 6.

29 Ebd., S. 20 f.

30 www.tagesspiegel.de/wirtschaft/das-wunder-der-schwedischen-co2-steuer-4052026.html. Abgerufen am 7.8.2023.

31 www.airliners.de/bundesregierung-streicht-kerosinsteuer-hebt-luftverkehrsabgabe/72184. Abgerufen am 23.12.2023.

32 Schulmeister 2021, siehe auch Kapitel zu »Ökokeynesianismus nach Stephan Schulmeister« in diesem Buch.

33 Drabiniok 2021, S. 24.

34 Ebd., S. 42.

35 Ebd., S. 25

36 www.telepolis.de/features/CO2-Steuer-Steuer-auf-Fleisch-4488965.html. Abgerufen am 7.8.2023.

37 Zervas/Siegel 2023.

38 www.energie-experten.org/news/co2-grenzausgleich-eu-einigt-sich-auf-co2-zoll. Abgerufen am 8.8.2023.

Kapitel 16

1 Senn/Mittler/Schick 2023, S. 20.

2 https://www.finanzwende.de. Abgerufen am 8.8.2023.

3 https://www.finanzwende.de/kampagnen/stabiles-finanzsystem-jetzt/fragen-und-antworten-zur-kampagne. Abgerufen am 8.8.2023.

4 https://www.finanzwende.de/themen/oekologische-finanzwende/banken-selbstverpflichtung-fuer-das-klima-freiwillig-reicht-nicht. Abgerufen am 8.8.2023.

5 https://eu-taxonomy.info/de/info/eu-taxonomy-grundlagen. Abgerufen am 8.8.2023.

6 https://eu-taxonomy.info/de/info/eu-taxonomy-timeline. Abgerufen am 8.8.2023.

7 Schneeweiß 2023, S. 80.

8 Ebd., S. 77.

9 www.tagesschau.de/ausland/europa/klage-taxonomie-klima-101.html. Abgerufen am 8.8.2023.

10 https://www.gls.de. https://www.steyler-bank.de. Abgerufen am 8.8.2023.

11 https://oeko-invest.net. Abgerufen am 8.8.2023.

12 https://www.crowdfunding.de/aktuelle-crowdinvesting-projekte. Abgerufen am 8.8.2023.

13 https://www.crowdfunding.de. Abgerufen am 8.8.2023.

14 https://www.biallo.de/crowdinvesting. Abgerufen am 8.8.2023.

15 https://www.oekonews.at/?mdoc_id=1179529. Abgerufen am 8.8.2023.

16 https://www.diepresse.com/1312273/kredit-ohne-bank-nachfrage-enorm. Abgerufen am 8.8.2023.

17 https://gofossilfree.org/de/was-ist-divestment. Abgerufen am 8.8.2023.

18 https://350.org/de. Abgerufen am 8.8.2023.

19 https://de.wikipedia.org/wiki/Divestment_(fossile_Energien). Abgerufen am 8.8.2023.

20 www.sustainablebanking.de/magazin/divestment-als-klimastrategie-definition-bedeutung-bewegung.html. Abgerufen am 8.8.2023.

21 https://de.wikipedia.org/wiki/Divestment_(fossile_Energien). Abgerufen am 8.8.2023.

22 https://erlassjahr.de. Abgerufen am 8.8.2023.

23 Gabler Bank-Lexikon, https://www.gabler-banklexikon.de/definition/schattenbanken-70397#definition. Abgerufen am 8.2.2023.

24 https://www.vollgeld-initiative.ch. Abgerufen am 9.8.2023.

25 https://www.denknetz.ch/wp-content/uploads/2017/07/argumente_vgi_bau_endg_Kallenberger.pdf. Abgerufen am 31.1.2023

Müller 2014.

26 Kremer 2013, S. 155.

27 https://monetative.de, https://monneta.org/momo-verein-monetaere-modernisierung-ch. Abgerufen am 9.8.2023.

28 https://www.kreditwesen.de/kreditwesen/themenschwerpunkte/aufsaetze/b

argeld-giralgeld-vollgeld-diskussion-um-geldwesen-finanzkri-id48211.html. Abgerufen am 9.8.2023.

29 Schulmeister 2016.

30 https://monetative.de/faq-kritik-und-missverstndnisse. Abgerufen am 9.8.2023.

31 https://monneta.org/staatliche-geldschoepfung. Abgerufen am 9.8.2023.

32 Sollte/Eichhorn 2009.

33 Kennedy/Lietaer 2004.

34 Plettenbacher 2009.

35 http://www.tauschkreise.at. Abgerufen am 9.8.2023.

36 https://regionetzwerk.blogspot.com/p/blog-page_22.html. Abgerufen am 9.8.2023.

37 https://monneta.org. Abgerufen am 9.8.2023.

Kapitel 17

1 https://stundenbank.at. Abgerufen am 9.8.2023.

2 https://www.parlament.gv.at/fachinfos/rlw/Geldlose-Tauschsysteme-Zeitbanken. Abgerufen am 9.8.2023.

3 https://www.alster-institut.de/verzeichnis-zeitbanken-in-deutschland. Abgerufen am 9.8.2023.

4 https://www.zeitpolster.com. Abgerufen am 9.8.2023.

5 www.broodfonds.nl/. Abgerufen am 9.8.2023.

6 https://welkom.commoneasy.nl/. Abgerufen am 9.8.2023.

7 https://artabana.de/wir-ueber-uns/gegenseitige-hilfe-im-krankheitsheitsfall.html. Abgerufen am 9.8.2023.

8 Hornemann/Steuernagel 2017.

9 https://bagfa.de/ueber-die-bagfa/freiwilligenagenturen. Abgerufen am 9.8.2023.

10 https://www.caritas.de/spendeundengagement/engagieren/ehrenamt/freiwilligenzentren/standortederfreiwilligenzentren.aspx. Abgerufen am 9.8.2023.

11 https://www.fsj.at;https://www.bundesfreiwilligendienst.de/fsj-freiwilliges-soziales-jahr; https://oeko-bundesfreiwilligendienst.de; https://foej.de; https://jugendumwelt.at/fuj-home. Abgerufen am 9.8.2023.

12 Precht 2023, S. 122, S. 141, S.170 f.

13 https://taz.de/Vermoegen-gerecht-verteilen/!5918092. Abgerufen am 9.8.2023.

14 https://www.deutschlandfunkkultur.de/diw-praesident-zu-thomas-piketty-etwas-zu-erben-gibt-100.html. Abgerufen am 9.8.2023.

15 https://taz.de/Vermoegen-gerecht-verteilen/!5918092. Abgerufen am 9.8.2023.

16 Kessler 2023.

17 https://www.archiv-grundeinkommen.de/werner/Werner-Grundeinkommen.pdf. Abgerufen am 9.8.2023.

18 www.zdf.de/nachrichten/video/politik-lanz-precht-grundeinkommen-100.html. Abgerufen am 12.9.2023.

19 Prainsack 2023.

20 https://www.mein-grundeinkommen.de/ist-finanzierbar. Abgerufen am 12.9.2023.

21 https://www.boeckler.de/de/boeckler-impuls-bedingungsloses-grundeinkommen-keine-alternative-zum-sozialstaat-6362.htm. Abgerufen am 9.8.2023.

22 https://you.wemove.eu/campaigns/notfall-grundeinkommen. Abgerufen am 17.6.2020.

23 https://www.bundesfinanzministerium.de/Content/DE/Standard-artikel/Themen/Schlaglichter/Corona-Schutzschild/2020-03-19-Milliarden-hilfe-fuer-alle.html. Abgerufen am 20.8.2020.

24 https://www.derstandard.at/story/2000117794582/spanien-fuehrt-in-pandemiezeiten-grundeinkommen-ein. Abgerufen am 20.8.2020.

25 http://www.projet-decroissance.net. Abgerufen am 9.8.2023.

Kapitel 18

1 Eisenriegler 2016.

2 www.politik-lernen.at/dl/sOusJMJKomkNkJqx4KJK/pa_2013_9_wirtschaft_web_pdf. Abgerufen am 14.8.2023.

3 https://eur-lex.europa.eu/legal-content/DE/TXT/PDF/?uri=CELEX:52018IP0241. Abgerufen am 14.8.2023.

4 https://environment.ec.europa.eu/strategy/circular-economy-action-plan_en. Abgerufen am 14.8.2023.

5 www.reparaturbonus.at. Abgerufen am 14.8.2023.

6 https://www.wertgarantie.de/ratgeber/elektronik/nachhaltigkeit/reparaturbonus-informationen-und-hintergruende. Abgerufen am 20.1.2024.

7 www.wertgarantie.de/ratgeber/elektronik/nachhaltigkeit/reparaturbonus-informationen-und-hintergruende. Abgerufen am 14.8.2023.

8 www.repaircafe.org/de. Abgerufen am 14.8.2023.

9 www.carla.at. Abgerufen am 14.8.2023.

10 https://de.statista.com/statistik/daten/studie/1312909/umfrage/bereitschaft-zum-kauf-von-secondhandkleidung. Abgerufen am 14.8.2023.

11 www.kostnixladen.at. Abgerufen am 14.8.2023.

12 Eisenriegler (Hg.) 2020.

13 Cooper 2020, S. 118 f.

14 Bocken 2020, S. 135.

15 Lohan 2020, S. 45.

16 www.bluemovement.com/de-de. Abgerufen am 16.8.2023.

17 https://rusz.at/leistungen/geratemiete. Abgerufen am 16.8.2023.

18 www.kreditrechner.com/ratgeber/leasing-fuer-unternehmen. Abgerufen am 16.8.2023.

19 www.maschinenring.at. Abgerufen am 16.8.2023.

20 www.shareonimo.at/boerse/werkzeug-und-haushalt,27.html. Abgerufen am 16.8.2023.

21 https://gruenderplattform.de/green-economy/sharing-economy. Abgerufen am 17.8.2023.

22 www.couchsurfing.com. Abgerufen am 17.8.2023.

23 https://wwoof.net. Abgerufen am 17.8.2023.

24 www.platzamsee.com. Abgerufen am 17.8.2023.

25 Zitiert nach: Brot für die Welt u.a. 2006, S. 224.

26 https://zitate.net/reich-zitate. Abgerufen am 9.10.2023.

27 Sachs 1993.

28 Paech 2012, S. 130.

29 Gronemeyer 2008.

30 https://de.wikipedia.org/wiki/Einfaches_Leben; https://simplicitycollective.com/start-here/what-is-voluntary-simplicity-2; https://www.simplifystuff.co.uk/ ; https://fr.wikipedia.org/wiki/D%C3%A9croissance; www.nachhaltig.at. Abgerufen am 9.10.2023.

31 https://nachhaltig.at/genug/. Abgerufen am 9.10.2023.

32 https://ecoyou.de/minimalismus-tipps/. Abgerufen am 9.10.2023.

33 www.utopia.de. Abgerufen am 9.10.2023.

34 https://utopia.de/ratgeber/heute-gesc hlossen-kaufen-sie-nichts-kauf-nicht s-tag-buy-nothing-day. Abgerufen am 9.12.2023.

35 Schneidewind/Zahrnt 2013.

36 Kopatz 2016, S. 72.

37 Welzer/Sommer 2014.

38 Holzinger 2016.

Kapitel 19

1 https://thegreencities.eu. Abgerufen am 12.10.2023.

2 https://thegreencities.eu/wp-content/u ploads/2020/10/Gron-norm-2.0-ENG -MAR-2021-WEB.pdf. Abgerufen am 12.10.2023.

3 https://netzerocities.eu. Abgerufen am 12.10.2023.

4 https://research-and-innovation.ec.euro pa.eu/funding/funding-opportunities/fu nding-programmes-and-open-calls/hor izon-europe/eu-missions-horizon-euro pe/climate-neutral-and-smart-cities_en. Abgerufen am 12.10.2023.

5 https://netzerocities.eu/pilot-cities-coho rt-1-2022. Abgerufen am 12.10.2023.

6 https://network.fearlesscities.com. Abgerufen am 13.10.2023.

7 Kopatz 2015, S. 110; vgl. auch Kopatz 2022.

8 Bendiks/Degroes 2019, S. 26.

9 www.spiegel.de/auto/uno-klimakonfere nz-anne-hidalgo-zeigt-in-paris-wie-ein e-verkehrswende-gelingt-a-dfeafc34-d8 79-4858-9a58-118c42f8da14. Abgerufen am 13.10.2023.

10 Rettich/Tastel 2020.

11 www.neue-wohnformen.de. Abgerufen am 13.10.2023.

12 www.gemeinsamwohnen.at; www.wohn en-schweiz.ch; https://www.age-stiftun g.ch/themen/gemeinschaftlich-wohnen. Abgerufen am 13.10.2023.

13 www.daniel-fuhrhop.de/de. Abgerufen am 13.10.2023. Zudem Fuhrhop 2019.

14 www.daniel-fuhrhop.de/de/buecher/ der-unsichtbare-wohnraum. Zudem Fuhrhop 2023.

15 Mehr s. https://hans-holzinger.org/2023 /02/22/ein-stadtteil-zum-leben-nachhal tiges-wohnen-fur-5-300-menschen-im-quartier-vauban-der-okostadt-freiburg. Abgerufen am 13.10.2023.

16 www.umweltbundesamt.de/themen/v erkehr/nachhaltige-mobilitaet/die-sta dt-fuer-morgen-die-vision#kompakt. Abgerufen am 13.10.2023.

17 Schaller u. a. 2023.

18 https://theecologist.org/2023/feb/13/me tabolism-modern-cities. Abgerufen am 13.10.2023.

19 Ebd. Abgerufen am 13.10.2023.

Kapitel 20

1 https://de.statista.com/statistik/daten /studie/1396239/umfrage/marktvolu men-der-automobilindustrie-weltweit. Abgerufen am 22.12.2023.

2 https://de.statista.com/statistik/daten/s tudie/160831/umfrage/umsatzstaerkste -autokonzerne-weltweit. Abgerufen am 22.12.2023.

3 https://de.statista.com/statistik/daten/st udie/261918/umfrage/umsatzstaerkste-a utomobilzulieferer-weltweit. Abgerufen am 22.12.2023.

4 https://de.statista.com/statistik/daten/st udie/406683/umfrage/anzahl-der-verkae ufe-von-elektroautos-weltweit-prognose. Abgerufen am 22.12.2023.

5 https://de.statista.com/statistik/daten/ studie/1022441/umfrage/verteilung-de s-umsatzes-in-der-weltweiten-automo

bilindustrie-nach-geschaeftsbereichen. Abgerufen am 22.12.2023.

6 www.bmk.gv.at/themen/mobilitaet/alternative_verkehrskonzepte/elektromobilitaet/zahlen/faktencheck.html. Abgerufen am 22.8.2023.

7 https://hans-holzinger.org/2022/11/18/e-mobilitat-fluch-oder-segen-diskussion-zu-den-chancen-und-grenzen-einer-antriebswende-in-der-robert-jungk-bibliothek-fur-zukunftsfragen. Abgerufen am 22.8.2023.

8 Ebd.

9 Ebd.

10 Wolf 2019.

11 https://jungk-bibliothek.org/2019/04/04/wir-brauchen-eine-radikale-mobilitaetswende-winfried-wolf-bei-jbz-zukunftsbuch. Abgerufen am 22.8.2023.

12 https://blog.vcoe.at/detail/rohstoffe-der-e-mobilitaet-sind-im-kreislauf-zu-halten. Abgerufen am 22.8.2023.

13 Hofmeister 2021.

14 https://amsterdam.org/de/radfahren.php. Abgerufen am 12.10.2023.

15 www.zukunft-mobilitaet.net/34091/urbane-mobilitaet/groningen-niederlande-radverkehr-dokumentation. Abgerufen am 12.10.2023.

16 https://copenhagenizeindex.eu/. Abgerufen am 12.10.2023.

17 www.internationales-verkehrswesen.de/studie-autoverkehr-kosten-kommunen. Abgerufen am 22.12.2023.

18 www.vivavelo.org/fileadmin/inhalte/user_upload/Goessling_CBA_Auto-Fahrrad_0418.pdf. Abgerufen am 22.12.2023.

19 www.agora-verkehrswende.de/presse/pressemitteilungen/oev-atlas-2023-zeigt-ungleiche-qualitaet-des-oeffentlichen-verkehrs-in-deutschland-und-nachbarlaendern. Abgerufen am 20.1.2024.

20 https://vcoe.at/oeffentlicher-verkehr. Abgerufen am 14.10.2023.

21 www.nzz.ch/schweiz/verkehr-der-bund-will-das-umsteigen-vom-auto-auf-den-oev-foerdern-ld.1644662. Abgerufen am 14.10.2023.

22 https://de.wikipedia.org/wiki/Stellplatzverordnung. Abgerufen am 14.10.2023.

23 https://wohnbau-mobilitaet.ch. Abgerufen am 14.10.2023

24 www.wohnen-ohne-auto.de/autofreie_wohnprojekte. Abgerufen am 14.10.2023.

25 https://carsharing.co.at. Abgerufen am 14.10.2023.

26 www.carsharing-oesterreich.at/page.asp/-/index.htm. Abgerufen am 14.10.2023.

27 https://at.getaround.com. Abgerufen am 14.10.2023.

28 Persönliche Auskunft durch den Mobilitätsexperten Leo Fellinger.

29 Herrmann u. a. 2022, S. 40.

30 https://static.uni-graz.at/fileadmin/urbi-zentren/Wegcenter/9.WegCenterVerlag/2008/WCV-SciRep-No28-dez2008.pdf. Abgerufen am 14.10.2023.

31 Leidig 2015, S. 15.

32 Leidig 2015, S. 17.

33 www.klimaticket.at/. Abgerufen am 16.10.2023.

34 https://www.bahn.de/angebot/regio/deutschland-ticket. Abgerufen am 16.10.2023.

Kapitel 21

1 https://efahrer.chip.de/news/auf-jedem-dach-eine-solaranlage-reicht-der-strom-fuer-die-gesamte-menschheit_106186; https://efahrer.chip.de/news/auf-jedem-dach-eine-solaranlage-reicht-der-strom-fuer-die-gesamte-menschheit_106186. Abgerufen am 22.8.2023.

2 www.vdi.de/ueber-uns/presse/publikationen/details/fotovoltaik-im-energiesystem-der-joker-der-energiewende. Abgerufen am 22.8.2023.

3 https://de.statista.com/statistik/daten/studie/167998/umfrage/weltweiter-energiemix-nach-energietraeger. Abgerufen am 31.10.2023.

4 https://de.statista.com/statistik/daten/studie/37035/umfrage/windenergie-weltweit-im-jahr-2008. Abgerufen am 31.10.2023.

5 www.agrarheute.com/energie/strom/windkraft-xxl-fuenf-unglaublichsten-windkraftanlagen-welt-603615#:~:text=1.,Chinas%20Haushalte%20mit%20Energie%20versorgen. Abgerufen am 31.10.2023.

6 https://windfakten.at/?xmlval_ID_KEY[0]=1234. Abgerufen am 31.10.2023.

7 www.futurezone.de; https://www.eurosolar.de; www.windbranche.de/wind/windstrom/windenergie-deutschland. Abgerufen am 16.10.2023.

8 www.eurosolar.de/solarpreise/solarpreis-archiv. Abgerufen am 16.10.2023.

9 www.dgrv.de/bundesgeschaftsstelle-energiegenossenschaften. Abgerufen am 16.10.2023.

10 https://energiegemeinschaften.gv.at/formen-von-energiegemeinschaften. Abgerufen am 16.10.2023.

11 https://futurium.de/de/blog/2000-watt-gesellschaft. Abgerufen am 16.10.2023.

12 www.2000watt.swiss/Das-2000-Watt-Areal.html. Abgerufen am 16.10.2023.

13 https://de.wikipedia.org/wiki/2000-Watt-Gesellschaft. Abgerufen am 16.10.2023.

14 www.negawattschweiz.org. Abgerufen am 31.10.2023.

15 https://negawatt.org/en. Abgerufen am 31.10.2023

16 www.bundesregierung.de/breg-de/aktuelles/energiespartipps-im-alltag-2041874; https://utopia.de/ratgeber/energie-sparen-einfache-tipps-haushalt. Abgerufen am 4.12.2023.

Kapitel 22

1 Braungart/McDonough 2013.

2 http://epea-hamburg.org/de. Abgerufen am 11.11.2023.

3 Pauli 2010.

4 www.theblueeconomy.org/en. Abgerufen am 11.11.2023.

5 Pirgmeier 2012, S. 23 f.

6 www.theblueeconomy.org/en; www.tomorrowblueconomy.com. Abgerufen am 11.11.2023.

7 www.europarl.europa.eu/news/de/headlines/economy/20151201STO05603/kreislaufwirtschaft-definition-und-vorteile. Abgerufen am 11.11.2023.

8 www.terra-institute.eu/abschied-von-der-wegwerfwirtschaft-und-neubeginn-im-paradigma-der-circular-economy. Abgerufen am 11.11.2023.

9 https://de.wikipedia.org/wiki/Refurbishing. Abgerufen am 11.11.2023.

10 https://nachhaltigwirtschaften.at/de/sdz/projekte/urban-mining.php. Abgerufen am 11.11.2023.

11 www.europarl.europa.eu/news/de/headlines/economy/20151201STO05603/kreislaufwirtschaft-definition-und-vorteile. Abgerufen am 11.11.2023.

12 https://ellenmacarthurfoundation.org. Abgerufen am 11.11.2023.

13 www.bmbf.de/bmbf/de/forschung/energiewende-und-nachhaltiges-wirtschaften/biooekonomie/biooekonomie_node.html. Abgerufen am 11.11.2023.

14 Petruch/Walcher 2022.

15 Gottwald/Krätzer 2014.

Kapitel 23

1 Collier 2019, S. 18.
2 Ebd., S. 41.
3 Ebd., S. 38 und 39.
4 Ebd., S. 84.
5 Ebd., S. 92 und 93.
6 Ebd., S. 102 f.
7 Ebd., S. 122.
8 Ebd., S. 154.
9 Kessler 2019, S. 11.
10 Fücks 2014, S. 14.
11 Simonis 2012.
12 Müßig 2018.
13 Schulmeister 2018, S. 9.
14 Ebd., S. 25.
15 Ebd., S. 126
16 Ebd., S. 356.
17 Stephan Schulmeister im Gespräch mit dem Verfasser 20.4.2020, https://jungk-bibliothek.org/2020/04/12, Abgerufen am 28.7.2023; Schulmeister 2019.
18 Schulmeister 2021.
19 Schulmeister 2024, o. S.
20 Ebd., o. S.
21 Stiglitz 2020.
22 Löhle 2020.
23 Ebd.
24 Rifkin 2019, Klein 2019.
25 Löhle 2020.
26 https://znetwork.org/de/ZnetArticle/Der-gr%C3%BCne-New-Deal-zeigt-den-aktuellen-Stand-der-Dinge. Abgerufen am 11.11.2023.
27 https://ec.europa.eu/info/strategy/priorities-2019-2024/european-green-deal_de. Abgerufen am 28.7.2023.
28 Ebd.
29 https://taxation-customs.ec.europa.eu/carbon-border-adjustment-mechanism_en. Abgerufen am 28.7.2023.
30 wwww.kritischeaktionaere.de/m.europa.eu/de/policies/green-deal/fit-for-55-the-eu-plan-for-a-green-transition. Abgerufen am 28.7.2023.
31 Deutsches Institut für Wirtschaftsforschung 2020.
32 Politische Ökologie, Ausgabe 4/2019, Bandnummer 59. https://www.oekom.de/ausgabe/green-new-deal-80723?p=1. Abgerufen am 28.7.2023.
33 Spangenberg 2019.
34 www.attac.at/news/details/european-green-washing-deal. Abgerufen am 28.7.2023.
35 www.mdr.de/nachrichten/welt/politik/europaeisches-parlament-pestizid-gesetz-100.html. Abgerufen am 2.12.2023.
36 www.grueneliga.de/index.php/de/29-aktuell/pressemitteilung/855-green-growth-als-mythos-entlarvt-die-entkopplung-des-ressourcenverbrauchs-vom-wirtschaftswachstum-funktioniert-nicht. Abgerufen am 28.7.2023.
37 Gates 2021, S. 256.
38 Levermann 2023.
39 Ebd., S. 124.
40 Dioxine u.a. 2022, S. 9 und S. 36
41 In den USA werden analog dem »Alaska Permanent Fonds« solche Modelle bereits stärker diskutiert als in Europa; bekannt und erprobt ist aber mittlerweile der Klima- oder CO_2-Bonus.

Kapitel 24

1 Binswanger 2006/2013.
2 Binswanger 2009b, S. 255 ff.
3 Ebd., S. 256.
4 Enquete-Kommission 2013.

5 Übersichten siehe Holzinger 2016b, Schmelzer/Vetter 2019.

6 Holzinger 2016b.

7 Latouche 2015, Zitat S. 60.

8 Schor 2016.

9 Ax/Hinterberger 2014.

10 Keynes 1930.

11 Skidelsky/Skidelsky 2014, Zitat S. 228.

12 D'Alisa 2016.

13 Adler 2022, S. 484.

14 Ebd., S. 285.

15 Ebd., S. 487.

16 Ebd., S. 494.

17 www.wachstumsstudien.de sowie Bourcade/Herzmann 2018.

18 Loske 2023, S. 36.

19 Ebd., S. 20.

20 Ebd., S. 21.

21 Ebd., S. 13 f.

22 Ebd., S. 54.

23 Ebd., S. 55.

24 Ebd., S. 58.

25 Ebd., S. 61.

26 Ebd., S. 65.

27 Ebd., S. 67.

28 Victor 2008; Jackson 2013.

29 Seidl/Zahrnt 2010.

30 Radkau in Seidl/Zahrnt 2010, Zitate S. 38, S. 43, S. 47.

31 Höpfinger in Seidl/Zahrnt 2010, Zitate S. 61, S. 56.

32 Studer in Seidl/Zahrnt 2010, Zitat S. 70.

33 Reuter in Seidl/Zahrnt 2010, Zitat S. 99

34 Röpke in Seidl/Zahrnt 2010, Zitate S. 105, S. 113.

35 Jarras in Seidl/Zahrnt 2010, S. 158.

36 Seidl/Zahrnt 2010, S. 84.

37 Hickel 2022, S. 119

38 Ebd., S. 219

39 Ebd., beide Zitate S. 33

40 Ebd., S. 247

41 Ebd., S. 257

42 Ebd., S. 260

43 Ebd., S. 160

44 Ebd., S. 279

45 Zit. n. https://www.riffreporter.de/de/umwelt/schrader-serie-wirtschaft-donut-oekonomie. Abgerufen am 23.8.2023, sowie Raworth 2018, S. 322 und 293.

46 Raworth 2018, S. 306.

47 Ebd., S. 316.

48 Ebd., S. 328.

49 Ebd., S. 329.

50 Ebd., S. 333.

51 https://difu.de/nachrichten/was-ist-eigentlich-donut-oekonomie. Abgerufen am 23.8.2023.

52 https://doughnuteconomics.org/tools/212. Abgerufen am 23.8.2023.

53 https://doughnuteconomics.org/stories/244. Abgerufen am 23.8.2023.

54 Holzinger 2020a.

55 https://www.horx.com/48-die-welt-nach-corona. Abgerufen am 15.7.2020.

56 https://www.handelszeitung.ch/konjunktur/nach-dieser-krise-kommt-die-zeit-den-planeten-nachhaltig-zu-gestalten. Abgerufen am 15.7.2020.

57 https://globalmagazin.com/das-sabbat-jahr. Abgerufen am 15.7.2020.

58 https://www.prima-magazin.at/im-gespraech/2020-wird-der-groesste-wirtschaftseinbruch-in-der-geschichte-des-industriekapitalismus. Abgerufen am 15.7.2020.

59 https://www.d2030.de/wp-content/uploads/2020/04/D2030-Corona-Stresste

st-Pressemitteilung.pdf. Abgerufen am 15.7.2020.

60 https://www.zeit.de/wirtschaft/2020-04/stephan-rammler-coronavirus-pandemie-gesundheitssystem-klimawandel-wertschoep-fungskette. Abgerufen am 15.7.2020.

61 https://www.grueneliga.de/index.php/de/29-aktuell/pressemitteilung/855-green-growth-als-mythos-entlarvt-die-entkopplung-des-ressourcenverbrauchs-vom-wirtschaftswachstum-funktioniert-nicht. Abgerufen am 23.8.2023.

62 https://utopia.de/post-corona-manifest-5-punkte-plan-183875. Abgerufen am 15.7.2023

63 http://www.clubofrome.at/lebensmanifest/. Abgerufen 17.6.2020.

64 https://www.meinbezirk.at/salzburg/c-lokales/zukunftsvisionen-salzburg-nach-corona_a4005723. Abgerufen am 15.7.2020.

65 https://jacobin.de/artikel/klaus-dorre-corona-krise-chance. Abgerufen am 15.7.2020.

66 Zit. n. Holzinger 2020a, S. 115 ff.

67 https://eeb.org/. Abgerufen 30.8.2023.

68 Paech 2012, S. 13.

69 Ebd., Zitate S. 7, S. 10, S. 57.

70 Ebd., S. 30.

71 Ebd, S. 37.

72 Ebd., S. 36.

73 Ebd., S. 46.

74 Ebd., Zitate S. 56, S. 114 f.

75 Ebd., Zitate S. 129, S. 130.

76 In Paech/Folkers 2019.

77 Wuppertal Institut 2005.

78 Mander/Goldsmith 2002

79 Nair 2011.

80 Vobruba 2000.

81 Eigner u. a. 2009.

82 Ebd., S. 25.

83 Haidinger/Knittler 2014.

84 Madörin 2017.

85 Bennholdt-Thomsen 2010.

86 Ebd., S. 12

87 Ebd., S. 52

88 Ebd., S. 56.

89 Bhutan-Horizonte: www.bhutan-horizonte.de/bhutan-bruttonationalglueck.html. Abgerufen am 25.1.2023.

90 Acosta 2015.

91 https://weall.org. Abgerufen am 30.8.2023

92 Zit. n. Villasenor 2022. Abgerufen am 30.8.2023.

93 https://wellbeingeconomy.org/wego. Abgerufen am 30.8.2023.

94 Villasenor 2022; Hayden/Dasilva 2022.

95 https://ec.europa.eu/newsroom/env/items/658508. Abgerufen am 30.8.2023.

96 www.gov.scot/publications/scotlands-national-strategy-economic-transformation. Abgerufen am 30.8.2023.

97 www.wiwo.de/erfolg/beruf/arbeitszeit-reduzieren-so-funktioniert-die-4-tage-woche-in-island/27406908.html. Abgerufen am 30.8.2023.

98 Villasenor 2022, o. S.

99 www.tagesschau.de/ausland/ozeanien/neuseeland-luxon-premierminister-100.html. Abgerufen am 2.12.2023.

Kapitel 25

1 Zeller 2020.

2 Ebd., S. 8.

3 Ebd., S. 12.

4 Ebd., S. 67.

5 Ebd., S. 100.

6 https://netzwerk-oekosozialismus.de/ueber-uns. Alle Zitate. Abgerufen am 23.8.2023.

7 Mason 2016.

8 Ebd., S. 16.

9 Ebd., S. 234.

10 Varoufakis 2021.

11 Rifkin 2000.

12 attac Österreich, 10.3.2022, www.attac.at/news/details/zwei-jahre-pandemie-eu-blockiert-weiterhin-gerechten-zugang-zu-impfstoffen. Abgerufen am 8.2.2023.

13 www.linux.org/; www.ecosia.org. Abgerufen am 8.2.2023.

14 New Work – New Culture, https://newwork-newculture.dev/frithjofbergmann. Abgerufen am 8.2.2023.

15 Zit. n. Ebd.,

16 Saito 2023.

17 Ebd., S. 163.

18 Ebd., S. 195.

19 Ebd., S. 192.

20 Ebd., S. 199.

21 Onken 2022, Bd. 1, S. 19.

22 Ebd., S. 32.

23 Onken 2022, Bd. 3, S. 1255.

24 https://wohlstandfueralle.podigee.io/120-schwundgeld; www.elmaraltvater.net/articles/Altvater_Article23c.pdf. Abgerufen am 4.12.2023.

25 Scheub/Küttner 2020, beide Zitate S. 13.

26 Ebd., S. 17.

27 Ebd., S. 229.

28 https://worldhappiness.report. Abgerufen am 30.1.2024.

29 Tocha 2022, S. 31.

30 Ebd., S. 28.

31 Ebd., S. 41.

32 Ebd., S. 169.

33 Ebd., S. 84.

34 Beide Zitate Felber 2010, S. 34.

35 Ebd., S. 46.

36 Ebd., S. 48.

37 Ebd., S. 61 und 62.

38 Ebd., S. 68.

39 Ebd., S. 74.

40 Interviews von Romaric Godin mit Cédric Durand, https://intersoz.org/demokratische-planwirtschaft. Alle Zitate aus diesem Text. Abgerufen am 15.10.2023.

41 Ebd.

42 Ebd.

43 Herrmann 2022, S. 198

44 Ebd., S. 209

45 Ebd., S. 255

46 Ebd., S. 258.

47 Ebd., S. 249.

48 Ebd., S. 249.

49 Ebd., S. 250.

50 Ebd., S. 262.

Kapitel 26

1 Schneidewind/Singer-Borowski 2014, Holzinger 2013, 2020.

2 WBGU 2011.

3 Paech 2019.

4 Dohm/Schulze 2022.

5 Welzer 2020.

6 Schrader 2022.

7 Schurmann 2022, 142 f., vgl. auch www.multisolving.org. Abgerufen am 2.12.2023.

8 Joeres 2022.

9 Holzinger 2016.

10 Kristof 2020.

11 Daniel u. a. 2021.

12 Holzinger 2020b.

13 Schurmann 2022.

14 www.handabdruck.eu/. Abgerufen am 2.12.2023.

15 www.euractiv.de/section/energie-und-umwelt/news/neue-oekodesign-regeln-vernichtung-von-unverkauften-textilien-soll-verboten-werden. Abgerufen am 10.12.2023.

16 www.attac.at/fileadmin/user_upload/dateien/presse/downloads/PROMOTION_OF_INCLUSIVE_AND_EFFECTIVE_INTERNATIONAL_TAX_COOPERATION_AT_THE_UNITED_NATIONS.pdf. Abgerufen am 10.12.2023.

17 Eine wissenschaftliche Revolution äußert sich in einem fundamentalen Paradigmenwechsel, das heißt in der Preisgabe des alten Paradigmas zugunsten eines neuen und mit dem alten inkommensurablen Paradigmas, getragen durch einen hinreichend großen Anteil der »Scientific Community«. www.philoclopedia.de/2019/11/10/thomas-kuhn-wissenschaftliche-revolution. Abgerufen am 2.12.2023

18 Peukert 2019, Novy u. a. 2023.

19 Otte u. a. 2020.

20 www.iea.org/spotlights/global-investment-in-clean-energy-is-on-course-to-reach-usd-1-8-trillion-in-2023. Abgerufen am 2.12.2023

21 www.iea.org/reports/world-energy-outlook-2022/executive-summary?language=de. Abgerufen am 5.1.2023.

22 www.wirtschaftsdienst.eu/inhalt/jahr/2023/heft/7/beitrag/wachstum-oder-schrumpfung-eine-frage-der-entkopplung.html. Abgerufen am 19.12.2023.

23 Santarius 2015.

24 Bund, Misereor (Hg.) 1996.

25 WBGU 2011.

26 Hermann 2022; Binswanger 2019.

27 Mies 2015.

28 Kubon-Gilke/Maier-Rigaud 2020, S. 154.

29 Graeber 2018.

30 Fulcher 2008, S. 178.

31 Kessler 2023.

32 Gaub 2023, S. 18.

33 Piketty 2023, S. 27.

34 Ebd., S. 26 f.

35 Ebd., S. 205.

36 Ebd., S. 220.

37 Ebd., S. 220.

38 Schulmeister 2021, o. S.

39 Schulmeister 2024, im Erscheinen, o. S

40 2022 betrugen die Militärausgaben in den USA 877 Milliarden Dollar, in China 292 Milliarden Dollar, in Russland 86,4 Milliarden Dollar, gefolgt von Indien mit 81,4 Milliarden Dollar. Die größten Staaten der EU kamen auf 68,5 Milliarden Dollar (Großbritannien), 55,8 Milliarden Dollar (Deutschland) bzw. 53,6 Milliarden Dollar (Frankreich). Quelle: Statista.de.

41 www.bpb.de/themen/europa/europa-und-der-krieg/514908/russlands-krieg-und-europas-energiewende. Abgerufen am 16.12.2023.

42 https://de.statista.com/statistik/daten/studie/1308938/umfrage/wichtigste-exportgueter-fuer-russland. Abgerufen am 16.12.2023.

43 Naß 2023, S. 137.

44 Ebd., S. 14.

45 Ebd., S. 16.

46 Brand/Wissen 2017.

47 Petruch/Walcher 2022, S. 18.

48 Graeber/Wengrow 2022.

49 Firlei 2019, S. 223

50 Firlei 2019, Zitate S. 233, S. 232.

51 Behr 2022, S. 179 ff.

52 https://letsflip.de. Abgerufen am 10.12.2023.

53 https://klimajournalismus.de. Abgerufen am 10.12.2023.

54 www.mehr-demokratie.de; https://zukunftswerkstaetten.org; https://partizipation.at. Abgerufen am 10.12.2023. Anm. 55 Mau 2024

Anm. 56 Kurz 2023.

Literatur

Acosta, Alberto (2015): Buen vivir. Vom Recht auf ein gutes Leben. München.

Adler, Frank (2022): Wachstumskritik, Postwachstum, Degrowth. Wegweiser aus der (kapitalistischen) Zivilisationskrise. München.

Aigner, Christian (2023): Die Crux mit dem Verbot. In: Die Furche 30, S. 4.

Altvater, Elmar (2015): Das Erdzeitalter des Kapitals. In: Le Monde diplomatique (Hg.): Atlas der Globalisierung. Weniger wird mehr. Berlin.

Anders, Günter (1955, Neuausg. 1981): Die Antiquiertheit des Menschen. Band 2. Über die Zerstörung des Lebens im Zeitalter der industriellen Revolution. München.

Andreß, Toni (2023): Das postkapitalistische Manifest. Wie wir unsere Wirtschafts- und Umweltkrisen lösen können. München.

Anlauf, Axel; Schmalz, Stefan (2022, 2. Aufl.): Globalisierung und Ungleichheit. In: Fischer, Karin; Grandner, Margarete: Globale Ungleichheit. Über Zusammenhänge von Kolonialismus, Arbeitsverhältnissen und Naturverbrauch. Wien.

Atlas der Globalisierung. Ungleiche Welt. (2022) Hg. von Le monde diplomatique & taz. Berlin.

Ax, Christine (2009): Die Könnensgesellschaft. Mit guter Arbeit aus der Krise. Berlin.

Ax, Christine; Hinterberger, Fritz (2014): Wachstumswahn. Was uns in die Krise führt und wie wir wieder herauskommen. München.

Bauer, Joachim (2013): Arbeit. Warum unser Glück von ihr abhängt und wie sie uns krank macht. München.

Beck, Ulrich (2009): Nachrichten aus der Weltinnenpolitik. Frankfurt/M.

Becker, Maximilian u. a. (Hg., 2018) Anders wachsen! Von der Krise der kapitalistischen Wachstumsgesellschaft und Ansätzen einer Transformation. München.

Behr, Alexander (2022): Globale Solidarität. Wie wir die imperiale Lebensweise überwinden und die sozial-ökologische Transformation umsetzen. München.

Bendiks, Stefan; Degros, Aglaée (2019): Traffic Space is Public Space. Ein Handbuch zur Transformation. Zürich.

Bennholdt-Thomsen, Veronika (2010): Geld oder Leben. Was uns wirklich reich macht. München.

Binswanger, Hans Christoph (2009a, Neuaufl. 2013): Die Wachstumsspirale. Geld, Energie und Imagination in der Dynamik des Marktprozesses. Marburg.

Binswanger, Hans Christoph (2009b): Wege aus der Wachstumsspirale. In: Welches Wachstum ist nachhaltig? Ein Argumentarium. Hg. v. Friedrich Hinterberger u. a. Wien, S. 224–228. Download: https://www.mandelbaum.at/docs/754765747.pdf

Binswanger, Mathias (2016): Tretmühlen des Glücks. Wir haben immer mehr und werden nicht glücklicher. Was können wir tun? Freiburg.

Binswanger, Mathias (2019): Der Wachstumszwang. Warum die Volkswirtschaft immer weiterwachsen muss, selbst wenn wir genug haben. Weinheim.

Block, Jörn; Hosseini, Florian (2016): Stiftungsunternehmen als hybride Organisationen. Auswirkungen auf die Unternehmensperformance. Download: https://www.uni-trier.de/fileadmin/fb4/prof/BWL/MIT/Download/10-SS_17/Block_Druckfassung.pdf

Bonin, Holger u. a. (2015): Übertragung der Studie von Frey/Osborne (2013) auf Deutschland. Bundesministerium für Arbeit. Mannheim.

Bourcade, Kay; Herzmann, Karsten (2018): Die Scheinkrise. Warum es uns besser geht als je zuvor und wir dennoch das Gefühl haben zu scheitern. Schwalbach.

Brainsack, Barbara (2023): Wofür wir arbeiten. Wien.

Brynjolfsson, Erik; Andrew, McAfee (2014): Second Machine Age. Work, Progress, and Prosperity in a Time of Brilliant Technologies. New York/London.

Brand, Ulrich; Wissen, Markus (2017): Imperiale Lebensweise. Zur Ausbeutung von Mensch und Natur im globalen Kapitalismus. München.

Braungart, Michael; McDonough, William (2013): Intelligente Verschwendung. The Upcycle. Auf dem Weg in eine neue Überflussgesellschaft. München.

Brot für die Welt/Evangelischer Entwicklungsdienst/Bund für Umwelt und Naturschutz Deutschland (Hg. 2006), Zukunftsfähiges Deutschland. Stuttgart.

Bude, Heinz (2019): Solidarität. Die Zukunft einer großen Idee. München.

Circular Gap Report (2023): We live in the Overshoot Area. Download: https://www.circularity-gap.world/2023.

Collier, Paul (2019): Sozialer Kapitalismus. Mein Manifest gegen den Zerfall unserer Gesellschaften. München.

Crouch, Colin (2021): Postdemokratie revisited. Berlin.

D'Alisa, Giacomo u. a. (2016, Hg.): Degrowth. Handbuch für eine neue Ära. München.

Dahrendorf, Ralf (2009): Nach der Krise: Zurück zur protestantischen Ethik? Sechs Anmerkungen. In: Merkur, Heft 5, Mai 2009. Stuttgart.

Daly, Herman (1999): Wirtschaft jenseits von Wachstum: Die Volkswirtschaftslehre nachhaltiger Entwicklung. Salzburg.

Daniel, Antje u. a. (2021): Die Klimakrise deuten und Veränderungen einfordern. Eine Framing-Analyse der Fridays for Future. In: SWS-Rundschau 2021/1.

Dietz, Raimund (2013): Geld und Schuld. Eine ökonomische Theorie der Gesellschaft. Marburg.

Dixson-Declève, Sandrine u. a. (2022): Earth for All. Ein Survivalguide für unseren Planeten. Der neue Bericht an den Club of Rome, 50 Jahre nach »Die Grenzen des Wachstums«. München.

Deutscher Bundestag (Hg., 2013): Schlussbericht der Enquete-Kommission »Wachstum, Wohlstand, Lebensqualität – Wege zu nachhaltigem Wirtschaften und gesellschaftlichem Fortschritt in der Sozialen Marktwirtschaft«. Schriftenreihe der Bundeszentrale für Politische Bildung, Bd. 1419.

Deutsches Institut für Wirtschaftsforschung (2020): Green New Deal nach Corona: Was wir aus der Finanzkrise lernen können. www.diw.de/de/diw_01.cJ86330.de/publikationen/diw_aktuell/2020_0039/green_new_deal_nach_corona was_wir_aus_der_finanzkrise_lernen_koennen.html.

Dohm, Lea; Schulze, Mareike (2022): Klima-Gefühle. Wie wir an der Umweltkrise wachsen, statt zu verzweifeln. München.

Drabiniok, Dieter (2021): Es gibt kein Grundrecht auf unbegrenztes Eigentum. Anregung zur Einführung eines Existenzmaximums. München.

Durand, Cécil (2020): Demokratische Planwirtschaft. Im Gespräch mit Romaric Godin. https://intersoz.org/demokratische-planwirtschaft.

Eigner, Christian (Hg., 2011): Zukunft: Regionalwirtschaft! Ein Plädoyer. Innsbruck u. a.

Eisenriegler, Sepp (2016): Konsumtrottel. Wie uns die Konzerne austricksen und wie wir uns wehren. Wien.

Eisenriegler, Sepp (Hg., 2020): Kreislaufwirtschaft in der EU. Eine Zwischenbilanz. Wiesbaden.

Engelhorn, Marlene (2022): Geld. Wien.

Europäische Kommission (2019): Europäische Bürgerinitiative: Kommission schlägt vor, Käfighaltung für landwirtschaftliche Nutztiere schrittweise zu beenden. https://ec.europa.eu/commission/presscorner/detail/de/ip_21_3297.

Exenberger, Andreas (2012): Wirtschafts- und sozialhistorische Reflexionen zur »Marktwirtschaft für Menschen«. In: Sedmak, Clemens u. a. (Hg.), Marktwirtschaft für Menschen, Wien, S. 169–189.

Fathollahi, Ali Reza (2023): Foundation and Family Office-owned Firms: Heterogeneity, Firm Growth, M&A Behavior, and Capital Structure. https://ubt.opus.hbz-nrw.de/opus45-ubtr/frontdoor/deliver/index/docId/2085/file/Dissertation_Fathollahi.pdf.

Felber, Christian (2012): Gemeinwohlökonomie. Das Wirtschaftsmodell der Zukunft. Wien.

Felber, Christian (2014): Geld. Die neuen Spielregeln. Wien.

Firlei, Klaus (2013): Alle Macht dem Text. Zukunftswissenschaft als Anleitung für globale Verfassungskonstruktionen. In: Firlei, Klaus; Spielmann, Walter (Hg.): Projekt Zukunft. 14 Beiträge zur Aktualität von Robert Jungk. Salzburg. S. 188–239. https://download.e-bookshelf.de/download/0000/7539/55/L-X-0000753955-0001842838.XHTML/index.xhtml.

Firlei, Klaus (2019): Illusionslosigkeit und strategische Intelligenz. Voraussetzungen progressiver Gesellschaftsgestaltung. In: Noll, Alfred J.; Öllerer, Dominik (2019, Hg.): Hegemonie und Recht. Festgabe für Nikolaus Dimmel. Wien, S. 221–239.

Fischer, Karin; Grandner, Margarete (Hg., 2022): Globale Ungleichheit. Über Zusammenhänge von Kolonialisierung, Arbeitsverhältnissen und Naturverbrauch (Gesellschaft – Entwicklung – Politik 19). Wien.

Fischer-Kowalski, Marina u. a. (1997): Gesellschaftlicher Stoffwechsel und Kolonisierung von Natur. Ein Versuch in Sozialer Ökologie. Amsterdam.

Flecker, Jörg u. a. (2017): Arbeit 4.0. Auswirkungen technologischer Veränderungen auf die Arbeitswelt. In: Sozialbericht. Sozialpolitische Entwicklungen und Maßnahmen 2015–2016. Sozialpolitische Analysen, Bundesministerium für Arbeit, Soziales und Konsumentenschutz (Sozialministerium), Wien, S. 379–396.

Foodwatch (o. J.): Lebensmittelampel Nutri-Score. www.foodwatch.org/at/informieren/lebensmittelampel-nutri-score/

Frankopan, Peter (2023): Zwischen Erde und Himmel. Klima – eine Menschheitsgeschichte. Berlin.

Fromm, Erich (1993): Haben oder Sein. Die seelischen Grundlagen einer neuen Gesellschaft. München.

Frey, Carl Benedikt; Osborne, Michael. A. (2013): The Future of Employment. How Susceptible are Jobs to Computerisation? Oxford.

Frühbrodt, Lutz (2014): Das soziale Stiftungsunternehmen. Eine wirtschaftspolitische Alternative. Würzburg.

Fuhrhop, Daniel (2015): Verbietet das Bauen. Streitschrift gegen Spekulation, Abriss und Flächenfraß. München.

Fuhrhop, Daniel (2019): Einfach anders wohnen. 66 Raumwunder für ein entspanntes Zuhause, lebendige Nachbarschaft und grüne Städte. München.

Fuhrhop, Daniel (2023): Der unsichtbare Wohnraum. Wohnsuffizienz als Antwort auf Wohnraummangel, Klimakrise und Einsamkeit. Bielefeld.

Fücks, Ralf (2013): Intelligent wachsen. Die grüne Revolution. München.

Fulcher, James (2008): Kapitalismus. Bonn.

Füllsack, Manfred (2009): Arbeit. Wien.

Galbraith, John Kenneth (1958/1998): The Affluent Society. New York.

Gates, Bill (2021): Wie wir die Klimakatastrophe verhindern. Welche Lösungen es gibt und welche Fortschritte nötig sind. München.

Gaub, Florence (2023): Zukunft. Eine Bedienungsanleitung. München.

Gebauer, Jana u. a. (2013): Wie wichtig ist Wachstum für KMU? – Ergebnisse einer Befragung von kleinen und mittleren Unternehmen. Berlin.

Gepp, Josef (2022): Lebensmittel im Test: Wie sinnvoll ist der Nutri-Score? www.profil.at/wirtschaft/oesterreichs-lebensmittelproduzenten-wehren-sich-gegen-eu-plaene-fuer-nahrungsmittelkennzeichnung/401911093.

Gendre, Ines (2022): All you need to know about the nine planetary boundaries. Download: https://greenly.earth/en-us/blog/ecology-news/all-you-need-to-know-about-the-9-planetary-boundaries

Girkinger, Michael (2023): Alles. Immer. Besser. Licht und Schatten der Selbstoptimierung. Wien.

Gottwald, Franz-Theo; Krätzer, Anita (2014): Irrweg Bioökonomie. Kritik an einem totalitären Ansatz. Berlin.

Göpel, Maja (2020): Unsere Welt neu denken. Eine Einladung. Berlin.

Göpel, Maja (2022): Wir können auch anders. Aufbruch in die Welt von morgen. München.

Graeber, David (2012): Schulden. Die ersten 5000 Jahre. Stuttgart.

Graeber, David (2018): Bullshit-Jobs. Vom wahren Sinn der Arbeit. Stuttgart.

Graeber, David; Wengrow, David (2022): Anfänge. Eine neue Geschichte der Menschheit. Stuttgart.

Grober, Ulrich (2010): Die Entdeckung der Nachhaltigkeit. Kulturgeschichte eines Begriffs. München.

Gronemeyer, Marianne (2008): Genug ist genug. Über die Kunst des Aufhörens. Darmstadt.

Gronemeyer, Marianne (2014): Das Leben als letzte Gelegenheit. Sicherheitsbedürfnisse und Zeitknappheit. Darmstadt.

Gubitzer, Luise (2011): Was tun wir, wenn wir tätig sind? Dienste leisten. www.beigewum.at/wordpress/wp-content/uploads/Was-tun-wir-wenn-wir-t%C3%A4tig-sind.pdf.

Handbuch Nachhaltigkeit (o. J.): Suffizienz, Effizienz und Rebound-Effekt. http://nachhaltig-sein.info/unternehmen-csr-nachhaltigkeit/handbuch-nachhaltigkeit-folge-3-suffizienz-effizienz-und-der-rebound-effekt.

Haidinger, Bettina; Knittler, Käthe (2013): Feministische Ökonomie. Eine Einführung. Wien.

Harari, Yuval Noah (2023): Eine kurze Geschichte der Menschheit. München.

Hartmann, Kathrin (2018): Die grüne Lüge. Weltrettung als profitables Geschäftsmodell. München.

Haug, Frigga (2011): Die Vier-in-einem-Perspektive als Leitfaden für Politik. In: Argument 291, S. 241–250.

Hayden, Anders; Dasilva, Clay (2022): The wellbeing economy: Possibilities and limits in bringing sufficiency from the margins into the mainstream. Front. Sustain., 10. Oktober 2022, Sec. Sustainable Consumption, https://doi.org/10.3389/frsus.2022.9.

Help (2021): Lebensmittelampel »Nutri-Score« für Österreich gefordert. https://help.orf.at/stories/3206586/.

Heitfeld, Marie (2022): Handprints for Future. Gestaltungsbefähigung statt Konsumtipps. In: Meyer, Christine (Hg.): Transforming our world. Zukunftsdiskurse zur Umsetzung der Agenda 2030. Bielefeld, S. 225–233.

Herrmann, Andreas u. a. (2022): Mobilität für alle ... auf Knopfdruck. Frankfurt am Main.

Herrmann, Ulrike (2013): Der Sieg des Kapitals. Wie der Reichtum in die Welt kam: Die Geschichte von Wachstum, Geld und Krisen. Frankfurt/M.

Herrmann, Ulrike (2022): Das Ende des Kapitalismus. Warum Wachstum und Klimaschutz nicht vereinbar sind – und wie wir in Zukunft leben werden. Köln.

Hickel, Jason (2018): Die Tyrannei des Wachstums. Wie globale Ungleichheit die Welt spaltet und was wir dagegen tun können. München.

Hickel, Jason (2020): The sustainable development index: Measuring the ecological efficiency of human development in the anthropocene. Ecological Economics, Volume 167. https://www.sciencedirect.com/science/article/abs/pii/S0921800919303386.

Hickel, Jason (2022): Weniger ist mehr. Warum der Kapitalismus den Planeten zerstört und wir ohne Wachstum glücklicher sind. München.

Hoffmann, Karsten u. a. (Hg., 2021): 24 wahre Geschichten vom Tun und vom Lassen. Gemeinwohlökonomie in der Praxis. München.

Hoffmann, Karsten (2021): Die Saat geht auf. In: 24 wahre Geschichten vom Tun und Lassen. a. a. O.

Hofmeister, Sandra (2021, Hg.): Kopenhavn. Urbane Architektur und urbane Räume. München.

Holzinger, Hans (2010): Zur Zukunft der Arbeit. Befunde und Ausblicke. Wien/Salzburg. https://wachstumimwandel.at/wp-content/uploads/zur-zukunft-der-arbeit1.pdf.

Holzinger, Hans (2013): Wie kommt es zum Wandel? In: Jahrbuch Bildung für nachhaltige Entwicklung. Wien.

Holzinger, Hans (2016a): Von nichts zu viel – für alle genug. Perspektiven eines neuen Wohlstands. München.

Holzinger, Hans (2016b): Die (Post-)Wachstumsdebatte in der aktuellen Literatur. Zukunftsdossier für Wachstum im Wandel. Salzburg/Wien. https://wachstumimwandel.at/wp-content/uploads/WiW-Dossier6_Post_Wachstumsdebatte_web.pdf.

Holzinger, Hans (2018a): Wie wirtschaften? Ein kritisches Glossar zu den Bereichen Wirtschaft, Arbeit, Geld, Ressourcen und Neuansätze. Salzburg.

Holzinger, Hans (2018b): Sustainable Development Goals. Ziele für eine nachhaltige Welt. Eine kritische Würdigung. Salzburg/Wien. https://wachstumimwandel.at/wp-content/uploads/SDGs_Factsheet_WIW_Holzinger_mitGrafiken_GP.pdf.

Holzinger, Hans (2019): Dogma Wachstum. Eine kritische Würdigung der Sustainable Development Goals. In: Sozialwissenschaftliche Rundschau 2019/1, S. 6–23. https://jungk-bibliothek.org/wp-content/uploads/2019/05/Dogma-Wachstum_SDGs_-SWS-Rundschau-2019_01-Holzinger.pdf

Holzinger, Hans (2020a): Post-Corona-Gesellschaft. Was wir aus der Krise lernen sollten. Wien.

Holzinger, Hans (2020b): Wann lernen Gesellschaften? Gelingensfaktoren und Barrieren für den gesellschaftlichen Wandel im Kontext von Bildung für nachhaltige Entwicklung. JBZ-Arbeitspapier 49. Salzburg.

Holzinger, Hans (2024): Nachhaltiges Wachstum – Quadratur des Kreises? Wirtschaftswachstum und menschenwürdige Arbeit im globalen Kontext. Anmerkungen zu SDG 8. In: Bukowski, Meike u.a. (2024): Global denken, nachhaltig handeln. Ein kritisch-interdisziplinärer Blick auf die nachhaltigen Entwicklungsziele. Lausanne

Hornemann, Börries; Steuernagel, Armin (Hg., 2017): Sozialrevolution. Frankfurt/M.

IPCC (2022): Climate Change 2022: Impacts, Adaptation and Vulnerability. https://www.ipcc.ch/report/ar6/wg2/downloads/report/IPCC_AR6_WGII_SummaryForPolicymakers.pdf.

IPCC (2023): Climate Change 2023. Synthesis Report. Summary for Policymakers. A Report of the Intergovernmental Panel on Climate Change. 2023. https://www.ipcc.ch/report/ar6/syr/downloads/report/IPCC_AR6_SYR_SPM.pdf

Jackson, Tim (2013): Wohlstand ohne Wachstum. Leben und Wirtschaften in einer endlichen Welt.

München.

Jakobs, Hans-Jürgen (2016): Wem gehört die Welt? Die Machtverhältnisse im globalen Kapitalismus. München.

Jischa, Manfred (2009): Gedanken zur Wahrnehmung der Zukunft. In: Popp, Reinhold; Schüll, Elmar (Hg.): Zukunftsforschung und Zukunftsgestaltung. Berlin, S. 37–50.

Joeres, Annika (2022): Notre Anne von Paris. In: FuturZwei Nr. 19, S. 26–29.

Kehnel, Anette (2021): Wir konnten auch anders. München.

Kemfert, Claudia (2023): Schockwellen. Letzte Chance für sichere Energien und Frieden. Frankfurt.

Kennedy, Margrit; Lietaer, Bernard A. (2004): Regionalwährungen. Neue Wege zu nachhaltigem Wohlstand. München.

Kessler, Wolfgang (2019): Die Kunst, den Kapitalismus zu verändern. Eine Streitschrift. Oberursel.

Kessler, Wolfgang (2023): Das Ende des billigen Wohlstands. Wege zu einer Wirtschaft, die nicht zerstört. Oberursel.

Keynes, John Maynard (1930): Economic Possibilities for our Grandchildren. In deutscher Übersetzung: https://kritisches-netzwerk.de/sites/default/files/John_Maynard_Keynes_Wirtschaftliche_Moeglichkeiten_fuer_unsere_Enkelkinder_1928.pdf

Kitzmüller, Erich (2012): Schuldenkrise oder Guthabenkrise? In: Nachrichten und Stellungnahmen der Katholischen Sozialakademie Österreich 2012/1, S. 1–3.

Klein, Martin (2018). Rostowsche Stadientheorie. In: Gabler Wirtschaftslexikon. https://wirtschaftslexikon.gabler.de/definition/rostowsche-stadientheorie-46386/version-269666

Klein, Naomi (2019): Warum nur ein Green New Deal unseren Planeten retten kann. Hamburg.

Knapp, Max (2023): Klimagerechte Gewerkschaftsarbeit? Wie Gewerkschaften sozial-ökologische Umbaukonflikte führen können. Wien. https://awblog.at/klimagerechte-gewerkschaftsarbeit/

Kocka, Jürgen (2002): Thesen zur Geschichte und Zukunft der Arbeit. Bundeszentrale für politische Bildung. https://www.bpb.de/shop/zeitschriften/apuz/26257/thesen-zur-geschichte-und-zukunft-der-arbeit.

Kopatz, Michael (2015): Kooperative Wirtschaftsformen in Kommunen. Wirtschaftsförderung 4.0. In: Politische Ökologie 142, S. 104–110. https://epub.wupperinst.org/frontdoor/deliver/index/docId/6003/file/6003_Kopatz.pdf.

Kopatz, Michael (2016): Öko-Routine. Damit wir tun, was wir für richtig halten. München.

Kopatz, Michael (2022): Wirtschaft ist mehr! Wachstumsstrategien für nachhaltige Geschäftsmodelle in der Region. Das Buch zur »Wirtschaftsförderung 4.0«. München.

Komlosy, Andrea (2014): Arbeit. Eine globalhistorische Perspektive. 13. bis 21. Jahrhundert. Wien.

Krautwig, Thomas u. a. (2022): Planetare Grenzen: Neun Leitplanken für die Zukunft. Helmholtz Klima-Initiative. https://helmholtz-klima.de/planetare-belastungs-grenzen

Kreiß, Christian (2014): Geplanter Verschleiß. Wie die Industrie uns zu immer mehr und immer schnellerem Konsum antreibt – und wie wir uns dagegen wehren können. Wien.

Kremer, Jürgen (2013): Grundlagen der Ökonomie. Geldsysteme, Zinsen, Wachstum und die Polarisierung der Gesellschaft. Marburg.

Kristof, Cora (2021): Wie Transformation gelingt. Erfolgsfaktoren für den gesellschaftlichen Wandel. München.

Kubon-Gilke, Gisela; Maier-Rigaud, Remi (2020): Utopien und Sozialpolitik. Über die Orientierungsfunktion von Gesellschaftsmodellen. Marburg.

Kurz, Constanze; Rieger, Frank (2016): Arbeitsfrei. Eine Entdeckungsreise zu den Maschinen, die uns ersetzen. München.

Kurz, Rudi (2023): Wachstumsunabhängigkeit: Transformation und Wohlstand erneuern – ohne Wachstum. In: Zeitgespräch Heft 7/2023. Download: www.wirtschaftsdienst.eu/inhalt/jahr/2023/heft/7/beitrag/wachstumsunabhaengigkeit-transformation-und-wohlstand-erneuern-ohne-wachstum.html.

Latouche, Serge (2015): Es reicht! Abrechnung mit dem Wachstumswahn. München.

Latour, Bruno; Schultz, Nikolaj (2022): Zur Entstehung einer ökologischen Klasse. Ein Memorandum. Berlin.

Leidig, Sabine (Hg., 2015): Nulltarif im öffentlichen Nahverkehr. Eine Offensive für sozialökologische Mobilität und Lebensqualität. Berlin. https://www.sabine-leidig.de/wp-content/uploads/150521_Plan-B-mobil_web.pdf.

Liesen, Andrea u. a. (2013): Wachstumsneutrale Unternehmen. Pilotstudie zur Unternehmensperspektive im Postwachstumsdiskurs. Berlin.

Leonhardt, Heidi u. a. (2017): Wachsen oder nicht wachsen? Das sind die Lehren für die sozial-ökologische Transformation kleiner und mittlerer Unternehmen. GAIA. 2017; 26(3): 269–276.

Löhle, Nora (2020): Zur Entstehungsgeschichte des Green New Deal – Revival eines Begriffs. https://www.boell.de/de/2020/03/17/zur-entstehungsgeschichte-des-green-new-deal-revival-eines-begriffs.

Loske, Reinhard (2023): Ökonomie(n) mit Zukunft. Jenseits der Wachstumsillusion. Rangsdorf.

Luks, Fred (2010): Endlich im Endlichen. Oder: Warum die Rettung der Welt Ironie und Großzügigkeit erfordert. Marburg.

Macho, Thomas (2022):Warum wir Tiere essen: Eine kurze Geschichte der Nachhaltigkeit. Wien.

Mäder, Ueli; Aratnam, Ganga Jey; Schilliger, Sarah (2010): Wie Reiche denken und lenken. Reichtum in der Schweiz. Geschichte, Fakten, Gespräche. Zürich.

Madörin, Mascha (2017): Überlegungen zur Zukunft der Care-Arbeit. In: Diefenbacher, Hans u. a. (Hg.): Ende des Wachstums – Arbeit ohne Ende. Marburg, S. 35–64.

Mander, Jerry; Goldsmith, Edward (Hg., 2002): Schwarzbuch Globalisierung. Eine fatale Entwicklung mit vielen Verlieren und wenigen Gewinnern. München.

Marterbauer, Markus (2011): Zahlen bitte. Die Kosten der Krise zahlen wir alle.

Mason, Paul (2016): Postkapitalismus. Grundrisse einer kommenden Ökonomie. Berlin.

Mau, Katharina (2024): Das Ende der Erschöpfung. Wie wir eine Welt ohne Wachstum schaffen. Innsbruck.

Mazzucato, Mariana (2015): Das Kapital des Staates. Eine andere Geschichte von Innovation und Wachstum.

Maxton, Graeme (202): Globaler Klimanotstand. Warum unser demokratisches System an seine Grenzen stößt. München.

Meadows, Dennis u. a. (Hg., 1972): The Limit of Growth. Deutsch: Die Grenzen des Wachstums. Hamburg.

Mies, Maria (2015): Patriarchat und Kapital. München.

Moser, Katharina (2013): Der westliche Lebensstil befeuert Hungersnöte. In: Die Furche 30, S. 15.

Müller, Hendrik (2014): Wirtschaftsirrtümer. 50 Denkfehler, die uns Kopf und Kragen kosten. Frankfurt/M.

Müller, Christa (2011): Urban Gardening. Über die Rückkehr der Gärten in die Stadt. München.

Mumford, Lewis (1977): Der Mythos der Maschine. Frankfurt. Download: https://monoskop.org/images/4/45/Mumford_Lewis_Mythos_der_Maschine.pdf

Nair, Chandran (2011): Der große Verbrauch. München.

Naß, Matthias (2023): Kollision. China, die USA und der Kampf um weltpolitische Vorherrschaft im Indopazifik. München.

Naumann, Martina (2021): Donut-Ökonomie: Das steckt hinter dem Konzept. https://utopia.de/ratgeber/donut-oekonomie-das-steckt-hinter-dem-konzept/

Novy, Andreas u. a. (2023): Zukunftsfähiges Wirtschaften. Herausforderungen der sozialökologischen Transformation. Weinheim Basel.

Onken, Werner (2022): Marktwirtschaft ohne Kapitalismus. München. Bd. 1.

Onken, Werner (2022): Marktwirtschaft ohne Kapitalismus. München. Bd. 3.

Osterhammel, Jürgen u. a. (2007): Geschichte der Globalisierung. Dimensionen, Prozesse, Epochen. München.

Otte, Ilona u. a. (2020): Soziale Kippdynamik zur Stabilisierung des Erdklimas bis 2050. Download https://www.pnas.org/doi/10.1073/pnas.1900577117.

Paech, Niko (2012): Befreiung vom Überfluss. Auf dem Weg in die Postwachstumsökonomie. München.

Paech, Niko; Volkers, Manfred (2019): All you need is less. München.

Petruch, Markus; Walcher, Dominik (2022): Der Stoff aus dem die Zukunft ist. 101 Produkte aus erneuerbarem Kohlenstoff. München

Peukert, Helge (2019): Mikroökonomische Lehrbücher. Wissenschaft oder Ideologie? Marburg.

Pfister, Sandra (2011): Bruttoinlandsprodukt – ein Mysterium. Deutschlandfunk. https://www.deutschlandfunk.de/bruttoinlandsprodukt-ein-mysterium-100.html

Picek, Oliver; Schratzenstaller, Margit (2008): Ziele und Optionen der Steuerreform: Vermögensbezogene Steuern (Targets and Options of Tax Reform: Taxes on Assets). https://www.wifo.ac.at/jart/

prj3/wifo/resources/person_dokument/person_dokument.jart?publikationsid=33940&mime_type=application/pdf

Piketty, Thomas (2014): Das Kapital im 21. Jahrhundert. München.

Piketty, Thomas (2021): Der Sozialismus der Zukunft. München.

Piketty, Thomas (2023): Eine kurze Geschichte der Gleichheit. München.

Pirgmeier, Elke (2013): Alternative Wirtschafts- und Gesellschaftskonzepte. Wien. Download: www.wachstumimwandel.at.

Pistor, Katharina (2020): Der Code des Kapitals. Wie das Recht Reichtum und Ungleichheit schafft. Berlin.

Plettenbacher, Tobias (2009): Neues Geld – Neue Welt. Die drohende Wirtschaftskrise – Ursachen und Auswege. Wien.

Plöger, Sven (2020): Zieht euch warm an, es wird heiß! Den Klimawandel verstehen und aus der Krise für die Welt von morgen lernen. Frankfurt.

Popp, Reinhold u. a. (2010): Lebensqualität – Made in Austria. Gesellschaftliche, ökonomische und politische Rahmenbedingungen des Glücks. Wien u. a.

Prainsack, Barbara (2023): Wofür wir arbeiten. 2023.

Precht, Richard David (2021): Künstliche Intelligenz und der Sinn des Lebens. München.

Precht, Richard David (2022): Freiheit für alle. Das Ende der Arbeit wie wir sie kannten. München.

Precht, Richard David (2023): Von der Pflicht. Eine Betrachtung. München.

Radermacher, Franz Josef; Beyers, Bert (2011): Welt mit Zukunft. Die ökosoziale Perspektive. Hamburg.

Raworth, Kate (2018): Die Donut-Ökonomie. Endlich ein Wirtschaftsmodell, das den Planeten nicht zerstört. München.

Reheis, Fritz (2019): Die Resonanzstrategie. Warum wir Nachhaltigkeit neu denken müssen. München.

Reich, Robert (2010): Nachbeben – Amerika am Wendepunkt. Frankfurt/M.

Reichel, André (2016): What‘s Next? Wirtschaften jenseits von Wachstum. In: Zukunftsreport. Kelkheim. S. 110–135.

Rettich, Stefan; Tastel, Sabine (Hg., 2020): Die Bodenfrage. Klima, Ökonomie, Gemeinwohl. Berlin.

Rifkin, Jeremy (2000): Access – Das Verschwinden des Eigentums. Warum wir weniger besitzen und mehr ausgeben werden. Frankfurt/M.

Rifkin, Jeremy (2019): Der globale Green New Deal. Warum die fossil befeuerte Zivilisation um 2028 kollabiert – und ein kühner ökonomischer Plan das Leben auf der Erde retten kann. Frankfurt/New York.

Rinderspacher, Jürgen P. (2005): Zeitwohlstand in der Dreizeitgesellschaft. In: Hartmut Seifert (Hg.): Flexible Zeiten in der Arbeitswelt. Frankfurt.

Rinderspacher, Jürgen (2017): Mehr Zeitwohlstand! Für den besseren Umgang mit einem knappen Gut. Freiburg.

Rogall, Holger (2009): Grundlagen einer nachhaltigen Wirtschaftslehre. Marburg.

Rosa, Hartmut (2018): Unverfügbarkeit. Wien u. a.

Sachs, Wolfgang (1993): Die vier E. In: Politische Ökologie Nr. 33, S. 69–72.

Saez, Emmanuel; Zucman, Gabriel (2020): Der Triumph der Ungerechtigkeit. Steuern und Ungleichheit im 21. Jahrhundert. Berlin.

Saito, Kohei (2023): Systemsturz. Der Sieg der Natur über den Kapitalismus. München.

Santarius, Tilman (2012): Der Rebound-Effekt. Über die unerwünschten Folgen der erwünschten Energieeffizienz. http://www.santarius.de/wp-content/uploads/2012/03/Der-Rebound-Effekt-2012.pdf.

Santarius, Tilman (2015): Entkopplung. In: Bauriedl, Sybille (Hg.): Wörterbuch Klimadebatte. Bielefeld, 2015, 81–86. Download: http://www.santarius.de/1445/entkopplung.

Schaller, Stella u. a. (2023): Zukunftsbilder 2045. Eine Reise in die Welt von morgen. München.

Scheidler, Fabian (2015): Das Ende der Megamaschine. Geschichte einer scheiternden Zivilisation. Wien.

Scheub, Ute; Küttner, Christian (2020): Abschied vom Größenwahn. Wie wir zu einem menschlichen Maß finden. München.

Schilk, Jochen (2019): Die Wiederbegrünung der Welt. 50 Geschichten vom Bäumepflanzen. Klein Jasedow.

Schilling, Lena (2022): Radikale Wende. Weil wir eine Welt zu gewinnen haben. Wien.

Schmelzer, Matthias; Vetter, Andrea (2019): Degrowth. Postwachstum zur Einführung. Berlin.

Schmidl, Johannes (2022): Energie und Utopie. Wien.

Schmidt, Jürgen; Kocka, Jürgen (2010): Last und Lust. Wie sich die Bedeutung der Arbeit gewandelt hat. In: WZB-Mitteilungen, H. 127, 31–24

Schneeweiß, Antje (2023): Die EU-Taxonomie – sozial unausgewogen. In: Poltische Ökologie 173, München. S. 74–80.

Schneidewind, Uwe; Zahrnt, Angelika (2013): Damit gutes Leben einfacher wird. Perspektiven einer Suffizienzpolitik. München.

Schor, Juliet B. (2016): Wahrer Wohlstand. Mit weniger Arbeit besser leben. München.

Schneidewind, Uwe; Singer-Borowski, Mandy (2014): Transformative Wissenschaft. Marburg.

Schrader, Christopher (2022): Über Klima reden. Ein Handbuch. München.

Schridde, Stefan (2014): Murks. Nein danke. Was wir tun können, damit die Dinge besser werden. München.

Schulmeister, Stephan (2016): Das »Vollgeldsystem«: Notwendige Reform oder gefährliches Allheilmittel? WIFO-Working-Paper. https://www.wifo.ac.at/jart/prj3/wifo/resources/person_dokument/person_dokument.jart?publikationsid=58843&mime_type=application/pdf.

Schulmeister, Stephan (2018): Der Weg zur Prosperität. Salzburg.

Schulmeister, Stephan (2021): Die Preisfrage. Ansätze für eine öko-soziale Bändigung des Kapitalismus. Oxi-Blog. https://stephanschulmeister.wifo-pens.at/fileadmin/pdf/OXI_StS_01%202021.pdf

Schumacher, Katja u. a. (2019): Arbeitszeitverkürzung – gut fürs Klima? Treibhausgasminderung durch Suffizienzpolitiken im Handlungsfeld »Erwerbsarbeit«. https://www.umweltbundesamt.de/publikationen/arbeitszeitverkuerzung-gut-fuers-klima.

Schubert, Torsten (2019): Armes Schwein, fettes Geschäft – der wahre Preis des Billigfleischs. https://www.piqd.de/reportagen/armes-schwein-fettes-geschaft-der-wahre-preis-des-billigfleischs.

Schurmann, Sara (2022): Klartext Klima. Zusammenhänge verstehen, loslegen und effektiv handeln. Wien.

Schürz, Martin (2019): Überreichtum. Frankfurt.

Sedlácek, Tomás; Tanzer, Oliver (2015): Lilith und die Dämonen des Kapitals. Die Ökonomie auf Freuds Couch. München.

Seidl, Irmi; Zahrnt, Angelika (2010, Hg.): Postwachstumsgesellschaft. Konzepte für die Zukunft. Marburg.

Senn, Magdalena; Mittler, Daniel; Schick, Gerhard (2023): Vom Bremsklotz zum Beschleuniger? Der Finanzsektor und die sozialökologische Transformation. In: Politische Ökologie 173, München.
S. 20–27.

Sennett, Richard (2008): Handwerk. Berlin.

Shirvani, Tara (2023): Plastikfresser und Turbobäume. Wie wir das Klima retten, den Müll aus dem Meer holen und den ganzen Rest auch noch glänzend hinbekommen. Wien.

Siemers, Barbara (2005): Sabbaticals – Optionen der Lebensgestaltung jenseits des Berufsalltags. Frankfurt.

Simonis, Erst Udo u. a. (2012): Grüner Umbau. Neue Allianzen für die Umwelt. Stuttgart.

Sloterdijk, Peter (2023): Die Reue des Prometheus. Von der Gabe des Feuers zur globalen Brandstiftung. Berlin.

Shalins, Marshall (1974): Stone Age Economics. New York.

Skidelsky, Robert & Edward (2014): Wie viel ist genug? Vom Wachstumswahn zu einer Ökonomie des guten Lebens. München.

Smil, Vaclav (2023): Wie die Welt wirklich funktioniert. Die fossilen Grundlagen unserer Zivilisation und die Zukunft der Menschheit. München.

Sorgo, Gabriele (2011): Die unsichtbare Dimension. Bildung für nachhaltige Entwicklung im kulturellen Prozess. Wien.

Sollte, Dirk; Eichhorn, Wolfgang (2009): Das Kartenhaus Weltfinanzsystem. Rückblick, Analyse, Ausblick. Frankfurt/M.

Spangenberg, Joachim (2019): Wer mit wem, was und warum auch nicht? Neue Allianzen für die sozialökologische Transformation. In: Politische Ökologie 4/2019, S. 88–94, https://www.oekom.de/_files_media/zeitschriften/artikel/POE_2019_04_88.pdf.

Staab, Philipp (2016): Falsche Versprechen. Wachstum im digitalen Kapitalismus. Hamburg.

Staab, Philipp (2022): Anpassung. Leitmotiv der nächsten Gesellschaft. München.

Stahmer, Carsten u. a. (2005): Die Halbtagesgesellschaft. Ein Konzept für nachhaltige Produktions- und Konsummuster. In: GAIA 3/2005, 229–239.

Stengel, Oliver (2021):Vom Ende der Landwirtschaft. Wie wir die Menschheit ernähren und die Wildnis zurückkehren lassen. München.

Stiglitz, Joseph (2020): Der Preis des Profits. Wir müssen den Kapitalismus vor sich selbst retten! München.

Stopp, Konrad (2004): 30-Stundenwoche im atmenden Arbeitsmarkt. In: Gewerkschaftliche Monatshefte. Wiesbaden. Vol. 55., S. 630–637.

Streeck, Wolfgang (2013): Gekaufte Zeit. Die vertagte Krise des demokratischen Kapitalismus. Frankfurt/M.

Steffen, Will u. a. (2015): The trajectory of the Anthropocene: The Great Acceleration. Download: https://journals.sagepub.com/doi/abs/10.1177/2053019614564785.

Tocha, Wigbert (2022): Grüne Gier. Warum die Blütenträume des Öko-Kapitalismus nicht reifen. München.

Ungericht, Bernhard (2021): Immer-mehr und Nie-genug! Eine kurze Geschichte der Maßlosigkeit. Marburg.

Unmüßig, Barbara (2018): Die Grüne Ökonomie. Eine Kritik. In: Becker u. a. (a. a. 0.). S. 79–94

van Treeck, Till (2016): Welches Menschenbild für die ökonomische Bildung? In: van Treeck, Til; Urban, Janina (Hg.): Wirtschaft neu denken. Blinde Flecken der Lehrbuchökonomie. Berlin, 30–41.

Varoufakis, Yanis (2015): Time for Change. Wie ich meiner Tochter die Wirtschaft erkläre. München.

Varoufakis, Yanis (2021): Ein anderes Jetzt. Nachrichten aus einer alternativen Gegenwart. München.

Veblen, Thorstein (1985): Theorie der feinen Leute. Eine ökonomische Untersuchung der Institutionen. München.

Victor, Peter A. (2008): Managing without growth. Slower by design, not disaster. Advances in Ecological Economics.

Villasenor, Dana (2022): Wie »Wellbeing Governments« den Fortschritt messen. Club of Rome, www.clubofrome.at/wie-wellbeing-governments-den-fortschritt-messen/

Vincent, Sara Varda St (2023): Das Veränderungspotenzial. Kann ein internationales Ökozidgesetz die Tätigkeit industrieller Konzerne transformieren? In: Pfaff, Tino (Hg): Ökozid. Wie ein Gesetz schwere Umweltschäden bestrafen und Lebensgrundlagen besser schützen kann. München, S. 51–71.

Vobruba, Georg (2018): Ende der Vollbeschäftigungsgesellschaft. Berlin/New York.

Wagner, Gernot (2021): Stadt, Land, Klima. Warum wir nur mit einem urbanen Leben die Erde retten. Wien.

Waßmuth, Carl; Wolf, Winfried (2020): Verkehrswende. Ein Manifest. Köln.

WBGU (2011): Welt im Wandel. Gesellschaftsvertrag für eine Große Transformation. Download: https://www.wbgu.de/fileadmin/user_upload/wbgu/publikationen/hauptgutachten/hg2011/pdf/wbgu_jg2011.pdf.

Weizsäcker, Ernst Ulrich (1997): Erdpolitik. Ökologische Realpolitik als Antwort auf die Globalisierung. Darmstadt.

Wellbeing Alliance (o. J.), https://weall.org/

Wellbeing Economy Governments (o. J.), https://www.gov.scot/groups/wellbeing-economy-governments-wego.

Welzer, Harald; Sommer, Bernd (2014): Transformationsdesign. Wege in eine zukunftsfähige Moderne. München.

Welzer, Harald (2020): Alles könnte auch anders sein. Frankfurt.

Westhoff, Andrea (2020): »50 Jahre Club of Rome«-Bericht. »Die Grenzen des Wachstums« markiert Startpunkt der modernen Ökobewegung. Deutschlandfunk. 2. März 2022, www.deutschlandfunk.de/50-jahre-bericht-des-club-of-rome-100.html.

Wolf, Winfried (2007): Verkehr. Umwelt. Klima. Die Globalisierung des Tempowahns. Wien.

Wolf, Winfried (2019): Mit dem Elektroauto in die Sackgasse: Warum E-Mobilität den Klimawandel beschleunigt. Wien.

Wright, Ronald (2012). Eine kurze Geschichte des Fortschritts. Reinbek bei Hamburg.

Wullweber, Joschua (2021): Zentralbankkapitalismus. Transformationen des globalen Finanzsystems in Krisenzeiten. Frankfurt/M.

Wullweber, Joschua (2022): Zentralbankkapitalismus. Das (Schatten-)Bankensystem in der Krise. https://www.bpb.de/shop/zeitschriften/apuz/geldpolitik-2022/507732/zentralbankkapitalismus/

Zeller, Christian (2020): Revolution für das Klima. Warum wir eine ökosozialistische Alternative brauchen. München.

Zervas, Georgios; Spiegel, Peter (2016): Die 1-Dollar-Revolution. Globaler Mindestlohn gegen Ausbeutung und Armut. München.

Zervas, Georgios; Spiegel, Peter (2023): Planet We. Wirtschaft & Weltpolitik wettbewerbsneutral gestalten. Weinheim.

Zeuske, Michael (2018): Sklaverei. Eine Menschheitsgeschichte von der Steinzeit bis heute. Leipzig.

Ziegler, Jean (2005): Das Imperium der Schande. Der Kampf gegen Armut und Unterernährung. München.

Ziegler, Jean (2016): Verändere die Welt. München.

Ziegler, Jean (2018): Was ist so schlimm am Kapitalismus? Antworten auf die Fragen meiner Enkelin. München.

Zucman, Gabriel (2014): Steueroasen. Wo der Wohlstand der Nationen versteckt wird. Berlin.